Lk 8/82

L

L'ALGÉRIE

EN 1848

A LA MÊME LIBRAIRIE.

Atlas de l'Algérie, composé de onze cartes, dressées sur les documents les plus récents empruntés aux cartes publiées par le dépôt de la guerre et aux travaux de MM. Renou, Carette et Warnier, membres de la commission scientifique de l'Algérie, par M. L. Bouffard. 1 très-joli volume grand in-8°. Prix, cartonné élégamment.. 6 fr.

Carte topographique de l'Algérie, dressée par M. L. Bouffard, sur les documents les plus récents, empruntés aux cartes publiées par le dépôt de la guerre et aux travaux de MM. Carette, Warnier et Renou, membres de la commission scientifique de l'Algérie. Une feuille jésus coloriée, accompagnée d'une brochure de MM. Carette et Warnier, intitulée : *Description et division de l'Algérie*. Prix de la carte, accompagnée de la brochure.............. 2 fr. 50 c.
    La brochure se vend séparément 50 c.

Carte de l'Algérie, dressée par M. L. Bouffard, indiquant les points occupés par les Français et les territoires de colonisation; avec les plans des environs d'Oran, d'Alger, de Blidah et de Bone, et une notice sommaire de M. Mac-Carthy sur les principaux événements qui se sont passés en Algérie depuis 1830. Une feuille grand-raisin coloriée. Prix.................................... 1 fr.

Fondation de la régence d'Alger : Histoire des Barberousse, chronique arabe du xvie siècle, publiée sur un manuscrit de la Bibliothèque nationale, avec un appendice et des notes; Expédition de Charles-Quint; suivie d'un aperçu historique et statistique du port d'Alger, par MM. Ferd. Denis et Sander Rang. 2 vol. in-8°. Prix, brochés.. 7 fr.

Kabylie (LA GRANDE), études historiques, par MM. Daumas, colonel de spahis, ex-directeur central des affaires arabes à Alger, et Fabar, capitaine d'artillerie, ancien élève de l'École polytechnique. 1 vol. grand in-8°. Prix, br... 7 fr. 50 c.

Manuel des aspirants aux emplois de l'administration civile en Algérie. Ouvrage publié sur les documents législatifs et avec l'autorisation du ministère de la guerre; avec une carte coloriée. 1 vol. in-12. Prix, br... 5 fr.

L'ALGÉRIE
EN 1848

TABLEAU GÉOGRAPHIQUE ET STATISTIQUE

CONTENANT

Les détails les plus essentiels sur le climat,
les productions naturelles du sol, les mines, la population, le commerce;
une analyse des lois, ordonnances, arrêtés, etc., qui régissent ce pays;
l'organisation et le personnel de l'armée d'Afrique et des différents services;
l'adresse des principaux négociants, industriels
et propriétaires habitant l'Algérie

AVEC UN CALENDRIER APPROPRIÉ AU PAYS

PAR M. BEQUET

ANCIEN CHEF DE BUREAU A LA DIRECTION DES AFFAIRES CIVILES A ALGER

PARIS
LIBRAIRIE DE L. HACHETTE ET Cⁱᵉ
RUE PIERRE-SARRAZIN, N° 12
(Quartier de l'Ecole de médecine)

ALGER
LIBRAIRIE CENTRALE DE LA MÉDITERRANÉE
Rue de la Marine, n° 447

—

1848

ERRATA.

Page 128 : après les mots *seraient reconnus comme*, ajoutez la ligne suivante qui a été omise : membres de l'université, et assimilés aux régents des colléges communaux de premier ordre.

Page 161, article 4, desséchements, au lieu de 5,750,000 fr. lisez 750,000 fr.

Page 351, au lieu de : dans les vallées situées à l'*ouest* de la ville : lisez, au *sud-est* de la ville.

AVANT-PROPOS.

L'Algérie a pris aujourd'hui une place trop importante dans les affaires de la France, pour que le public n'accueille pas avec faveur une publication qui présente le tableau exact de la situation de ce pays, et contient des renseignements aussi détaillés que l'on peut le désirer. Les dix-huit années bientôt écoulées depuis le débarquement de l'armée française ont produit des faits considérables, des résultats inattendus. Une société nouvelle s'est formée sur la côte d'Afrique; cette société a aujourd'hui une législation, une administration, en un mot, une existence toute spéciale. Des intérêts très-nombreux, très-divers, se sont formés; ils tendent chaque jour à se développer, comme ils cherchent à s'affermir.

C'est précisément l'ensemble des faits résultant de cette situation nouvelle, que nous avons voulu faire connaître, en les classant dans leur ordre le plus naturel, et en les analysant avec le soin le plus scrupuleux jusque dans leurs moindres détails.

Notre plan est fort simple.

Il comprend 1° une description sommaire de l'Algérie dans laquelle on s'est efforcé de réunir les notions générales aujourd'hui acquises sur la configuration de ce pays; son étendue, sa division par provinces, ses produits naturels de tout genre; comme aussi, sur les populations qui l'habitent, leur origine, leurs forces respectives, etc.;

2°. Une analyse raisonnée de la législation et des institutions civiles, administratives, judiciaires, qui régissent l'Algérie;

3°. Des tableaux complets et détaillés qui font connaître le personnel des autorités civiles et militaires, celui des administrations centrales, provinciales ou municipales, ainsi que les attributions ressortissant à chacune de ces administrations;

4°. Un chapitre spécial sur les indigènes et sur l'administration des affaires arabes.

5°. Un précis de tous les faits relatifs à l'Algérie qui se sont accomplis depuis le 24 février jusqu'au 1er novembre 1848.

Tout le monde sait combien, en Algérie, indépendamment des progrès qui sont continuels, les mutations en tout genre sont rapides et fréquentes.

Le public accueillera donc avec indulgence une œuvre qui, malgré son imperfection, contient tous les renseignements et toutes les indications qui peuvent l'intéresser ou lui être utile.

TABLE DES MATIÈRES.

	Pages.
Avant-propos	v
Calendrier	ix
Service des postes. — Navires à vapeur. — Messageries	xvi

CHAPITRE Ier.
Description sommaire de l'Algérie.

Limites, étendue, montagnes, rivière, etc. — Climat, productions naturelles, substances métalliques et autres. — Populations...... 1

CHAPITRE II.
Gouvernement. — Administration générale.

Conquête. — Organisation administrative. — Système municipal. — Justice. — Cultes. — Instruction publique. — Travaux publics. — Service télégraphique. — Finances, revenus, budget, domaines. — Concessions, colonisation. — Forêts. — Pépinières. — Douanes. — Service du trésor. — Banque.................................. 63

CHAPITRE III.
Gouvernement général de l'Algérie.

Personnel. — Ministère de la guerre. — Gouvernement général. — Conseil supérieur. — Direction générale des affaires civiles. — Services divers, mines, forêts, justice, cultes, instruction publique. — Armée, son effectif. — État-major général. — État-major des différentes armes. — Direction centrale des affaires arabes. — Corps consulaire... 233

TABLE DES MATIÈRES.

CHAPITRE IV.
Province d'Alger.

Limites et divisions. — Autorités et administrations centrales de la province. — Personnel des différents services. — Milice. — Division militaire. — Ville d'Alger, Arrondissement d'Alger. — Sous-direction de Blidah. — Territoires mixtes de la province d'Alger.......... 259

CHAPITRE V.
Province d'Oran.

Administration et autorités centrales. Ville d'Oran. — Arrondissement d'Oran. — Cercle de Mostaganem. — Territoires mixtes, etc...... 364

CHAPITRE VI.
Province de Constantine.

Administration et autorités centrales. Constantine. — Philippeville. — Bône. — Territoires mixtes.. 398

CHAPITRE VII.
Affaires arabes.

Affaires arabes. — Culte musulman. — Justice. — Administration. — Liste des khalifats, agha, etc., dans les trois provinces. — Liste des principaux cadis et muphtis................................... 440

SUPPLÉMENT.

Précis des faits relatifs à l'Algérie depuis le 24 février jusqu'au 1er novembre 1848... 467

ADRESSES ET PROFESSIONS des principaux habitants de l'Algérie........ 481

FIN.

CALENDRIER DE L'ALGÉRIE

POUR L'ANNÉE 1848.

SAISONS.

Printemps, 20 mars, 11 heures 30 minutes du matin.
Été, 21 juin, 8 heures 26 minutes du matin.
Automne, 22 septembre, 10 heures 33 minutes du soir.
Hiver, 21 décembre, 4 heures 13 minutes du soir.

FÊTES MOBILES.

Septuagésime, 20 février.
Les *Cendres*, 8 mars.
Pâques, 23 avril.
Les *Rogations*, 29, 30 et 31 mai.
Ascension, 1er juin.
Pentecôte, 11 juin.
La *Trinité*, 18 juin.
La *Fête-Dieu*, 22 juin.
Le 1er Dimanche de l'*Avent*, 3 décembre.
Les *Fêtes des Israélites et celles des Arabes*, sont indiquées par un astérisque (*).

CALENDRIER JULIEN.

Ce Calendrier, en usage chez les Grecs et les Russes, est en retard de 12 jours sur le Calendrier grégorien, qui est suivi par tous les autres peuples chrétiens.

ÉCLIPSES.

Des quatre éclipses de soleil qui auront lieu en 1848, aucune ne sera visible en Algérie.

Éclipse totale de lune le 19 mars, de 7 heures du soir à 11 heures 20 minutes; immersion totale, de 8 heures 33 minutes à 10 heures 15 minutes. Visible à Alger.

Éclipse totale de lune le 13 septembre, de 4 heures 44 minutes du matin à 8 heures 19 minutes; immersion totale, de 5 heures 42 minutes à 7 heures 21 minutes. — Visible à Alger, à partir du lever de la lune, qui commencera à 6 heures 6 minutes.

CALENDRIER.

JANVIER.

		CHRÉTIEN.	ISR.	MUS.
1	sam.	CIRCONCIS.	25	24
2	D.	s. Basile.	26	25
3	lun.	sᵉ Geneviève	27	26
4	mar.	s. Maville.	28	27
5	mer.	s. Félix.	29	28
6	jeu.	ÉPIPHANIE.	1	29
7	ven.	s. Théodore.	2	30
8	sam.	s. Théophile.	3	1
9	D.	sᵉ Marcienne	4	2
10	lun.	s. Vitalien.	5	3
11	mar.	s. Salvius.	6	4
12	mer.	s. Modeste.	7	5
13	jeu.	Bap. de N. S.	8	6
14	ven.	s Euphrasius	9	7
15	sam.	s. Paul.	10	8
16	D.	s. Mélas.	11	9
17	lun.	s. Antoine.	12	10
18	mar.	s. Victorin.	13	11
19	mer.	s. Géronce.	14	12
20	jeu.	s. Fabien.	15	13
21	ven.	sᵗᵉ Agnès.	16	14
22	sam.	s. Janvier.	17	15
23	D.	s. Jean.	18	16
24	lun.	s. Epictète.	19	17
25	mar.	Conv. s. Paul	20	18
26	mer.	s. Théogène.	21	19
27	jeu.	s. Avite.	22	20
28	ven.	s. Léonide.	23	21
29	sam.	s. Franç. de S.	24	22
30	D.	s. Félicien.	25	23
31	lun.	s. Victor.	26	24

ISR. column: Schebat. MUS. column: Safr.

Phases de la Lune.

N. L. le 6.   P. L. le 20.
P. Q. le 13.   D. Q. le 28.

Lever du Soleil.

	T. vrai.	T. moyen.
1ᵉʳ janvier...	7 h. 13'	7 h. 17'
15 id ...	7 h. 07'	7 h. 17'

Coucher du Soleil.

	T. vrai.	T. moyen.
1ᵉʳ janvier...	4 h. 47'	4 h. 51'
15 id ...	4 h. 53'	5 h. 03'

FÉVRIER.

		CHRÉTIEN.	ISR.	MUS.
1	mar.	sᵉ Vincence.	27	25
2	mer.	PURIFICATION	28	26
3	jeu.	s. Célerin.	29	27
4	ven.	s. Philéas.	30	28
5	sam.	s. Révocat.	1	29
6	D.	sᵉ Dorothée.	2	1
7	lun.	s. Moïse.	3	2
8	mar.	sᵉ Cointhe.	4	3
9	mer.	sᵉ Apollonie.	5	4
10	jeu.	sᵉ Scolastiq.	6	5
11	ven.	s. Saturnin.	7	6
12	sam.	s. Damien.	8	7
13	D.	s. Polyeucte.	9	8
14	lun.	s. Valentin.	10	9
15	mar.	s. Faustin.	11	10
16	mer.	s. Maxime.	12	11
17	jeu.	s. Théodule.	13	12
18	ven.	s. Siméon.	14	13
19	sam.	s. Julien.	15	14
20	D.	SEPTUAGÉS.	16	15
21	lun.	s. Fortunat.	17	16
22	mar.	s. Abilius.	18	17
23	mer.	s. Lucien.	19	18
24	jeu.	s. Montan.	20	19
25	ven.	s. Mathias.	21	20
26	sam.	s. Nicéphore	22	21
27	D.	SEXAGÉSIME.	23	22
28	lun.	s. Bèse.	24	23
29	mar.	s. Sérapion.	25	24

ISR. column: Adar. MUS. column: Rebi alavval.

Phases de la Lune.

N. L. le 5.   P. L. le 19.
P. Q. le 11.   D. Q. le 27.

Lever du Soleil.

	T. vrai.	T. moyen.
1ᵉʳ février ...	6 h. 54'	7 h. 08'
15 id ...	6 h. 38'	6 h. 52'

Coucher du Soleil.

	T. vrai.	T. moyen.
1ᵉʳ février ...	5 h. 06'	5 h. 20'
15 id ...	5 h. 22'	5 h. 36'

CALENDRIER.

MARS.

		CHRÉTIEN.	ISR.	MUS.
1	mer.	sᵉ Eudoxie.	26	25
2	jeu.	s. Jovin.	27	26
3	ven.	s. Florian.	28	27
4	sam.	s. Casimir.	29	28
5	D.	QUINQUAGÉS.	30	29
6	lun.	s. Conon.	1	30
7	mar.	sᵉ Perpétue.	2	1
8	mer.	CENDRES.	3	2
9	jeu.	s. Philippe.	4	3
10	ven.	40 Mart. de S	5	4
11	sam.	s. Héraclius.	6	5
12	D.	QUADRAGÉS.	7	6
13	lun.	s. Sabin.	8	7
14	mar.	s. Pierre.	9	8
15	mer.	s. Nicandre.	10	9
16	jeu.	s. Abraham.	11	10
17	ven.	s. Patrice.	12	11
18	sam.	s. Timothée.	13	12
19	D.	REMINISCERE	14	13
20	lun.	s. Joachim.	15	14
21	mar.	s. Benoît.	16	15
22	mer.	s. Balisse.	17	16
23	jeu.	s. Fidèle.	18	17
24	ven.	s. Romule.	19	18
25	sam.	ANNONCIAT.	20	19
26	D.	OCULI.	21	20
27	lun.	s. Marule.	22	21
28	mar.	s. Rogat.	23	22
29	mer.	s. Satur.	24	23
30	jeu.	s. Jean Clim.	25	24
31	ven.	s. Athénée.	26	25

(ISR. : Veadar ; MUS. : Rebi althani.)

Phases de la Lune.

N. L. le 5.   P. L. le 19.
P. Q. le 12.   D. Q. le 28.

Lever du Soleil.

	T. vrai.	T. moyen.
1ᵉʳ mars...	6 h. 22'	6 h. 35'
15 id. . .	6 h. 05'	6 h. 14'

Coucher du Soleil.

	T. vrai.	T. moyen.
1ᵉʳ mars...	5 h. 38'	5 h. 51'
15 id. . .	5 h. 55'	6 h. 04'

AVRIL.

		CHRÉTIEN.	ISR.	MUS.
1	sam.	s. Étienne.	27	26
2	D.	LŒTARE.	28	27
3	lun.	s. Richard.	29	28
4	mar.	s. Isidore.	1	29
5	mer.	s. Vincent F.	2	1
6	jeu.	s. Xyste.	3	2
7	ven.	s. Epiphane.	4	3
8	sam.	sᵉ Maxime.	5	4
9	D.	PASSION.	6	5
10	lun.	s. Pompée.	7	6
11	mar.	s. Léon.	8	7
12	mer.	s. Saba.	9	8
13	jeu.	s. Hermén.	10	9
14	ven.	s. Fronton.	11	10
15	sam.	s. Crescent.	12	11
16	D.	RAMEAUX.	13	12
17	lun.	s. Anicet.	14	13
18	mar.	s. Turémon.	15	14
19	mer.	s. Hellade.	16	15
20	jeu.	sᵉ Cornélie.	17	16
21	ven.	s. Anselme.	18	17
22	sam.	s. Soter.	19	18
23	D.	PAQUES.	20	19
24	lun.	s. Valère.	21	20
25	mar.	s. Marc.	22	21
26	mer.	s. Clet.	23	22
27	jeu.	s. Anastase.	24	23
28	ven.	s. Vital.	25	24
29	sam.	s. Agapius.	26	25
30	D.	QUASIMODO.	27	26

(ISR. : Nissan ; MUS. : Djomâdi alavval.)

Phases de la Lune.

N. L. le 3.   P. L. le 18.
P. Q. le 10.   D. Q. le 26.

Lever du Soleil.

	T. vrai.	T. moyen.
1ᵉʳ avril...	5 h. 46'	5 h. 50'
15 id. . .	5 h. 30'	5 h. 30'

Coucher du Soleil.

	T. vrai.	T. moyen.
1ᵉʳ avril...	6 h. 14'	6 h. 18'
15 id. . .	6 h. 30'	6 h. 30'

CALENDRIER.

MAI.

		CHRÉTIEN.	ISR.	MUS.
1	lun.	s. Philippe.	28	27
2	mar.	s. Athanase.	29	28
3	mer.	Inv. se Croix.	30	29
4	jeu.	se Monique.	1 *Iyyar.*	30
5	ven.	Conv. s Augⁿ	2	1 *Djomadi althani.*
6	sam.	s. Marien.	3	2
7	D.	se Faustine.	4	3
8	lun.	s. Eutique.	5	4
9	mar.	s. Grégoire.	6	5
10	mer.	se Thècle.	7	6
11	jeu.	s. Mamert.	8	7
12	ven.	s. Mérée.	9	8
13	sam.	s. Crescenti.	10	9
14	D.	s. Pacôme.	11	10
15	lun.	s. Torquat.	12	11
16	mar.	se Valérie.	13	12
17	mer.	se Restitute.	14	13
18	jeu.	s. Venant.	15	14
19	ven.	s. Pierre Cél.	16	15
20	sam.	s. Bernardin.	17	16
21	D.	s Apollinaire	18	17
22	lun.	s. Émile.	19	18
23	mar.	s. Quinctien.	20	19
24	mer.	s. Jean de Pr.	21	20
25	jeu.	s Grégoire VII	22	21
26	ven.	s. Gaudence.	23	22
27	sam.	se Madeleine	24	23
28	D.	s. Just.	25	24
29	lun.	Rogations.	26	25
30	mar.	s Raimond L	27	26
31	mer.	se Pétronille.	28	27

Phases de la Lune.

N. L. le 3.   P. L. le 18.
P. Q. le 10.   D. Q. le 25.

Lever du Soleil.

	T. vrai.	T. moyen.
1er mai...	5 h. 13'	5 h. 10'
15 id. ...	5 h. 00'	4 h. 56'

Coucher du Soleil.

| 1er mai... | 6 h. 47' | 6 h. 44' |
| 15 id. ... | 6 h. 00' | 7 h. 56' |

JUIN.

		CHRÉTIEN.	ISR.	MUS.
1	jeu.	Ascension.	29	28
2	ven.	s. Marcellin.	1 *Sivan.*	29
3	sam.	se Clotilde.	2	1 *Redjb.*
4	D.	s. Optat.	3	2
5	lun.	s. Nicanor.	4	3
6	mar.	s. Norbert.	5	4
7	mer.	s. Lycarion.	6	5
8	jeu.	s. Maximin.	7	6
9	ven.	s. Vindémial	8	7
10	sam.	se Marguerite	9	8
11	D.	Pentecôte.	10	9
12	lun.	s. Onuphre.	11	10
13	mar.	s. Ant. de P.	12	11
14	mer.	s. Cyrus.	13	12
15	jeu.	s. Florent.	14	13
16	ven.	s. Ferréol.	15	14
17	sam.	s. Bessarion.	16	15
18	D.	Trinité.	17	16
19	lun.	s. Boniface.	18	17
20	mar.	s. Silvère.	19	18
21	mer.	s. Louis de G	20	19
22	jeu.	Fête-Dieu.	21	20
23	ven.	se Agrippine	22	21
24	sam.	N. de s. J.-B.	23	22
25	D.	s. Gallican.	24	23
26	lun.	s Jean s. Paul	25	24
27	mar.	s. Sampson.	26	25
28	mer.	s. Plutarque	27	26
29	jeu.	s Pier. s Paul	28	27
30	ven.	Com. s. Paul	29	28

Phases de la Lune.

N. L. le 1er   P. L. le 16.
P. Q. le 8.   D. Q. le 24.
                          N. L. le 30.

Lever du Soleil.

	T. vrai.	T. moyen.
1er juin...	4 h. 49'	4 h. 46'
15 id. ...	4 h. 44'	4 h. 44'

Coucher du Soleil.

| 1er juin... | 7 h. 11' | 7 h. 08' |
| 15 id. ... | 7 h. 16' | 7 h. 16' |

CALENDRIER.

JUILLET.

		CHRÉTIEN.	ISR.	MUS.
1	sam.	s. Aaron.	30	29
2	D.	Vis. de N. D.	1	30
3	lun.	s. Tryphon.	2	1
4	mar.	s. Jocondien.	3	2
5	mer.	s^e Zoé.	4	3
6	jeu.	s. Tranquill.	5	4
7	ven.	s. Pantène.	6	5
8	sam.	s^e Elisabeth.	7	6
9	D.	s. Patermut.	8	7
10	lun.	s^e Félicité.	9	8
11	mar.	s. Pie.	10	9
12	mer.	s. J. Gualbert	11	10
13	jeu.	s. Eugène.	12	11
14	ven.	s. Bonavent.	13	12
15	sam.	s. Catulin.	14	13
16	D.	N-D. du M. C.	15	14
17	lun.	ss. Mart. Sci.	16	15
18	mar.	s. Aquillin.	17	16
19	mer.	s. Vinc. de P.	18	17
20	jeu.	s. Amable.	19	18
21	ven.	s^e Praxède.	20	19
22	sam.	s^e Marie Mad.	21	20
23	D.	s. Liboire.	22	21
24	lun.	s^e Christine.	23	22
25	mar.	s. Jacques.	24	23
26	mer.	s^e Anne.	25	24
27	jeu.	s. Pantaléon.	26	25
28	ven.	s. Innocent.	27	26
29	sam.	s^e Marthe.	28	27
30	D.	s^e Donatille.	29	28
31	lun.	s. Ignace.	Ab. 1	29

ISR: Thammous / Ab. — MUS: Chabán.

Phases de la Lune.
P. Q. le 9.   D. Q. le 23.
P. L. le 16.   N. L. le 30.

Lever du Soleil.
                    T. vrai.   T. moyen.
1er juillet .. 4 h. 44'   4 h. 47'
15 id. .. 4 h. 50'   4 h. 56'

Coucher du Soleil.
1er juillet .. 7 h. 16'   7 h. 19'
15 id. .. 7 h. 10'   7 h. 16'

AOUT.

		CHRÉTIEN.	ISR.	MUS.
1	mar.	s. Pierre ès l.	2	1
2	mer.	s. Rutile.	3	2
3	jeu.	Inv. s. Étien.	4	3
4	ven.	s. Dominique	5	4
5	sam.	s. Cantidius.	6	5
6	D.	La Transfig.	7	6
7	lun.	s. Cajetan.	8	7
8	mar.	s. Cyriaque.	9	8
9	mer.	s. Numidique	10	9
10	jeu.	s. Laurent.	11	10
11	ven.	s^e Digne.	12	11
12	sam.	s^e Claire.	13	12
13	D.	s. Cassien.	14	13
14	lun.	s. Démétrius	15	14
15	mar.	ASSOMPTION.	16	15
16	mer.	s. Alype.	17	16
17	jeu.	s. Libérat.	18	17
18	ven.	s^e Hélène.	19	18
19	sam.	s. Jules.	20	19
20	D.	s. Bernard.	21	20
21	lun.	s^e Françoise.	22	21
22	mar.	s. Hippolyte.	23	22
23	mer.	s. Victor.	24	23
24	jeu.	s. Barthélemi	25	24
25	ven.	s. Louis.	26	25
26	sam.	s. Zéphirin.	27	26
27	D.	s. Césaire.	28	27
28	lun.	s. Augustin.	29	28
29	mar.	Déc. s. J.-B	30	29
30	mer.	s^e Rose de L.	Eloul. 1	30
31	jeu.	s. Raymond.	2	Chaval. 1

ISR: Ramadhan. — MUS: Ramadhan / Chaval.

Phases de la Lune.
P. Q. le 7.   D. Q. le 21.
P. L. le 14.   N. L. le 28.

Lever du Soleil.
                    T. vrai.   T. moyen.
1er août ... 5 h. 02'   5 h. 08'
15 id. ... 5 h. 15'   5 h. 19'

Coucher du Soleil.
1er août ... 6 h. 58'   7 h. 04'
15 id. ... 6 h. 45'   6 h. 49'

CALENDRIER.

SEPTEMBRE.

		CHRÉTIEN.	ISR.	MUS.
1	ven.	s. Auguste.	3	2
2	sam.	s. Etienne.	4	3
3	D.	s. Aristée.	5	4
4	lun.	se Rosalie.	6	5
5	mar.	s. Laurent J.	7	6
6	mer.	s. Lætus.	8	7
7	jeu.	s. Jean.	9	8
8	ven.	Nat. de N. D.	10	9
9	sam.	se Dorothée.	11	10
10	D.	s. Némésien.	12	11
11	lun.	s. Hyacinthe.	13	12
12	mar.	s. Hiéronyme	14	13
13	mer.	s. Euloge.	15	14
14	jeu.	Exalt. se Cr.	16	15
15	ven.	s. Nicomède.	17	16
16	sam.	s. Cyprien.	18	17
17	D.	s. Justin.	19	18
18	lun.	se Sophie.	20	19
19	mar.	s. Janvier.	21	20
20	mer.	s. Eustache.	22	21
21	jeu.	s. Mathieu.	23	22
22	ven.	s Thom. de V	24	23
23	sam.	se Andrée.	25	24
24	D.	s. Paphnuce.	26	25
25	lun.	s. Firmin.	27	26
26	mar.	se Justine.	28	27
27	mer.	ss Côme et D.	29 Tissri 5609.	28 Doul-Ka'ada.
28	jeu.	s. Martial.	1	29
29	ven.	s. Fraterne.	2	1
30	sam.	s. Jérôme.	3	2

Phases de la Lune.

P. Q. le 5.   D. Q. le 19.
P. L. le 13. N. L. le 27.

Lever du Soleil.
                   T. vrai.   T. moyen.
1er septemb. 5 h. 52'   5 h. 52'
15 id.   5 h. 49'   5 h. 44'

Coucher du Soleil.
1er septemb. 6 h. 28'   6 h. 28'
15 id.   6 h. 11'   6 h. 06'

OCTOBRE.

		CHRÉTIEN.	ISR.	MUS.
1	D.	s. Remy.	4	3
2	lun.	ss Ang. Gard.	5	4
3	mar.	s. Maximien.	6	5
4	mer.	s. François.	7	6
5	jeu.	s. Placide.	8	7
6	ven.	s. Bruno.	9	8
7	sam.	s. Marc.	10	9
8	D.	se Brigitte.	11	10
9	lun.	s. Denis.	12	11
10	mar.	s. Eusèbe.	13	12
11	mer.	s. Sarmate.	14	13
12	jeu.	4976 Ms et C.	15	14
13	ven.	s. Edouard.	16	15
14	sam.	s. Calliste.	17	16
15	D.	se Thérèse.	18	17
16	lun.	s. Martinien.	19	18
17	mar.	s. Ninus.	20	19
18	mer.	s. Luc.	21	20
19	jeu.	s. Pierre d'Al	22	21
20	ven.	s. Georges.	23	22
21	sam.	s. Hilarion.	24	23
22	D.	s. Marc.	25	24
23	lun.	s. Séverin.	26	25
24	mar.	s. Septime.	27	26
25	mer.	s. Flavien.	28	27
26	jeu.	s. Quodvult.	29	28
27	ven.	s. Elisbaan.	30	29 Doul-Hadja.
28	sam.	s Sim. s Jude	1 Hechvan.	30
29	D.	s. Narcisse.	2	1
30	lun.	s. Vital.	3	2
31	mar.	s. Rogatien.	4	3

Phases de la Lune.

P. Q. le 5.   D. Q. le 19.
P. L. le 12. N. L. le 27.

Lever du Soleil.
                  T. vrai.   T. moyen.
1er octobre. 6 h. 07'   5 h. 57'
15 id.   6 h. 24'   6 h. 10'

Coucher du Soleil.
1er octobre. 5 h. 53'   5 h. 43'
15 id.   5 h. 36'   5 h. 22'

CALENDRIER.

NOVEMBRE.

CHRÉTIEN.		ISR.	MUS.
1 mer.	TOUSSAINT.	5	4
2 jeu.	s. Polien.	6	5
3 ven.	s. Hubert.	7	6
4 sam.	s. Charles B.	8	7
5 D.	s. Zacharie.	9	8
6 lun.	s. Balsame.	10	9
7 mar.	s. Achille.	11	10
8 mer.	s. Amaranthe.	12	11
9 jeu.	s. Oreste.	13	12
10 ven.	s. Annius.	14	13
11 sam.	s. Martin.	15	14
12 D.	s. Maurule.	16	15
13 lun.	s. Arcade.	17	16
14 mar.	s. Bertrand.	18	17
15 mer.	s. Prinnigène.	19	18
16 jeu.	s. Rufin.	20	19
17 ven.	s. Grégoire T.	21	20
18 sam.	s. Romain.	22	21
19 D.	se Elisabeth.	23	22
20 lun.	s. Félix de V.	24	23
21 mar.	Prés. N. D.	25	24
22 mer.	se Cécile.	26	25
23 jeu.	s. Clément.	27	26
24 ven.	s. Jean de la C.	28	27
25 sam.	se Catherine.	29	28
26 D.	s. Pierre d'A.	1	29
27 lun.	s. Virgile.	2	1
28 mar.	s. Papinien.	3	2
29 mer.	s. Saturnin.	4	3
30 jeu.	s. André.	5	4

(ISR.: Kisley. — MUS.: Almoharrem 1265.)

Phases de la Lune.
P. Q. le 4.   D. Q. le 17.
P. L. le 17.   N. L. le 25.

Lever du Soleil.
                T. vrai.   T. moyen.
1er novemb.   6 h. 42'   6 h. 26'
15 id.   6 h. 57'   6 h. 42'

Coucher du Soleil.
1er novemb.   5 h. 18'   5 h. 02'
15 id.   5 h. 03'   4 h. 48'

DÉCEMBRE.

CHRÉTIEN.		ISR.	MUS.
1 ven.	s. Natalique.	6	5
2 sam.	s. Candide.	7	6
3 D.	AVENT.	8	7
4 lun.	s. Pierre Chr.	9	8
5 mar.	s. Crispin.	10	9
6 mer.	s. Nicolas.	11	10
7 jeu.	s. Ambroise.	12	11
8 ven.	Conc. de N. D.	13	12
9 sam.	s. Urbain.	14	13
10 D.	s. Hermogène.	15	14
11 lun.	s. Damaze.	16	15
12 mar.	s. Epimaque.	17	16
13 mer.	se Lucie.	18	17
14 jeu.	s. Arsène.	19	18
15 ven.	s. Cécilien.	20	19
16 sam.	ses V. et M.	21	20
17 D.	se Victoire.	22	21
18 lun.	s. Privat.	23	22
19 mar.	s. Némèse.	24	23
20 mer.	IV TEMPS.	25	24
21 jeu.	s. Thomas.	26	25
22 ven.	s. Chérémon.	27	26
23 sam.	s. Eupore.	28	27
24 D.	s. Téotine.	29	28
25 lun.	NOEL.	30	29
26 mar.	s. Etienne.	1	30
27 mer.	s Jean.	2	1
28 jeu.	ss. Innocens.	3	2
29 ven.	s. Thom. de C.	4	3
30 sam.	s. Mansuétus.	5	4
31 D.	s. Sylvestre.	6	5

(ISR.: Tebeth. — MUS.: Safr.)

Phases de la Lune.
P. Q. le 3.   D. Q. le 17.
P. L. le 10.   N. L. le 25.

Lever du Soleil.
                T. vrai.   T. moyen.
1er décemb..   7 h. 09'   6 h. 58'
15 id......   7 h. 15'   7 h. 10'

Coucher du Soleil.
1er décemb.   4 h. 51'   4 h. 40'
15 id ...   4 h. 45'   4 h. 40'

NOTA. — L'année 1848 correspond avec l'année 5608 des Hébreux et avec l'année 1264 des Arabes.

ADMINISTRATION DES POSTES.

Départs des courriers d'Alger.

Pour MARSEILLE : les 5, 10, 15, 20, 25 et 30. — Dernière levée des lettres au Bureau, 10 heures 1/2 du matin. — Départ, midi.

Pour TOULON : les 3, 13 et 23. — Dernière levée, 10 heures 1/2 du matin. — Départ, midi.

Pour CETTE : les 7 et 22. — Dernière levée, 2 heures 1/2 du soir. — Départ, 4 heures du soir.

Pour ORAN : *tous les mardis.* — Dernière levée, 6 heures 1/2 du soir. — Départ, 8 heures du soir.

Pour BONE : les 1er, 11 et 21. — Dernière levée, 6 heures 1/2 du matin. — Départ, 8 heures du matin.

Pour BLIDAH, BOUFFARIK, COLÉAH et DOUÉRA : *tous les jours.* — Dernière levée, 5 heures du matin. — Départ, 6 heures du matin.

Pour AUMALE, BOGHAR et MÉDÉAH : *tous les jours pairs* en été, et *impairs* en hiver. — Dernière levée, 5 heures du matin. — Départ, 6 heures du matin.

Pour MILIANA et TENIET-EL-HAAD : *tous les trois jours*, 1, 4, 7, etc. — Dernière levée, 5 heures du matin. — Départ, 6 heures du matin.

Pour DÉLY-IBRAHIM, CHÉRAGAS, DRARIAH, EL-ACHOUR, OULED-FAYET, SAOULA et STAOUELI : *tous les jours.* — Dernière levée, 5 heures du matin. — Départ, 6 heures du matin.

Facteurs ruraux.

Pour l'AGA et pour MUSTAPHA : *tous les jours.* — Dernière levée, 5 heures du matin.

Pour HUSSEIN-DEY, KOUBA, BIRMANDRAIS, BIRKADEM, EL-BIAR, BOUDJARÉAH et la POINTE-PESCADE : *tous les deux jours.* — Dernière levée, 5 heures du matin.

Pour la MAISON-CARRÉE et le FONDOUCK : *tous les quatre jours.* — Dernière levée, 5 heures du matin.

Les facteurs ruraux rentrent au bureau vers 4 heures du soir.

POSTES.

Arrivées des courriers à Alger.

De MARSEILLE : les 2, 7, 12, 17, 22 et 27.
De TOULON : les 9, 19 et 29.
De CETTE : les 4 et 19.
D'ORAN : *tous les lundis.*
De BONE : les 8, 18 et 28.
De BLIDAH : *tous les jours*, à midi.
De MÉDÉAH : *tous les deux jours*, à midi.
De MILIANA : *tous les trois jours*, à midi.
DÉLY-IBRAHIM : *tous les jours*, à midi.

Distribution des lettres en ville.

La distribution des Courriers de France a lieu les 2, 9, 19, 29, une heure 1/2 après l'arrivée des dépêches au Bureau. — Et les 7, 17 et 27, trois heures après.

Trois distributions sont faites, *tous les jours*, à 8 heures du matin, à midi et à 2 heures du soir.

Affranchissements.

La clôture des affranchissements a lieu pour la France, à 9 heures 1/2 du matin : pour toute l'Algérie, à 5 heures du soir. — L'affranchissement est facultatif pour tout le continent. — L'affranchissement est obligatoire pour l'Espagne, le Portugal, l'Asie, l'Afrique (l'Algérie, Tunis et Tanger, exceptés), l'Amérique, et toutes les îles, colonies et pays d'outre-mer.

Lettres chargées et lettres recommandées.

Les lettres chargées, c'est-à-dire les lettres dont on demande à la Poste la formalité du chargement, doivent être présentées sous enveloppe, fermées sur tous les plis par des cachets en cire fine avec empreinte. Ces lettres payent une taxe double et doivent toujours être affranchies. L'Administration accorde 50 francs d'indemnité, en cas de perte.

Les lettres recommandées sont soumises aux mêmes formalités que les lettres chargées : elles ne payent que la taxe ordinaire, et l'affranchissement en est facultatif. L'administration n'accorde aucune indemnité en cas de perte.

Poste restante et réclamations.

Le guichet est ouvert tous les jours, de 8 heures du matin à 6 heures du soir. — Les lettres poste restante ne sont remises que sur le vu des pièces constatant l'identité du réclamant.

Payement des articles d'Argent.

Tous les jours (le dimanche excepté), de 8 heures du matin à 10 heures, et de midi à 5 heures du soir.

Même formalité pour constater l'identité du destinataire.

Renseignements à demander aux facteurs.

Le public trouvera les Facteurs au Bureau, *tous les jours*, de 11 heures 3/4 à midi, et de 1 heure 3/4 à 2 heures du soir.

Trésor.

La caisse des payements est ouverte tous les jours, les Dimanches exceptés, de 8 à 10 heures du matin et de midi à 4 heures du soir.

La caisse des recettes se ferme une heure plus tôt dans la séance du soir.

Les traites du Trésor sont délivrées tous les jours aux mêmes heures que pour la caisse des recettes.

SERVICE DES NAVIRES A VAPEUR DE L'ÉTAT.

De TOULON à ALGER, et *vice versâ*, Traversée en 44 heures. — Départ de Toulon : les 7, 17 et 27, à midi ; — d'Alger, les 3, 13 et 23, à midi. — *Prix des places* : Avec cabine, 105 fr. — Sur le pont, 73 fr. 50 c.

D'ALGER à BONE, Traversée en 48 heures. — Par *Dellys, Bougie, Gigelly, Philippeville*, en 48 heures. — On s'arrête une heure dans chacun de ces ports. — Départs : les 1er, 11 et 21, à 8 heures du matin. — *Prix des places* : Pour *Dellys*, 12 fr. 60 c. et 8 fr. 40 c. — Pour *Bougie*, 23 fr. 10 c. et 15 fr. 75 c. — Pour *Gigelly*, 34 fr. 65 c. et 23 fr. 10 c. — Pour *Philippeville*, 46 fr. 20 c. et 30 fr. 50 c. — Pour *Bône*, 58 fr. 80 c. et 38 fr. 85 c.

De BONE à ALGER, Traversée en 50 heures. — On séjourne à Philippeville, 3 heures ; à *Gigelly, Bougie* et *Dellys*, 1 heure. — Départs : les 5, 15 et 25, à 8 heures du soir. — *Prix des places* : Voir ci-dessus le service d'Alger à Bône.

D'ALGER à ORAN, Traversée en 46 heures. — On s'arrête à *Cherchel*, 1 heure ; à *Ténès*, 2 heures ; à *Mostaganem*, 4 heures ; à

Arzew, 1 heure. — Départs : les mardis, à 8 heures du soir. — *Prix des places :* Pour *Cherchel*, 12 fr. 60 c. et 8 fr. 40 c.—Pour *Ténèz*, 22 fr. 50 c. et 14 fr. 70 c. — Pour *Mostaganem*, 37 fr. 80 c. et 25 fr. 20 c. — Pour *Arzew*, 44 fr. 10 c. et 29 fr. 40 c. — Pour *Mers-el-Kébir* (*Oran*), 50 fr. 40 c. et 33 fr. 60 c.

D'ORAN à ALGER, Traversée en 40 heures. — On séjourne à *Arzew*, 1 heure ; à *Mostaganem*, 2 heures ; à *Ténèz* et à *Cherchel*, 1 heure. — Départ : les samedis, à 8 heures du soir. *Prix des places :* Voir ci-dessus le service d'Alger à Oran.

Avis.

1°. Les places à bord des paquebots de l'État se délivrent au Bureau de la Poste.

2°. Les passagers et les colis ne seront reçus à bord des paquebots que lorsque les états d'embarquement auront été visés par l'autorité maritime.

3°. Dans chaque localité, les passagers et les colis arrivant, sont transportés à terre par les soins du Directeur du port.

BATEAUX A VAPEUR DE LA COMPAGNIE BAZIN ET PÉRIER

(de Marseille)

Pour l'Algérie et Tunis.

S'adresser : à *Marseille, rue Canebière*, 33 ; à *Alger, rue des Consuls.*

De MARSEILLE à ALGER, et *vice versâ*. Traversée en 48 heures. — Départs des deux villes, les 5, 10, 15, 20, 25 et 30, à midi. — *Prix des places :* 80 fr., 60 fr., 35 fr.

De MARSEILLE à ORAN, et *vice versâ*. Traversée en 60 heures. — Départs de *Marseille*, les 3 et 18, à midi ; d'*Oran*, les 10 et 25 à midi. — *Prix des places :* 125 fr., 100 fr., 60 fr.

De MARSEILLE à TUNIS, Par Stora et Bone, Traversée en 7 jours. — Départs de *Marseille*, les 8 et 23, à midi ; — de *Stora*, les 12 et 27, à 8 heures du soir ; — de *Bône*, les 14 et 29, à 6 heures du matin. — *Prix des places :* De *Marseille* à *Stora*, 115 fr., 90 fr., 55 fr. ; — à *Bône*, 125 fr., 100 fr., 60 fr. ; — à *Tunis*, 150 fr., 120 fr., 75 fr. ; — de *Stora* à *Bône*, 15 fr., 10 fr., 6 fr. ; — à la *Calle*, 25 fr.,

15 fr., 10 fr.; — à *Tabarque*, 30 fr., 20 fr., 12 fr.; — à *Tunis*, 60 fr., 40 fr., 25 fr.; — de *Bône* à la *Calle*, 10 fr., 6 fr. 50 c., 4 fr.

De TUNIS à MARSEILLE, Traversée en 7 jours. — Départs de *Tunis*, les 4 et 19 à midi; — de *Bône*, les 6 et 21, à 8 heures du soir; — de *Stora*, les 8 et 23, à midi. — *Prix des places* : De *Tunis* à *Tabarque*, 30 fr., 18 fr., 12 fr.; — à la *Calle*, 35 fr., 22 fr., 15 fr.; — à *Bône*, 45 fr., 30 fr., 19 fr.; — à *Stora*, 60 fr., 40 fr., 25 fr.; — à *Marseille*, 150 fr., 120 fr., 75 fr.; — de *Bône* à *Stora*, 15 fr., 10 fr., 6 fr.

BATEAUX A VAPEUR DE CETTE A ALGER

et vice versâ.

Traversée en 40 heures.

Départs de *Cette*, le 2 et le 17 de chaque mois, à 4 heures du soir; — d'*Alger*, le 7 et le 22, à 4 heures du soir; — *Prix des places* : 80 fr., 60 fr., 35 fr.

L'Administration des Postes ne remet encore aux bateaux de Cette que les lettres de cette destination à Alger, et d'Alger à destination de Cette. Néanmoins ils sont autorisés à recevoir à leur bord les lettres pour toute destination qui seront déposées une heure et demie avant celle du départ dans une boîte placée à la Marine, à Alger.

MESSAGERIES GÉNÉRALES.

Service d'Alger à Blidah, et vice versâ.

Départs d'*Alger* et de *Blidah*, à 6 heures du matin; 7 heures 1/2 du matin; 1 heure du soir; 3 heures du soir. — *Prix des places* : Berline ou Banquette, 6 fr.; Coupé, 8 fr. — Trajet en 4 heures 1/2. — Par *Birkadem*, la *plaine*, *Bouffarick*, *Beni-Mered*. — Bureau.

L'ALGÉRIE
EN 1848.

CHAPITRE PREMIER.

Description sommaire de l'Algérie.

LIMITES.

L'Algérie s'étend, de l'est à l'ouest, sur la côte septentrionale du continent de l'Afrique. Elle est bornée au nord par la mer Méditerranée; à l'est, par la régence de Tunis; à l'ouest, par l'empire de Maroc; au sud, par le désert du Sahara.

Du côté de Tunis, les limites des deux États ont été réglées par des conventions spéciales entre le commandant supérieur de la province de Bône et des officiers du Bey.

Il en est de même à l'égard du Maroc. Le traité du 18 mars 1845, conclu par M. le général De La Rue et les ambassadeurs de Muley-Abd-er-Rahman, a fixé d'une manière précise la frontière des deux territoires;

cette frontière, c'est la rivière de la Moulouïa (l'ancienne Moulucha), prolongée jusqu'au désert par une ligne dont les points principaux ont été déterminés géographiquement.

Mais au sud, l'Algérie n'a point de limites précises, et l'on peut même dire que ces limites se reculeront, suivant que les convenances de notre politique ou de notre commerce pourront l'exiger. Nous ne trouvons, en effet, sur cette frontière du désert, aucun chef, aucune population même, assez importante, pour pouvoir conclure des traités réguliers, comme on vient de voir que cela avait eu lieu pour l'est et pour l'ouest.

En l'état, et puisque l'on ne peut encore s'arrêter à aucune donnée bien positive, il convient de considérer provisoirement, comme limites de l'Algérie du côté du Sahara, les points extrêmes où nos colonnes ont pénétré, et sur lesquels notre autorité est reconnue.

Ces points sont :

Pour la province d'Alger :

Le Djebel-Amour et Aïn-Madhi, situés par le 34e degré de latitude ;

Pour la province de Constantine (1) :

Biskara, situé par le 35e degré de latitude ;

---

(1) Pendant le cours de cet été, des relations ont été établies avec l'oasis de Tuggurt, qui est à 280 kilomètres de Biskara, et, par conséquent à 480 kilomètres de la mer. Ben-Djella, le chef actuel de cette population, a reconnu la souveraineté de la France et envoyé quelques présents, comme marque de soumission. Mais cela est encore trop précaire pour pouvoir y attacher une importance sérieuse.

Pour la province d'Oran (1) :

Le pays des Oulid-Sidi-Chigr, situé par le 33ᵉ degré de latitude.

Les espaces qui s'étendent au-delà nous sont encore à peu près inconnus. L'excellent ouvrage de MM. Daumas et Chancel sur les tribus sahariennes fournit sans doute des indications dans lesquelles on peut avoir toute confiance ; mais ce n'est encore là, à vrai dire, qu'une question de curiosité, et si l'on veut, de politique, et notre *Annuaire* n'a pas à s'en occuper.

ÉTENDUE

Cela posé, rien de plus facile que de déterminer exactement l'étendue de l'Algérie *actuelle*.

On vient de voir que les limites sud des trois provinces devaient être portées :

Pour celle d'Alger . . . . au 34° latitude.
Pour celle de Constantine . . . . au 35°   »
Pour celle d'Oran . . . . au 33°   »

Au NORD, la mer qui forme limite, et la côte qu'elle baigne, présentent l'aspect d'une ligne presque droite, et située sous le 37ᵉ degré de latitude, ou peu s'en faut.

Ainsi, Alger est sous le 37° ;
Bône et Philippeville (province de Constantine), 37° ;
Oran, 36° 30.

---

(1) Le récit d'une expédition de M. le général Renault, inséré dans l'*Akhbar* du 15 juin, fait mention d'une razia faite à 140 kilomètres au sud de Berzina, l'un des principaux bourgs des Oulid-Sidi-Chigr : si ce chiffre est exact, cette colonne aurait pénétré jusqu'au 32ᵉ degré, c'est-à-dire à 400 kilomètres d'Oran.

D'où il résulte que, du nord au sud, l'Algérie occupe une longueur moyenne d'environ 3 degrés du méridien, c'est-à-dire de 350 kilomètres.

Mais dans la direction de l'est à l'ouest, les distances sont bien plus considérables.

Les points extrêmes sont :

A l'est, le cap Roux ;

A l'ouest, le cap Milonia ;

Situés, le premier à 540 kilomètres est d'Alger ;

Le deuxième, à 480 kilomètres ouest d'Alger ;

Soit 1,020 kilomètres lesquels multipliés par le chiffre représentant la distance du nord au sud, c'est-à-dire 350 kilomètres environ, donnent à l'Algérie une surface de 378,000 kilomètres ; ce qui forme une superficie égale, ou peu s'en faut, aux QUATRE CINQUIÈMES DE CELLE DE LA FRANCE (1).

CONFIGURATION.

L'Algérie, prise dans son aspect général, présente la figure d'un rectangle dont la mer Méditerrannée, par une disposition avantageuse au pays, forme l'un des grands côtés ; le grand désert du Sahara, ou, comme l'appellent les Arabes, la Mer de Sable, forme

---

(1) M. Carette, dans l'*Atlas de l'Algérie*, dont nous avons déjà parlé dans notre avant-propos, porte cette même étendue à 390,000 kilomètres. On comprend combien une différence, même importante, peut se produire dans des évaluations tout-à-fait arbitraires, et avec des limites aussi incertaines : ainsi M. Carette compte l'oasis des Beni-Mzab, que nous ne pouvons encore comprendre dans le territoire algérien.

l'autre ; et les frontières de Tunis et de Maroc, les deux côtés les moins étendus.

Au nord, et sur une profondeur moyenne d'environ 120 kilomètres, règne de l'est à l'ouest une zône montagneuse que nous appellerons zône du littoral: c'est là qu'il faut placer la chaîne du petit Atlas, ou du moins ce que dans les anciennes géographies on appelait ainsi; car maintenant que le pays nous est mieux connu, on ne saurait donner ce nom de chaîne à ce massif de montagnes de médiocre hauteur, aux pentes abruptes, souvent même taillées à pic comme des murailles (1), et qui projettent leur groupes tantôt vers le sud, tantôt vers le nord, tantôt se rapprochent de la mer, tantôt se choquent, sans jamais présenter ce caractère de régularité majestueuse et cette direction fixe et constante que nous offrent les Alpes, les Pyrénées et les grandes chaînes des autres continents.

On vient de dire que ces montagnes étaient d'une médiocre élévation ; voici, en allant de l'est à l'ouest, les noms, la position des pics les plus considérables et la hauteur de ceux que l'on a pu reconnaître.

MONTAGNES.

L'Edoug, près de Bône............ 970^m.
Le Grand Babour, entre Djidjelli et Bougie: 1,660
Le Guérioun (60 kilomètres sud de Constantine)............................. 1,720

(1) .... apicem et latera ardua duri
Atlantis....... (VIRGILE.)

Le Bou-Thaleb (40 kilomètres sud de Sétif). 1,320
Le Dira (entre Dellys et Bousada)...... »
Le Jurjura (entre Alger et Bougie, 40 kilomètres nord du poste d'Aumale)..... 2,100
Le Mouzaïa (60 kilomètres au sud d'Alger). 1,400
Le Zakkar, près Miliana........... 1,560
L'Ouarencenis (dont les contreforts sont enveloppés par le Chélif).......... »
Le Chareb-er-Rich (*Lèvre du Vent*, près Mascara); il sépare la vallée du Chélif de celle de l'Habra.............. »
Le Chenouan (près Cherchel)......... 910
Le Sidi-Moussa (dans le Dahra, entre Ténès et Mostaganem)............... »
Le Karkar ou *Montagne des Lièvres* (entre Arzew et Oran)............... »
Le Mediouna (entre Oran et la Tafna)... »
Le Trara (près Nemours)........... »
Le Djebel-Anas (40 kilomètres sud-est de Tlemcen)................... »

PLAINES.

Quoique généralement montagneuse et ravinée, cette zône renferme cependant quelques plaines assez étendues; nous citerons, par exemple, comme déjà connues :

La plaine de Bône ;
La plaine de la Medjana ;
La plaine de la Mitidja;
La plaine du Chélif;
La plaine d'Oran.

RIVIÈRES, COURS D'EAU, ETC.

On comprend qu'avec un système de montagnes de médiocre hauteur, et avec une température nécessairement fort élevée, par suite du rapprochement de la ligne équatoriale, le régime des eaux en Algérie ne pouvait être qu'incomplet et insuffisant; à l'exception du Jurjura, qui conserve ses neiges jusqu'au commencement de l'été, elles disparaissent sur tous les autres pics dès les premiers jours du printemps, et sur la plupart d'entre eux, elles ne sont même pas constantes pendant l'hiver; le vent du midi les dissipe facilement.

L'Algérie n'a donc point de grands fleuves, mais seulement un grand nombre de ruisseaux, qui grossissent subitement à la faveur des pluies torrentielles de l'hiver, et tarissent en été. On cite seulement quelques rivières dont nous allons de suite indiquer le nom et décrire brièvement le cours.

Ce sont (toujours en allant de l'est à l'ouest):

La *Seybouse*. — Ses principaux affluents sont l'Oued-Zenati et l'Oued-Cherf qui prend sa source dans le pays des Hannenchas.

Ces deux ruisseaux se réunissent près de Mdjès-Amar, un peu au-dessus de Guelma; c'est là que la rivière prend le nom de Seybouse. A partir de ce point, elle se dirige du sud au nord, et se jette dans la mer près de Bône. A son embouchure, elle a environ 100 mètres de largeur; de légères embarcations peuvent la remonter l'espace de deux lieues.

Le *Rummel*. — Il prend sa source dans les montagnes qui bordent la plaine des Abd-el-Nour, 40 kilomètres est de Sétif, et reçoit le Bou-Merzoug, un peu au-dessus de Constantine; de là, il se dirige du sud au nord à travers le pays montagneux compris entre Collo et Djidjelli. Ces montagnes habitées par des Kabyles n'ont pas encore été traversées par nos colonnes, en sorte que le cours du Rummel inférieur, qui devient alors l'Oued-el-Kebir, n'est pas bien connu.

La Rivière de Bougie, autrement *Oued-bou-Messaoud* (1). — Elle prend sa source dans les montagnes qui séparent la province de Constantine de celle d'Alger, au-dessus du célèbre passage des Bibans : elle coule d'abord du sud au nord ; puis, après avoir reçu divers affluents dont le principal est l'Oued-Attif, elle se détourne à l'est et se jette dans la mer près de Bougie, après avoir traversé pendant l'espace d'environ 80 kilomètres une vallée d'une admirable fertilité. C'est celle que nos troupes ont suivie lors de la dernière expédition sur Bougie.

L'Isser. — Il se jette dans la mer, au-dessus du cap Djinet, à six lieues de Dellys. C'est un ruisseau peu important par le volume de ses eaux ; les vallées qu'il arrose sont d'une grande fertilité.

L'Harrach. — Il descend des montagnes voisines de Médéah, traverse dans toute sa largeur la partie orientale de la plaine de la Mitidja, et rejeté par les collines du Sahel, dont il reçoit les eaux par sa jonction avec

---

(1) Elle porte encore plusieurs autres noms qu'il serait inutile de rapporter.

l'Oued-Kerma, va se jeter dans la rade d'Alger, à 8 kilomètres est de cette ville. Nulle part cette rivière n'est navigable; mais il serait important d'en aménager les eaux pour l'irrigation.

Le *Mazafran*. — Il ne prend ce nom que deux lieues au-dessus de son embouchure; il est formé par la réunion de la Chiffa, du Bou-Roumi et de l'Oued-Jer, qui viennent, la première des montagnes situées au sud de la plaine, les deux autres des montagnes qui la terminent à l'ouest.

Le Mazafran n'est, à proprement parler, que le canal nécessaire pour l'écoulement des eaux de la partie occidentale de la plaine de la Mitidja. Il entre dans la mer, un peu au-dessus de la fameuse baie de Sidi-Ferruch, par une vallée bien boisée et aussi pittoresque que fertile.

A vrai dire, l'Harrach et le Mazafran ne méritent d'être cités qu'à cause de leur voisinage d'Alger, qui leur a valu une sorte de célébrité.

Le *Chélif*. — C'est la seule rivière d'Algérie, digne de ce nom. Son cours présente un développement de plus de 500 kilomètres, et mérite une description plus détaillée.

On lui assigne pour point de départ un lieu nommé *Sebaïn-Aioun* (les soixante-dix fontaines), à 120 kilomètres au sud du cap Ténès.

Ces *soixante-dix fontaines* sont situées au pied du plateau des Sersous : de ce point, le Chélif, qui porte alors le nom de *Nahar-Ouassel* (le fleuve naissant), coule de l'ouest à l'est pendant l'espace d'environ 15 lieues; là, il tourne brusquement et se dirige du sud au nord. Mais une fois arrivé dans le système de montagnes qui se trouvent entre Médéah et Miliana, il change encore une fois sa direction, prend celle de l'est à l'ouest, qu'il ne quitte plus; passe à Orléanville, position importante que nous occupons depuis quatre ans; traverse une riche plaine à laquelle il a donné son nom, et va se jeter dans la mer entre le cap Ivi et Mostaganem.

Nulle part, si ce n'est à quelques lieues au-dessus de son embouchure, le Chélif n'est navigable; mais peut-être, dans un avenir qu'il est permis d'entrevoir, serait-il possible de le canaliser, ou du moins, en combinant ses eaux avec celles de l'Oued-Rouina, de l'Oued-Mina et de ses autres affluents, de le constituer, au moyen de barrages successifs, en canal d'irrigation. La plaine que nous venons de citer prendrait alors une valeur immense. Ce serait là assurément un soin digne de la grande nation qui a tenté de rendre à la civilisation le nord de l'Afrique.

Après le Chélif viennent, toujours en suivant le littoral :

1° La rivière de la *Macta*, formée par la réunion de l'Habra et du Sig;

2° La *Tafna*, dont le cours sinueux et irrégulier présente un développement de plus de 400 kilomètres; elle prend sa source dans la région dite des Hauts-Plateaux, non loin du poste-magasin de Zebdou, se dirige d'abord à l'ouest, vers Lalla-Maghrnia, sur la frontière du Maroc; puis revient à l'est, et enfin tourne au nord pour aller se jeter dans la mer, en face l'île de Rachgoun;

3° La *Moulouïa* (l'ancienne Moulucha). Cette rivière, placée un peu au-delà de la ligne conventionnelle qui sépare l'Algérie du Maroc, doit néanmoins être considérée comme la limite naturelle des deux États; mais elle appartient en réalité à l'empire du Maroc, et nous devons nous borner à la mentionner.

Ces rivières, ainsi que leurs affluents et tous les cours d'eau que l'on rencontre en Algérie, sont soumis à une loi générale et présentent un aspect uniforme. Ce sont, d'ordinaire, des torrents très-encaissés, que les pluies d'orage (et il n'y a guère en Algérie que des pluies d'orage) font grossir presque instantanément, mais qui se tarissent presque aussi vite, et qui n'offrent presque tous, en été, qu'un lit de gravier ou de pierres irrégulièrement amoncelées, semées çà et là de quelques flaques d'eau, et ombragées de touffes de lauriers-roses.

ZÔNES SAHARIENNES.

Au-delà de cette zône montagneuse du littoral, dont nous venons d'esquisser l'aspect général et les circonstances les plus remarquables, et parallèllement à elle, c'est-à-dire de l'est à l'ouest, depuis la frontière de Tunis jusqu'à celle du Maroc, règne une autre zône plus large que la première, et formée d'une série d'immenses plaines.

La géographie de cette zône, qui n'a été encore traversée que de loin en loin, et depuis peu d'années, par nos colonnes, n'est pas encore bien connue; nous emprunterons à un opuscule (1) publié en 1847, par MM. Carette et Warnier, les détails qui suivent et qui nous paraissent résumer de la manière la plus complète les notions que nous possédons aujourd'hui sur cette partie du territoire algérien.

« Ici, disent ces auteurs, et contrairement à ce qui existe dans la zône du littoral, les eaux captives ne trouvent plus d'issue à la Méditerranée ; elles s'écoulent par des pentes douces, vers de grands lacs salés appelés *Chott* ou *Sebkha*, qui occupent le fond des plaines.

Le Chélif fait seul exception à cette règle, en ce qu'il traverse à la fois et la zône plane de l'intérieur, et le bourrelet montueux du littoral.

Cette série de bassins fermés, larges et plats, en y joignant la vallée supérieure du Chélif, détermine cinq régions que les indigènes désignent par les noms suivants :

1° Les Sbakh ;
2° Le Hodna ;
3° Le Zarez ;
4° Le Sersou ;
5° Les Chott.

La plaine des Sbakh s'étend entre les montagnes d'où sort le Medjerda (rivière de Tunis), et le plateau

---

(1) *Description et division de l'Algérie*, par MM. Carette et Warnier, brochure grand in-18, servant de texte explicatif à une *Carte topographique de l'Algérie*, dressée par M. L. Bouffard, sur les documents les plus récents. Prix de la carte, accompagnée de la brochure : 2 fr. 50 c., à la librairie centrale de la Méditerranée, rue de la Marine, n° 117, à Alger.

de la Medjana, d'où sort le Bou-Sellam (rivière de Sétif et de Bougie). Elle comprend une série de petits lacs salés, adossés aux trois plateaux de la Seybouse, du Rummel et du Bou-Sellam.

Le Hodna est la grande plaine formée par le lac salé de Msila.

Le Zarez est la plaine formée par les deux lacs salés du même nom.

Le Sersou est la plaine traversée par le Haut-Chélif.

La plaine des Chott est celle que déterminent les deux lacs salés désignés sous les noms de Chott-el-Chergui (Chott de l'est), et Chott-el-Gharbi (Chott de l'ouest), à l'extrémité occidentale de nos possessions.

La seconde zône, quoique formée en général de vastes plaines, est cependant traversée par quelques montagnes qui marquent la séparation des bassins. Les principales exceptions de ce genre sont :

Le massif du Bellezma, entre la plaine des Sbakh et celle du Hodna ;

La chaîne de Seba-el-Khider,, entre le Zarez, le Sersou et le Hodna ;

La chaîne du Nadour, entre le Sersou et les Chott.

L'horizon de cette vaste région plane est borné au sud par un long rideau de montagnes, tendu encore de la frontière orientale à la frontière occidentale de l'Algérie.

Les principales masses de ce second bourrelet sont :

Le Djebel-Aurès, au sud des Sbakh ;

Le Djebel-bou-Kahil, au sud du Hodna ;

Le Djebel-Sahari, au sud du Zarez ;

Le Djebel-Amour, au sud du Sersou ;

Le Djebel-Ksan et le Djebel-Roundjaïa, au sud des Chott. »

La réunion de ces deux zônes forme le territoire que l'on peut actuellement assigner à notre état algérien.

DIVISION GÉOGRAPHIQUE.

Deux causes faciles à concevoir, la distribution des eaux, combinée avec l'influence des latitudes, établissent une différence considérable entre ces deux zônes : de là est venue cette division aujourd'hui bien connue de l'Algérie en deux parties : le Tell, région des céréales, et le Sahara, région des palmiers. Ces deux dénominations, qui leur ont été données par les indigènes, remontent sans doute à un temps immémorial, bien qu'aucun monument ancien ne nous indique que cette division fût adoptée ou même connue des Romains (1).

On conçoit qu'il est impossible de déterminer une limite exacte entre ces deux zônes. Il n'y a pas un point précis où finit le Tell, où commence le Sahara : tantôt c'est le Tell qui se prolonge dans le Sahara, au moyen d'un oasis ou de quelque montagne détachée de la chaîne principale, comme cela a lieu pour les monts Aurès; tantôt c'est le Sahara qui projette dans le Tell ses plaines arides et brûlées par les vents.

Quoi qu'il en soit de cette démarcation, et de l'impossibilité où l'on est de la fixer d'une manière absolue, elle n'est pas moins très-importante à faire observer; c'est la clé du pays. Le Tell produisant les céréales,

---

(1) Le docteur Shaw, dont l'ouvrage remonte juste à un siècle, indique très-nettement ces noms du Tell et du Sáhara, et expose de la manière la plus positive les idées que nous y attachons maintenant.

et le Sahara n'en produisant point, l'un est dans la dépendance forcée de l'autre.

La possession forte et paisible de la zône du Tell est donc la chose qui nous importe le plus; car c'est cette zône qui, par la fertilité des terres, par l'abondance des eaux, par la salubrité du climat, par sa contiguité avec la mer qui la baigne dans toute sa longueur, présente le plus d'avantage et de facilité pour l'établissement de la population européenne. A vrai dire, et d'ici à de longues années, elle est pour nous l'Algérie tout entière, et les efforts continuels que nous avons dirigés pour établir notre domination sur la deuxième zône, ne s'expliquent et ne se justifient même que par l'impossibilité d'assurer, par une autre voie, la sécurité des établissements que nous possédons déjà ou que nous voulons fonder dans la première : en d'autres termes, nous ne pouvons être maîtres en-deçà, qu'à condition de l'être au-delà; telle est du moins la politique suivie dans ces derniers temps, et que le succès a consacrée. Sans doute, il viendra un jour où la race européenne, devenue libre et nombreuse dans le Tell, cherchera à pénétrer dans la zône saharienne, comme l'ont fait, il y a quinze siècles, les colonies romaines. Reste à savoir si le climat de ces contrées et le voisinage trop immédiat du Grand-Désert ne présenteront pas à ces tentatives d'insurmontables obstacles; véritable problème dont la solution est réservée à l'avenir.

CLIMAT. — TEMPÉRATURE.

Le désert d'une part, de l'autre le voisinage de la

mer, et enfin le massif de montagnes qui forment la première zône dont nous avons parlé plus haut, exercent, sur le climat de l'Algérie, des influences diverses, que l'on ne pourra apprécier exactement qu'avec le temps et après des observations répétées sur les différents points que nous occupons, soit sur le littoral, soit dans l'intérieur ou à l'extrémité du Tell. Voici toutefois des données générales et que l'on peut regarder comme positives.

Le climat de l'Algérie (nous entendons par là le climat du Tell) ne présente pas une différence bien sensible avec celui de la partie la plus méridionale de la Provence, ni avec celui de l'Italie méridionale; peut-être même, sauf quelques jours d'été et d'automne pendant lesquels souffle le vent du Désert, peut-être est-il moins chaud que la côte-sud d'Espagne; c'est du moins l'opinion de plusieurs personnes qui ont habité long-temps l'un et l'autre pays.

L'époque de l'année où la température est d'ordinaire la plus basse, c'est à la fin de février ou au commencement de mars; elle descend alors à 8 et même 6 degrés au-dessus du zéro. A partir de cette époque, elle s'élève constamment par une gradation régulière jusqu'au mois de juillet. Pendant ce mois et celui d'août elle reste à peu près stationnaire; puis, vers la mi-septembre, elle descend continuellement jusqu'à l'époque ci-dessus indiquée.

Un tableau, inséré dans les documents officiels publiés par le département de la guerre, présente les observations suivantes, relevées à la direction du port d'Alger, à l'heure de midi :

MOIS.	Hauteur moyenne du thermomètre. (RÉAUMUR.)	Plus grande hauteur du thermomètre. (RÉAUMUR.)	Moindre hauteur du thermomètre. (RÉAUMUR.)
Janvier.........	14°	16°	10°
Février	15°	16°	9°
Mars.........	11°	14°	8°
Avril.........	15°	18°	11°
Mai..........	17°	19°	16°
Juin	19°	24°	16°
Juillet	23°	25°	22°
Août	24°	25°	22°
Septembre.....	22°	25°	19°
Octobre	18°	21°	14°
Novembre.....	15°	17°	14°
Décembre	15°	17°	13°

Des résumés semblables d'observations, faites ailleurs avec toute l'exactitude désirable, présentent des résultats identiques ; nous entendons par là des résultats moyens : car on pourrait citer bien des exemples de chaleurs plus intenses et de froids plus rigoureux que ceux dont on vient de parler. Ainsi, nos colonnes ont souvent éprouvé, dans leurs marches, des chaleurs que le vent du sud rendait certainement égales à celles des Indes ou de l'Afrique centrale. D'un autre côté, on

2

a vu, dans les montagnes voisines de Sétif, 200 hommes périr du froid en une nuit. Mais ce sont là des exceptions, des accidents qui ne sauraient établir la température réelle d'un pays.

Il est d'ailleurs un genre de démonstration qui, mieux que les observations scientifiques, pourra donner au lecteur l'idée la plus exacte du climat de l'Algérie : c'est celle qui résulte de l'observation attentive des phénomènes de la végétation. Ainsi, tandis que les plantes, les arbrisseaux, les arbres du midi et du centre de l'Europe se retrouvent en Algérie, ou s'y acclimatent sans difficulté, les plantes intertropicales n'y ont aucune chance de succès.

Pluies. — Les pluies en Algérie sont soumises à des lois régulières; elles commencent à l'équinoxe d'automne; la quantité d'eau qui tombe va en augmentant jusqu'à la fin de décembre, et diminue ensuite graduellement jusqu'au milieu de mai, époque à partir de laquelle la sécheresse devient presque continue.

Voici, au surplus, les résultats qu'ont donnés des observations faites à Alger, avec le plus grand soin, par M. Don, ingénieur en chef des ponts et chaussées, et publiées dans le *Moniteur algérien* du 20 mars 1847. Ces observations portent sur neuf années (1) :

---

(1) L'unité employée dans tous ces calculs est le millimètre. L'instrument qui a servi à mesurer la quantité de pluie, est placé à Alger, dans le centre de la ville, sur une terrasse élevée de 40 mètres environ au-dessus du moyen niveau de la mer.

ANNÉES.	NOMBRE DE JOURS ET DE NUITS.	QUANTITÉ DE PLUIE.
1838	106	865—10
1839	103	720—75
1840	98	803—75
1841	75	895—25
1842	93	899—50
1843	90	765—25
1844	132	1046—75
1845	145	1046—50
1846	113	1046—75
Résultat moyen	106	898—84

Toutefois, ajoute M. Don, l'observation des moyennes trimestrielles ordinaires, ne fait pas suffisamment ressortir les proportions dans lesquelles se répartit l'eau pluviale dans le courant de l'année; mais si l'on vient à compter les intervalles trimestriels, à partir du 1er décembre, on trouve les résultats suivants :

1er trimest., du 1er décembre au 28 fév., 428 mil.
2e — du 1er mars au 31 mai . . . . 207 —
3e — du 1er juin au 31 août . . . . 13 —
4e — du 1er septemb. au 30 nov . 235 —
} 883

Ces résultats sont remarquables, en ce qu'ils font

ressortir l'existence d'un trimestre très-pluvieux et d'un trimestre très-sec, séparés par deux trimestres moyennement et également pluvieux.

Pour qu'une quantité d'eau aussi considérable que celle qui est indiquée par le tableau ci-dessus (898 m.), puisse tomber dans un espace de jours et de nuits aussi restreint (106 jours et nuits), on comprend que ces pluies doivent tomber avec une violence extrême. On a calculé qu'une forte averse, même d'une durée de 1 heure 1/2 seulement, pouvait donner environ cinq centimètres d'eau pluviale.

Mais le grand inconvénient de ces pluies torrentielles, c'est leur abondance même. Au lieu de pénétrer dans le sein de la terre, elles glissent sur la surface, forment partout, et avec une incroyable promptitude, des torrents qui entraînent tout avec eux, et vont se perdre, inutiles, dans l'abîme des mers.

Recueillir ces eaux dans les citernes, les retenir par des barrages, même par de grands réservoirs artificiels, de manière à alimenter, pour la saison propice, des canaux d'irrigation, comme cela se pratique pour les canaux de navigation; en un mot, ménager pour l'été les ressources abondantes que l'hiver et le printemps ont préparées; tel est le but principal que doivent se proposer notre agriculture et notre industrie.

Vents. — Dans le nord de l'Afrique, comme en Europe, les vents les plus fréquents sont ceux de nord-ouest, puis ceux de nord-est, et successivement ceux d'est et ceux d'ouest. Rarement ils soufflent dans la partie du nord, directement, et moins encore dans la partie du sud.

Les variations, dans la direction des vents, sont peu considérables, d'une année à l'autre; et voici les résultats moyens que présente le climat algérien, fort régulier du reste dans ses phénomènes généraux :

JOURS DE							
Nord.	Nord-E.	Est.	Sud-E.	Sud.	Sud-O.	Ouest.	Nord-O.
3	90	32	6	4	40	20	170

Total égal au nombre de jours de l'année. . . .   365

L'état du temps peut également donner lieu à des subdivisions aussi régulières; ainsi, en Algérie, on peut compter sur :

Jours de beau temps. 220
    —   temps couvert 70
    —   pluie 60
    —   brouillard 5
    —   grêle et tonnerre. 10

Dans la montagne, il y a des jours de neige qui se confondent avec les jours de pluie; mais sur le littoral et dans la plaine, ou sur les plateaux peu élevés, la neige, quand elle tombe, ce qui est rare, ne dure que quelques heures, et ne tient pas.

On vient de voir que les vents de sud et de sud-est étaient les moins fréquents de tous; cela est fort heureux : car ce sont eux qui nous apportent les brûlantes émanations du désert. Les Arabes les désignent sous le nom de *kobli*; les Européens, sous celui bien connu de *sirocco*. C'est surtout à la fin de l'été, pendant les mois d'août et de septembre, que ces vents soufflent avec le plus de violence et leur passage est toujours accompagné de phénomènes pénibles à supporter pour les hommes, et même pour les animaux.

Disons maintenant que l'état de la mer ne correspond guère à la sérénité du ciel. C'est toujours le *mare sævum, impetuosum*, de Salluste. Le calme absolu est très-rare : au contraire, beau temps et grosse mer vont souvent ensemble. Ainsi nous compterons, par année :

Jours de calme. 60
— brise 80
— houle 170
— grosse mer 45

Les nombreux et célèbres naufrages dont les côtes d'Afrique ont été le théâtre à différentes époques, et qui ont eu lieu dans toutes les saisons de l'année, justifient parfaitement ce qui vient d'être dit; c'est même cette circonstance bien connue, et peut-être même trop redoutée des puissances de l'Europe, qui a protégé si longtemps, contre leur juste vengeance, le repaire de Barberousse.

PRODUCTIONS NATURELLES DU SOL.

Le climat de l'Algérie, d'après les résultats qui viennent d'être exposés, ne présente donc pas, comparé à celui de l'Europe, des différences bien sensibles;

ces différences peuvent se résumer ainsi : moins froid l'hiver, il est un peu plus chaud l'été, surtout d'une chaleur plus constante, plus soutenue. Il suit de là que le régime végétal doit, d'une part et de l'autre, nous offrir des conditions tout-à-fait analogues. Il convient de les rapporter, de les préciser.

Arbres forestiers. — A l'exception du chêne ordinaire (*quercus*), du sapin, du bouleau, qui n'existent point, ou du moins qui se rencontrent rarement, les essences forestières sont à peu près les mêmes. Ainsi l'Algérie a le chêne vert, le chêne-liège (en grande abondance), le frêne, l'orme, le tremble, des variétés très-nombreuses de pins et d'arbres verts, et de plus le cèdre, dont il existe plusieurs forêts, une entre autres, près de Teniet-el-Had (province d'Alger). Ces différentes productions ont déjà été l'objet de reconnaissances intéressantes ; nous les ferons connaître dans le chapitre qui sera spécialement consacré à l'organisation du service forestier. Qu'il nous suffise de dire que si la question des reboisements est, à juste titre, rangée parmi les plus importantes de celles dont la France doit s'occuper aujourd'hui, combien, à plus forte raison, cela sera-t-il vrai de l'Algérie, livrée depuis tant de siècles à l'incurie proverbiale des Arabes, à leurs incendies périodiques, aux ravages de leurs bestiaux, et surtout aux influences pernicieuses du vent du désert ?

Arbres fruitiers. — Les espèces connues et cultivées en Europe se retrouvent en Algérie, ou peuvent y être introduites sans difficulté. On s'est plaint que les arbres à noyau ne donnaient pas de fruits comparables à ceux que nous avons ; mais pouvons-nous encore exprimer à cet égard une opinion bien fondée? nos expériences n'ont encore été ni bien habiles, ni bien étendues. Il y a, par exemple, les régions montagneuses que nous n'avons pu encore explorer, et qui pourront seules nous donner la mesure de ce qui est possible et de ce qui ne l'est pas. Le parti que les Kabyles tirent de leurs oliviers, celui que plusieurs de nos colons ont déjà su tirer des plantations de mûriers anciennes ou nouvelles, de beaux et nombreux échantillons de fruits, pommes, poires, pêches, etc., etc., et que nous avons vus chez plusieurs colons, tant soit peu curieux de leurs jardins, sans compter la beauté et la bonté de nos oranges, de nos citrons, de nos bananes, tout cela doit nous rassurer complètement sur la possibilité de faire bientôt, avec des travaux judicieux et persévérants, compter l'Algérie parmi les pays producteurs non seulement des huiles et des soies, mais de tous les fruits d'Europe.

La vigne paraît réussir partout, et mieux peut-être encore dans les régions, qui s'éloignent un peu du littoral, que dans celles qui en sont trop rapprochées : Médéah, Mascara, les montagnes des environs de Dellys, celles des Beni-Menacer entre Cherchell et Milianah, en sont la preuve. Tout porte à croire, après cela, que la vigne, en Algérie, n'exigera pas les frais et les soins infinis qu'on lui donne en Europe. Une seule taille, trois binages au plus, voilà tout ce qu'elle paraît réclamer.

Céréales. — L'Afrique était célèbre autrefois par l'abondance de ses récoltes en céréales, qui avait fait de ses provinces l'un des greniers du peuple romain. La culture arabe est trop peu avancée; la culture européenne est encore trop mal assise, pour que l'on puisse décider d'une manière absolue s'il nous sera possible de faire renaître cette fécondité. Quoi qu'il en soit, nous ne voyons pas les motifs sérieux qui devraient nous interdire cet espoir.

Le blé dur, l'orge, qui sert à la nourriture des chevaux, forment, avec le maïs, toute la série des céréales aujourd'hui cultivées en Algérie ; elles se sèment depuis le mois d'octobre jusqu'à janvier. Leur réussite dépend surtout du plus ou moins d'abondance des pluies, qui tombent vers la fin d'avril et dans les premiers jours de mai. Les moissons se font quelquefois dès la fin de ce mois, d'ordinaire en juin; elles sont toujours terminées en juillet.

Plantes fourragères. — C'est ici une des grandes et naturelles richesses de l'Algérie. On pourrait presque dire que les prairies artificielles de France sont les prairies naturelles de l'Algérie. Les trèfles de différentes variétés, les sainfoins, les luzernes sauvages croissent spontanément; et si les pluies du printemps sont abondantes, ces graminées couvrent les terres, en apparence les plus arides, de précieuses récoltes; pour peu que l'on entretienne ces prairies par des fumiers, par des sarclages, et que l'on les rompe de temps à autre par des labours et des récoltes de céréales, on augmente sensiblement leurs produits. Dans ces conditions, on peut évaluer le rendement moyen d'un hectare de 40 à 50 quintaux métriques. L'avenir de nos fermes et de nos grandes cultures repose certainement sur l'observation intelligente des assolements, que ces productions spontanées devront singulièrement faciliter.

Pendant le cours de l'année 1847 les récoltes de fourrages ont été si considérables que, bien que l'administration militaire ait acheté tout ce quelle a pu, il est resté partout des fourrages que le manque de bras a obligé de laisser périr sur place. L'Algérie aurait pu en fournir à nos départements méridionaux, si les frais de main-d'œuvre ou ceux de navigation ne s'étaient pas trouvés trop élevés. Cette question des fourrages ainsi exposée nous amène naturellement à cette branche si importante de l'économie rurale, l'élève des *bestiaux*.

A notre arrivée en Algérie, ils étaient très-abondants et à vil prix; la guerre et nos consommations énormes ont causé une diminution sensible, mais nous pouvons déjà reconnaître avec quelle promptitude le pays peut réparer ces pertes.

Nous avons assez éprouvé, par le fait même de cette guerre, les qualités du cheval arabe, ou plutôt du cheval barbe (car c'est là son nom véritable), pour pouvoir l'apprécier à sa juste valeur, et pour chercher les moyens de combler les vides immenses que la guerre avait faits. Aussi doit-on louer l'administration d'avoir songé tout d'abord à créer des dépôts d'étalons, qui, bien que très-imparfaits encore, ont déjà rendu de véritables services. Le développement, le perfectionnement de ces établissements serait un bienfait réel pour le pays : ne serait-ce pas aussi un avantage pour la France, si elle parvenait à s'assurer, en Algérie, une production constante de chevaux de selle pour sa cavalerie légère, dont la remonte est toujours si difficile?

La race des chevaux de trait manque en Algérie,

mais elle pourrait aisément se former avec des soins et une direction intelligente. C'est un objet qui regarde plus spécialement les colons, qui, pour les besoins de leur agriculture ou de leur industrie, sont obligés de faire venir à grands frais d'Europe les animaux dont ils ont besoin. Il est à observer toutefois que, sous ce rapport, le mulet, qui supporte mieux les climats chauds, offrira plus d'avantages pour les travaux pénibles, auxquels on aura à le soumettre. Ce serait donc là aussi une branche importante pour notre agriculture.

La race *bovine*, telle que nous l'avons trouvée dans le pays (et certainement nos infatigables razias ne l'ont pas améliorée), présente tous les caractères d'une dégénération évidente; l'incurie des Arabes, qui ne cherchent jamais à mettre à l'écart les animaux les plus propres pour la reproduction, les sécheresses de l'été, qui ne leur permettent pas d'entretenir convenablement leurs bestiaux, puisqu'ils n'ont point de fourrages en réserve, et qu'ils n'ont à leur donner, à cette époque, que de maigres broussailles ou des herbes desséchées sur pied, toutes ces circonstances réunies ont amené le dépérissement sensible de la race; cependant, il n'est pas rare de trouver des sujets qui montrent que cette race a des qualités précieuses, et qu'il serait facile de l'améliorer.

La race *ovine* est restée grande et forte; mais, comme les Arabes n'apportent pas plus de soins pour cette reproduction que pour les autres, il en résulte que les lainages sont d'une qualité très-inégale; que les toisons les plus rustiques sont mêlées aux toisons les plus fines;

ce qui jette une dépréciation réelle sur les laines du pays. Ajoutons que le défaut de constructions destinées à servir d'abris, le défaut de soins et de nourriture pendant l'hiver, cause, tous les ans, une grande mortalité dans les troupeaux; et il faut que la reproduction de l'espèce soit aussi facile et aussi prompte qu'elle l'est réellement, pour que le pays en soit pourvu aussi abondamment; nos fermes européennes remédieront à ces inconvénients.

Les préjugés des Musulmans ne leur permettaient pas de nourrir des *porcs*, ou du moins les leur rendaient inutiles; c'est donc une espèce que nous avons introduite et dont on tire un grand parti. Le porc n'acquiert peut-être pas la grosseur de celui du nord de la France, mais il se reproduit avec une grande facilité, croît très-vite et engraisse de même : ce sera certainement par la suite une des productions importantes de l'agriculture locale.

Cultures industrielles. — Jusqu'ici nous n'avons encore vu que deux de ces cultures qui aient commencé à être mises en honneur, et suivies avec quelque espérance : ce sont les soies et le tabac.

La production en soie est bien peu de chose; mais elle augmente tous les ans; ce n'est plus du reste un sujet de doute pour personne.

Quant à la culture des tabacs, comme elle donne des résultats prompts et immédiats, elle a pris un développement rapide.

La direction des tabacs de France entretient en Algérie un service peu nombreux, mais bien organisé, et qui après avoir provoqué chez tous nos cultivateurs européens ou indigènes des produits meilleurs et plus abondants, les achète pour son compte à un prix avantageux. On calcule qu'en 1847-48 les achats et les exportations qui en sont la conséquence s'élèvent à 400,000 kilos. C'était une production entièrement nulle, il y a moins de cinq années; n'est-ce pas là un véritable succès?

Plantes potagères; cultures maraichères. — Comme ces cultures sont destinées à jouer le rôle le plus important dans l'économie rurale de l'Algérie, qu'il nous soit permis d'entrer à ce sujet dans quelques détails, de présenter quelques observations de l'ordre le plus simple, le plus technique.

Nous dirons d'abord que toutes les plantes légumineuses de l'Europe s'acclimatent parfaitement en Algérie; beaucoup d'entre elles sont même indigènes.

Mais ici les saisons et par conséquent les procédés de culture, ne s'accordent plus avec nos habitudes: il est bon de noter les différences.

Lorsque la fin du mois de septembre arrive, les vents qui étaient à l'est et au sud passent à l'ouest; les orages se forment, les pluies commencent; la nature engourdie par les chaleurs pénétrantes de l'été, comme elle l'est dans d'autres climats par la continuité du froid, la nature se ranime; la verdure reparaît: c'est le printemps de l'Algérie.

Aussi nos cultivateurs, même ceux venus du nord, bien au fait maintenant de ces circonstances, caractéristiques du nouveau pays qu'ils sont venus habiter, s'empressent de semer toutes les graines potagères qu'ils sont accoutumés en Europe à ne semer qu'en mars et en avril; et c'est alors une série non interrompue d'emblavures et de récoltes jusqu'au mois de juin, époque à laquelle les pluies ont entièrement cessé, et où il n'y a plus de culture possible que dans les terrains arrosés.

Les pois plantés dans les premiers jours d'octobre se récoltent dans le mois de décembre; ils donnent très-abondamment.

On a deux récoltes de pommes de terre : l'une, des tubercules plantés à la fin de septembre, qui se récoltent au mois de janvier; l'autre, de ceux plantés vers la fin de janvier et en février, qui ont atteint leur maturité en juin. Ces récoltes ne sont pas aussi considérables que celles du nord de l'Europe, quoique cette culture ait fait de singuliers progrès autour d'Alger, depuis quelques années, par l'amélioration même de l'espèce : car les plantes sont soumises à l'acclimatation, comme les hommes.

Les artichauts, qui sont indigènes en Algérie, commencent, pour peu qu'on ait eu soin de les entretenir, à donner, dès le mois de décembre ou janvier, et durent pendant six mois. Il en est ainsi, ou peu s'en faut, de toutes les plantes potagères connues en Europe: elles croissent et se développent avec une incomparable rapidité, en sorte que l'on ne saurait établir aucune comparaison entre le produit possible d'un hectare d'Algérie convenablement arrosé, et d'un hectare d'Europe placé dans les meilleures conditions.

Mais toutes ces cultures dont nous venons de tracer une trop courte esquisse, indépendamment des avantages et des inconvénients qu'elles peuvent présenter, indépendamment des conditions particulières qui les régissent, sont soumises en Algérie à des lois générales que l'on n'avait peut-être pas d'abord observées avec assez de soin, mais que l'on commence aujourd'hui à mieux étudier et à comprendre.

Nous ne trouvons rien de mieux pour les expliquer au lecteur que cet extrait d'un mémoire adressé par M. Hardy, directeur de la pépinière du gouvernement, près d'Alger, et qui a mérité l'approbation de l'Académie des sciences; voici cet extrait:

« Les végétaux frutescents de l'Algérie, dit M. Hardy, peuvent être divisés en trois groupes. Le premier, formé d'arbres à feuilles caduques, peupliers, aunes, frênes, ormes, stationne dans les ravins, sur le bord des cours d'eau, dans les terrains qui conservent leur humidité toute l'année. Le second groupe comprend les agaves, les cactus, les palmiers, qui semblent détachés d'une région plus chaude. Le troisième groupe, vraiment indigène, composé d'arbres toujours verts, à feuilles simples, petites, sèches et coriaces, tels que l'olivier, le pistachier, le laurier-franc, le chêne-liège, l'yeuse, etc., brave les vents, la sécheresse de l'air et l'aridité du sol. Aussi, les principales essences qui le constituent se rencontrent-elles d'ordinaire sur les pentes les plus sèches.

La végétation algérienne présente un singulier phénomène, qu'on s'étonne de trouver mentionné ici pour la première fois. Passé une certaine élévation très-peu prononcée, les arbres ne croissent plus en hauteur, mais seulement en largeur; ils présentent presque tous une cîme large et aplatie. Si, en raison de circonstances très-favorables à leur développement, quelques arbres ont dépassé en élévation la hauteur ordinaire, on voit bientôt l'excédant de leur cîme se dessécher et passer à un état de mortification, tandis que la végétation refoulée s'étend dans le sens horizontal; exemple, les peupliers plantés à Bouffarick. Cette impuissance de la végétation de s'élever au-delà d'une certaine limite prouve évidemment qu'il existe, à la hauteur correspondante dans l'atmosphère une couche d'air qui lui est essentiellement contraire, et dont l'action fâcheuse est entretenue par le courant aérien du désert.

Si l'on examine les revers des montagnes et des coteaux qui font face à l'ouest et au nord, on voit qu'ils sont pelés ou couverts de broussailles rabougries, à part quelques points çà et là dans les dépressions du sol, où, grâce à l'humus et à l'humidité qu'elles retiennent, s'élèvent quelques bouquets d'arbres d'une hauteur appréciable. C'est essentiellement à l'influence du courant polaire du vent de nord-ouest, qu'est due cette action pernicieuse sur la végétation.

La cause la plus puissante d'évaporation et de sécheresse du sol est bien moins l'ardeur du soleil que le souffle hostile de ce vent sec et froid de nord-ouest. En effet, ce n'est pas sur les versants opposés à l'action du soleil que se trouvent les parcelles de forêts que l'on cite, et où croît le cèdre, mais sur les revers est et sud, que frappent directement les rayons du soleil, et que n'atteint pas sensiblement le vent de nord-ouest.

Les effets météorologiques du climat, qui se produisent en grand sur les arbres, ne laissent pas de se produire aussi, quoique dans des proportions moindres sur les champs de blé. Les parties exposées aux vents d'hiver restent chétives, ne *tallent* pas et ne donnent qu'un produit maigre, tandis que les parties abritées donnent un produit quatre à cinq fois supérieur.

Il y a donc évidemment un immense avantage à établir des abris en Algérie, au moyen des arbres dont la culture devrait figurer pour une large part dans l'économie rurale bien entendue de cette contrée. Au lieu de les disperser stérilement dans toute l'étendue du domaine, où leur ombre nuit plus ou moins à la végétation, M. Hardy propose d'en former des abris continus à la distance de cent mètres les uns des autres ; abris qui, coupant le vent, protègeront la croissance des plantes herbacées, céréales, légumineuses, etc., et permettront de transformer une culture jusqu'ici nomade en culture sédentaire. La première ligne de défense serait formée de trois rangs serrés des arbres les plus robustes, le cyprès, l'arbre des abris par excellence ; la deuxième, d'oliviers ; la troisième, de mûriers, et la quatrième enfin, d'arbres fruitiers. On conçoit que, divisé et tamisé à travers les branches et les feuilles de ces rangées d'arbres, le vent ne pourra que glisser inoffensif sur les terres arables placées entre elles. L'expérience a déjà mis hors de doute l'efficacité de ces moyens dans quelques contrées de la France exposées à la violence des vents ; et elle a donné, à quelques exceptions près, les mêmes résultats en Algérie pour bon nombre de végétaux ligneux, qui ne croissent d'ordinaire que sous les tropiques, et qui seront désormais autant d'acquisitions nouvelles pour notre colonie. »

Ce tableau résume à notre sens, de la manière la plus complète, l'idée que l'on peut se former de la *production* agricole de l'Algérie. L'eau ne faisant pas défaut au soleil qui, ici, ne manque jamais, cette *production* sera ce que l'homme voudra qu'elle soit (1).

SUBSTANCES MÉTALLIQUES ET AUTRES.

Jusqu'à ces dernières années, c'était un préjugé universellement répandu que le sol de l'Algérie était peu favorisé sous le rapport des richesses métallurgiques : on savait vaguement que dans quelques montagnes au sud de Bougie, il se fabriquait des armes; que les Kabyles recueillaient, sur différents points, du soufre dont ils se servaient pour fabriquer de la poudre; on connaissait aussi les salines d'Arzew, auxquelles on put tout d'abord accorder une certaine importance. Enfin on supposait, d'après les difficultés que l'on avait d'abord rencontrées sur quelques points du littoral, que les carrières à chaux, à plâtre, à pierres de taille et de moëllons, manqueraient totalement, ou ne nous offriraient que d'insignifiantes ressources.

L'opinion, mieux éclairée, sait aujourd'hui à quoi

---

(1) Peut-être conviendrait-il de placer ici quelques mots sur *les puits artésiens*. L'Administration en fait creuser deux en ce moment l'un à Biskara, l'autre au camp du Figuier; mais ni l'un ni l'autre n'ont encore donné de résultats.

s'en tenir sur la richesse métallurgique de l'Algérie, du moins dans les parties du territoire que nos ingénieurs ont pu reconnaître.

Les détails que nous donnerons sur chaque localité contiendront des indications exactes sur les concessions ou permis d'exploration accordés par l'Administration. Nous nous bornerons pour le moment à énoncer les différents minéraux dont les gisements ont été reconnus.

Fer. — Il se trouve en grande abondance dans les provinces d'Alger et de Constantine.

Aux environs même d'Alger, on rencontre plusieurs amas de minerai de fer intercalés dans les terrains de transition; ils présentent des dimensions variables, mais en général fort limitées.

Mais on sait aujourd'hui que tout le pâté de montagnes, compris entre le Hamis à l'est, et le Bou-Roumi à l'ouest de la Mitidja, présente de nombreux gisements de fer oligiste, d'hématite et de fer spathique. C'est surtout dans le territoire de Mouzaïa (déjà célèbre par sa mine de cuivre), que ces minerais se montrent avec le plus d'abondance. Ils ont été exploités dans des temps reculés, ainsi que le prouvent de grands amas de scories anciennes, que l'on rencontre sur le flanc des ravins.

A Ténès, on rencontre, aux environs de la ville, de nombreux filons de fer carbonaté spathique. Des travaux de recherche ont mis à découvert des filons, dont la puissance moyenne allait jusqu'à un mètre. Les minerais sont passés à l'état de mine douce à la surface, et suivant leur état de décomposition, leur teneur varie de 64™,05 à 39™ 75 de fonte. Ils ont été exploités autrefois.

Nul doute que les montagnes de Bougie ne soient riches en minerais de fer, puisque les Kabyles, de temps immémorial, fabriquent des armes, des instruments aratoires. Un échantillon rapporté de la tribu des Beni-Seliman a rendu 61 0/0 de fonte.

A l'ouest d'Alger, sur les deux rives de l'Oued-Tikzal, l'un des affluents de la rive gauche du Chélif, il a été recueilli, au milieu d'abondantes scories anciennes, des morceaux isolés d'hématite brune, qui, essayés, ont rendu 55 0/0 de fonte truitée.

La province de Constantine paraît encore mieux partagée.

A l'embouchure du Saf-Saf, près de Philippeville, on a reconnu un minerai de fer magnétique rendant de 45 à 53 0/0.

Au Djebel-Filfila, également près de Philippeville, il existe des amas considérables de fer oligiste et de fer oxydulé.

Enfin, à huit ou dix lieues de Bône, dans les environs du lac Fetzara, se trouvent les beaux gisements du Bou-Hamra, de la Belelita, et le gîte si remarquable d'Aïn-Morka, le plus considérable de l'Algérie, et qui, d'après le rapport des ingénieurs, peut, comme le dit le *Tableau des établissements français de 1846*, être comparé, pour son étendue et sa richesse, aux gîtes les plus célèbres de l'Europe centrale. La compagnie Bassano a déjà créé pour l'exploitation de ces minerais, des usines considérables, situées près de Bône. (Voir *Province de Constantine.*)

Des échantillons, provenant de Sétif, ont également appris l'existence de minerais de fer dans ces localités.

La province d'Oran n'a pas encore été suffisamment explorée; seulement, dans les environs d'Arzew, entre cette ville et Kristel, plusieurs affleurements de fer oligiste et micacé ont été reconnus sur le bord de la mer; ils rendent de 63 à 64 0/0; enfin, on sait que des hématites brunes se rencontrent fréquemment dans le Dahra : des échantillons en ont été rapportés à la suite de l'expédition de M. le général Pélissier, en juillet 1845.

Cuivre. — Les mines de Mouzaïa et de Ténès ont déjà signalé à l'attention des spéculations européennes la richesse des gisements de cuivre de l'Algérie (voir *Province d'Alger*); aussi les localités voisines de ce pic, célèbre dans nos annales militaires, ont été explorées avec soin.

Ainsi, on a reconnu dans l'Oued-Merdja l'existence d'un beau filon de pyrite cuivreux, injecté dans du fer spathique, qui atteint jusqu'à $1^m 50^c$ de puissance; auprès de Souma, un filon d'hématite brune avec cuivre, qui affleure sur les premiers contreforts de l'Atlas. Un échantillon de ce minerai a donné à l'essai 0,127 de cuivre et 0,00025 d'argent, soit près de 0,002 d'argent pour 1 de cuivre.

Des échantillons de pyrite de cuivre, provenant de Miliana, ont été remis à l'Administration ; d'autres échantillons, provenant des environs de Bougie, ont été apportés par des Arabes; la pacification de la Kabylie permettra sans doute de reconnaître les gisements, et même de les exploiter; ce à quoi le génie industrieux des peuplades kabyles se prêtera facilement.

Dans la province de Constantine, à 2,000 mètres de la mer, à Aïn-Barbar, dans le massif de l'Edough, près de Bône, on a reconnu un assez bel affleurement de cuivre carbonaté vert et bleu, avec pyrite de cuivre et blende.

D'autres indices de minerai de cuivre ont été signalés dans cette province; on n'en connaît pas encore dans la province d'Oran, que l'état de guerre n'avait pas permis d'explorer.

Plomb. — A la porte d'Alger, la chaîne du Bouzarea, dans la partie qui s'étend vers le cap Caxine, présente des gîtes de galène à texture variable, tantôt grenue, tantôt lamellaire, et dont la teneur en argent varie, pour les schlies, de 44 à 130 et 140 grammes au quintal.

Près de Ténès, on a obtenu quelques échantillons de galènes à grandes facettes, contenant de 7 à 10 grammes d'argent au quintal.

Mais le gisement le plus considérable paraît être celui qui est mentionné en ces termes, dans le *Tableau des établissements français de 1846 :* « Des flancs de l'Ouaren-
» senis, descend un ruisseau nommé Oued-Fodda ou
» *Rivière d'Argent,* à cause des fragments de galène
» qui abondent sur ses bords et dans son lit. A la suite
» de grandes pluies dans la région supérieure, on ren-
» contre des amas de scories qui contiennent encore
» 45 0/0 de métal, tant le mode de traitement suivi
» par les Arabes était imparfait. M. le colonel Pélissier
» a rapporté des scories analogues du Dahra. »

Dans la province de Constantine, le gîte du Kef-oum-Thaboul, au sud-est de la Calle, déjà en exploration, est assez riche en argent. Enfin, l'on affirme que près de Sétif, sur la cîme de Bou-Thaleb, il existe chez les Kabyles des exploitations très-anciennes et assez avancées pour fournir à la fabrication des balles; les Arabes viennent, de distances considérables, s'y approvisionner.

Ainsi, et quoique nous ne connaissions que très-imparfaitement encore le territoire algérien, nous savons déjà qu'il possède des gisements considérables des trois métaux les plus utiles que recherche et exploite l'industrie humaine : le fer, le cuivre, le plomb. Cela seul est déjà une conquête importante; elle est due à la prévoyance de l'Administration qui, dès que les circonstances l'ont permis, a établi un service de mines; elle est due aussi à l'infatigable persévérance avec laquelle le savant ingénieur, M. Fournel, qui a le premier dirigé ce service, avait accompli sa mission.

Mais si la question de l'existence des gîtes métallifères est résolue de la manière la plus favorable à l'Algérie, nous ne saurions en dire autant du combustible minéral. Jusqu'à présent aucun indice de houille n'a été reconnu : on a seulement signalé çà et là quelques filons de lignite, qui ne paraissaient propres à aucun usage.

Ainsi d'une part, la privation de combustible minéral, et de l'autre, l'insuffisance reconnue des ressources forestières, ne permettent guère d'espérer que d'ici à de longues années, et malgré l'exemple donné près de Bône par la compagnie Bassano, il puisse s'établir en Algérie de grandes exploitations métallurgiques. Mais les minerais, surtout ceux de cuivre, pourront aisément être transportés d'Algérie en France. La compagnie de Mouzaïa a déjà commencé à construire, à Bouc, près Marseille, des usines importantes pour traiter ses minerais de cuivre. Les compagnies qui ont exploré les environs de Ténès, annoncent la même intention, aussitôt que leurs concessions seront accordées. On se contentera sur les lieux de soumettre les minerais à un traitement qui les sépare de leurs gangues, et diminue d'autant le poids utile à transporter. Ces minerais fourniront des retours avantageux à nos navires, qui d'habitude reviennent sur lest. Nul doute que ce ne soit, d'ici à peu d'années, l'objet d'un mouvement commercial considérable. L'administration, dans une sage prévoyance, a fait insérer dans les actes de concession la clause de rigueur, que les minerais qui ne seront pas traités en Algérie, ne pourront être exportés qu'en France.

SUBSTANCES NON MÉTALLIQUES.

Sel gemme. — Le grand nombre et l'étendue des *sebgha* ou marais salés, que l'on rencontre en Algérie, ne permettent pas de mettre en doute l'existence de vastes dépôts de sel gemme.

A huit journées au sud de Médéah, on a observé une montagne gypseuse d'une lieue de tour, où le sel est mêlé à la pierre de plâtre, et qui renferme un banc de sel très-pur.

Dans la province de Constantine, à trois lieues ouest de Milah, dans la montagne de Ouled-Kebbab, les Kabyles exploitent des couches puissantes de sel gemme, par petits puits de 15 à 20 mètres de profondeur; dans certains de ces puits, la couche de sel gemme atteint 8 à 10 mètres.

Dans la province d'Oran, les salines d'Arzew, situées à 20 kilomètres de ce port, les meilleures de toute la côte, sont déjà célèbres : elles donneront lieu à des exportations considérables; nous en parlerons avec détail. (*Voir* l'article spécial à cette localité.) (1)

Nitre et soufre. — Les Kabyles savent lessiver certaine terre dont ils retirent le nitre; à Sebdou, par exemple, 80 kilomètres au sud de Sétif, il se vend 30 fr. l'hectolitre.

Ces mêmes Kabyles connaissent et exploitent, aux environs des Portes-de-Fer, des affleurements de soufre; ils s'en servent pour la fabrication de la poudre.

Quelques indices donneraient également à croire qu'il existe des gisements de soufre dans les montagnes entre Cherchel et Miliana, particulièrement à un endroit appelé encore aujourd'hui sur les cartes *Aquæ calidæ*, du nom d'une ancienne station romaine.

Gypse, Calcaires, Marbres, etc. — Au fur et à mesure que la population s'étend, que nos établissements se fondent et se développent, les besoins de toute nature qui se produisent simultanément, surtout ceux de nos constructions, nous obligent à chercher avec

---

(1) Nous devons dire toutefois, que d'après des explorations récentes, des doutes se sont élevés dans l'esprit des ingénieurs, sur la probabilité de l'opinion qui rattachait l'existence des salines d'Arzew à celle d'un banc de sel gemme, situé dans le voisinage. On sait, du reste, que les causes qui produisent par tout pays ces dépôts salins, ne sont pas bien connues.

soin les ressources que chaque localité nous offre ; et l'on a pu observer que nulle part, à l'exception des bois que l'on n'a pu se procurer que dans deux ou trois localités, et encore très-imparfaitement, ces matériaux n'avaient fait défaut à nos entreprises : on doit donc reconnaître que l'Algérie n'est pas moins bien traitée, à cet égard, que nos contrées européennes les mieux favorisées.

Ainsi le gypse (plâtre ordinaire) que l'on a d'abord tiré d'Espagne, de France, d'Italie, va certainement donner lieu à des exploitations très-importantes. On en a reconnu des gîtes considérables :

Dans la province d'Alger, aux environs de l'Arba, dans la vallée de l'Harrach, dans les gorges de la Chiffa, près du Tombeau de la Chrétienne, aux environs de Cherchel, près de Teniet-el-Had, aux environs de Ténès ;

Dans la province de Constantine, près de Constantine, dans le Hamma, sur le Mansourah et le Chettaba, auprès de Mila, et sur la route de Biskara ; le plus beau gîte paraît être celui de Biskara ;

Dans la province d'Oran, à Mers-el-Kebir, à Kristel, près d'Arzew-le-Port, dans la forêt de Mouleï-Ismaël ; enfin dans le Dhara, entre Mostaganem et Orléansville ; les grottes des Ouled-Riah et des Sbeah célèbres dans l'histoire de l'insurrection de 1845, ne sont que de vrais labyrinthes creusés dans d'énormes masses de gypse.

La chaux ordinaire, même la chaux hydraulique, se rencontre communément : à la porte d'Alger, les carrières de Bab-el-Oued fournissent tout ce qui est nécessaire, non seulement pour les besoins de la ville et de ses environs, mais encore pour les travaux à la mer que l'on a déjà exécutés et pour ceux bien plus considérables encore que l'on projette. Ténès, Bougie, les environs d'Oran ne sont pas moins bien partagés.

Il en est de même des argiles communes. Il n'est pas un point nouveau d'occupation, pas un village, pour ainsi dire, qui ne soit parvenu en très-peu de temps à installer son four à chaux, sa briqueterie. Le temps ne pourra que développer ces intéressantes exploitations.

La petite île de Rachgoun, à l'embouchure de la Tafna, contient un gîte de pouzolane, qui peut-être n'a pas été suffisamment exploré.

La Numidie était célèbre par ses carrières de marbre; nous les avons retrouvées au cap de Garde et dans les environs de Philippeville : le marbre du piédestal qui supporte la statue du duc d'Orléans, à Alger, est fait avec du marbre provenant du cap de Garde. Quelques exploitations sont déjà ouvertes; nous devons dire toutefois que l'emplacement des carrières qui fournisseaint le fameux *marbre numidique,* si recherché des Romains, est encore problématique : les uns placent ces carrières vers Sétif, les autres sur la route de Guelma à Tebessa.

A Bougie, nos ingénieurs ont commencé à exploiter une pierre granitique, marbre dont on peut tirer un grand parti pour les soubassements d'édifices, etc. C'est cette pierre qui a servi à construire la fontaine placée à Alger dans la rue de la Marine, sous la grande mosquée.

Il existe également près de Collo, et aux environs

de Cherchel, des carrières de granit que les Romains ont exploitées. Plusieurs colonnes de la plus grande dimension, et qui ont été trouvées dans les fouilles de cette dernière ville, en provenaient.

Nous ne pousserons pas plus loin cette nomenclature : chaque année elle ne pourra que s'enrichir et se préciser, par les travaux persévérants et les intelligentes études de nos ingénieurs ; nous ajouterons aussi, par les recherches actives et incessantes des particuliers.

Nous venons de décrire, du moins dans son aspect le plus général, dans les circonstances les plus importantes, le territoire algérien ; parlons maintenant des populations qui l'habitent.

POPULATIONS INDIGÈNES.

Tout le monde comprend sans peine combien il est, combien longtemps encore, il sera difficile de présenter une statistique exacte de ces populations, disséminées sur une surface immense, formées çà et là en groupes inégaux et qui ne se connaissent pas bien eux-mêmes. N'ayant jamais eu affaire à un pouvoir central qui cherchât à les étudier et à les connaître (car les Turcs qui ont été, pendant trois cents ans, les maîtres de ce pays, ne l'ont jamais administré, ils n'ont fait que l'exploiter), ces populations échappaient nécessairement à toute appréciation un peu rigoureuse. De là, des évaluations qui variaient sans cesse et dans des proportions énormes : les uns portant le nombre des habitants de l'Algérie à six et même huit millions d'individus, ce qui était visiblement impossible ; les autres le faisant descendre à deux millions et même au-dessous.

Un recensement rigoureux pouvait seul résoudre le problème, et donner le chiffre exact de ces populations; mais, outre que nous étions loin d'occuper tout le pays, les préjugés musulmans, qui répugnent invinciblement à toute espèce de dénombrement, sont un obstacle sérieux que le temps seul pourra écarter.

Quoi qu'il en soit, aussitôt que la pacification de 1843 le permit, le Gouvernement, comprenant toute l'importance de la question, prescrivit aux autorités françaises en Algérie de diriger de ce côté leurs investigations et leurs recherches.

M. le colonel Daumas, directeur des affaires arabes, en fut spécialement chargé. Nous allons résumer en peu de mots les résultats qui ont pu être recueillis, et qui ont été publiés dans le *Tableau* de 1844-45.

Province de Constantine.

Subdivision de Bône.	113,322	
— de Constantine . . .	654,406	993,934
— de Sétif.	226,206	

Province d'Alger.

Subdivision d'Alger	218,308	
— de Miliana.	84,745	
— de Médéah	102,252	490,168
— d'Orléansville. . . .	84,863	

A REPORTER. . . . 1,484,102

REPORT 1,484,102

Province d'Oran.

Subdivision d'Oran.	50,250	
— de Mostaganem . . .	86,520	
— de Tlemcen	66,240	
— de Mascara	95,520	477,030
Tribus du Sahara, qui n'ont du être comprises dans aucune subdivision.	178,500	

Mais on n'a pu comprendre, dans ce recensement, plusieurs groupes de population qui n'étaient et ne sont même pas encore soumis. En voici le détail :

Province de Constantine.

L'Ouannougha.	20,000	
Les Beni-Abbès.	15,000	
Les Beni-Aïdels	10,000	
Le Sahel de Bougie	50,000	
Partie du Sahel de Collo et de Djidjeli.	30,000	
L'Aurès de l'ouest	15,000	550,000
L'oasis de Souf.	20,000	
L'oasis d'Ouargla	10,000	

Province d'Alger.

La Kabylie du Djerdera	300,000
L'oasis d'el-Ksour	10,000
L'oasis de l'Oued-Msab	40.000
Les Ouled-Naïl-Cheraga	30,000

A REPORTER 2,511,132

REPORT 2,511,132

D'un autre côté, nous connaissons, et d'une manière exacte, le chiffre des populations indigènes qui habitent nos villes, soit du littoral, soit de l'intérieur. Voici ce chiffre :

Province d'Alger.	34,653	
— de Constantine.	20,649	68,459
— d'Oran	13,157	

Enfin, nous ajouterons la population israélite, répartie dans ces mêmes villes, et qui est de (1) :

Province d'Alger.	7,145	
— de Constantine	4,266	18,926
— d'Oran	7,515	

Ainsi le chiffre total des populations indigènes, existant aujourd'hui en Algérie, peut être évalué à. 2,598,517

Que si maintenant, cherchant à connaître la densité moyenne de cette population, nous comparons les chiffres qui viennent d'être énoncés avec l'étendue qui a été assignée à l'Algérie (soit environ 370,000 kilomètres), nous trouvons que la population moyenne de

---

(1) Dans ces derniers temps, on a acquis la certitude qu'il existait au sein de la population kabyle, des familles juives, et qui se reconnaissent comme telles : le nombre n'a pu en être fixé.

l'Algérie est d'environ six habitants par kilomètre (1), c'est-à-dire, le 10ᵉ environ de la population moyenne de la France, qui est de 64 individus par kilomètre.

Mais la division de ces populations par localités ou par provinces, leur répartition plus ou moins égale sur la surface du territoire, ne sont pas les seuls éléments à considérer : la distinction des races mérite une égale attention.

Ces races, en Algérie, peuvent se réduire à deux, bien connues aujourd'hui de tout le monde : la race arabe et la race kabyle; car les Maures, habitants des villes, les coulouglis (fils de Turcs et de femmes mauresques ou arabes), qui se trouvent dans les villes et dans les campagnes; les israélites, dont il vient d'être question; les Mzabites, confinés dans l'oasis des Beni—Mzab, sur la frontière du Désert, forment des groupes peu nombreux, et il suffit de les indiquer. Quant à la population européenne, qui est venue s'implanter en Algérie à la suite de la conquête, de quelque importance que soit le fait même de son établissement, elle y est fixée depuis trop peu de temps, pour que l'on puisse la considérer comme une race propre à ce pays.

M. le général de Lamoricière, dans un discours prononcé pendant la dernière session, à la chambre des députés, évaluait ainsi la force respective des deux races :

Kabyles. . . . . 800,000 individus.
Arabes 2,000,000   id.

---

(1) Dans l'*Atlas de l'Algérie*, déjà cité, M. Carette porte ce chiffre à 7,67 individus par kilomètre carré.

Sur lesquels 1,200,000 environ habitent le Tell, 7 à 800,000 les zones sahariennes, ou autrement le Petit-Désert. Cette évaluation, qui se rapporte à celle donnée plus haut aux populations prises en masse, paraît devoir être adoptée.

OBSERVATIONS HISTORIQUES SUR LES POPULATIONS INDIGÈNES.

Il nous reste bien des problèmes historiques à étudier et à résoudre en Algérie; que l'on nous permette, à ce sujet, quelques courtes réflexions sur le caractère particulier qui doit être assigné à ces populations que nous venons de nommer.

L'opinion commune fait descendre les Kabyles des anciens Berbères, qui seraient véritablement la race *autochtone* du nord de l'Afrique.

Cantonnés dans leurs montagnes inaccessibles, ces Berbères avaient résisté aux Carthaginois : la domination romaine les contint, les dompta même, mais ne les changea point. Il se lièrent d'intérêt avec les colonies qui s'étaient établies en grand nombre, soit sur le littoral, soit dans l'intérieur, au débouché des routes principales, comme ils ont fait avec les Turcs pendant les trois siècles qu'a duré leur pouvoir en Algérie; comme nous les voyons faire aujourd'hui : tout porte à croire que cela n'allait guère plus loin.

Cette partie de l'histoire de l'ancienne Afrique est très-confuse; mais ce qui n'est point douteux, c'est qu'après les longues guerres des Romains, soit avec les Carthaginois, soit avec les rois de Numidie et de Mauritanie;

même après la formation de ces provinces dont l'histoire nous a conservé les noms (1), au milieu des stations militaires qui enlaçaient de toutes parts le pays, au milieu des municipes opulents et nombreux qui en couvraient la surface, les races indigènes ont toujours conservé, avec leur forte organisation, leur haine contre leurs conquérants et contre ceux qui s'étaient assimilés à eux. De telle sorte que, lorsque l'heure de la chute de Rome eût sonné, elles se trouvèrent debout et toutes prêtes pour se joindre aux Vandales, qui vinrent ravager cette partie de l'empire (2).

La domination des Vandales dura 70 ans ; elle ne laissa dans le pays d'autres traces que des traces de destruction. Les Vandales, successivement attaqués et détruits, soit par Bélisaire et les généraux grecs envoyés de Constantinople, soit par les conquérants arabes, disparurent comme nation. Il est à croire, toutefois, qu'ils se fondirent comme individus dans les

---

(1) Province proconsulaire, Numidie, Mauritanie Sitifienne, Césarienne, Tingitane.

(2) Il y a une inscription trouvée à Cherchel, et qui explique très-clairement cette position. C'est un monument érigé en l'honneur d'un chef de la colonie, et pour avoir ramené son butin et ses troupes, sans perdre un seul homme, et ayant ravagé les Barbares d'au-delà les étangs. — *Barbaris transstagnensibus dirutis.* Quels pouvaient être, eu égard à la position de l'ancienne *Juliæ Cæsarea* (Cherchel aujourd'hui), ces *Barbari transstagnenses*, si ce n'étaient les montagnards d'au-delà de la Metidja, qui très-probablement alors n'était qu'une série de lacs et d'étangs ? l'inscription remonte à Dioclétien. Et cela ne démontre-t-il pas pas, que même à cette époque, encore florissante pour l'empire, les colonies africaines avaient leurs Barbares à leurs portes ?

familles des anciens habitants du pays; du moins, c'est ainsi que l'on trouve çà et là, chez quelques individus appartenant aux tribus kabyles, des signes très-reconnaissables du type germanique, et dont il serait difficile d'expliquer autrement l'origine.

Quant à l'invasion arabe, elle dut inévitablement changer la face du pays. Ce fut vers l'année 670 de l'ère chrétienne (48 de l'hégire) que les Arabes, sous la conduite d'Okba-ben-Nafe, lieutenant du kalife Osman, se répandirent dans le nord de l'Afrique, après avoir envahi la Haute-Égypte et les contrées qui forment aujourd'hui les régences de Tripoli et de Tunis. Les Berbères adoptèrent très-promptement, et sans doute très-facilement, l'islamisme : toute difficulté cessa donc de ce côté avec les Arabes; mais les deux races ne se confondirent pas, et il se fit dès lors entre elles un partage qui s'explique aisément. Les habitants des montagnes conservèrent leurs positions et leur antique indépendance, qui devint plus farouche et plus absolue; dans les plaines, au contraire, dans celles qui appartiennent à la zône du littoral, mais surtout dans celles qui forment la zône saharienne, la race arabe dut prévaloir et s'assimiler les anciennes populations qui habitaient ces zônes, avec d'autant plus de facilité, qu'il existait entre les unes et les autres de grandes analogies, en raison de la ressemblance du climat et des habitudes. La langue arabe, propagée à l'aide du Koran, devint le lien commun de tous ces peuples. Encore bien que dans la Kabylie de Bougie, dans l'Ouarencenis, dans le Dahra, il se soit conservé, ou plutôt formé, un ou plusieurs idiômes particuliers, les tribus qui les parlent ne se servent, pour les écrire, que des caractères arabes (1).

On comprend que les Turcs n'aient rien changé à cette situation ; car les Turcs n'étaient que *campés* en Algérie, comme ils n'étaient que *campés* en Grèce, en Égypte, etc. Par la ruse, par la violence, et tous les autres moyens familiers à la politique de l'Orient, ils parvenaient tant bien que mal à dominer, à contenir, surtout à exploiter les Arabes; mais quant aux Kabyles, ils les respectaient. Bougie, d'après ce qu'écrivait le docteur Shaw, il y a un siècle, était bloqué, comme nous l'avons vu depuis notre prise de possession, en 1833 ; les garnisons turques qui allaient relever celle de Constantine, payaient un tribut, une sorte de rançon, au passage des Bibans. Tout cela est bien connu aujourd'hui.

Telle était donc, au temps des Turcs, la situation, à l'extérieur, des populations kabyles, surtout de celles qui forment ce qu'on a appelé la Grande Kabylie. Leur organisation intérieure n'est pas encore bien connue; on sait seulement que c'est une démocratie poussée à ses dernières limites, ou plutôt le principe de l'individualisme poussé à ses dernières conséquences; au fur et à mesure que notre domination s'étendra et deviendra plus solide, nous connaîtrons mieux ces peuples qui, malgré leur sauvagerie, paraissent très-susceptibles d'être appelés à la civilisation; car ils ont des demeures fixes, se livrent volontiers aux arts mécaniques, à divers

---

(1) On a publié un dictionnaire de langue berbère ; il est dû à M. Brosselard qui s'est livré, depuis plusieurs années, à ces intéressantes recherches, avec un zèle aussi persévérant que judicieux.

procédés de fabrication qu'ils ont su perfectionner. Ils ne paraissent pas non plus être des musulmans bien fanatiques. Les appels à la guerre sainte qu'Abd-el-Kader leur a faits si souvent, et qui remuaient si profondément les plaines et les vallées de l'Algérie, n'ont trouvé chez eux aucun crédit. Ce qu'ils veulent, ce qu'ils défendent avant tout, c'est leur liberté, ce sont leurs montagnes; la tribu que l'on attaque, ou dont on traverse le territoire, se défend; elle se retire du combat aussitôt que nous pénétrons sur le territoire de la tribu voisine, qui en fait autant à son tour (1).

Les populations arabes nous présentent des dispositions toutes contraires; le sentiment, ou plutôt le fanatisme religieux est, chez elles, développé au plus haut degré: la noblesse de race, d'origine, est tout pour elles; partout, dans l'est comme au centre, comme à l'ouest, nous avons trouvé une aristocratie fortement constituée; les noms de plusieurs familles, des Ben-Gannah, des Mokrani, des Sidi M'Bareck, des Barkani, etc., figurent depuis long-temps dans l'histoire du pays; ils se mêlent aujourd'hui à la nôtre; et s'il faut dire la vérité, c'est en général avec la coopération des représentants de ces familles, institués par nous comme aghas, comme kalifas, comme kaïds, que la tranquilité du pays est maintenue en ce moment.

(1) Un ouvrage que viennent de publier MM. Daumas et Fabar, sous le titre de: *Études historiques sur la Grande Kabylie*, donnera des notions très-intéressantes sur tout ce qui a rapport aux Kabyles et au pays qu'ils habitent. Un vol. grand in-8° : prix, br., 7 fr. 50 c., à la librairie centrale de la Méditerranée, rue de la Marine, n° 117, à Alger.

L'origine de ces familles et de leur prépondérance se rattache ordinairement au souvenir de quelque saint personnage, de quelque marabout révéré, auquel la piété des siècles passés a élevé un tombeau, devenu l'objet de la vénération publique, et sur lequel se transmettent d'âge en âge, des traditions, des légendes merveilleuses, que les Arabes accueillent et se racontent avec une inépuisable crédulité.

Nous avons dit que les Kabyles étaient industrieux, qu'ils se livraient volontiers aux professions mécaniques. Les Arabes, au contraire, ont pour ces mêmes objets une aversion invincible; ils sont laboureurs, volontiers traficants, pasteurs surtout et guerriers; mais guerriers sans discipline, sans constance, sans véritable courage. Depuis 1830, toutes les affaires meurtrières que nous avons eues ont eu lieu avec les Kabyles: contre un rassemblement arabe, on marche avec ce qu'on a sous la main; pour attaquer des positions kabyles, on manœuvre avec régularité: ces différences sont familières à ceux de nos officiers qui ont fait long-temps la guerre d'Afrique.

Enfin, tandis que les populations kabyles ont des habitations fixes, se forment et se groupent par villages, par gros bourgs, la NOMADITÉ des Arabes est devenue proverbiale. Disons toutefois, en ce qui concerne l'Algérie du moins, que l'observation attentive de ce pays, la nécessité de le bien connaître pour pouvoir le gouverner (1), ont commencé à nous mettre

(1) Voir la circulaire du Gouverneur-Général, en date du 24 avril 1846, relative aux approvisionnements que les tribus du Sahara sont autorisées à venir faire dans le Tell.

au fait des lois assez singulières que suit cette nomadité; voici ce qu'ont écrit à ce sujet MM. Carette et Warnier, dans leur *Description* déjà citée:

« Il n'existe pas en Algérie de tribus errantes dans le sens absolu de ce mot; les tribus les plus mobiles obéissent, dans leurs mouvements, à certaines lois qui limitent d'une manière presque invariable le champ de l'habitation, de la culture et le parcours.

Ces lois résultent elles-mêmes de la nature du climat et du sol, de l'extrême régularité qui préside au retour des saisons, de l'extrême inégalité qui préside au partage des eaux.

Pendant une moitié de l'année, l'Algérie ressemble à une vaste pelouse verte et arrosée.

Pendant l'autre moitié, elle se partage en deux larges bandes verdoyantes et en deux larges bandes jaunes et arides.

Les deux premières sont le massif méditerranéen et le massif intérieur; les deux autres sont la zône des landes et celle des oasis.

Pendant les six mois de verdure, les tribus des oasis se répandent avec leurs troupeaux dans les landes limitrophes. Les tribus des pentes méridionales du massif méditerranéen descendent dans la partie septentrionale de la zône des landes. Les tribus du massif intérieur descendent, les unes dans la partie méridionale de la zône des landes, les autres dans la partie septentrionale de la zône des oasis.

Pendant les six mois de sécheresse, les tribus du massif méditerranéen et du massif intérieur regagnent leurs montagnes. Les tribus des oasis exécutent leur mouvement de migration lointaine. Elles abandonnent la zône des oasis, et vont chercher, dans les hautes plaines du massif méditerranéen, de l'eau, des blés et des pâturages.

Pendant la première période, la population de l'Algérie se disperse sur toute sa surface.

Pendant la seconde période, elle se concentre dans les deux massifs montueux et dans les terres cultivables des oasis.

Parmi toutes les tribus soumises à des déplacements considérables, il n'en est aucune qui soit sans patrie ; chacune à sa patrie d'hiver et sa patrie d'été. Elles obéissent à un mouvement régulier d'oscillation qui, aux mêmes époques, les ramène sur les mêmes points. Toutefois, l'étendue de l'oscillation les partage en deux classes distinctes :

Pour les unes, la patrie d'été et la patrie d'hiver sont séparées par de vastes espaces : ce sont les tribus nomades.

Pour les autres, la patrie d'hiver et la patrie d'été sont contiguës : ce sont les tribus mixtes.

La plus grande partie des tribus comprises dans la zône des oasis appartiennent à la première classe.

La plus grande partie des tribus comprises, soit dans les parties méridionales du massif méditerranéen, soit dans le massif intérieur, appartiennent à la seconde. »

POPULATION EUROPÉENNE.

Mais c'est assez nous occuper des populations indigènes ; parlons maintenant de la population européenne qui est venue s'établir dans ce pays, après la conquête de 1830, et qui est destinée, sinon à les remplacer, du moins à les gouverner, et dans un temps donné, à les modifier les unes et les autres.

Cette population s'est d'abord formée d'un faible noyau de fournisseurs, de marchands, d'ouvriers, qu'une armée traîne toujours à sa suite.

Puis, l'initiative intelligente et vigoureuse qu'avait prise le maréchal Clauzel, lors de sa première administration, ayant donné plus de consistance à l'établissement déjà commencé, et l'opinion en France s'étant énergiquement prononcée pour la conservation de l'Algérie, cette population augmenta rapidement ; elle comptait dès-lors à sa tête des personnes honorables, et elle prit, par son activité et son courage, une influence que sa force numérique ne pouvait lui donner. Depuis cette époque la progression fut toujours ascendante : le tableau qui va suivre résumera ce mouvement, mieux que tout ce que l'on pourrait dire :

31 décembre 1830. . . . . . 602 Européens.
— 1831. . . . . . 3,228 —
— 1832. . . . . . 4,858 —
— 1833. . . . . . 7,812 —
— 1834. . . . . . 9,750 —
— 1835. . . . . . 11,221 —
— 1836. . . . . . 14,571 —
— 1837. . . . . . 16,770 —

C'est le chiffre indiqué par le recensement qui eut lieu dans les derniers jours de 1837. A partir de cette époque, cette population répandue dans les différentes places du littoral, avait une base; aussi la vit-on s'accroître rapidement. Ainsi elle comptait:

au 1er janvier 1840. . . . . . 25,023 individus.
au 1er janvier 1844. . . . . . 59,186 —
au 1er janvier 1846. . . . . . 95,321 —

D'après les derniers documents publiés par l'admiministration centrale, le chiffre de cette population était, au 30 juin 1847, de 112,924 habitants, ainsi répartis entre les trois provinces :

Province d'Alger 71,764
Province d'Oran 27,514
Province de Constantine . . . 13,646

Total égal 112,924

On doit bien s'attendre qu'une population ainsi rassemblée, à des époques et sous l'influence de tant de causes diverses, ne saurait présenter une composition parfaitement homogène: aussi a-t-on toujours le soin, dans les tableaux périodiquement publiés, de distinguer les diverses nationalités qui ont concouru à la former. Voici les résultats officiellement constatés au 30 juin 1847 :

Français 50,520
Espagnols. 33,222
Italiens 8,115
Allemands 6,040
Suisses. 5,237
Anglo-Maltais 8,908

Anglais	522
Irlandais	140
Anglo-Espagnols (de Gibraltar)	968
Portugais	253
Polonais	394
Hollandais et Belges	386
Russes	77
Grecs	59
Autres nations	83
Ensemble	112,924 individ.

Il résulte de ce tableau que *l'élément français* n'entre pas tout-à-fait pour moitié dans la composition totale de la population européenne : on doit souhaiter qu'il n'en soit pas toujours ainsi, et que la nationalité française prédomine dans une colonie toute française.

On a déjà eu plus d'une fois l'occasion de remarquer que ce résultat s'obtenait de lui-même, dans les centres de population que l'administration formait directement; et cela se conçoit. Nos populations agricoles, celles que nous devons surtout chercher à attirer en Algérie, ne fourniront une émigration un peu importante, qu'autant que nous donnerons à nos laboureurs toute facilité pour devenir propriétaires; ils ne se dérangeront pas pour être journaliers ou domestiques, c'est-à-dire pour ne retrouver dans la colonie que la position qu'ils avaient en France.

C'est là un des motifs principaux qui recommandent la nécessité de la colonisation *directe*, entreprise par le gouvernement, et dans de larges proportions.

Cette population européenne a déjà donné lieu à d'autres observations qu'il importe de ne pas négliger : ce sont celles qui ont rapport au mouvement annuel des décès, des mariages et des naissances; elles résolvent de la manière la plus avantageuse, pour l'Algérie, ce qu'on pourrait appeler la question d'acclimatation. Voici les résultats officiellement constatés aujourd'hui dans les principales localités :

Alger . . . . 3 64/100 décès sur 100 habitants.
Bouffarik . . . . 4 04/100 — —
Blidah. . . . . . 6 62/100 — —
Bône . . . . . . 2 82/100 — —
Philippeville, y compris
   la banlieue . . 5 53/100 — —
Oran . . . . . . 4 15/100 — —
Mostaganem. . . 3 70/100 — —

On peut apprécier exactement ces divers résultats en les comparant à la mortalité moyenne de Paris, qui, en 1842, a été de 3 28/100 décès sur 100 habitants.

Les villes de l'intérieur présenteraient des circonstances encore plus favorables; ainsi, en 1845, on a compté :

à Médéah . . . . 1 60/100 décès sur 100 habitants.
à Miliana. . . . 2 56/100 — —
à Sétif. . . . . . 1 66/100 — —
à Mascara. . . . 2 81/100 — —
à Tlemcen . . . 1 76/100 — —

Enfin l'expérience a démontré que partout où une population se forme, la mortalité, qui est presque toujours considérable au début, décroît rapidement, et rentre, au bout de quelques années d'installation, dans la proportion ordinaire; c'est ce qu'on a vu à Bône, à Bouffarik, et sur beaucoup d'autres points.

Les calculs établis sur les naissances donnent des résultats analogues, et qui supposent une population placée dans des conditions normales, puisque l'on trouve un nombre moyen de 3, 22 naissances pour 100 habitants, et qu'en France la proportion moyenne est d'une naissance pour 33, 2 habitants.

Nous avons la ferme confiance que les observations des années qui vont suivre ne pourront que constater de nouvelles améliorations dans les résultats déjà connus, et qui nous ont paru mériter d'être placés dès à présent sous les yeux du public.

CHAPITRE II.

Gouvernement. — Administration générale.

CONQUÊTE.

Le 5 juillet 1830, la convention, qui réglait les conditions de la capitulation d'Alger, fut signée par le maréchal Bourmont et le dey Hussein-Pacha; elle fut immédiatement mise à exécution. Elle était conçue en ces termes (1) :

« Le fort de la Casbah, tous les autres forts qui dépendent d'Alger et le port de cette ville seront remis aux troupes françaises, ce matin, à dix heures (heure française).

» Le général en chef de l'armée française s'engage

---

(1) Bien que cette capitulation ne puisse assurément être rangée parmi les actes du gouvernement d'Alger, il nous a paru utile de placer au début de cet *Annuaire* ce document officiel, l'un des principaux monuments de l'histoire du pays.

envers son altesse le dey d'Alger à lui laisser sa liberté et la possession de toutes ses richesses personnelles.

» Le dey sera libre de se retirer avec sa famille et ses richesses particulières dans le lieu qu'il fixera; et, tant qu'il restera à Alger, il y sera, lui et sa famille, sous la protection du général-en-chef et de l'armée française. Une garde garantira la sûreté de sa personne et celle de sa famille. — Le général-en-chef assure à tous les soldats de la milice les mêmes avantages et la même protection.

» L'exercice de la religion musulmane restera libre. La liberté des habitants de toutes les classes, leur religion, leurs propriétés, leur commerce et leur industrie ne recevront aucune atteinte. Leurs femmes seront respectées. — Le général-en-chef en prend l'engagement sur l'honneur.

« L'échange de cette convention sera fait avant dix heures, ce matin, et les troupes françaises entreront aussitôt après dans la Casbah, et successivement dans tous les forts de la ville et de la marine.

» Au camp devant Alger, le 5 juillet 1830.

» HUSSEIN PACHA.   Comte de BOURMONT. »

Le lendemain, 6 juillet, un arrêté du général-en-chef institua une *commission* de gouvernement, chargée de pourvoir aux besoins du moment, et de proposer, pour la suite, un système d'organisation. Cette commission était composée de l'intendant en chef de l'armée, président; d'un maréchal-de-camp; du payeur-général; d'un lieutenant-général de police; du consul de France et d'un secrétaire.

Deux mois après, la *commission* fut remplacée par un *Comité de gouvernement*, composé de trois membres, l'un pour la justice, l'autre pour l'intérieur, le troisième pour les finances, et présidé par l'intendant de l'armée, qui prit le titre d'*Intendant du royaume d'Alger*.

Malheureusement, cette commission, non plus que le comité qui l'avait précédée ne songèrent à maintenir, provisoirement au moins, l'organisation politique que l'on trouvait établie aux mains des Turcs, et qui leur avait si bien réussi depuis trois siècles : on s'empressa même de les bannir (1); ce fut une faute grave, on l'a souvent regrettée.

PREMIÈRE ORGANISATION ADMINISTRATIVE.

Au mois de décembre 1831, M. Casimir Périer étant ministre, il fut rendu une ordonnance royale que l'on peut considérer comme la base de tous les systèmes d'organisation qui ont été essayés depuis cette époque. Cette ordonnance déclarait « que s'il avait été néces-
» saire, dans les premiers temps qui avaient suivi
» l'occupation du pays d'Alger, de laisser réunis dans

---

(1) Cette expulsion des Turcs n'a jamais été bien expliquée; aucun acte officiel n'a été publié à cet égard. La mesure prise, sur un ordre de l'état-major, fut mise à exécution sans délai. Trois ou quatre mille Turcs, officiers, Janissaires, etc., partirent ainsi, et furent mis à bord des bâtiments de commerce, qui avaient été nolisés pour l'armée. Par un jeu de la fortune, leur vainqueur, M. le Maréchal comte de Bourmont, quitta presque en même temps Alger, par la même voie.

» une seule main les pouvoirs civils et militaires, il
» importait maintenant au bien-être de l'établissement
» que les pouvoirs fussent séparés, afin que la justice
» et l'administration civiles pussent prendre une mar-
» che régulière. » En conséquence, la direction et la
surveillance de tous les services civils *en Alger*, même
de celui de la justice, furent confiées à un intendant
civil, placé sous les ordres immédiats du président du
conseil des ministres.

Peu de mois après, une modification importante fut
faite à cette ordonnance : l'Algérie cessa d'être une
dépendance de la présidence du conseil, et fut ratta-
chée au ministère de la guerre, qui l'a toujours conservée depuis.

A cette époque, ainsi qu'on peut le voir, dans le
Bulletin des actes officiels, le commandant militaire et
l'intendant civil se partageaient l'autorité. Cet état de
choses dura jusqu'à la promulgation de l'ordonnance
du 22 juillet 1834.

NOUVELLE ORGANISATION. — INSTITUTION D'UN GOUVERNEUR-GÉNÉRAL.

Aux termes de cette ordonnance, le commandement général et la haute administration des possessions
françaises dans le nord de l'Afrique furent confiés à
un *gouverneur-général*, sous les ordres du ministre de
la guerre. Ce gouverneur-général avait auprès de lui :
un officier-général commandant les troupes, un intendant civil, un officier-général, commandant la marine, un procureur-général, un intendant militaire,

un directeur des finances ; ces différents fonctionnaires et officiers formaient en outre *le conseil supérieur d'administration*, qui subsiste depuis cette époque, et qui a exercé une influence considérable sur les affaires de l'Algérie.

Enfin, d'après cette ordonnance, et avec l'assentiment tacite des chambres législatives, *les possessions françaises du nord de l'Afrique* (1), comme on les appelait alors, étaient placées sous le régime des ordonnances royales ; le gouverneur-général étant, du reste, investi de pouvoirs extraordinaires, pour les cas d'urgence et pour les circonstances exceptionnelles.

Voici maintenant la succession des arrêtés et ordonnances qui ont paru depuis cette époque, mais qui toutes ont eu pour base l'institution d'un gouverneur-général, placé sous les ordres immédiats du ministre de la guerre, et celle d'un conseil supérieur d'administration.

Arrêté ministériel du 1er août 1836. — Il modifie les attributions du gouverneur-général et établit un intendant civil qui centralise et dirige tous les services civils.

Ordonnance royale du 31 octobre 1838. — Elle supprime l'intendant civil, et établit une direction de l'intérieur à Alger, et deux sous-directions, l'une à Oran, l'autre à Bône. La direction des finances forme de nouveau une administration séparée, et tout-à-fait indépendante. Il faut rendre à cette institution la jus-

(1) C'est en 1838, que la dénomination d'*Algérie* a été adoptée par une décision du ministre de la guerre, et qu'elle a commencé à prévaloir dans l'usage, et à être employée dans les actes publics.

tice qui lui est due. C'est au moyen de la centralisation, opérée par la direction des finances, que les services financiers ont pu être organisés. Elle jouit aussi de cet avantage que, tandis que les autres fonctions changèrent si souvent de titulaire, celles de directeur de finances restèrent, pendant plus de douze années, dans les mêmes mains, celles de M. Blondel.

Ordonnance royale du 15 avril 1845, portant organisation de l'administration générale et des provinces en Algérie. — Tel est le titre sous lequel cette ordonnance fut publiée; en voici les dispositions principales:

L'Algérie continue à être placée sous le régime des ordonnances, et dans les attributions du ministre de la guerre.

Elle est divisée en trois provinces : Alger, Oran, Constantine. Chaque province se subdivise, soit en arrondissements, cercles et communes; soit en khalifats, aghaliks, kaïdats.

L'ordonnance reconnaît aussi des territoires civils, des territoires mixtes, des territoires arabes.

Les territoires *civils* sont régis par le droit commun, tel que la législation spéciale le constitue. L'administration y est civile; les Européens sont libres d'y former des établissements de toute nature, d'y acquérir et d'y vendre des immeubles.

Dans les territoires *mixtes*, les autorités militaires remplissent les fonctions administratives, civiles et judiciaires. Les ventes et acquisitions d'immeubles ne peuvent avoir lieu que dans les limites déterminées par le ministre de la guerre.

Les territoires *arabes* sont administrés militairement. Les Européens ne peuvent s'y établir qu'en vertu d'autorisations spéciales et personnelles (1).

Après avoir ainsi établi la division du territoire, d'après des bases qui subsistent toujours, la même ordonnance a constitué de la manière suivante le commandement-général et la haute administration de l'Algérie :

« Le commandemement-général et la haute administration sont confiés à un gouverneur-général, investi, à cet effet, des pouvoirs civils et militaires.

Le gouverneur-général est nommé par le roi. Il exerce ses attributions sous les ordres directs du ministre de la guerre, par l'intermédiaire des autorités civiles, judiciaires et militaires. »

Il serait hors de propos, dans cet *Annuaire,* de rapporter en détail toutes les attributions conférées au gouverneur-général; citons seulement les plus importantes.

Ainsi, « outre que le gouverneur-général a sous ses ordres immédiats les troupes de toutes armes, françaises, étrangères et indigènes, régulières et irrégulières, employées en Algérie, il est chargé de la défense intérieure et extérieure; il prend toutes les mesures nécessaires pour faire respecter les frontières, maintenir l'autorité de la France, conserver l'ordre et la paix entre les tribus, assurer la liberté des communications

---

(1) L'article spécial à chaque localité indiquera celle des trois catégories ci-dessus indiquées à laquelle elle appartient; nous ferons toutefois observer que les territoires *civils* ont été seuls délimités d'une manière officielle.

et la sécurité publique. Il pourvoit directement aux mesures de haute police, à l'égard des personnes dont la présence serait reconnue dangereuse pour l'ordre et la sécurité publique. » (Ces mesures, toutefois, ne doivent s'entendre que du refus d'admission en Algérie, et de l'exclusion à temps d'une ou de plusieurs localités, ou de l'Algérie.)

Il fait promulguer les ordonnances et autres actes du gouvernement. Enfin, l'ordonnance royale du 1ᵉʳ avril 1842, qui veut qu'aucune exécution à mort ne puisse avoir lieu en Algérie qu'après qu'il en aura été rendu compte au roi, et que S. M. aura décidé de laisser un libre cours à la justice, laisse cependant, et dans le cas d'urgence extrême, au gouverneur-général, la faculté d'ordonner l'exécution, à la charge d'en rendre compte immédiatement au ministre de la guerre.

Les pouvoirs ou fonctionnaires, institués près du gouverneur-général, étaient, selon l'ordonnance, du 15 avril :

Un directeur général des affaires civiles;

Des directeurs, chefs des services administratifs, ainsi désignés : le procureur-général, le directeur de l'intérieur et de la colonisation, le directeur des travaux publics (1), le directeur des finances et du commerce, le directeur central des affaires arabes;

Un conseil supérieur d'administration;

Un conseil du contentieux.

---

(1) La direction des travaux publics n'a été créée que par une ordonnance du 22 avril 1846; elle ne formait qu'un démembrement de la direction de l'intérieur.

ORDONNANCE DU 1ᵉʳ SEPTEMBRE 1847. — DIVISION PAR PROVINCES.

L'ordonnance du 1ᵉʳ septembre 1847 a apporté des modifiations importantes à cette organisation. Nous allons, en les indiquant, exposer l'ensemble des institutions administratives qui régissent actuellement l'Algérie.

Le pouvoir du gouverneur-général est resté tel qu'il était, d'après l'ordonnance du 15 avril.

Le conseil supérieur d'administration a conservé ses attributions, mais il n'est plus composé de la même manière ; voici la composition actuelle :

Le gouverneur-général, président ;
Le chef de l'état-major général ;
Le directeur-général des affaires civiles ;
Le procureur-général ;
Le contre-amiral, commandant la marine ;
Le maréchal-de-camp, commandant le génie ;
Le directeur central des affaires arabes ;
Quatre conseillers civils ;
Le secrétaire de ce conseil est nommé par le roi.

Enfin, les lieutenants-généraux commandant les provinces peuvent prendre part, avec voix délibérative, aux séances du conseil, quand ils y sont appelés par une convocation spéciale du gouverneur-général.

Le directeur-général des affaires civiles a été maintenu par cette même ordonnance ; il continue, comme par le passé, à centraliser toutes les affaires civiles soumises à l'examen et à la décision du gouverneur-général. A cet effet, le directeur-général est autorisé à correspondre, au nom et par délégation du gouverneur-général, avec le ministre de la guerre, et avec toutes les autorités civiles et militaires.

Le directeur central des affaires arabes a été pareillement conservé, avec les attributions dont il était investi, mais qui, à vrai dire, n'ont pas encore été nettement définies.

Ces institutions supérieures et générales de l'Algérie ainsi maintenues, l'ordonnance du 1ᵉʳ septembre est entrée dans une voie nouvelle, en créant des directions provinciales, et en supprimant, ou du moins en diminuant cette centralisation de tous les services, qui existait à Alger, depuis l'origine, et qui descendait jusqu'aux moindres détails.

Les trois directions de l'intérieur et de la colonisation, des travaux publics, des finances ont été supprimées; et il a été établi dans chacune des trois provinces (Alger, Oran, Constantine), une direction des affaires civiles, qui réunit dans ses attributions les différents services, civils et financiers.

Près de ces directeurs des affaires civiles de chaque province, l'ordonnance a placé un conseil de direction, lequel connaît, sauf les exceptions qui résulteront de la législation spéciale de l'Algérie, des matières qui sont déférées en France aux conseils de préfecture, dans la limite de la compétence de ces conseils (1).

---

(1) Ces conseils de direction ont remplacé le *conseil du contentieux* qui avait été créé par l'ordonnance du 15 avril 1845, et qui a été formellement supprimé par celle du 1ᵉʳ septembre. L'ordonnance du 1ᵉʳ septembre annonce un arrêté ministériel qui doit déterminer, parmi

Un des membres de ce conseil, désigné par le ministre, remplit les fonctions de secrétaire de la direction des affaires civiles de la province. C'est à peu près ce qui a lieu en France dans la plupart des préfectures.

Après les directeurs des affaires civiles, chargés de l'administration des territoires civils dans les provinces, viennent dans l'ordre hiérarchique :

Pour chaque arrondissement, un sous-directeur ;

Pour chaque cercle, un commissaire civil ;

Pour chaque centre de population, constitué en commune, un maire, et un ou plusieurs adjoints, suivant l'importance de la localité.

L'institution des commissaires civils, spéciale à l'Algérie, mérite une mention particulière. Établis par l'arrêté ministériel du 18 février 1840, les attributions de ces fonctionnaires ont été définitivement réglées par l'arrêté du 18 décembre 1842. Ces attributions étaient à la fois administratives et judiciaires. A ce dernier titre, ils remplissaient les fonctions de juge-de-paix, et même de procureur du roi et de juge d'instruction. Mais dans la plupart des localités, où se trouvaient des commissaires civils, on a créé des justices-de-paix ; il n'y a plus que deux de ces fonctionnaires (le commissaire civil de Cherchel et celui de la Calle) qui aient conservé toutes les prérogatives attribuées dans l'origine à leur institution.

---

les affaires précédemment soumises au sonseil supérieur d'administration, celles sur lesquelles il devra être statué à l'avenir par les directeurs des affaires civiles, en conseil de direction ; cet arrêté n'a pas encore été publié.

Les maires et adjoints, si ce n'est dans les communes rurales, ne remplissent guère non plus d'autres fonctions que celles d'officiers de l'état-civil, ou celles qui leur sont spécialement déléguées par les directeurs ou sous-directeurs.

Telle est l'organisation des territoires civils; elle se retrouve également dans les territoires mixtes : seulement les commandements militaires sont réunis aux fonctions.

Ainsi, le lieutenant-général, commandant supérieur, indépendamment des attributions qui lui sont conférées pour les affaires générales de la province (1), administre les territoires mixtes, comme le directeur administre les territoires civils; il a sous ses ordres des commandants de subdivision, des commandants de cercle, et, suivant l'occurrence, des commandants de place, qui remplissent, à certains égards, les fonctions de sous-directeurs, de commissaires civils, d'officiers de l'état-civil, etc.; seulement, dans ces mêmes territoires, les intendants et sous-intendants militaires ont été déclarés ordonnateurs secondaires pour les dépenses civiles; de même que les officiers du génie sont les architectes, les ingénieurs, spécialement chargés des travaux civils de toute espèce.

L'ordonnance royale du 15 avril contenait une dis—

---

(1) Ces attributions consistent surtout en ce que pour les objets les plus importants, tels que les questions d'impôts, les budgets, les routes, les créations de centres de population et de communes, de même que pour d'autres affaires non encore déterminées, leur avis et leur concert avec les autorités civiles sont nécessaires, (Ordonnance du 1er septembre, art. 3.)

position fort sage ; elle déclarait que, lorsqu'en raison des progrès politiques et du développement colonial, des parties de territoire arabe devaient passer dans la catégorie des territoires mixtes, ou des parties de territoire mixte dans la catégorie de territoires civils, ces modifications seraient l'objet d'ordonnances royales.

Cette disposition n'a point été abrogée par l'ordonnance du 1er septembre, qui veut, en outre, que la correspondance des lieutenants-généraux avec les territoires mixtes soit préparée par les directeurs civils des provinces, qui la signent en leur nom et par délégation.

Ces deux combinaisons rapprochées ne laissent aucun doute sur l'intention formelle du gouvernement d'étendre les circonscriptions civiles, autant que faire se pourra, afin d'amener l'uniformité si désirable dans toutes les branches de l'administration.

SYSTÈME MUNICIPAL.

Enfin, une ordonnance royale, datée de Saint-Cloud, le 28 septembre 1847, et rendue sur le rapport du ministre de la guerre et l'avis des comités réunis de législation et de l'intérieur, du conseil d'État, a solennellement posé en principe l'organisation du système municipal en Algérie, en accordant au gouvernement le droit d'ériger en *communes* les centres de population en Algérie, lorsqu'ils auront acquis le degré de développement nécessaire. Citons, au surplus, le texte même de cette ordonnance, qui doit nécessairement exercer une grande influence sur l'avenir de l'Algérie.

De l'organisation municipale en Algérie.

Art. 1ᵉʳ. Les centres de population en Algérie pourront être érigés en communes par ordonnances royales, lorsqu'ils auront acquis le degré de développement nécessaire.

Ces ordonnances seront rendues sur le rapport de notre ministre secrétaire d'État de la guerre et sur la proposition du gouverneur-général, le conseil supérieur d'administration entendu : elles détermineront la circonscription de la commune.

TITRE PREMIER.
Composition du corps municipal.

Art. 2. Le corps municipal de chaque commune se compose d'un maire, d'un ou de plusieurs adjoints et d'un conseil municipal.

Les fonctions des maires peuvent être rétribuées. Celles des adjoints et des autres membres du corps municipal sont gratuites.

CHAPITRE PREMIER.
Du maire et des adjoints.

Art. 3. Les maires et adjoints sont nommés par nous dans les communes de 3,000 habitants et au-dessus, ainsi que dans les chefs-lieux d'arrondissement ou de tribunaux de première instance ; dans les autres communes, ils sont nommés par le gouverneur-général.

Art. 4. Le nombre des adjoints sera déterminé par l'ordonnance qui érigera chaque commune.

Art. 5. Les maires et adjoints peuvent être suspendus par arrêté du gouverneur-général ; mais ils ne peuvent être révoqués que par ordonnance royale.

Art. 6. Les maires et les adjoints sont nommés pour trois ans : ils doivent être Français ou naturalisés Français, et âgés de vingt-cinq ans accomplis.

Art. 7. En cas d'absence ou d'empêchement, le maire est remplacé par l'adjoint, le premier dans l'ordre des nominations.

En cas d'absence ou d'empêchement du maire et des adjoints,

le maire est remplacé par le conseiller municipal, le premier dans l'ordre des nominations.

Art. 8. Ne peuvent être maires ni adjoints :

1° Les membres de la cour royale, des tribunaux de première instance et les juges-de-paix ;

2° Les directeurs des affaires civiles, les membres du conseil supérieur d'administration et des conseils de direction, les sous-directeurs des affaires civiles et les commissaires civils ;

3° Les ministres des cultes ;

4° Les militaires et employés des armées de terre et de mer, en activité de service ou en disponibilité ;

5° Les ingénieurs des ponts-et-chaussées et des mines, en activité de service ;

6° Les fonctionnaires et employés du service des bâtiments civils ;

7° Les agents et employés des administrations financières et des forêts ;

8° Les fonctionnaires et employés des colléges communaux ;

9° Les instituteurs primaires ;

10° Les commissaires et agents de police.

Art. 9. Les agents salariés du maire ne peuvent être ses adjoints.

Art 10. Il y a incompatibilité entre les fonctions de maire et d'adjoint et le service de la milice.

CHAPITRE II.
Des Conseils municipaux.

Art. 11. Le conseil municipal se compose, indépendamment du maire et des adjoints :

De huit membres, dans les communes dont les maires sont nommés par le gouverneur-général ;

De douze membres, dans celles dont les maires sont nommés par nous ;

A Alger, le conseil sera de seize membres.

Art. 12. Les conseillers municipaux doivent être Français ou naturalisés Français, ou s'ils sont étrangers, autorisés par le

Roi à exercer leurs droits civils en Algérie. Ils doivent, en outre, être âgés de vingt-un ans accomplis.

Art. 13. Dans les communes où la population indigène sera du dixième au moins de la population totale, des indigènes pourront être nommés membres du conseil municipal, sans qu'ils puissent, en aucun cas, excéder le quart du nombre total des membres du conseil.

Les conseillers municipaux, tant Français qu'indigènes, sont à la nomination du gouverneur-général.

Ils sont nommés pour trois ans, et peuvent être renommés.

Ils peuvent être suspendus de leurs fonctions et révoqués par arrêté du gouverneur-général.

Art. 14. Tout membre d'un corps municipal dont les droits civils ou civiques auraient été suspendus, ou qui en aurait perdu la jouissance, cessera de faire partie du corps municipal et ne pourra être renommé qu'après avoir recouvré les droits dont il aura été privé.

Art. 15. Ne peuvent être membres d'un conseil municipal :

1° Les directeurs des affaires civiles, les sous-directeurs des affaires civiles et les commissaires civils;

2° Les ministres des cultes en exercice dans la commune;

3° Les comptables des revenus communaux et tout agent salarié par la commune.

Nul ne peut être membre de deux conseils municipaux.

CHAPITRE III.

Des assemblées des conseils municipaux.

Art. 16. Les conseils municipaux se réunissent quatre fois l'année, au commencement des mois de février, mai, août et novembre.

Chaque session peut durer dix jours.

Art. 17. Les directeurs et sous-directeurs des affaires civiles peuvent, en outre, prescrire la convocation extraordinaire du conseil municipal, ou l'autoriser, sur la demande du maire, toutes les fois que les intérêts de la commune l'exigent.

Art. 18. Dans les sessions ordinaires, le conseil municipal

peut s'occuper de toutes les matières qui rentrent dans ses attributions.

Dans les réunions extraordinaires, il ne peut s'occuper que des objets pour lesquels il a été spécialement convoqué.

Art. 19. Le maire préside le conseil municipal. Les fonctions de secrétaire sont remplies par un des membres nommé au scrutin et à la majorité, à l'ouverture de chaque session.

Art. 20. Le conseil municipal ne peut délibérer que lorsque la majorité des membres assiste au conseil.

Les délibérations se prennent à la majorité des voix. En cas de partage, la voix du président est prépondérante.

Il est voté au scrutin secret toutes les fois que trois des membres présents le réclament.

Art. 21. Il est interdit aux conseils municipaux de prendre aucune délibération sur des objets étrangers à leurs attributions, ou hors de leur réunion légale ; de se mettre en correspondance avec un ou plusieurs autres conseils ; de publier des proclamations ou adresses aux habitants.

Le gouverneur-général, en conseil supérieur d'administration, déclare la nullité des actes faits contrairement à cette interdiction, sans préjudice des poursuites encourues par les membres qui auraient pris part sciemment à des faits qualifiés crimes ou délits par les lois pénales.

Art. 22. Les délibérations des conseils municipaux sont inscrites, par ordre de date, sur un registre coté et paraphé par l'autorité civile du ressort. Elles sont signées par tous les membres présents à la séance, ou mention est faite de la cause qui les empêche de signer.

Art. 23. Lorsque, après deux convocations successives, faites à huit jours d'intervalle et dûment constatées, les membres du conseil municipal ne se sont pas réunis en nombre suffisant, la délibération prise après la troisième convocation est valable, quel que soit le nombre des membres présents.

Art. 24. Les séances des conseils municipaux ne sont pas publiques ; leurs débats ne peuvent être publiés qu'avec l'approbation de l'autorité supérieure.

TITRE II.
De l'administration municipale.

CHAPITRE PREMIER.
Des attributions des maires et des conseils municipaux.

SECTION PREMIÈRE.
Des attributions des maires.

Art. 25. Les maires remplissent les fonctions d'officier de l'état-civil; ils remplissent également celles d'officier de police judiciaire, conformément au Code d'instruction criminelle.

Art. 26. Le maire est chargé, sous l'autorité de l'administration supérieure :

1° De la publication et de l'exécution des lois, ordonnances et arrêtés ;

2° Des fonctions spéciales qui lui sont dévolues par les lois, ordonnances et arrêtés ;

3° De l'exécution des mesures de sûreté générale.

Art. 27. Le maire est chargé, sous la surveillance de l'administration supérieure :

1° De la police municipale, de la police rurale, de la voirie municipale, et de pourvoir à l'exécution des actes de l'autorité supérieure qui y sont relatifs;

2° De la conservation et de l'administration des propriétés de la commune, et de faire, en conséquence, tous actes conservatoires de ses droits;

3° De la gestion des revenus, de la surveillance des établissements communaux et de celle de la comptabilité communale ;

4° De la proposition du budget et de l'ordonnancement des dépenses;

5° De la direction des travaux communaux ;

6° De souscrire les marchés, de passer les baux des biens et les adjudications des travaux communaux, dans les formes établies par les ordonnances et réglements ;

7° De souscrire dans les mêmes formes les actes de vente, échange, partage, acceptations de dons ou legs, acquisitions, transactions, lorsque ces actes auront été préalablement autorisés conformément aux dispositions de la présente ordonnance et de celle du 15 avril 1845 ;

8° De représenter la commune en justice, soit en demandant, soit en défendant.

Art. 28. Lorsque le maire procède à une adjudication publique pour le compte de la commune, il est assisté de deux membres du conseil municipal, désignés d'avance par le conseil, ou, à défaut, appelés dans l'ordre du tableau.

Le receveur municipal est appelé à toutes les adjudications.

Toutes les difficultés qui peuvent s'élever sur les opérations préparatoires de l'adjudication sont résolues, séance tenante, par le maire et les deux conseillers assistants, à la majorité des voix, sauf le recours de droit.

Art. 29. Les adjudications ne seront valables et définitives, à l'égard des communes, qu'autant qu'elles auront été approuvées :

Par le sous-directeur des affaires civiles, si la dépense n'excède pas 5,000 fr. ;

Par le directeur des affaires civiles, si la dépense est supérieure à 5,000 fr. et inférieure à 10,000 fr. ;

Par le gouverneur-général, si la dépense excède 10,000 fr. et ne dépasse pas 30,000 fr. ;

Dans les autres cas, par notre ministre de la guerre.

Art. 30. Le maire prend des arrêtés, à l'effet :

1° D'ordonner les mesures locales sur les objets confiés à sa vigilance et à son autorité ;

2° De publier de nouveau les lois, ordonnances, arrêtés et réglements de police, et de rappeler les habitants à leur observation.

Les arrêtés pris par le maire sont immédiatement adressés à l'autorité civile supérieure du ressort, laquelle peut toujours les annuler ou en suspendre l'exécution.

Art. 31. Les arrêtés municipaux qui portent réglement permanent, ne sont exécutoires qu'après l'approbation du directeur des affaires civiles.

Art. 32. Le maire nomme à tous les emplois communaux pour lesquels les lois, ordonnances et arrêtés ne prescrivent pas un mode spécial de nomination.

Il suspend et révoque les titulaires de ces emplois.

Art. 33. Le maire est seul chargé de l'administration de la commune; mais il peut déléguer une partie de ses fonctions à un ou plusieurs de ses adjoints, et, en l'absence des adjoints, à ceux des conseillers municipaux, qui sont appelés à en faire les fonctions.

SECTION II.
Des attributions des conseils municipaux.

Art. 34. Le conseil municipal délibère sur les objets suivants:

1° Le mode d'administration des biens communaux;

2° Le mode de jouissance et la répartition des pâturages et fruits communaux, ainsi que les conditions à imposer aux parties prenantes;

3° Le budget de la commune, et, en général, toutes les dépenses et recettes, soit ordinaires, soit extraordinaires;

4° Les tarifs et règlements de perception de tous les revenus propres à la commune:

5° Les acquisitions, aliénations et échanges de propriétés communales, leur affectation aux différents services publics, et, en général, tout ce qui intéresse leur conservation et leur amélioration;

6° Les conditions des baux de biens donnés à ferme ou à loyer par la commune, ainsi que celles des baux des biens pris à loyer par la commune;

7° Les projets de construction, de grosses réparations, d'entretien et de démolition, et, en général, tous les travaux à entreprendre;

8° L'ouverture des chemins vicinaux, des rues et places publiques, et les projets d'alignement de la voirie municipale;

9° Le parcours et la vaine-pâture;

10° L'acceptation des dons et legs faits à la commune ou aux établissements communaux ;

11° Les actions judiciaires et transactions, et tous les autres objets sur lesquels les lois, ordonnances et arrêtés appellent les conseils municipaux à délibérer.

Art. 35. Les délibérations des conseils municipaux sont adressées à l'autorité civile supérieure du ressort.

Ces délibérations sont soumises à l'approbation du directeur des affaires civiles, sauf celles qui, d'après les lois, ordonnances et arrêtés, doivent être approuvées par le gouverneur-général, par notre ministre de la guerre ou par ordonnance royale.

Art. 36. Les conseils municipaux sont toujours appelés à donner leur avis sur les objets suivants :

1° Les circonscriptions relatives aux cultes ;

2° Les circonscriptions relatives à la distribution des secours publics ;

3° Les projets d'alignement de grande voirie, dans l'intérieur des villes, bourgs et villages ;

4° L'acceptation des dons et des legs faits aux établissements de charité et de bienfaisance ayant un caractère communal ;

5° Les autorisations d'emprunter, d'acquérir, d'échanger, d'aliéner, de plaider ou de transiger, demandées par les mêmes établissements ;

6° Les budgets et les comptes des mêmes établissements ;

7° Les budgets et les comptes des fabriques et autres administrations préposées à l'entretien des cultes dont les ministres sont salariés par l'État, lorsqu'elles reçoivent des subventions sur les fonds communaux ;

8° Enfin tous les objets sur lesquels les conseils municipaux seront consultés par les directeurs ou les sous-directeurs des affaires civiles.

Art. 37. Le conseil municipal délibère sur les comptes annuellement présentés par le maire.

Il entend, débat et arrête, sauf le réglement définitif par l'autorité supérieure compétente, les comptes des deniers des receveurs.

Art. 38. Le conseil municipal peut exprimer son vœu sur tous les objets d'intérêt local.

Art. 39. Dans les séances où les comptes d'administration du maire sont débattus, le conseil municipal désigne au scrutin celui de ses membres qui exerce la présidence.

Le maire peut assister à la délibération; il doit se retirer au moment où le conseil municipal va émettre son vote.

Le président adresse directement la délibération à l'autorité civile supérieure du ressort.

CHAPITRE II.
Des dépenses et recettes et des budgets des communes.

Art. 40. Les dépenses des communes sont obligatoires ou facultatives.

Sont obligatoires les dépenses suivantes :

1° L'acquittement des dettes exigibles ;

2° Les frais d'administration et de perception des droits et revenus municipaux ;

3° Les prélèvements autorisés, remboursements et restitutions sur ces produits ;

4° Les traitements des maires et les frais de bureau des mairies et de l'état-civil ;

5° Les frais d'entretien des horloges publiques ;

6° Les dépenses des écoles communales ;

7° Les dépenses des cultes, mises à la charge de la commune par les lois, ordonnances et arrêtés ;

8° Les traitements et frais de bureau du service de pesage et mesurage publics ;

9° Les dépenses des milices et du service des pompes à incendie ;

10° Les traitements des gardes de biens et bois communaux et des gardes-champêtres ;

11° Les traitements et frais de bureau de la police locale, du service de la petite voirie, de celui des inhumations, et de celui des fourrières publiques ;

12° Les frais de nettoiement et d'éclairage de la voie publique ;

13° Les frais de loyer des immeubles destinés aux services ci-dessus spécifiés ;

14° Les dépenses des travaux et bâtiments civils comprenant : 1° l'ouverture, la construction et l'entretien des chemins vicinaux mis à la charge de la commune par les lois, ordonnances et arrêtés ; 2° l'alignement, le nivellement et le pavage des rues de petite voirie, à l'exception de ceux de ces travaux qui sont à la charge des propriétaires; 3° les aqueducs, canaux, égouts et fontaines, dans les rues de petite voirie et hors des villes sur les chemins vicinaux ; 4° les dépenses de grosses et simples réparations et entretien des bâtiments affectés aux services communaux ;

15° Toutes les autres dépenses mises à la charge des communes par une disposition des ordonnances spéciales de l'Algérie.

Toutes les dépenses autres que les précédentes sont facultatives.

Art. 41. Les recettes des communes sont ordinaires ou extraordinaires.

Les recettes ordinaires des communes se composent :

1° Des produits, tels que loyers et fermages, rentes foncières et valeurs des récoltes des immeubles appartenant à la commune ;

2° De la portion attribuée aux communes sur le produit de l'impôt des patentes ;

3° Des droits de place dans les halles, foires et marchés publics;

4° Des droits d'abattage dans les abattoirs d'après les tarifs dûment autorisés ;

5° Du produit des permis de stationnement, de vente, et des locations sur la voie publique, sur les ports, rivières et autres lieux publics ;

6° Du produit des péages communaux, des droits de pesage, mesurage et jaugeage ;

7° Des droits de voirie et autres droits légalement établis ;

8° Du produit des fourrières publiques;

9° Du prix des concessions de terrains dans les cimetières communaux ;

10° Du produit des concessions d'eau, de l'enlèvement des boues et immondices de la voie publique, de l'équarrissage et autres concessions autorisées pour des services communaux;

11° Du produit des expéditions des actes administratifs et des actes de l'état-civil;

12° De la portion des amendes et confiscations attribuées par les lois, ordonnances et arrêtés aux communes;

13° Du produit des saisies opérées pour contraventions aux réglements de police;

14° Du produit des rétributions mensuelles des élèves admis aux écoles communales;

Et généralement du produit de toutes taxes de ville et de police, dont la perception est légalement autorisée.

Art. 42. Les recettes extraordinaires des communes se composent :

1° Du produit des contributions directes ou indirectes que les communes pourront être autorisées ultérieurement à établir à leur profit par des ordonnances royales délibérées dans la forme des réglements d'administration publique;

2° Du prix des biens communaux aliénés;

3° Du prix de vente d'objets mobiliers provenant des services municipaux;

4° Des dons et legs;

5° Du remboursement des capitaux exigibles et rentes constituées;

6° Du produit des coupes extraordinaires des bois appartenant aux communes;

7° Du produit des emprunts;

8° Du montant de la subvention annuelle, allouée à la commune par notre ministre de la guerre, sur les fonds généraux du budget local et municipal.

Et de toutes autres recettes accidentelles.

Art. 43. L'excédant des recettes sur les dépenses de l'exercice expiré et réglé sera porté, en première ligne, dans les ressources du budget de chaque commune, pour l'exercice suivant.

Art. 44. Le budget de chaque commune, présenté par le maire

et voté par le conseil municipal, est réglé définitivement par le directeur des affaires civiles, dans les communes dont le revenu est inférieur à 50,000 fr. ;

Par le gouverneur-général, dans les communes dont le revenu, supérieur à 50,000 fr., est de moins de 100,000 fr. ;

Par ordonnances royales dans les autres communes.

Le revenu est évalué d'après le montant moyen des recettes de la commune pendant les trois dernières années, et, si la commune n'est pas érigée depuis plus de trois ans, notre ministre de la guerre détermine provisoirement à quelle autorité il appartient d'en régler le budget.

Art. 45. Les crédits, qui pourraient être reconnus nécessaires après le réglement du budget, sont délibérés conformément aux articles précédents, et doivent être approuvés par l'autorité appelée à régler le budget. Toutefois, dans les communes dont le budget est réglé par ordonnance royale, les crédits supplémentaires pourront être approuvés, en cas d'urgence, par le gouverneur-général.

Art. 46. Dans le cas où, par une cause quelconque, le budget d'une commune n'aurait pas été approuvé avant le commencement de l'exercice, les recettes et dépenses ordinaires continueront, jusqu'à l'approbation de ce budget, à être faites conformément à celui de l'année précédente.

Art. 47. Les dépenses proposées au budget d'une commune peuvent être rejetées ou réduites par l'arrêté qui règle ce budget.

Art. 48. Les conseils municipaux peuvent porter au budget un crédit pour dépenses imprévues.

La somme inscrite pour ce crédit ne pourra être réduite ou rejetée, qu'autant que les revenus ordinaires, après avoir satisfait à toutes les dépenses obligatoires, ne permettraient pas d'y faire face, ou qu'elle excéderait le dixième des recettes extraordinaires.

Le crédit pour dépenses imprévues sera employé par le maire, avec l'approbation des directeurs et sous-directeurs des affaires civiles.

Art. 49. Les dépenses proposées au budget d'une commune

ne peuvent être augmentées, et il ne peut y en être introduit de nouvelles par l'autorité appelée à les régler définitivement, qu'autant qu'elles sont obligatoires.

Art. 50. Si un conseil municipal n'allouait pas les fonds exigés pour une dépense obligatoire, ou n'allouait qu'une somme insuffisante, l'allocation nécessaire serait inscrite au budget par l'autorité appelée à le régler définitivement.

Dans tous les cas, le conseil municipal sera appelé à en délibérer.

S'il s'agit d'une dépense annuelle et variable, elle sera inscrite pour sa quotité moyenne pendant les trois dernières années. S'il s'agit d'une dépense annuelle et fixe de sa nature, elle sera inscrite pour sa quotité réelle.

Si les ressources de la commune, augmentées de la subvention mentionnée au paragraphe 8 de l'art. 42, sont insuffisantes pour couvrir les dépenses obligatoires, inscrites d'office en vertu du précédent article, il y sera pourvu par le conseil municipal, ou, en cas de refus de sa part, au moyen d'une contribution extraordinaire.

Cette contribution sera établie par l'autorité chargée de régler le budget, par voie d'addition aux contributions directes ou indirectes créées en vertu de l'art. 42, n° 1, et dans les limites du maximum fixé annuellement par une ordonnance royale, et, en cas d'insuffisance, par une ordonnance spéciale.

Art. 51. Aucun emprunt ne pourra être autorisé que par ordonnance royale rendue dans les formes des réglements d'administration publique.

Art. 52. Les tarifs des droits de voirie sont réglés par arrêté du gouverneur-général, le conseil supérieur d'administration entendu.

Art. 53. Les taxes particulières dues par les habitants ou propriétaires, en vertu des ordonnances ou arrêtés, sont réparties par délibération du conseil municipal approuvée par le directeur des affaires civiles.

Ces taxes seront perçues suivant les formes établies pour le recouvrement des contributions diverses.

Art. 54. Aucune construction nouvelle ou reconstruction entière ou partielle ne pourra être autorisée que sur la production des projets et devis. Ces projets et devis seront soumis à l'approbation de notre ministre de la guerre quand la dépense excédera 30,000 fr. S'ils ne s'élèvent pas à ce chiffre, ils seront approuvés par le gouverneur-général, le conseil supérieur d'administration entendu.

Art. 55. Les dispositions de la loi du 10 vendémiaire an 4, sur la responsabilité civile des communes, résultant des attentats commis sur le territoire de la commune, soit envers les personnes, soit envers les propriétés, sont applicables aux centres de population de l'Algérie qui seront érigés en communes.

CHAPITRE III.
Des acquisitions, aliénations, baux, dons et legs.

Art. 56. Les délibérations des conseils municipaux ayant pour objet des acquisitions, ventes ou échanges d'immeubles, le partage des biens indivis, sont soumises à l'approbation des directeurs des affaires civiles, le conseil de direction entendu, quand il s'agit d'une valeur n'excédant pas 3,000 fr. pour les communes dont le revenu est au-dessous de 100,000 fr., et 10,000 fr. pour les autres communes.

S'il s'agit d'une valeur supérieure, il est statué par le gouverneur-général.

Art. 57. Les délibérations des conseils municipaux ayant pour objet des baux de biens pris ou donnés à loyer par la commune, ne seront exécutoires qu'autant qu'elles auront été approuvées :

1° Par les directeurs des affaires civiles, lorsque leur durée n'excédera pas neuf ans pour les biens ruraux, et trois ans pour les autres biens ;

2° Par le gouverneur-général, dans les autres cas.

Art. 58. Les délibérations des conseils municipaux portant refus ou acceptation de dons et legs mobiliers, ou de sommes d'argent faits à la commune et aux établissements communaux, seront soumises à l'approbation des directeurs des affaires civiles, le conseil de direction entendu ; s'il s'agit de dons et legs mobiliers d'une valeur de plus de 3,000 fr., ou de dons et legs immobiliers, les délibérations sont soumises à notre approbation.

Le maire peut toujours, à titre conservatoire, accepter les dons et legs en vertu de la délibération du conseil municipal; l'arrêté qui intervient ensuite a effet du jour de cette acceptation.

Art. 59. La vente des biens mobiliers et immobiliers des communes, autres que ceux qui servent à un usage public, pourra, sur la demande de tout créancier porteur de titres exécutoires, être autorisée par un arrêté du gouverneur-général en conseil supérieur d'administration.

Cet arrêté déterminera les formes de la vente.

CHAPITRE IV.
Des actions judiciaires et des transactions.

Art. 60. Nulle commune ne peut introduire une action en justice sans y être autorisée par le conseil de direction.

Après tout jugement intervenu, la commune ne peut se pourvoir devant un autre degré de juridiction qu'en vertu d'une nouvelle autorisation du même conseil.

Art. 61. Quiconque voudra intenter une action contre une commune sera tenu d'adresser préalablement au directeur des affaires civiles un mémoire exposant les motifs de sa réclamation. Il lui en sera donné récépissé.

La présentation du mémoire interrompra toutes prescriptions et déchéances.

Le directeur des affaires civiles transmettra le mémoire au maire, avec l'autorisation de convoquer immédiatement le conseil municipal pour en délibérer.

Art. 62. La délibération du conseil municipal sera, dans tous les cas, renvoyée au conseil de direction, qui décidera si la commune doit être autorisée à ester en justice.

La décision du conseil de direction devra être rendue dans le délai de deux mois, à partir de la date du récépissé énoncé en l'article précédent.

Art. 63. Toute décision du conseil de direction portant refus d'autorisation devra être motivée.

En cas de refus d'autorisation, le maire pourra, en vertu d'une délibération du conseil municipal, se pourvoir devant nous en notre conseil d'État.

Le pourvoi sera introduit et jugé administrativement; il devra être interjeté dans le délai de trois mois, à dater de la notification de la décision du conseil de direction.

Il devra être statué sur le pourvoi dans le délai de deux mois, à partir du jour de son enregistrement au secrétariat-général de notre Conseil d'État.

Art. 64. L'action ne pourra être intentée qu'après la décision du conseil de direction, et, à défaut de décision dans le délai fixé par l'art. 62, qu'après l'expiration de ce délai.

En cas de pourvoi contre la décision du conseil de direction, l'instance sera suspendue jusqu'à ce qu'il ait été statué sur le pourvoi, et, à défaut de décision dans le délai fixé par l'article précédent, jusqu'à l'expiration de ce délai.

En aucun cas, la commune ne pourra défendre à l'action qu'autant qu'elle y aura été régulièrement et expressément autorisée.

Art. 65. Le maire peut, toutefois, sans autorisation préalable, intenter toute action possessoire et y défendre, et faire tous actes conservatoires et interruptifs des déchéances et prescriptions.

Art. 66. Toute transaction consentie par un conseil municipal ne peut être exécutée qu'après l'homologation par arrêté de notre ministre de la guerre, s'il s'agit d'objets mobiliers d'une valeur supérieure à 3,000 fr., ou d'objets immobiliers, et, dans les autres cas, par arrêté du directeur des affaires civiles, le conseil de direction entendu.

CHAPITRE V.

Comptabilité des communes.

Art. 67. Les comptes des maires, pour l'exercice clos, sont présentés au conseil municipal avant la délibération du budget.

Ils sont approuvés par l'autorité chargée de régler définitivement le budget.

Art. 68. Le maire peut seul délivrer des mandats. S'il refusait d'ordonnancer une dépense régulièrement autorisée et liquide, il serait statué par les directeurs des affaires civiles.

Dans ce cas, l'arrêté des directeurs et sous-directeurs des affaires civiles tiendra lieu de mandat.

Art. 69. Les recettes et dépenses communales s'effectuent par les soins des receveurs municipaux.

Les excédants des recettes sur les dépenses seront versés au trésor, suivant les formes et d'après les conditions déterminées par les réglements.

Art. 70. Toutes les recettes municipales, pour lesquelles il n'est point prescrit un mode spécial de recouvrement, s'effectuent sur des états dressés par le maire. Ces états sont exécutoires après qu'ils ont été visés par le directeur des affaires civiles.

Art. 71. Les oppositions, lorsque la matière est de la compétence des tribunaux ordinaires, sont jugées comme affaires sommaires, et la commune peut y défendre sans autorisation du conseil de direction.

Art. 72. Les budgets et les comptes des communes restent déposés à la mairie, où tout contribuable a droit d'en prendre connaissance.

Dispositions générales.

Art. 73. Les sous-directeurs des affaires civiles informent immédiatement le directeur des affaires civiles des autorisations qu'ils ont données en vertu de la présente ordonnance.

Tous les trois mois, le directeur des affaires civiles rend compte au gouverneur-général, tant desdites autorisations, que de celles qu'il a personnellement accordées. Ce compte est transmis à notre ministre de la guerre, par le gouverneur-général, avec ses observations.

Chaque année, le gouverneur-général présente à notre ministre de la guerre le compte de la situation financière et administrative des communes de l'Algérie.

Art. 74. Toutes les dispositions contraires à la présente ordonnance sont et demeurent abrogées.

Art. 75. La présente ordonnance sera exécutoire à partir du 1ᵉʳ janvier 1848.

Art. 76. Notre ministre secrétaire d'État de la guerre est chargé de l'exécution de la présente ordonnance.

Donné à Saint-Cloud, le 28 septembre 1847.

Signé : LOUIS-PHILIPPE.

Par le Roi :

Le Pair de France, ministre secrétaire d'État de la guerre,

Signé TRÉZEL.

Cette organisation municipale doit commencer à fonctionner à partir du 1ᵉʳ janvier 1848. Aucun document officiel n'a encore fait connaître celles des villes auxquelles l'administration entend l'appliquer. On présume toutefois que ce sont les villes d'Alger, Blidah, Oran, Bône, Philippeville (1).

RÉSUMÉ.

Résumons maintenant en peu de mots l'ensemble des institutions de gouvernement et d'administration générale, auxquelles l'Algérie est soumise.

L'Algérie est régie par des ordonnances royales, sauf en ce qui concerne le budget.

---

(1) En 1834, le 18 novembre, un arrêté du Gouverneur-Général institua à Alger un conseil municipal, qui était composé du maire et de dix-neuf membres appartenant aux diverses populations. D'autres arrêtés en date du 22 décembre, même année, établirent pareillement un conseil municipal à Bône et à Oran. Ces deux derniers arrêtés ne se trouvent point dans la collection des actes du Gouvernement. Ces conseils durèrent jusqu'à la fin de l'année 1837; mais leurs sessions n'étaient pas régulières, et, à partir de cette année, il n'en est plus question. L'ordonnance du 31 octobre 1838, n'en faisant pas mention, les abrogea virtuellement.

Le ministre de la guerre est spécialement chargé d'assurer l'exécution de ces ordonnances. Il existe auprès de lui, au département de la guerre, une direction des affaires de l'Algérie, chargée à ce titre de centraliser toutes les affaires politiques, administratives, judiciaires, financières; enfin, toutes celles qui ne sont pas exclusivement militaires.

Le ministre a lui-même pour délégué en Algérie un gouverneur-général. Nous avons fait connaître les principales attributions dont il est investi.

Près du gouverneur-général, sont placés :

Le directeur-général des affaires civiles;

Le conseil supérieur d'administration;

Le directeur central des affaires arabes.

Dans les provinces, et sous les ordres immédiats du gouverneur-général, l'administration est exercée par :

Les lieutenants-généraux commandants supérieurs;

Les directeurs des affaires civiles;

Les sous-directeurs, commissaires civils, maires, placés sous les ordres des directeurs;

Les commandants militaires, investis des fonctions civiles, et placés sous les ordres des lieutenants-généraux.

Nécessairement chaque année apportera des modifications à l'ordre de choses établi aujourd'hui; nous aurons soin de faire connaître ces modifications, avec les développements qu'elle comporteront.

JUSTICE.

La justice, si nous consultons les arrêtés promulgués depuis 1830, n'a pas éprouvé de moins grandes variations que l'administration. Les ordonnances d'organisation se sont fréquemment renouvelées, et à des intervalles rapprochés. Les augmentations rapides qu'a éprouvées la population européenne, les accessions incessantes de territoires, le développement inattendu, qu'ont pris les affaires civiles, commerciales et autres, toutes ces circonstances ont dû nécessairement amener des changements subits, des besoins nouveaux, auxquels il a fallu immédiatement satisfaire. Nous avons du reste expliqué dans notre avant-propos les motifs qui nous ont engagé à faire précéder chacune des parties de cet *Annuaire* d'un précis ou résumé, destiné à faire connaître non seulement ce qui est, mais encore ce qui a été.

Le premier acte officiel que nous ayons à mentionner dans l'ordre judiciaire est l'arrêté rendu le 22 octobre 1830, par le général en chef, comte Clauzel (1) : cet arrêté instituait une *cour de justice* à Alger, qui devait connaître de toute cause civile ou commerciale, dans laquelle un Français ou un étranger européen seraient intéressés : elle jugeait en dernier ressort jusqu'à la somme de 12,000 fr. Cette *cour de justice* était autorisée à appliquer les lois françaises ou celles du royaume d'Alger, suivant qu'elle le jugerait convenable : quant

---

(1) Nous devons dire, toutefois, que précédemment, il avait été pris par le général en chef, le 9 septembre 1830, un arrêté qui instituait *un tribunal spécial*, qui connaissait de toutes prétentions, causes et contestations, ainsi que de tous délits et crimes. Cet arrêté ne se trouve pas dans la collection des actes officiels. Une copie nous en a été communiquée par M. Pillaut-Débit, nommé président de ce tribunal.

aux affaires criminelles entre Français, elles étaient instruites devant la cour de justice, et les prévenus renvoyés en France avec les pièces de l'information.

Deux ans plus tard, un arrêté rendu le 16 août 1832, par le lieutenant-général, commandant en chef l'armée d'occupation d'Afrique, et par l'intendant civil de la régence d'Alger, instituait à Alger une cour criminelle, destinée à juger les crimes emportant peines afflictives ou infamantes pour les crimes commis par des Français ou des étrangers. Les conseils de guerre continuaient à juger les mêmes crimes commis par les *naturels du pays*. Ce sont les termes mêmes de l'arrêté.

Cette cour criminelle se composait des membres de la cour de jutice, et du tribunal de police correctionnelle, réunis au nombre de sept.

L'appel des jugements de cette cour était porté devant le conseil d'administration.

Les Musulmans continuaient à être jugés par les cadis maures; les Israélites par les rabbins.

Ordonnance royale du 10 août 1834. — Les anomalies que devaient faire naître, dans l'administration de la justice, les institutions imparfaites que nous venons de rapporter, avaient attiré l'attention du gouvernement et des chambres; une commission de pairs et de députés, instituée par le Gouvernement, s'était rendue en Algérie; elle avait, entre autres objets, présenté différentes combinaisons pour une meilleure organisation de la justice. Une ordonnance royale, rendue sur le rapport des ministres de la guerre et de la justice, établit les dispositions suivantes:

Dans chacune des villes d'Alger, de Bône et d'Oran,

il y avait un tribunal de première instance, un tribunal de commerce à Alger, et un tribunal supérieur siégeant dans la même ville.

Le tribunal de première instance d'Alger se composait de deux juges et d'un substitut du procureur du roi ; l'un de ces deux juges connaissait de toutes les matières civiles, le second de toutes les affaires correctionnelles ; il était aussi chargé de l'instruction des affaires criminelles. A ces attributions, ces juges ajoutaient celles que les lois confèrent en France aux juges-de-paix.

Les tribunaux de première instance de Bône et d'Oran, constitués d'après les mêmes bases, étaient composés, chacun, d'un juge, d'un suppléant, d'un substitut du procureur-général. Ils connaissaient en outre des affaires de commerce.

Ces mêmes tribunaux jugeaient *en dernier ressort* les prévenus de contraventions, de délits, ou de crimes contre lesquels la loi ne portait pas une peine supérieure à celle de la réclusion.

Ils connaissaient, à la charge d'appel, des autres crimes ; ainsi ils prononçaient la peine de mort, sauf l'appel au tribunal supérieur.

Le tribunal de commerce d'Alger se composait de sept notables négociants, nommés chaque année par le gouverneur, qui désignait en même tems le président.

Le tribunal supérieur d'Alger était composé d'un président et de trois juges, d'un substitut.

Il connaissait, sur appel, des jugements rendus en premier ressort par les tribunaux de première instance et de commerce. Constitué en tribunal criminel, il jugeait les affaires correctionnelles, et toutes les affaires qui eussent été portées, en France, devant les cours d'assises.

Enfin, et par une disposition qui a été modifiée depuis, l'ordonnance prescrivait qu'il serait attaché aux différents tribunaux, pour le jugement de tout procès dans lequel un musulman était intéressé, des assesseurs musulmans. Lorsqu'il s'agissait d'une cause criminelle, les assesseurs avaient voix délibérative sur la déclaration de culpabilité, et voix consultative seulement, sur l'application de la peine.

Les musulmans indigènes, prévenus de crimes ou délits contre la personne ou les propriétés d'autres musulmans aussi indigènes, étaient jugés par les cadis ou les autres juges du pays, selon la loi et les formes suivies jusqu'à ce jour. Néanmoins aucun jugement de condamnation ne pouvait être exécuté, qu'après avoir été revêtu du visa du procureur-général.

Si le prévenu était un indigène, et si le fait à lui imputé n'était ni prévu, ni puni par la loi du pays, les tribunaux français pouvaient modérer infiniment la peine, et même renvoyer le prévenu absous.

Les conseils de guerre continuaient à connaître, sans acception de personnes, des crimes et délits commis en dehors des limites des juridictions civiles.

Les tribunaux israélites n'étaient maintenus que pour les matières religieuses.

Le procureur-général, dont l'institution avait été admise en principe par l'ordonnance du 22 juillet 1834, exerçait auprès de tous les tribunaux les attributions du ministère public en France; il était en outre chargé,

7

comme il l'est encore aujourd'hui, de toute l'administration de la justice.

Cette organisation, qui a certainement été la base de toutes celles qui se sont succédées depuis, dura jusqu'au 28 février 1841. Mais le temps avait marché; les différences de noms et d'institutions, qui existaient entre ces tribunaux et l'ordre judiciaire de la France, ne satisfaisaient point les esprits, et amenaient des inconvénients que chaque jour rendait plus sensibles: de nouvelles dispositions durent être adoptées.

Ordonnance royale du 28 février 1841. — Cette ordonnance institua définitivement:

Une cour royale séant à Alger;

Des tribunaux de première instance siégeant à Alger, Bône et Oran, et dans les autres lieux où il serait jugé nécessaire d'en établir;

Des justices de paix;

Un tribunal de commerce à Alger;

Des tribunaux musulmans en nombre indéterminé.

Le ressort de la cour royale embrassait la totalité de l'Algérie, sauf la juridiction des conseils de guerre. Elle se composait d'un conseiller-président, de quatre conseillers et de deux conseillers-adjoints, ayant voix délibérative. Constituée en cour de justice criminelle, elle jugeait, comme le tribunal supérieur avant elle, toutes les affaires de la compétence des cours d'assises, directement pour la province d'Alger, et sur appel des jugements rendus par les tribunaux d'Oran et de Bône.

Le droit d'évocation et d'injonctions au procureur-général lui était nommément interdit.

Le tribunal de première instance d'Alger était composé de deux juges, et trois juges-adjoints; les tribunaux de première instance de Bône et d'Oran, avaient chacun un juge et deux juges-adjoints.

Quant au tribunal de commerce, il n'éprouvait aucune modification, si ce n'est que le nombre des membres qui le composaient, n'était plus limité.

En même temps que la cour royale était instituée, et les autres tribunaux renforcés, le ministère public recevait aussi une organisation plus complète. Un procureur-général, deux avocats-généraux, un substitut du procureur-général, deux procureurs du roi, remplissaient auprès des diverses juridictions les fonctions de ce ministère. Les deux procureurs du roi étaient attachés aux tribunaux d'Oran et de Bône; le service du parquet d'Alger était confié à deux magistrats, pris l'un dans la cour royale et l'autre au tribunal de première instance. C'était le procureur-général qui réglait tous les ans la distribution du service : il conservait comme par le passé la haute administration de la justice.

Deux principes importants étaient déposés dans cette ordonnance; le premier était que la loi française régirait désormais les conventions et contestations entre Français et étrangers; le second était la suppression des cadis dans les affaires correctionnelles et criminelles.

Ordonnance royale du 26 septembre 1842. — Moins de deux ans après la promulgation de l'ordonnance précédemment relatée, il parut nécessaire d'y apporter différentes modifications; la cour royale siégeant à

Alger, ainsi que les tribunaux de première instance et de commerce existants, furent maintenus; on créa un tribunal de première instance de plus, celui de Philippeville : cinq tribunaux de paix furent en même temps institués.

La cour royale d'Alger fut composée d'un président, de sept conseillers, de deux conseillers-adjoints ayant voix délibérative.

La composition du ministère public restait la même. Le tribunal de première instance d'Alger, composé d'un président, d'un juge d'instruction, de quatre juges, de trois juges-adjoints, ayant voix délibérative, se divisa en deux chambres : la première pour les affaires civiles, la seconde pour les affaires correctionnelles : il y eut près de ce tribunal un procureur du roi et un substitut.

Les tribunaux de première instance de Bône, Oran et Philippeville furent composés, chacun, d'un président, de deux juges et deux juges-adjoints.

La compétence de ces divers tribunaux, de même que celle des justices-de-paix alors établies, était la même que celle des tribunaux de France. Mais, au criminel, les tribunaux de Bône, Oran et Philippeville continuèrent à connaître des crimes, à charge d'appel.

Les membres du tribunal de commerce d'Alger durent être nommés par ordonnance royale.

En matière criminelle et correctionnelle, les assesseurs furent supprimés. — L'article 463 du Code pénal (celui qui règle les atténuations de peines, alors que le jury a déclaré des circonstances atténuantes) fut déclaré non applicable aux crimes et délits commis par les indigènes :

1º Contre la sûreté de l'État :

2º Contre la chose publique;

3º Contre les personnes, au préjudice d'un Français, d'un européen, ou d'un indigène au service de la France.

Conformément à une ordonnance spéciale, rendue le 1er avril précédent, tout jugement portant condamnation à la peine de mort, ne pouvait être mis à exécution qu'autant qu'il en aurait été rendu compte au roi, et que sa Majesté aurait décidé de laisser un libre cours à la justice; seulement, dans les cas d'urgence extrême, le gouverneur-général peut ordonner l'exécution, sauf à rendre compte.

Enfin par une disposition qui existait déjà, quoique formulée d'une manière moins positive, et qui a été maintenue depuis, le procureur-général pouvait, en toute matière et en tout état de cause, requérir à l'instant la remise des pièces, faire cesser les poursuites, et mettre le prévenu en liberté.

Dans la juridiction administrative, la disposition de l'ordonnance précédente, par laquelle les décisions du conseil d'administration pouvaient être déférées au Conseil d'État, était maintenue.

Ordonnance royale du 30 novembre 1844 aujourd'hui en vigueur. — Nous ne mentionnerons, après cela, que pour mémoire cette ordonnance aujourd'hui en vigueur, mais qui n'a introduit aucun principe nouveau, et qui n'a fait que renforcer la composition des tribunaux alors existants.

En l'état, le service judiciaire en Algérie est constitué de la manière suivante.

Cour royale d'Alger.

Le ressort de cette cour embrasse tous les territoires compris dans la juridiction des tribunaux de première instance :

Elle se compose d'un président, d'un vice-président, de douze conseillers, d'un greffier en chef.

Les fonctions du ministère public près la cour sont remplies par un procureur-général, deux avocats-généraux et deux substituts du procureur-général.

La cour se divise en deux chambres : une chambre civile et une chambre criminelle.

La chambre civile connaît des appels des jugements rendus en matière civile et commerciale, par les tribunaux de première instance et de commerce, et par les tribunaux musulmans.

La chambre criminelle connaît de toutes les affaires de la compétence des cours d'assises, directement pour la province d'Alger, et sur appel, des jugements rendus par les tribunaux de Bône, de Philippeville et d'Oran.

Tribunaux de première instance.

Des tribunaux de première instance sont établis : 1º à Alger : ce tribunal est composé de trois chambres, deux chambres civiles et une chambre correctionnelle; 2º à Blidah; 3º à Oran; 4º à Bône; 5º à Philippeville.

Ces trois derniers tribunaux jugent, mais en premier ressort seulement, comme nous l'avons rappelé plus d'une fois, les affaires criminelles qui sont, en France, de la compétence des cours d'assises.

Tribunaux de commerce.

Le tribunal consulaire d'Alger a été longtemps le seul tribunal spécial de commerce existant en Algérie, celui d'Oran n'ayant été institué que le 5 mai 1842. Dans les ressorts de Blidah, Bône, Philippeville, la justice commerciale est administrée par les tribunaux civils de première instance. A Constantine et à Mostaganem, cette juridiction est exercée en partie par le juge-de-paix; sur d'autres points, par les commissaires civils. Enfin, le tribunal de commerce d'Alger et celui d'Oran étaient nommés par ordonnance royale.

Mais une modification de la plus haute importance a été apportée à l'ordre de choses existant, par l'ordonnance royale du 24 novembre dernier, qui accorde aux commerçants le droit d'élire leurs magistrats : cette ordonnance a été mise à exécution à Alger et à Oran; elle est conçue en ces termes :

« Art. 1er. Les membres des tribunaux de commerce de l'Algérie seront élus par ceux des commerçants de l'arrondissement du tribunal de première instance où doit siéger le tribunal de commerce, qui auront été portés sur les listes de *commerçants notables*, dressées par le directeur des affaires civiles de la province, et approuvées par le gouverneur-général.

» Art. 2. Leur nombre sera déterminé pour chaque ville ou arrondissement, par des arrêtés spéciaux du gouverneur-général, en conseil d'administration.

» Art. 3. Les membres de chacun des tribunaux de commerce de l'Algérie ne pourront être choisis que dans la liste formée en vertu de l'article précédent.

» Art. 4. Des arrêtés pris par le gouverneur-général fixeront l'époque à laquelle ces élections auront lieu chaque année.

» Art. 5. Les procès-verbaux d'élections seront transmis, par l'intermédiaire du gouverneur-général de l'Algérie, à notre ministre secrétaire d'État de la guerre, qui nous proposera l'institution des élus, lesquels ne seront admis à prêter serment qu'après avoir été institués par nous.

» Art. 6. En cas de départ ou de récusation légale d'un ou de plusieurs juges, si le tribunal ne se trouvait plus en nombre pour délibérer, il y serait suppléé par l'adjonction d'un ou de plusieurs commerçants, Français ou naturalisés Français, pris sur la liste formée en vertu de l'art. 2, et suivant l'ordre dans lequel ils y sont portés.

» Art. 7. L'art. 14 de notre ordonnance du 26 septembre 1842 est modifié comme il suit :

» Les membres des tribunaux de commerce de l'Algérie sont indéfiniment rééligibles. Ils ne peuvent rendre jugement qu'au nombre de trois. Ils ne reçoivent ni traitement, ni indemnité.

» Un greffier et des commis-greffiers, dont le nombre est réglé par le ministre de la guerre, sont attachés à chaque tribunal de commerce. »

Tribunaux de paix.

Ils sont au nombre de 10; savoir :
Alger, 2, canton sud et canton nord ;
Douéra, 1 ; Blidah, comprenant Bouffarick, 1 ; Koléah, 1 ;
Oran, 1 ; Mostaganem, 1 ;
Constantine, 1 ; Bône, 1 ; Philippeville, 1.

Telle est, prise dans son ensemble, l'organisation judiciaire actuelle de l'Algérie. On voit que depuis les premiers jours de la conquête, cette branche si importante des services publics a toujours, ainsi que toutes les autres, tendu à une assimilation progressive aux institutions de la métropole. La dernière ordonnance que nous venons de rapporter est la manifestation la plus sensible de cette tendance, et de l'intention formelle du gouvernement d'y accéder, selon que les circonstances et les développements du pays permettront de le faire : il y a donc tout lieu d'espérer que, d'ici à peu d'années, notre organisation judiciaire algérienne sera complétée par l'application des autres principes et des autres institutions qui régissent la France ; savoir :

L'inamovibilité des juges ;

La création d'une chambre d'instruction ;

L'institution de cours d'assises périodiquement envoyées dans les provinces, de manière à éviter cette anomalie qui donne, pour les mêmes crimes, deux juridictions, ou une seule, suivant la localité où ces crimes ont été commis ;

Enfin, l'institution du jury, dans la mesure et avec les modification qu'exigera la situation particulière des populations algériennes.

Juridiction dans les territoires mixtes.

Dans les territoires mixtes (on se rappelle ce qu'il faut entendre par ces territoires, dont nous avons parlé dans le chapitre qui précède), la justice n'a encore été organisée que d'une manière très-incomplète.

Le seul document officiel qui existe à cet égard est

l'arrêté rendu par M. le maréchal duc d'Isly, alors gouverneur-général. Cet arrêté, qui porte la date du 5 août 1843, est conçu en ces termes :

» Art. 1ᵉʳ. La population civile des places, postes et camps où l'autorité civile n'existe pas encore, sera soumise à la juridiction militaire, jusqu'à ce qu'il en ait été autrement ordonné.

» Art. 2. Le commandant de la place remplira les fonctions attribuées, dans les autres localités, au commissaire civil et au juge-de-paix.

» On ne pourra appeler de ses jugemens que devant le commandant supérieur de la subdivision, dans laquelle sera comprise la place où ils auront été rendus.

» Art. 3. Un sous-officier remplira auprès du commandant de place l'office de greffier. »

D'un autre côté, un arrêté du gouverneur-général, en date du 7 août 1846, a spécialement commis la gendarmerie pour l'exécution des jugements.

Telle est l'origine et le fondement de la juridiction des commandants de place. Bornée dans l'origine aux objets qui rentrent dans la compétence des juges-de-paix, cette juridiction s'étend aujourd'hui à toute espèce de contestations civiles, soit en premier, soit en dernier ressort : il y a même eu des jugements portant déclaration de mise en faillite, l'un des actes les plus graves de la justice consulaire, qui est investie de si grands pouvoirs. La délimitation des ressorts des tribunaux civils, en dehors desquels les territoires mixtes sont restés, a consacré cette juridiction d'une manière explicite; elle vient cependant d'être attaquée par un jugement récent du tribunal d'Oran.

Disons toutefois que, pour mettre un terme à ces inconvénients, qui n'ont pas échappé à l'attention de l'administration supérieure, des crédits ont été demandés aux chambres pour la création, dans les centres les plus importants des territoires mixtes, de tribunaux composés d'un juge unique, qui réunirait les attributions des tribunaux de première instance et des tribunaux de paix, mais en matière civile seulement. Il est à croire que cette institution se réalisera et commencera à fonctionner dans le courant de la présente année.

OFFICIERS MINISTÉRIELS.

Bien que l'on trouve dans les actes officiels du Gouvernement, qui remontent aux premières époques de la conquête, la preuve qu'il existait à Alger des officiers ministériels, pareils à ceux qui exercent devant nos tribunaux, ce n'est qu'à l'année 1835 que l'on peut rapporter la création positive de ces offices.

Un arrêté du comte d'Erlon, alors gouverneur-général, est le premier qui s'occupe du réglement de cette branche si importante de l'administration de la justice. Nous allons, comme nous l'avons fait jusqu'à présent, exposer les différentes phases qu'elle a parcourues.

Défenseurs.

Les tribunaux de l'Algérie n'étant pas institués sur les mêmes bases que ceux de France, on ne voulut pas admettre un barreau régulièrement organisé ; et comme on espérait aussi, sinon s'affranchir des formes de la procédure, du moins les abréger considérablement, on ne jugea pas à propos d'établir des avoués; on confondit les deux ministères d'avocat et d'avoué en un seul, et l'on donna à ceux qui en furent pourvus le titre de défenseurs.

L'article 1ᵉʳ de l'arrêté du 27 janvier 1835 définissait ainsi les attributions de ces officiers :

Les défenseurs sont chargés de représenter les parties devant tous les tribunaux institués dans les possessions françaises du nord de l'Afrique, par l'ordonnance royale du 10 août 1834.

Ils ont seuls qualité pour plaider et conclure, faire et signer tous les actes nécessaires à l'instruction des causes civiles ou commerciales, jusqu'à jugement définitif; défendre les accusés ou prévenus devant les tribunaux criminels, correctionnels; le tout sans préjudice du droit des parties de se défendre elles-mêmes, et de l'exécution de l'article 295 du Code d'instruction criminelle.

Ces défenseurs étaient nommés et commissionnés par le gouverneur-général; ils étaient assujettis à un cautionnement de huit mille francs pour Alger, de trois mille pour Bône et Oran : leur nombre était de douze pour la première de ces villes, de quatre pour la seconde, de trois pour la troisième. Les restrictions qui leur étaient imposées ne différaient pas, du reste, de celles en usage pour la profession d'avocat et d'avoué.

Des modifications de peu d'importance furent apportées aux dispositions de cet arrêté du gouverneur-général, par un arrêté du ministre de la guerre, en date du 26 novembre 1841.

Les cautionnements des défenseurs furent réduits à quatre mille francs pour Alger, à deux mille pour les autres résidences. Ils étaient nommés par le ministre de la guerre, sur la proposition du procureur-général ; « tout traité pour la cession ou transmission de titres ou clientèles, à quelque époque qu'il apparaisse, et alors même qu'il n'aurait pas été suivi d'effet, entraînera (ce sont les propres termes de l'arrêté), la *révocation*, soit du défenseur encore en exercice, soit de son successeur, si la nomination avait suivi le traité. » Nous rapportons à dessein les termes même de l'arrêté, afin de faire connaître l'intention, dès lors nettement manifestée par le Gouvernement, et rigoureusement maintenue depuis, de ne pas permettre, en Algérie, la vénalité des charges.

Tout aspirant au titre de défenseur doit : 1° être âgé de vingt-cinq ans accomplis et jouir des droits civils et politiques ; 2° avoir obtenu le diplôme de licencié en droit, et, en outre, justifier de deux années de travail dans l'étude d'un avoué en France, ou d'un défenseur en Algérie ; 3° être Français ou résidant depuis cinq années consécutives en Algérie ; 4° avoir satisfait à la loi du recrutement ; 5° justifier de sa moralité.

Notaires.

Depuis le commencement de notre établissement, il existait, à Alger, des notaires ; et, plus d'une fois, le ministre de la guerre avait eu à pourvoir à des nominations, soit pour remplir des offices nouveaux, soit par suite de vacance dans les offices anciens : cependant le notariat n'a été réellement institué en Algérie que par un arrêté du ministre de la guerre, en date du 30 décembre 1842. En voici les dispositions prinpales ; nous les rapportons avec quelques détails, parce qu'elles nous ont paru être, pour beaucoup de personnes, d'un véritable intérêt.

Des officiers publics, sous le titre de notaires, sont institués en Algérie pour y recevoir tous les actes et contrats auxquels les parties doivent ou veulent faire donner le caractère d'authenticité attaché aux actes de l'autorité publique, pour en conserver le dépôt, en délivrer des grosses et expéditions, et remplir toutes autres fonctions qui sont attribuées aux notaires de France ; le tout conformément aux dispositions ci-après :

Les notaires continueront d'être nommés, et, lorsqu'il y aura lieu, révoqués par le ministre de la guerre, sur le rapport du procureur-général.

L'arrêté de nomination fixera la résidence dans laquelle ils devront s'établir.

A l'avenir, nul ne pourra être nommé notaire :

1° S'il n'est Français ;

2° S'il n'est âgé de vingt-cinq ans accomplis ;

3° S'il n'a satisfait à la loi du recrutement ;

4° S'il ne jouit de ses droits civils et civiques ;

5° Si, hors les cas de dispense prévus, il ne justifie de l'accomplissement du temps de stage ou de travail dans une étude de notaire, exigé par le même article.

Le temps de travail, requis par le n° 5 du précédent article, sera de cinq années entières et consécutives, dont une au moins, en qualité de premier clerc, dans l'étude d'un notaire de France ou de l'Algérie.

Pourront être dispensés de la justification de tout ou partie du temps de stage, réglé par le présent article :

1° Les avocats, avoués ou défenseurs ayant exercé leur profession, soit en France, soit en Algérie, pendant plus de deux années ;

2° Les aspirants qui auraient rempli, pendant cinq années au moins, des fonctions administratives ou judiciaires ;

3° Ceux qui auraient précédemment exercé la profession de notaire en Algérie ou en France.

Tout aspirant à l'emploi de notaire devra, lors même qu'il se trouverait dans l'un des cas de dispense du stage spécifiés en l'article précédent, se pourvoir préalablement, à l'effet d'obtenir un certificat de moralité et de capacité.

Ce certificat sera délivré par une commission formée, à Alger, par le procureur-général, qui désignera, pour la composer, l'un des magistrats attachés aux tribunaux d'Alger, et deux des notaires en exercice dans la même résidence.

Cette commission, présidée par le magistrat qui aura été désigné pour en faire partie, procédera à l'examen de la capacité du candidat, après vérification des pièces fournies par celui-ci, et information sur sa moralité. Elle dressera du tout procès-verbal, et délivrera ensuite, s'il y a lieu, le certificat de moralité et de capacité.

En cas de refus, la délibération motivée, que la commission sera tenue de prendre, sera adressée par son président au procureur-général qui la transmettra, avec son avis personnel, au ministre de la guerre, en même temps que la demande de l'aspirant, et les pièces produites à l'appui.

Nonobstant le refus du certificat, le ministre de la guerre restera juge des titres du candidat.

Pourront, au surplus, être dispensés de l'accomplissement des conditions prescrites par le présent article, les aspirants qui produiraient un certificat de moralité et de capacité, à eux délivré conformément à l'article 43 de la loi du 25 ventôse an XI, par la Chambre de discipline des notaires de leur dernière résidence en France.

Les notaires sont assujettis à un cautionnement provisoirement fixé, savoir : pour ceux de la résidence d'Alger, à six mille francs; pour ceux des autres localités, à quatre mille francs.

Ce cautionnement, qui devra être fourni en numéraire, sera, spécialement et par premier privilége, affecté à la garantie des condamnations qui pourraient être prononcées contre le titulaire, à raison de l'exercice de ses fonctions.

Les offices des notaires sont incessibles; il ne pourra être traité, sous aucun prétexte, à prix d'argent, ou moyennant tout autre prix, quelle qu'en soit la nature, soit par le titulaire, soit par ses héritiers ou ayant-cause, de la cession de son titre et de sa clientelle, sauf néanmoins en ce qui concerne les recouvrements.

Les actes seront reçus par le notaire, en présence de deux témoins; et, s'il s'agit d'un testament par acte public, en présence de quatre témoins mâles, majeurs, européens, ayant au moins une année de résidence en Algérie, jouissant de leurs droits civils, sachant signer, et, autant qu'il se pourra, parlant la langue française.

Les mêmes témoins ne pourront être habituellement employés.

Le tout sans préjudice de la faculté accordée par les lois aux notaires, de procéder, sans assistance de témoins, à certains actes pour lesquels ils sont commis par les tribunaux.

Les notaires devront, en outre, tenir un registre particulier, qui sera visé, coté et paraphé, et sur lequel ils inscriront, à la date du dépôt, les noms, prénoms, professions, domiciles et lieux de naissance des personnes qui leur remettront un testament olographe; ce registre ne fera aucune mention de la teneur du testament déposé; il sera soumis, de même que le répertoire, au visa des préposés de l'enregistrement.

Si, à l'époque où ils auront connaissance du décès de la personne dont le testament olographe aura été déposé en leur étude, aucune partie intéressée ne se présente pour requérir l'exécution de l'article 1007 du Code civil, ils devront eux-mêmes faire les diligences nécessaires pour la présentation dudit testament au président du tribunal de première instance du ressort, après en avoir donné avis au procureur du roi.

Dans le même cas, les notaires établis dans les lieux où il n'existe pas de tribunal de première instance, et à la distance de plus de cinq myriamètres du siége de ce tribunal, seront autorisés à présenter le testament au juge-de-paix, et s'il n'y a pas de justice-de-paix, au commissaire civil de leur résidence, qui le fera parvenir, clos et cacheté, au président du tribunal, par l'intermédiaire du procureur du roi, et qui pourra même en faire l'ouverture si les communications étaient interrompues entre le lieu de leur siège et le chef-lieu judiciaire. Seront également autorisés, les notaires, établis à plus de cinq myriamètres de distance de la ville où siège le tribunal de première instance du ressort, à présenter dans le cas prévu par le 2e alinéa de l'article 1007 du Code civil, les testaments mystiques reçus par eux, soit au juge-de-paix, soit à défaut de juge-de-paix, au commissaire civil de leur résidence, lequel pourra faire l'ouverture desdits testaments, en présence des témoins signataires de l'acte de suscription qui se trouveront sur les lieux, ou eux dument appelés.

Indépendamment du répertoire et du registre prescrits par les dispositions précédentes, les notaires tiendront un registre, coté, paraphé, soumis au visa ordinaire des préposés de l'enregistrement, et sur lequel ils devront mentionner, jour par jour, par ordre de dates, sans blancs, lacunes ni transports en marge : 1° toutes les sommes ou valeurs qu'ils recevront en dépôt, à quelque titre que ce soit ; 2° les noms, prénoms, professions et demeures des déposants ; 3° la date des dépôts ; 4° l'emploi qui aura été fait des valeurs déposées.

Sont, au surplus, rendues communes aux notaires de l'Algérie, sauf les modifications qui précèdent, ou qui sont ou seraient ultérieurement établies par la législation spéciale du pays, les dispositions des lois et réglements de France, relatifs à la forme des actes notariés, à leur effet, et aux formalités à remplir par les notaires, notamment celles des articles 8, 10, 12, 13 à 18, 20 à 27, 29, 30 et 68, de la loi du 25 ventôse an XI; 971 à 977, 979, 1317 à 1320 du Code civil.

Huissiers.

Les offices d'huissiers ont été réglés en même temps que ceux des défenseurs, d'après les mêmes principes. Il existe un arrêté de l'intendant civil, en date du 8 octobre 1832, qui supprime le traitement qui leur avait été accordé, à ce qu'il paraît, jusqu'à cette époque.

L'arrêté du 27 janvier 1835, dont nous avons parlé plus haut, à l'occasion des défenseurs, fixait le cautionnement des huissiers à 4,000 francs pour Alger, et 2,000 francs pour Bône et Oran; l'arrêté du ministre de la guerre, en date du 26 novembre 1842, qui a définitivement réglé l'exercice et la discipline de la profession d'huissier en Algérie, diminua le taux de ce cautionnement, et le fixa pour Alger à 1500 francs, et pour les autres arrondissements, à 1,200 francs.

D'après ce même arrêté, nul ne peut être admis aux fonctions d'huissier, s'il n'est Français ou domicilié en Algérie, depuis plus de cinq ans: s'il n'est âgé de 25 ans accomplis; s'il ne jouit de ses droits civils et civiques; s'il n'a satisfait à la loi du recrutement; s'il n'a travaillé, pendant deux années au moins, soit dans un greffe, soit dans l'étude d'un avoué, d'un défenseur, d'un notaire ou d'un huissier; s'il ne justifie de sa moralité.

Les huissiers, nommés comme les autres officiers ministériels par le ministre de la guerre, peuvent aussi être révoqués par lui: tout traité pour la cession ou transmission de titres ou clientelle, est interdit, sous les mêmes peines que celles que nous avons déjà fait connaître.

Le Code de procédure civile ayant été rendu applicable, sauf quelques modifications, à l'Algérie, les dispositions des lois, ordonnances et réglements établis en France pour ces officiers, leur sont également appliquées en Algérie.

Commissaires-priseurs.

Le premier acte légal qui fasse mention de ces officiers est un arrêté du général en chef, du 9 novembre 1830, portant qu'il serait créé pour la ville d'Alger, deux emplois de commissaires-priseurs, dont l'un sera exercé par un Français et l'autre par un hébreu.

La rétribution allouée pour frais de vente, etc., était de deux pour cent.

Onze ans après, un arrêté ministériel en date du 1er juin 1841, vint régler l'exercice de la profession de commissaire-priseur: nous ne rapporterons que quelques-unes des dispositions de cet arrêté qui, du reste, ne diffère pas beaucoup des réglements établis en France.

Les ventes sont faites au comptant; le commissaire-priseur est responsable de la réalisation immédiate du produit.

Nul ne sera admis aux fonctions de commissaire-priseur, s'il n'est Français ou domicilié en Afrique depuis plus de cinq ans; s'il n'a satisfait aux lois sur le recrutement de l'armée; s'il n'est âgé de 25 ans accomplis; s'il ne justifie de sa moralité.

Les droits de vente des commissaires-priseurs sont

de 7 1/2 pour cent, excepté pour les ventes aux enchères de navire, agrès ou apparaux et de marchandises ou effets quelconques, par suite de faillites, de sauvetage, d'avarie, de liquidation forcée et de laissé pour compte : dans ces circonstances leurs droits sont de 3 0/0 jusqu'à 5,000 francs, — 2 0/0 de 5 à 10,000, — 1 1/2 0/0 au dessus de 10,000 francs.

Il y a entre les commissaires-priseurs de la même résidence, une caisse commune dont les fonds sont affectés, comme garantie spéciale, au paiement des deniers produits par les ventes.

Les charges de ces officiers sont incessibles comme celles des défenseurs, des notaires, etc.

Curateurs aux successions vacantes.

Nous croyons devoir ranger dans la catégorie des officiers ministériels, *les curateurs aux successions vacantes*, institués par l'ordonnance royale du 26 décembre 1842.

La composition toute particulière des populations de l'Algérie, le délaissement subit où se trouvaient les successions des personnes décédées, étrangères au pays, et qui le plus souvent n'avaient pas leurs familles autour d'eux, ont amené l'autorité à penser qu'il était nécessaire de prendre des précautions spéciales pour sauvegarder l'intérêt des familles.

C'est à ce vœu qu'a répondu l'ordonnance précitée, en établissant d'une manière définitive des *curateurs aux successions vacantes* permanents, et qui, nommés par le procureur-général, sont placés sous la surveillance de ce magistrat, ou de ses délégués.

Les mesures les plus précises sont indiquées par l'ordonnance, pour que l'avis exact des décès survenus parvienne sans délai aux curateurs, qui doivent de suite faire les diligences nécessaires.

Les deniers provenant des successions vacantes sont, au fur et à mesure de leur rentrée, versés à la caisse du receveur des domaines, qui demeure chargé d'acquitter les dépenses sur pièces visées et en règle. Les honoraires et autres frais sont fixés d'après un tarif annexé à l'ordonnance qui, au moyen de ces précautions et d'autres qu'il serait inutile de rapporter ici, a été pour beaucoup de familles un véritable bienfait.

CULTES.

Culte catholique.

En même temps que la France s'emparait d'Alger, et se préparait à y fonder un établissement durable, le christianisme reparaissait avec elle dans cette partie de l'Afrique, où il avait jadis jeté un si vif éclat, et où il a laissé de nombreux vestiges que nous retrouvons tous les jours; aussi est-il vrai de dire, surtout en se reportant à l'époque où l'expédition d'Alger a été décidée, que la religion non moins que la politique l'avait inspirée; et peut-être est-ce par ce double motif que cette expédition a été un événement si considérable et qu'il a causé une si vive émotion dans le monde.

Toutefois la tolérance, qui est aussi un de nos principes sociaux et politiques, ne permettait pas au gouvernement d'annoncer d'une manière trop éclatante cette prise de possession religieuse. Les difficultés qui assaillirent notre établissement naissant, les révoltes qui surgissaient, de toutes parts et tous les jours, contre une armée encore faible et placée au milieu d'un pays exclusivement musulman et très-fanatique, toutes ces circonstances devaient commander à l'administration la plus grande prudence. Il n'est donc pas étonnant que pendant les premières années, il n'ait pas été donné une attention bien active aux affaires religieuses : on se borna à pourvoir d'une manière à peu près suffisante aux besoins les plus indispensables du culte; la population catholique, encore peu nombreuse, n'exigeait pas plus.

Mais après la prise de Constantine, notre position en Afrique s'étant considérablement agrandie et assurée, des négociations furent ouvertes, sous le ministère de M. le comte Molé, avec la cour de Rome, à l'effet d'obtenir les bulles nécessaires pour l'érection à Alger d'un évêché, dont la circonscription embrasserait toutes nos possessions dans le nord de l'Afrique, et qui formerait un diocèse suffragant de la métropole d'Aix; ces bulles furent obtenues le 9 août 1838; et le 25 du même mois parut l'ordonnance royale, qui en autorisait la publication et prescrivait la formation de l'évêché d'Alger.

Peu de jours après, c'est-à-dire le 13 octobre suivant, la nomination du premier évêque d'Alger (M. l'abbé Dupuch) fut officiellement annoncée, et le siége épiscopal d'Alger régulièrement constitué. Sept ans après, M. l'abbé Dupuch, s'étant démis de ses fonctions, M. l'abbé Pavy fut désigné pour le remplacer.

L'ordonnance dont nous avons indiqué plus haut la date, celles qui ont successivement pourvu à la nomination et à l'installation de ces deux prélats, une autre ordonnance qui a autorisé la formation d'une école secondaire ecclésiastique, diverses ordonnances rendues pour agréer les nominations aux canonicats ou aux fonctions de vicaires-généraux, nominations faites par l'évêché; tels sont les seuls actes officiels publiés en Algérie pour régulariser la constitution religieuse de ce pays. Le concordat de 1802 n'ayant pas non plus été formellement promulgué, il en résulte que les cures successivement établies pour les besoins des cultes, ne sont pas constituées de la même manière qu'en France, et que les prêtres qui en sont pourvus ne sont considérés que comme desservants.

Quoi qu'il en soit, la religion n'a point fait défaut à nos populations naissantes; et voici en résumé le tableau des institutions existantes aujourd'hui, et qui se groupent autour du siége épiscopal.

Deux vicaires-généraux, agréés par le Roi; un chapitre composé de huit chanoines, parmi lesquels est choisi l'archiprêtre de la cathédrale; soixante prêtres desservant les églises de l'Algérie, les hôpitaux civils et militaires ;

Un grand séminaire pour la préparation et l'ordination des jeunes ecclésiastiques, à Alger;

Un petit séminaire autorisé pour cent élèves : cet établissement installé à la Bouzaria, près d'Alger, compte déjà plus de quarante élèves;

Une maison d'orphelins à Ben-Acknoun, près de Dély-Ibrahim (6 kilom. d'Alger) : cet établissement, dirigé par M. l'abbé Brumauld, et subventionné par l'administration, est administré avec le zèle le plus actif et la plus haute intelligence; il renferme plus de 200 enfants qui y trouvent, avec l'éducation morale et religieuse la mieux réglée, les soins les plus paternels et un excellent apprentissage pour se former, soit aux travaux agricoles, soit pour les professions mécaniques;

Une maison d'orphelines, fondée par Mgr Dupuch, à l'ancien consulat de Danemarck, et tout récemment transportée, par les soins de l'administration, dans l'ancien palais de Mustapha. — Cette maison est dirigée par les sœurs de Saint-Vincent-de-Paul; elle donne asile dans son enceinte à plus de deux cents jeunes filles, qui y reçoivent les soins les plus touchants et l'éducation la plus convenable, jusqu'à ce qu'il ait été pourvu à leur établissement. La même maison entretient en outre, au dehors, environ trois cents jeunes enfants que la misère confie chaque jour à l'inépuisable charité des sœurs.

Cet établissement a été long-temps soutenu par les soins actifs et dévoués des dames d'Alger, réunies en une société, qui a eu pendant plusieurs années pour présidente, madame la générale de Bar : il va dans peu de temps passer sous la surveillance d'une administration spéciale;

Une maison de *miséricorde*, dirigée par les sœurs de Saint-Vincent-de-Paul, à Alger. — Elle a des classes gratuites qui sont fréquentées par plus de six cents jeunes filles : elle distribue des secours en nature à un grand nombre de pauvres, visite et soulage les malades, dans la ville et les faubourgs. Un médecin (M. le docteur de Grand-Boulogne), attaché à la maison, donne chaque jour des consultations gratuites à un grand nombre de malades pauvres, de toute religion et de tout pays, qui reçoivent aussi gratuitement les remèdes ordonnés par le médecin;

Une maison de sœurs de la doctrine chrétienne, à Bab-Azoun, pour l'éducation et l'instruction des jeunes filles. — Une salle d'asile est jointe à cette maison ;

Les dames, dites du Sacré-Cœur, à Mustapha. — Elles tiennent un pensionnat de jeunes demoiselles, elles ont de plus une école gratuite;

Les dames du Bon-Pasteur, à El-Biar. — Ces dames appartiennent à l'institution si pieuse, formée pour la régénération morale des filles repenties : elles tiennent en outre un pensionnat;

Une maison de sœurs de la doctrine chrétienne à Philippeville, une à Bône, une à Constantine; à chacune de ces maisons est joint un petit hôpital ou infirmerie, dans lequel sont traités des malades civils;

Des sœurs trinitaires à Oran : elles y ont institué un pensionnat et une école gratuite : elles donnent en outre des soins aux malades indigènes;

A Ténès, des sœurs ursulines, qui se dévouent là, comme dans toutes les maisons de leur ordre, à l'éducation des jeunes filles;

Enfin à Staouëli, les pères de la Trappe ont fondé, sur une vaste propriété qui leur a été concédée par le gouvernement, et aussi avec son assistance, un magnifique monastère, et une grande exploitation rurale destinée à servir de modèle pour l'Algérie. (Voir *Staouëli*.)

Culte protestant.

Peu de temps après que le culte catholique eut été organisé par l'érection de l'évêché d'Alger, on s'occupa de régler l'organisation du culte protestant. Une ordonnance royale, en date du 31 octobre 1839, pourvut à cette organisation; en voici le texte :

Art. 1er. Il y aura à Alger une église consistoriale pour le culte protestant. Le consistoire sera composé d'un pasteur et de douze anciens. Le pasteur présidera le consistoire.

Art. 2. Les anciens seront nommés, pour la première fois, par le gouverneur-général, et choisis parmi les notables protestants domiciliés à Alger. Dans la suite, ils seront nommés et renouvelés conformément à la loi du 18 germinal an x.

Art. 3. Il pourra être établi, par ordonnances royales, des oratoires du culte protestant sur les différents points de l'Algérie où la nécessité s'en ferait sentir; des pasteurs auxiliaires du consistoire d'Alger seront attachés à ces oratoires.

Art. 4. Le traitement du pasteur d'Alger est fixé à trois mille francs; celui des pasteurs auxiliaires sera de mille cinq cents francs.

Ces traitements seront payés sur les fonds du département de la guerre.

Art. 5. Le pasteur d'Alger et les pasteurs auxiliaires seront élus dans les formes ordinaires par le consistoire, et leur élection confirmée par nous, s'il y a lieu, sur la proposition de notre garde-des-sceaux, ministre secrétaire d'État de la justice et des cultes, qui devra se concerter préalablement avec notre ministre secrétaire d'État de la guerre.

Art. 6. Notre ministre secrétaire d'État de la guerre et notre garde-des-sceaux, ministre de la justice et des cultes, sont chargés, chacun en ce qui les concerne, de l'exécution de la présente ordonnance.

M. Sautter, qui, depuis deux ans, remplissait à Alger les fonctions de pasteur provisoire, ayant été élu par le consistoire, en vertu des dispositions de l'ordonnance précitée, une ordonnance royale, rendue le 20 janvier 1840, confirma la nomination de ce pasteur (1).

Les bases de l'établissement du culte protestant ayant été ainsi posées, divers oratoires furent créés successivement.

10 juillet 1842. Ordonnance royale qui établit à Oran un oratoire du culte réformé, et à Dély-Ibrahim un oratoire du culte de la confession d'Augsbourg, qui relève du consistoire d'Alger, mais qui reste soumis à la discipline de l'église de la confession d'Augsbourg, ainsi qu'aux lois, réglements et usages qui la régissent.

4 février 1844. Ordonnance royale qui établit à Philippeville un oratoire du culte réformé.

La faiblesse numérique de la population protestante, qui ne s'élève pas à plus de 5,000 individus pour toute l'Algérie, est sans doute le motif qui a empêché l'administration de créer un plus grand nombre d'oratoires; ils sont, comme on vient de le voir, au nombre de quatre; Alger, Dély-Ibrahim, qui comprend aussi Douéra, Oran, Philippeville.

Culte musulman.

(*Voir*, à la fin de l'ANNUAIRE, le chapitre spécial consacré aux intérêts indigènes.)

---

(1) M. Sauter s'est démis depuis de ces fonctions qu'il avait remplies pendant six années. Il n'a pas été remplacé.

Culte israélite.

Le culte israélite ou mosaïque n'a été organisé, en Algérie, que par une ordonnance du 9 novembre 1845, promulguée le 30 décembre suivant. Cette ordonnance, qui a été délibérée en conseil d'État, et qui est rendue sur le rapport des deux ministres de la justice et de la guerre, est en grande partie la reproduction des lois qui régissent en France ce même culte ; nous nous bornerons à en rapporter ici les dispositions principales :

Il y aura en Algérie un consistoire algérien et des consistoires provinciaux. Le consistoire algérien siégera à Alger ; les consistoires provinciaux, au nombre de deux, siégeront, l'un à Oran, et l'autre à Constantine.

L'autorité du consistoire algérien s'étendra sur toutes les possessions françaises du nord de l'Afrique. Celle des consistoires provinciaux s'exercera respectivement dans la circonscription de leurs provinces.

Le consistoire algérien sera composé de quatre membres laïques et d'un grand rabbin, et chaque consistoire provincial de trois membres laïques et d'un rabbin. Les consistoires seront présidés par un des membres laïques ; ils ne pourront délibérer qu'au nombre de trois membres au moins. En cas de partage, la voix du président sera prépondérante.

Les membres laïques du consistoire algérien et le grand rabbin seront nommés par nous, sur la proposition de notre ministre secrétaire d'État au département de la guerre. Les rabbins des consistoires provinciaux seront nommés par notre ministre de la guerre. Le président du consistoire algérien, les présidents et les membres laïques des consistoires provinciaux seront également nommés par notre ministre de la guerre, sur la présentation du gouverneur-général, et, en outre, pour les membres laïques des consistoires provinciaux, sur l'avis du consistoire algérien.

Les membres laïques du consistoire algérien seront nommés pour quatre ans et renouvelés par moitié tous les deux ans. Les membres laïques des consistoires provinciaux seront nommés pour trois ans et renouvelés par tiers chaque année. Lors du premier renouvellement du consistoire algérien, et lors des deux premiers renouvellements de chacun des consistoires provinciaux, les membres sortants seront désignés par la voie du sort. Le rang d'ancienneté réglera ensuite, à chaque opération, la série des membres sortants. Les membres sortants pourront être de nouveau appelés aux mêmes fonctions.

Les traitements et frais de logement du grand rabbin du consistoire algérien et du rabbin des consistoires provinciaux, ainsi que les frais d'administration du consistoire algérien, seront à la charge de l'État.

Les membres des consistoires, au jour de leur installation, prêteront, en levant la main, le serment suivant : « Devant le » Dieu tout-puissant, créateur du ciel et de la terre, qui défend » de prendre son nom en vain, et qui punit le parjure, je jure » fidélité au roi des Français, obéissance aux lois, ordonnances » et règlements publiés ou qui seront publiés par son gouverne- » ment. »

Les fonctions des consistoires sont de maintenir l'ordre dans l'intérieur des synagogues, de veiller à ce que, pour cause ou sous prétexte de religion, il ne se forme, sans une autorisation expresse, aucune assemblée de prières ; de nommer les desservants du temple et autres agents du culte, notamment les *schohets*; de veiller à ce que les familles envoient leurs enfants dans les salles d'asile et dans les écoles, et de prendre les mesures qui paraîtront nécessaires à cet effet ; d'encourager les israélites à l'exercice des professions utiles et plus particulièrement des travaux agricoles; de surveiller l'emploi des sommes destinées aux frais du culte, des salles d'asile et des écoles qui seront établies en vertu de la section 2 de la présente ordonnance, et à tous autres frais de même nature.

Les fonctions du grand rabbin et des rabbins sont d'enseigner la religion, de rappeler, en toute circonstance, l'obéissance aux lois, la fidélité à la France et le devoir de la défendre ; d'officier, de faire les prédications, de réciter les prières pour le Roi et la famille royale dans toutes les synagogues de leur circonscription ; d'assister aux inhumations et de célébrer les mariages religieux ; d'inspecter les salles d'asile et les écoles israélites qui seront établies, et d'y surveiller l'enseignement religieux. Dans les synagogues où il n'y a pas de rabbins, ou en leur absence, les ministres officiants remplissent les fonctions des rabbins.

Il sera créé, en Algérie, des salles d'asile et des écoles pour les israélites des deux sexes.

Ces salles d'asile et ces écoles seront établies dans des locaux fournis, à cet effet, par l'Administration. Elles seront entretenues au moyen des subventions des consistoires, des rétributions des élèves payants, et, s'il y a lieu, des subventions qui pourront être accordées par le gouvernement.

Les salles d'asile et les écoles israélites seront placées sous la surveillance de l'Administration, qui prendra l'avis des consistoires pour la nomination et la révocation des maîtres, les mesures de discipline, les matières de l'enseignement et la création des comités des écoles. L'enseignement comprendra l'instruction religieuse et l'étude de la langue française.

Les consistoires d'Alger et d'Oran ont été formés et organisés conformément aux dispositions de cette ordonnance.

Instruction publique.

Aucune mesure d'ensemble n'a été prise pour l'organisation de l'instruction publique en Algérie ; c'est par des décisions particulières que l'on a pourvu aux besoins de ce service, au fur et à mesure qu'ils se manifestaient.

Une ordonnance du Roi, en date du 13 avril 1839,

avait établi en principe que les fonctionnaires de l'instruction publique qui, avec l'autorisation du ministre chargé de ce département, seraient attachés aux établissements d'instruction publique ouverts en Algérie, conserveraient tous les droits de membres de l'Université.

Une ordonnance, en date du 14 juillet 1844, a complété ce système, en décidant :

1º Qu'à l'avenir, il serait pourvu aux fonctions vacantes d'inspecteur chargé de surveiller tous les établissements d'instruction publics ou privés en Algérie, d'inspecteur des écoles primaires, de principal, régents et maîtres d'études du collége d'Alger, par le ministre de l'instruction publique, qui se concertera avec le ministre de la guerre;

2º Que nul ne pourra être nommé inspecteur, chef du service de l'instruction publique en Algérie(1), s'il ne remplit les conditions prescrites par l'ordonnance du 29 septembre 1832; que cet inspecteur jouirait du rang et des prérogatives d'inspecteur d'académie;

3º Que les gradués qui, sans avoir appartenu au corps enseignant, seraient appelés, à l'avenir, au collége d'Alger pour y remplir une chaire de sciences, de lettres, de grammaire, seraient reconnus comme

---

(1) Cette ordonnance a nommément étendu ces mêmes avantages au fonctionnaire qui était, à cette époque, délégué en Algérie pour la surveillance des établissements d'instruction publics ou privés. Cette faveur, ou plutôt cette justice, était bien due aux longs et honorables services de M. Lepescheux, qui remplissait depuis douze ans, et qui remplit encore aujourd'hui, les fonctions d'inspecteur de l'instruction publique.

Les uns et les autres ne sont valables que pour l'Algérie.

Enfin, un arrêté ministériel du 9 septembre 1846, se fondant sur l'art. 17 de la loi du 28 juin 1833, qui cependant n'a pas été rendue applicable à l'Algérie, a placé chacun des établissements d'instruction primaire sous la surveillance d'un comité local, composé du maire ou adjoint, du juge-de-paix, du curé ou pasteur, et d'un ou de plusieurs notables.

En l'état, l'instruction publique en Algérie est organisée de la manière suivante :

Un inspecteur de l'instruction publique, inspecteur de l'académie ;

Un inspecteur de l'instruction primaire ;

Un collège à Alger, organisé, sous le rapport des études, à peu près comme ceux de France ; mais aucun acte officiel n'a fait connaître exactement dans quelle catégorie ce collège devait être rangé ; une proposition avait été faite aux chambres à l'effet d'obtenir les fonds nécessaires pour qu'il fût érigé en collège royal ; cette proposition n'a encore été suivie d'aucun effet. (*Voir*, pour la composition de ce collège, au chapitre 4me.)

68 écoles des deux sexes et salles d'asile, entretenues ou subventionnées par l'administration ; en voici le détail (1) :

Ville d'Alger, 2 écoles mutuelles ; 1 école de jeunes

---

(1) Un certain nombre de ces écoles, au nombre de neuf, ont pu être instituées, dès l'année 1847, au moyen d'une allocation supplémentaire fournie par M. le ministre de l'instruction publique sur les fonds de son département.

juifs; 1 école de jeunes filles juives; 1 école de garçons au faubourg Bab-Azoun; 1 école de filles, id. ; 2 salles d'asile, id.; 1 école de dessin.

District d'Alger, 1 école de garçons, à Mustapha; 1 id., à Kouba; 1 id., à Birkadem; 1 id. et 1 école de filles, à Drariah; 1 école de garçons, à Dely-Ibrahim; 1 id., à El-Biar; 1 id., à Cheragas; 1 id., à Ouled-Fayet; 1 id., au Fondouck.

District de Douera, 1 école de garçons et 1 école de filles à Douera; 1 école de garçons, à Baba-Hassem; 1 id., à Saint-Ferdinand.

Arrondissement de Blidah, 1 école de garçons et 1 école de filles, à Blidah; 1 école de garçons, à Bouffarik; 1 école à Béni-Méred.

District de Koléah, 1 école de garçons, à Koléah; 1 id. à Fouka; 1 id. à Douaouda.

District de Cherchel, 1 école de garçons et 1 école de filles.

Médéah, 1 école de garçons et une école de filles.

Miliana, 1 école de garçons et 1 école de filles.

Ténès, 1 école de garçons et 1 école de filles, tenue par deux religieuses Ursulines.

Ville d'*Oran*, 2 écoles mutuelles subventionnées par l'État; 1 école gratuite tenue par les frères de Saint-Joseph, du Mans; 1 école des filles, tenue par les sœurs Trinitaires; 1 salle d'asile, id. ; 1 école juive, française; 1 salle d'asile pour les enfants israélites; 1 école de dessin, subventionnée par le Gouvernement; 1 école de garçons et 1 école de filles, à Mers-el-Kébir; 1 école de filles, à Kerguenthal.

Miserghin, 1 école de garçons;

Mostaganem, 1 école de garçons, et 1 école de filles.

Mascara, 1 école de garçons, et 1 école de filles.

Tlemcen, 1 école de garçons.

Constantine, 1 école de garçons.

Bône, 1 école de garçons, tenue par les frères de Saint-Joseph du Mans; 1 école maure, française; 1 école juive, id.; 1 école de filles; 1 école d'asile.

La Calle, 1 école de garçons.

Philippeville, 1 école subventionnée par l'État; 1 école tenue par des frères de la doctrine chrétienne; 1 école de filles; 1 salle d'asile.

El-Arouch, 1 école de garçons.

Guelma, 1 école de garçons.

Sétif, 1 école de garçons.

En parlant du culte mosaïque, nous avons fait connaître les dispositions prises pour l'établissement et la surveillance des écoles israélites.

Quatre chaires de langue arabe ont été instituées, savoir: deux à Alger, dont une d'arabe littéral; une d'arabe vulgaire, à Constantine; une à Oran.

Une institution des jeunes filles musulmanes, et combinée à la fois dans des vues d'instruction et d'apprentissage, a été fondée à Alger par madame Luce: elle est subventionnée par le Gouvernement; elle compte 60 élèves et augmente tous les jours.

Il existe après cela quatorze écoles musulmanes de garçons, comprenant environ 300 élèves; elles sont dans l'état où les Turcs mêmes les ont laissées; l'école maure française, qui avait été attachée à la principale de ces écoles, est peu fréquentée.

L'administration n'a point dissimulé du reste l'état d'imperfection où se trouve l'enseignement, en ce qui concerne les populations musulmanes de l'Algérie: la statistique officielle, publiée dans le cours de la session dernière, annonce que l'on s'occupe de sérieuses études sur cette délicate et importante matière.

TRAVAUX PUBLICS.

Les travaux publics (nous entendons par là les travaux publics civils) (1) sont dirigés et exécutés en Algérie par trois services : les ingénieurs des ponts-et-chaussées, les architectes des bâtiments civils, et le génie militaire, qui concentre les attributions de ces deux services, pour les territoires mixtes et arabes. Nous allons exposer aussi brièvement que possible ce qui a déjà été exécuté dans les différentes natures de travaux, et indiquer en même temps ce qui est projeté dans un avenir plus ou moins éloigné; procédons par ordre d'importance.

Routes.

Depuis le jour où les sapeurs du génie, le lendemain du débarquement de l'armée à Torre-Chica, lui frayèrent le chemin qui va de Sidi-Ferruch à Staouëli et de Staouëli au fort l'Empereur, les routes ont constam-

---

(1) Si nous ne mentionnons pas, dans l'*Annuaire* de cette année, les travaux publics militaires (fortifications, casernes, hôpitaux, etc.), ce n'est pas assurément que nous en méconnaissions l'importance : ce sera l'objet d'un travail complet dans notre prochain *Annuaire*.

ment occupé les bras de l'armée, et ceux de la population civile, dès qu'elle a pu y prendre part.

C'est à M. le duc de Rovigo qu'il est juste de faire remonter l'honneur de cette vigoureuse impulsion donnée aux travaux des routes; deux ans après la prise d'Alger, l'armée, sauf quelques rares et courtes expéditions, restait oisive dans ses cantonnements, si rapprochés d'Alger, qu'ils ne dépassaient pas El-Biar. Le duc de Rovigo qui se souvenait de la campagne d'Égypte, après avoir fait étudier, surtout au point de vue stratégique, le tracé des routes qui conduisaient dans la plaine, prescrivit aux troupes de se rendre sur le terrain, et fit immédiatement mettre la main à l'œuvre. Six mille hommes échelonnés sur les deux routes d'Alger à Dely-Ibrahim par El-Biar, et d'Alger à Birkadem par Mustapha et Birmandraïs, ouvrirent rapidement ces deux voies de communication. Un autre résultat, plus important, était obtenu; la question de l'application de l'armée aux travaux publics était résolue.

Depuis cette époque déjà reculée (1832-33), et en combinant les travaux de nos ingénieurs civils et militaires; en réunissant et faisant converger vers un même but l'activité de l'armée et celle de la population européenne; mettant même à profit les ressources qu'ont pu présenter, dans certaines localités, les populations indigènes; nous avons marché dans cette voie aussi rapidement que l'ont permis, et les ressources du budget toujours insuffisantes, et ces longues guerres qui ont obligé si souvent à lever les camps et à suspendre les travaux commencés. Les détails qui vont suivre permettront au lecteur d'en juger.

Province d'Alger. — La route de Médéah par Birkadem et Blidah est avec raison considérée comme la plus importante de toutes celles de la province d'Alger; son développement total est de 91 kilomètres. La partie comprise entre Alger et la Chiffa (54 kilom.) est à l'état d'entretien, ou considérée comme telle, et remise au service des ponts-et-chaussées; mais il reste à construire un pont sur la Chiffa, dont les crues (et elles sont fréquentes) interrompent entièrement les communications, ou les rendent très-dangereuses.

Au-delà de la Chiffa, la route est confiée aux soins du génie militaire; ouverte et creusée, c'est le mot, dans le lit même de la Chiffa, cette route a présenté des difficultés immenses; tout porte à croire qu'au moyen de travaux, exécutés pendant le cours de cette année, elles seront en partie vaincues, et la circulation carrossable d'Alger à Médéah assurée d'une manière à peu près régulière. Les dépenses restant aujourd'hui à faire pour mettre cette route à l'état complet d'entretien, sur tout son parcours, sont évaluées à 600,000 fr. On ne se dissimule pas, toutefois, que cette voie de communication, quand elle sera achevée, sera sujette aux accidents qui peuvent naître des escarpements qui la dominent, et de l'action destructive des eaux qui affluent dans la vallée. Comme dans les routes des Pyrénées et des Alpes, des éboulements pourront de temps à autre obstruer le passage; mais il sera facile d'en débarrasser la route, en les jetant dans le lit du torrent qui les entraînera.

La route d'Alger à Miliana (110 kilom.) est, jusqu'à la Chiffa, la même que celle de Médéah. A partir de la Chiffa, cette route traverse la plaine des Hadjoutes, et va gagner la vallée de la Bourkika, où elle rencontre celle de Cherchel à Miliana, qui a été rendue carrossable, au moins pendant l'été; la route d'Alger à Miliana, qui de là se dirigerait sur Orléanville, sur Mostaganem, a donc cette importance réelle, qu'elle ouvrirait des communications, bien rares aujourd'hui, entre la province d'Alger et celle de l'Ouest. Ces communications ne sont encore frayées que pour l'armée. On a cependant déjà jeté sur la Mina, l'un des principaux affluents du Chélif (route de Mostaganem à Orléanville), un pont américain de 36 mètres d'ouverture. Il rendit les plus grands services, pendant les continuels mouvements de troupes que nécessita la longue hostilité de la tribu des Flittas, en 1845-46.

Quittons ces routes du sud et de l'ouest de la province d'Alger, pour venir à la route d'Alger à Constantine. D'après les dispositions adoptées, elle passerait par Aumale et Sétif; on comprend, du reste, que ce n'est encore qu'une route nominale, cependant

Elle est ouverte et à l'entretien depuis Alger jusqu'au Fondouck, sur un parcours de .... 31 kilom.

Elle est reconnue, tracée et frayée, du Fondouck à Aumale, sur un développement de .... 98 —

D'Aumale à Sétif, la direction de la route a pu seulement être indiquée; le parcours serait d'environ .... 190 —

De Sétif à Constantine, la route est tracée et frayée. Les voitures de l'armée et même celles de roulage, la parcourent.

dans la bonne saison : on évalue le développement de cette partie de la route à   126 —

Total de la distance d'Alger à Constantine :   445 kil.

Ces trois routes, de Médéah, de Miliana, de Constantine, dont nous venons d'indiquer la direction et le degré d'avancement, sont les trois principales de la province d'Alger : ce ne sont pas, à beaucoup près, les seules auxquelles on ait travaillé; ainsi il faut compter :

Route de Ténès à Orléanville, rendue carrossable	55	kilom.
— de Cherchel à Miliana (1)	80	—
— de Miliana à Orléanville	89	—
— de Médéah à Boghar	80	—
— de Miliana à Teniet-el-Hâad	76	—

Toutes ces routes, qu'il faut considérer comme stratégiques encore plus que commerciales, appartiennent aux territoires mixte et arabe, et sont confiées aux soins du génie militaire; celles situées dans le territoire civil de la province, et qui servent à assurer la viabilité des environs d'Alger, sont exécutées par les ponts-et-chaussées; ce sont celles :

D'Alger à Douéra	25	kilom.
— à Koléah par Staouëli	52	—
— à Cherchel par le pied du Sahel ayant une partie commune avec la route de Blidah, mais qui n'est		

(1) La route directe n'a que 56 kilomètres; mais il faut traverser les montagnes et le pays des Beni-Menassers.

faite que jusqu'à Koléah   34 —
D'Alger à Rovigo   35 —

sans compter les chemins dits vicinaux, ou de colonisation, et qui relient, dans le Sahel surtout, les centres de population, les uns aux autres.

Province de Constantine. — La route de Philippeville à Constantine était la route la plus importante de cette province; l'occupation de Constantine, de Sétif, de Bathna, le développement colonial du riche territoire situé au centre, au sud et à l'ouest de la province, n'étaient possible, qu'autant que des communications régulières seraient assurées entre cette capitale et la mer. Les travaux qu'a exigés la construction de cette route, remontent à la fin de l'année 1838, c'est-à-dire aux premiers jours qui suivirent l'occupation de la grève déserte de Rusicada, aujourd'hui devenue Philippeville.

Le développement de cette route est de 92 kilom.; elle vient d'être remise par le génie militaire au service des ponts-et-chaussées. On espère qu'avant la fin de cette année, elle sera parvenue à l'état d'entretien.

La route de Bône à Constantine avec embranchement sur Guelma (143 kilom.) n'est que tracée sur la plus grande partie de son parcours; la direction de cette route ne paraît même pas définitivement arrêtée.

La route de Bône à Philippeville, par le nord du lac Fetzara, l'Oued-Fendeck et El-Arouch (97 kilom.) est en construction pour la partie comprise entre Bône et le lac Fetzara; on travaille aussi à la petite route qui conduit de Bône au sommet de l'Édough, et qui nous ouvrirait ce pays si richement boisé.

Les autres routes de cette province, dont les nécessités de la politique aussi bien que les besoins du commerce recommanderaient la prompte exécution, seraient celles de :

Constantine à Sétif (partie commune avec la route d'Alger à Constantine)	126 kilomètres.
Sétif à Bougie	120 —
Collo à Constantine (par El-Arouch)	61 —
Bône à Tébessa	176 —
Constantine à Biskara par Bathna	246 —
Bône à la Calle	87 —

Province d'Oran. — Aucune des routes de cette province n'a été complétement exécutée; nous n'avons que des amorces de route, comme celles d'Oran au Figuier, d'Oran à Miserghin, sises sur le territoire civil (1), et des routes tracées et incomplétement ouvertes, dans les autres parties de la province; nous nous bornerons donc à indiquer leur direction générale, les distances qu'elles ont à parcourir, ce sont :

Oran à Mascara	89 kilomètres.
— à Tlemcen	126 —
— à Mostaganem (avec embranchement sur Arzew)	95 —
Mostaganem à Mascara	70 —
Arzew-le-Port à Mascara	42 —
Nemours à Tlemcen	39 —

(1) Il convient aussi de mentionner la route de Mers-el-Kébir à Oran, qui n'a pu être exécutée qu'avec des travaux infinis. Elle est entièrement exécutée dans le roc, au-dessus des falaises : elle a 7 kilomètres de développement.

Observation générale. — Ces routes et celles que nous avons indiquées pour les autres provinces, quelque importantes qu'elles soient, ne forment qu'une partie du système général que l'administration a fait étudier pour l'Algérie, et dont les éléments principaux ont été soumis aux chambres.

S'il était dès à présent possible d'établir pour ces routes un ordre de classement, si les résolutions que l'on peut prendre à cet égard n'étaient pas trop souvent subordonnées à des circonstances de guerre et de paix, aussi bien que d'administration et de commerce, et qui obligent à changer les plans les mieux établis, voici peut-être la combinaison à laquelle il conviendrait de s'arrêter.

Routes de 1er ordre : Celles qui ont pour objet de relier les places de l'intérieur aux ports du littoral, placés sous le même méridien; ainsi Alger et Médéah; ainsi Philippeville et Constantine; ainsi Oran (peut-être même Arzew) et Mascara; ainsi Bône et Guelma; ainsi Ténès et Orléanville; ainsi Sétif et Bougie, etc. Ces routes devraient après cela être prolongées dans le sud, jusqu'aux postes magasins qui gardent la ligne extrême du Tell, comme Miliana à Téniet-el-Hâad, Mascara à Saïda, Constantine à Bathna, etc., etc. (1).

Routes de 2me ordre : Celles qui auraient pour objet de relier les villes de la ligne intérieure du Tell, les

---

(1) Il suffit de jeter un coup-d'œil sur la carte pour comprendre cette disposition des routes et cette corrélation des ports avec les places de l'intérieur du Tell, que nous ne pouvons qu'indiquer.

unes aux autres ; c'est-à-dire Tlemcen à Mascara, Mascara à Miliana, Miliana à Médéah, Médéah à Aumale, et ainsi jusqu'à la frontière de Tunis.

Routes de 3me ordre : Celles qui serviraient à relier les places du littoral entre elles, de manière à seconder, et au besoin à suppléer la correspondance nécessairement fort imparfaite des bateaux à vapeur ; c'est-à-dire Alger à Cherchel, Cherchel à Ténès, Ténès à Mostaganem, etc., ou Alger à Dellys, Dellys à Bougie, Bougie à Philippeville, etc.

L'ensemble de toutes ces routes peut être considéré comme présentant un développement d'environ 5000 kil., évaluées pour être amenées à un état suffisant d'entretien à 50 millions : et les allocations fournies annuellement par les chambres ne vont pas à deux millions ; c'est-à-dire qu'elles suffisent à peine à l'entretien de ce qui existe. Une telle situation appelle nécessairement une mesure prompte et énergique (1).

Desséchements.

Dès les premiers temps de l'occupation, les nombreuses maladies qui se déclarèrent dans l'armée

---

(1) Cette mesure, beaucoup de bons esprits l'ont déjà indiquée ; lorsque les ressources présentes ne suffisent pas, il faut bien en appeler aux ressources de l'avenir. Une mesure financière, un emprunt ou une loi extraordinaire, qui permettrait à l'Algérie de construire en cinq ans, à raison de huit à dix millions par an, ces routes aujourd'hui reconnues, changerait la face de ce pays ; elle aurait un autre résultat, celui d'amener la diminution de l'armée, en lui donnant le moyen de se rendre encore plus mobile et par conséquent plus forte qu'elle ne l'est aujourd'hui. On a calculé qu'en 1846, seize millions avaient été employés en transports, par mulets, etc., et cela, faute de routes.

d'Afrique, frappèrent vivement les esprits. M. Pélissier rapporte, dans ses *Annales algériennes*, que, lorsque le duc de Rovigo, au mois de septembre 1832, fut attaqué par une petite coalition formée entre les chefs de l'ouest et de l'est de la plaine, coalition qu'il repoussa et dissipa promptement, la division d'Alger, sur un effectif de 16,000 hommes, ne comptait pas moins de 5,000 malades; et cependant cette division, à l'exception de deux postes sur la Metidja, n'occupait que les hauteurs qui environnent Alger, et quelques points du Sahel.

De vives réclamations s'élevèrent dès-lors, soit dans le public, soit dans les chambres; on jugea le climat de l'Algérie nécessairement, fatalement insalubre. Ce fut un des premiers arguments de ceux qui combattaient en principe notre établissement dans ce pays.

L'expérience a, depuis cette époque, éclairé et rectifié tout ce qu'il y avait d'exagéré dans cette opinion : on sait aujourd'hui que le climat de l'Algérie est aussi salubre qu'aucun autre; qu'il exige seulement, mais plus impérieusement peut-être, des précautions hygiéniques, faciles à définir et à appliquer (1). L'amélioration constatée depuis plusieurs années dans l'état sanitaire de l'armée, les détails que nous avons donnés sur le mouvement de la population européenne, sont du reste la meilleure démonstration qui

---

(1) Nous ne pouvons mieux faire que de nous en référer à cet égard à l'ouvrage publié par M. le docteur Trolliet, sous le titre de *Hygiène pratique de l'Algérie*, 1 vol. grand in-18, à la librairie centrale de la Méditerranée, rue de la Marine, à Alger.

puisse être apportée à l'appui de ce que nous venons de dire.

Il n'y a donc point lieu de s'étonner après cela qu'en Algérie, comme cela se voit du reste dans tous les pays du monde, les terrains bas et humides, les marais, soient, pour certaines localités, des causes d'insalubrité permanentes, et qui doivent nécessairement se développer avec d'autant plus d'énergie, qu'elles se combinent avec les effets d'une température plus élevée. Aucun pays, sous quelque latitude qu'on veuille le choisir, ne fait exception à cette loi invariable; et certes, les exemples ne nous manqueraient pas, s'il était besoin d'en citer.

Aussi la question des *desséchements*, et particulièrement celle des *desséchements* de la Metidja, qui nous touchait le plus, a-t-elle été de bonne heure abordée en Algérie. M. Prus, le premier ingénieur qui ait été envoyé, proposait, nous a-t-on assuré, il y a quinze ans, de creuser un canal de ceinture parallèle à l'Atlas, et qui eût servi à la fois de canal de défense, d'assainissement et d'irrigation. D'autres projets ont été successivement présentés.

De longues et sérieuses études, poursuivies par le service des ponts-et-chaussées, sous la surveillance de M. Don, ingénieur en chef de la province, ont eu pour effet de fixer les idées sur des projets immédiatement exécutables. Il a été reconnu que les marais de la Metidja n'appartenaient pas à un système général; mais qu'ils formaient une série de bassins qu'il fallait successivement attaquer: telle est la base du travail commencé, il y a trois ans, et qui se poursuit en ce moment.

Les marais de l'est et ceux du centre de la plaine sont déjà sillonnés par de nombreux canaux de desséchement; de là on passera aux marais de l'ouest, qui ne sont pas moins considérables. Les dépenses de cette opération, dont le succès n'est plus douteux aujourd'hui, sont évaluées à trois millions : la superficie des terrains compris dans ce système de desséchement est d'environ 14,000 hectares; le creusement des canaux et rigoles les rendra à l'agriculture; et cela seul ne serait-il pas déjà une opération importante, indépendamment de l'assainissement général de la plaine, qui est le but principal que l'on se propose, et qui, une fois atteint, réagira d'une manière si avantageuse sur toute la province d'Alger?

Les travaux de desséchement, entrepris par l'administration, et pour lesquels les chambres ont toujours voté toutes les allocations demandées, ne se bornent pas à la seule Metidja.

Dans cette même province d'Alger, ceux des marais de l'Oued-Boutan et de l'Oued-Soufflay, sous Miliana, sont déjà entrepris par le génie militaire. Ils permettront de fixer la population européenne dans les environs de cette place. A Bougie, les hostilités des Kabyles ayant cessé, on travaille au desséchement des marais de la petite plaine voisine de cette ville.

Dans la province de Constantine, les marais du Saf-Saf et du Zeramna, près de Philippeville; ceux des environs de Bône, situés le long de la Meboudja et dans la plaine des Karezas, ont commencé à être assainis. On passera bientôt à ceux de la grande plaine de la Seybouse, qui offriront à la colonisation une superficie de près de 100,000 hectares. Enfin, le Hamma de Constantine, indispensable à la prospérité de cette ville, est en pleine voie d'assainissement, et l'on songe déjà aux marais de la grande vallée du Bou-Merzoug, qui va être livrée aux concessions européennes.

Dans la province d'Oran, ces mêmes marais de la Macta, où nos troupes eurent à soutenir, il y a douze ans (26 juin 1835), un combat si rude et si sanglant, sont l'objet des études et des explorations de nos ingénieurs. La superficie des terrains à dessécher est d'environ 80 kilomètres, soit 8,000 hectares de terres d'une admirable fertilité, mais que leur insalubrité a changées en solitudes stériles.

Nous rappelons avec plaisir ces travaux, ces projets, ces études, parce qu'ils attestent, mieux que tout ce que l'on pourrait dire, les grands et réels progrès que nous avons faits dans le pays. Une administration, une population, une armée ne se chargent pas de telles préoccupations, ne s'y livrent pas avec une ardeur aussi vive, aussi constante, lorsqu'elles n'ont pas une foi sincère dans l'avenir. N'oublions pas, toutefois, en ce qui concerne cette question si grave de l'assainissement de ces contrées algériennes, dont la possession nous importe le plus, que les travaux de desséchement ne sont qu'une des conditions premières de cet assainissement. Il faut que les cultures, les plantations, les soins de détail, d'entretien, viennent à la suite, mais sans délai. C'est l'opinion unanime de tous les hommes qui se sont occupés de ces travaux; c'est aussi l'expérience universelle, et ce n'est pas sans de graves motifs que les ordonnances des 1er octobre 1844 et

26 juillet 1846 ont, en Algérie, rangé les *marais* parmi les biens vacants : non que l'État songe à se les attribuer comme propriétés domaniales, mais parce qu'il était nécessaire d'assigner tout d'abord son véritable caractère à une propriété qui, plus que toute autre, et en raison des circonstances particulières du climat, doit être soumise à des réglements spéciaux, à des obligations plus rigoureuses.

Travaux maritimes. — Ports. — Phares.

Le plus important des travaux maritimes que la France ait entrepris en Algérie est, sans comparaison, le port d'Alger. Il a été depuis plusieurs années l'objet de longues discussions; elles paraissent terminées aujourd'hui; du moins un rapport présenté à la Chambre des pairs, dans la session dernière, par M. le baron Ch. Dupin, donne tout lieu de croire que les projets relatifs à ce grand établissement sont définitivement arrêtés dans la pensée du Gouvernement; ils consisteraient :

1° A prolonger de 500 mètres, et dans la direction est-quart-est qu'elle suit aujourd'hui, la jetée actuelle, et qui a déjà 500 mètres de développement, ce qui la porterait à 1,000 mètres en mer;

2° A terminer cette jetée par une plate-forme massive, qui supporterait une batterie de quarante pièces de canon;

3° A construire une jetée, dite du sud, qui aurait sa base à la côte de Mustapha, et fermerait le port;

4° A établir, dans l'intérieur de ce port ainsi protégé, des arsenaux, magasins, quais, etc., nécessaires pour un grand port de guerre et de commerce;

Enfin, ces ouvrages achevés, on construirait dans la rade et en avant de la jetée actuelle, un brise-lame d'un développement considérable, qui formerait une rade artificielle, et remplacerait celle que la nature a donnée à nos ports militaires, Toulon, Brest, etc.

L'ensemble de ces travaux est évalué à quatre-vingts millions.

En attendant que cette question soit décidée, la jetée actuelle avance toujours, au moyen d'une allocation annuelle de 2,000,000 fr. D'autres travaux s'exécutent aussi :

A Cherchel, on creuse sur l'emplacement d'un ancien port romain, un port de commerce, petit, mais qui sera sûr et fort commode pour le cabotage de la côte et le ravitaillement de Miliana et du haut Chelif.

Dans l'ouest, à Mostaganem, à Arzew, à Mers-el-Kébir, à Nemours; dans l'est, à Bougie, à Philippeville, à Bône, on construit des quais, des débarcadères, travaux encore peu importants, mais d'une indispensable nécessité.

A Oran, des projets sont préparés pour la création d'un port de commerce; tout fait espérer qu'ils seront promptement mis à exécution, surtout s'ils sont livrés à l'industrie particulière.

Mais dans l'ordre des travaux nécessaires à la navigation, et que réclamait l'inhospitalité si connue de nos côtes algériennes, ceux qui ont reçu le développement le plus complet, ce sont les phares et fanaux.

Les phares établis sont au nombre de quatre, savoir :

Mers-el-Kébir, portée quinze milles ;
Alger,   —   quinze milles ;
Philippeville (dans l'île Srigina), dix milles ;
Cap-de-Garde ou Golfe-de-Bône, quinze milles.

Sont en construction :
Ceux d'Arzew,
— de Ténès,
— de Cherchel,
— du cap Carbon, près Bougie.

Les fanaux ou feux de ports existants sont ceux de :
Arzew,
Mostaganem,
Ténès,
Cherchel,
Dellys,
Cap-Bouac, près Bougie,
Djigeli,
Stora (l'îlot des Singes),
La Calle.

SERVICE TÉLÉGRAPHIQUE.

Les personnes qui ont visité l'Algérie, il y a plusieurs années, n'ont peut-être pas oublié ce télégraphe tant soit peu grotesque, qui desservait d'une manière très-imparfaite la correspondance d'Alger à Blidah.

Nos relations avec l'intérieur du pays devenant chaque jour plus étendues, et surtout, les mouvements des troupes devenant plus rapides, plus multipliés, l'introduction en Algérie d'un service télégraphique, tel qu'il est établi en France, où il a été poussé à un haut degré de perfection, dut prendre place parmi les combinaisons de l'autorité supérieure.

L'arrêté ministériel du 8 juin 1844 qui a organisé ce service, a complétement répondu au but que l'on s'était proposé; les lignes existant aujourd'hui sont desservies avec la régularité et la promptitude qui existent dans le service de France.

Ces lignes sont celles:

D'Alger à Miliana, passant par Douéra et Blidah, avec embranchement sur Médéah (1);

De Miliana à Orléanville;

D'Oran à Mostaganem.

Les lignes en construction, d'après le vote des chambres dans la session dernière, sont celles de:

Orléanville à Mostaganem et à Ténès;

Oran à Tlemcen et à Mascara.

Ces lignes seront terminées et mises en pleine activité dans le courant de l'année actuelle (1848), en sorte que l'on pourra avoir à Alger, en moins de deux heures, des nouvelles de la frontière du Maroc. Il est à croire qu'après cela, on s'occupera de fonder les lignes de l'est.

Le télégraphe en Algérie, et au reste il en est de

---

(1) C'est sur cette ligne d'embranchement que se trouve le poste du Gontas, qui fut, au mois de janvier 1846, et alors qu'Abd-el-Kader se rapprochait de nos lignes, le théâtre d'un horrible assassinat: les employés du poste, une femme et deux enfants, périrent victimes d'un guet-à-pens, qui avait été préparé par les Arabes d'un douair voisin. L'instruction et les débats qui eurent lieu devant le 1er conseil de guerre de la division d'Alger firent connaître tous les détails de cette affaire. Trois des Arabes furent condamnés à mort et exécutés.

même en France, ne borne pas son utilité et ses services à la seule transmission des nouvelles politiques ou des ordres d'une haute importance; il sert journellement aux communications usuelles des administrations; et comme en Algérie la poste ne peut encore être installée régulièrement, pour l'intérieur du moins, le télégraphe évite des frais considérables de courriers et de dépêches.

Le service télégraphique, d'après l'arrêté que nous avons cité plus haut, est placé sous la surveillance d'un directeur, chef de service, et composé du nombre de traducteurs et d'inspecteurs que le développement des lignes peut exiger; ce directeur et les autres agents placés sous ses ordres, sont pris parmi les employés de l'administration télégraphique de France. Ils en reçoivent les traitements, augmentés d'un tiers en sus, à titre de supplément colonial.

FINANCES. — REVENUS. — BUDGET. — COMMERCE, ETC.

Nous avons déjà eu l'occasion de dire, en parlant du gouvernement et de l'administration, que lorsque la ville d'Alger fut occupée et le gouvernement turc renversé, tous les liens qui unissaient ce gouvernement aux populations indigènes furent immédiatement brisés ou détendus : le pays tomba dans une anarchie complète : l'autorité ne s'exerçait pas, et par une conséquence inévitable, les impôts ne se percevaient plus. Plus tard, c'est-à-dire après la prise de Constantine, pour cette province, et après les pacifications de 42 et de 45, pour les deux autres provinces, ces impôts ont été rétablis; en ce moment, leurs produits rentrent régulièrement au trésor.

Quels étaient ces impôts du temps des Turcs? On ne l'a jamais su bien exactement; les évaluations à cet égard ont varié considérablement (de 10 à 2 millions); le docteur Shaw, qui écrivait en 1730, les portait à 3 millions; tout ce que nous avons pu savoir depuis, tous les renseignements qui ont été recueillis sur les différents points du territoire, tendraient à confirmer cette évaluation.

Quoi qu'il en soit de cette question, qui n'a plus désormais qu'un intérêt historique fort médiocre, ce qui nous importe, c'est d'exposer le plus succinctement possible le système financier qui régit en ce moment l'Algérie.

Pendant les premières années de la conquête, les chambres législatives donnèrent peu d'attention aux revenus de l'Algérie; l'effectif et les dépenses de l'armée étaient le point de mire des discussions; on ne songeait même pas que l'Algérie pût produire quelque chose : on votait au budget des dépenses, pour certaines dépenses civiles, une somme, en forme d'abonnement, de douze cent et quelques mille francs; au budget des recettes, un chiffre d'environ deux millions : le reste était abandonné à la colonie et au ministère de la guerre, chargé de l'administrer.

Mais ce *reste* si insignifiant, grossissait rapidement; le département de la guerre se trouvait avoir chaque année à sa disposition des sommes importantes, qui échappaient au contrôle des chambres; on en peut juger par le tableau suivant, qui fera connaître la progression continuelle de ces recettes, depuis 1831 jusques et y compris l'année 1845 :

1831	Impôts et revenus	. . F.	929,709	67
1832	—	—	1,400,415	77
1833	—	—	1,808,460	19
1834	—	—	2,119,187	50
1835	—	—	2,180,335	93
1836	—	—	2,558,658	05
1837	—	—	3,080,024	44
1838	—	—	3,575,869	03
1839	—	—	3,581,680	68
1840	—	—	4,405,317	55
1841	—	—	6,070,233	64
1842	—	—	7,897,083	48
1843	—	— . . .	10,332,324	70
1844	—	— . . .	12,815,155	78
1845	—	— . . .	15,692,260	80

Total général de ces 15 années 78,424,717 21 (1).

Mais à l'expiration de cette année 1845, le budget de l'Algérie a dû être établi d'après des bases nouvelles : les chambres, averties par cette augmentation continuelle des recettes de l'Algérie, demandèrent que ces recettes, ainsi que les dépenses civiles de l'Algérie, fussent régulièrement soumises à leur contrôle; et la

(1) Nous ne faisons pas entrer dans ce compte un article désigné a budget, sous le titre de *Recouvrements accidentels des payeurs*. En 1845, ces recettes s'élevaient à 4,733,172 fr. 50 c. pour l'armée seulement. Ce ne sont en effet que des recettes factices, telles que remboursement pour le compte des corps, trop perçus, etc., etc.

loi des finances du 4 août 1844, portant fixation du budget de 1845, contint une disposition conçue en ces termes :

« A partir du 1ᵉʳ janvier 1846, toutes les recettes et dépenses de l'Algérie, autres que celles qui ont un caractère local et municipal, seront rattachées au budget de l'État.

» Les recettes et dépenses locales et municipales seront réglées par une ordonnance royale. »

Ces prescriptions de la législature, dont on ne saurait méconnaître la sagesse, et qui ont pour l'Algérie cet avantage qu'elles relient d'une manière plus intime ses intérêts à ceux de la métropole, furent immédiatement mises à exécution : le 17 janvier 1845, parut une ordonnance royale, combinée entre les deux départements de la guerre et des finances, qui a réalisé les principes posés par la loi du 4 août 1844. Comme cette ordonnance est la base du système financier qui régit l'Algérie, nous croyons devoir la publier *in extenso*.

TITRE PREMIER.

ASSIETTE DES IMPÔTS.

Art. 1ᵉʳ. Les impôts, taxes et revenus de toute nature, créés ou à créer en Algérie, soit comme produits généraux appartenant à l'État, soit comme produits formant les ressources locales et municipales, ne pourront être établis, modifiés ou supprimés qu'en vertu d'ordonnances royales.

Sont exceptés toutefois de cette disposition :

1° Les taxes de ville et de police analogues à celles dont la perception est autorisée en France au profit des communes, par la loi du 18 juillet 1837 ;

2° Jusqu'à disposition contraire, les impôts dus par les populations arabes.

Ces taxes et impôts pourront être établis;

SAVOIR :

Les impôts arabes, par arrêtés de notre ministre secrétaire d'État de la guerre;

Les taxes de ville et de police, par arrêtés du gouverneur-général, avec l'approbation du ministre.

Art. 2. Les impôts dus par les Arabes seront fixés en numéraire (valeurs françaises); mais ils pourront, d'après l'autorisation du gouverneur-général, être acquittés en nature, soit à la demande de l'administration militaire, dans l'intérêt des approvisionnements de l'armée, soit à la demande des commandants supérieurs, si les contribuables ne peuvent se libérer en argent.

Les paiements en nature, dans le cas où ils seraient autorisés par le gouverneur-général, s'effectueront d'après un tarif arrêté, sur sa proposition, par notre ministre secrétaire d'État de la guerre.

Art. 3. Les impôts dus par les Arabes seront constatés au brut dans les écritures; il y sera fait dépense;

1° Du dixième du produit brut, attribué aux chefs indigènes pour frais de recouvrement;

2° Du dixième du net, attribué aux localités comme ressources locales et municipales.

Art. 4. Les centimes additionnels aux impôts établis, et les contributions extraordinaires que les communes de l'Algérie demanderaient à s'imposer, ainsi que les emprunts qu'elles seraient dans le cas de contracter, ne pourront être autorisés qu'en vertu d'ordonnances royales.

Des arrêtés de notre ministre secrétaire d'État de la guerre autoriseront les contributions extraordinaires que les tribus arabes demanderaient à s'imposer pour des dépenses locales à faire sur leur territoire.

Art. 5. Toutes contributions directes ou indirectes, toutes taxes ou perceptions autres que celles qui sont autorisées dans la forme prescrite par la présente ordonnance, à quelque titre et sous quelque dénomination qu'elles se perçoivent, sont formellement interdites, sous peine, contre les autorités qui les ordonneraient, contre les employés qui confectionneraient les rôles et tarifs, et ceux qui en feraient le recouvrement, d'être poursuivis comme concussionnaires.

Art. 6. Les recettes de toute nature, tant au profit du trésor qu'au profit des localités et des communes, ainsi que les dépenses de l'un et de l'autre service, ne peuvent être effectuées dans toute l'Algérie, qu'en vertu d'un titre légalement établi, par des comptables régulièrement institués et cautionnés.

Ces comptables sont justiciables de la Cour des comptes.

Art. 7. Les rétributions diverses, qui, d'après leur nature, ne peuvent être perçues directement par les comptables des services financiers, continueront à être perçues par les agents des services administratifs désignés à cet effet.

Ces agents compteront des produits réalisés par eux à un comptable des services financiers, et seront, pour le fait de leur gestion, soumis aux mêmes obligations et à la même surveillance que les autres préposés.

Art. 8. Toute recette et tout paiement faits sans l'intervention des comptables du trésor, donneront lieu aux poursuites autorisées par l'article 258 du Code pénal.

Art. 9. Tout agent qui opère un maniement de deniers appartenant au trésor ou au service local et municipal, est constitué comptable, par le fait seul de la réception desdits fonds sur sa quittance ou son récépissé.

Ne sont pas compris dans cette disposition :

1° Les chefs indigènes autorisés à faire dans les tribus le recouvrement direct de l'impôt arabe, et chargés de compter du montant brut aux receveurs des contributions diverses ;

2° Les agents des services administratifs désignés pour recevoir, sur leur quittance, les fonds destinés au paiement des appointements et salaires.

ADMINISTRATION GÉNÉRALE. 155

TITRE II.
RECETTES ET DÉPENSES DU TRÉSOR.

Art. 10. Sont revenus généraux de l'État, et compris dans les ressources annuelles du budget des voies et moyens, les produits désignés dans le tableau A ci-annexé.

Art. 11. Ces revenus, et tous autres de même nature qui seraient établis à l'avenir, seront compris au budget général des voies et moyens, sous le titre : *Produits et revenus de l'Algérie.*

Art. 12. Sont dépenses à la charge de l'État,

Comme *dépenses militaires :*

1° Les dépenses des corps et des services militaires français ;

2° Les dépenses des corps indigènes et les indemnités accordées aux chefs qui font un service militaire ;

Comme *dépenses civiles :*

Les dépenses comprises au tableau B, annexé à la présente ordonnance, et à la première partie des états de développement B *bis* et B *ter*.

Art. 13. Les dépenses civiles sont *ordinaires* ou *extraordinaires*.

Les dépenses ordinaires sont celles qui ont pour objet les services permanents et les travaux neufs et d'entretien.

Les dépenses extraordinaires sont celles qui ont pour objet les services accidentels et les dépenses de première construction pour grands travaux d'utilité ou d'exploitation publique.

Il est pourvu aux unes et aux autres au moyen des crédits ordinaires ou extraordinaires alloués par les lois de finances.

TITRE III.
RECETTES ET DÉPENSES LOCALES ET MUNICIPALES.

Art. 14. Les recettes locales et municipales, en Algérie, sont *ordinaires* et *extraordinaires*.

Sont recettes ordinaires, celles qui sont mentionnées au tableau C, annexé à la présente ordonnance.

Sont recettes extraordinaires, celles qui figurent au tableau C *bis*.

Art. 15. Les produits et revenus formant les ressources locales et municipales sont constatés et recouvrés par les agents institués pour les services financiers, ou par des collecteurs placés sous leur surveillance, à la diligence et sous la direction des chefs de service, chacun en ce qui le concerne.

Art. 16. Les produits sont versés, aux époques fixées par les réglements sur la comptabilité publique, dans les caisses des trésoriers-payeurs, qui en tiennent un compte spécial au crédit du service local et municipal.

Art. 17. Les sommes ainsi recouvrées forment un fonds commun affecté, sans distinction de nature de produit ou d'origine, à l'acquittement des dépenses locales et municipales de toute espèce, tant sur le territoire civil que sur le territoire mixte et arabe.

Art. 18. Les dépenses locales et municipales, en Algérie, sont *ordinaires* ou *extraordinaires*.

Sont dépenses ordinaires celles qui sont comprises au tableau D, annexé à la présente ordonnance.

Sont dépenses extraordinaires celles qui sont mentionnées au tableau D *bis*.

Les unes et les autres doivent toujours être renfermées dans les limites des ressources disponibles.

Art. 19. Il est pourvu à ces dépenses au moyen des crédits ouverts au budget établi, sur la proposition des conseils de province, par le conseil supérieur d'administration, et approuvé par notre ministre secrétaire d'État de la guerre.

Art. 20. Les produits réalisés dans chaque province sont consacrés aux dépenses de la province, sous la déduction de 25 p. 0/0, employés ainsi qu'il suit :

15 p. 0/0 affectés, sans distinction de province, sur la proposition du conseil supérieur d'administration, aux dépenses d'une utilité commune à toutes les provinces ;

10 p. 0/0 conservés, à titre de réserve, pour parer aux dépenses locales et municipales, en Algérie, qui n'ont pu être prévues lors de la formation du budget.

Il ne pourra être disposé de ce fonds de 10 p. 0/0 qu'en vertu des autorisations spéciales de notre ministre secrétaire d'État de la guerre, et dans les limites qu'elles auront fixées, d'après les ressources réalisées.

Art. 21. Les dépenses locales et municipales sont acquittées par les trésoriers-payeurs ou par leurs préposés dans chaque province.

TITRE IV.
DISPOSITIONS GÉNÉRALES.

Art. 22. Une ordonnance, rendue sur la proposition de notre ministre secrétaire d'État de la guerre, déterminera les formes de comptabilité et les dispositions relatives à l'administration des finances en Algérie (1).

Art. 23. Toutes dispositions contraires à la présente ordonnance sont et demeurent abrogées.

Art. 24. Notre ministre secrétaire d'État de la guerre et notre ministre secrétaire d'État des finances sont chargés, chacun en ce qui le concerne, d'assurer, à partir du 1er janvier 1846, l'exécution de la présente ordonnance, qui sera insérée au *Bulletin des lois*.

Au palais des Tuileries, le 17 janvier 1845.

Le lecteur aura remarqué que cette ordonnance dans ses articles 10, 12 et 14, se réfère, soit pour le budget de l'État, soit pour le budget local et municipal, à des tableaux énumératifs qui la complètent. Il serait superflu de reproduire ces tableaux dans toute leur étendue; en voici l'analyse succincte:

TABLEAU A. *Produits et revenus du trésor en Algérie.*

Contributions directes. — Contribution *à établir* sur la propriété foncière. — Contribution des patentes.

---

(1) Cette ordonnance a été rendue le 2 janvier 1846; elle ne contient guère que des détails purement administratifs, c'est ce qui nous empêche de la publier.

Enregistrement, timbre et domaine. — La nomenclature est à peu près la même que celle de cette administration en France, sauf le domaine dont nous parlerons séparément.

Forêts. — Produits à réaliser sur les bois et forêts de l'État.

Douanes et sels.

Contributions indirectes. — Les droits sur les boissons se bornent à un droit de licence.

Postes. — Comme en France, on y a joint seulement le produit des places à bord des bâtiments à vapeur de l'État.

Contributions arabes. — Produit net :

1° Du hockhor (loyer des terres azels ou domaniales);

2° De l'achour (1) (impôt sur les grains);

3° Du zeckkat (impôt sur les bestiaux);

4° De l'eussa (impôt payé par les tribus du Désert).

Produits divers. — Comme en France.

Recettes de différentes origines. — Ces recettes consistent principalement en contributions extraordinaires de guerre, et produits des prises sur l'ennemi.

TABLEAU B. *Dépenses à la charge du budget de l'État en Algérie.*

Dépenses ordinaires :

1° Dépenses du gouvernement et de l'administration générale;

---

(1) *Achour* vient d'*achra*, dix. L'achour correspond donc exactement à notre ancienne dîme. Il arrive fréquemment que les Arabes paient cet impôt en nature, en versant leurs grains dans les magasins de l'armée.

2° Dépenses du service militaire indigène;
3° Dépenses du service maritime;
4° Dépenses des services civils;
5° Dépenses des travaux civils;
6° Dépenses de la colonisation;
7° Dépenses secrètes.

Dépenses extraordinaires:
1° Desséchements;
2° Routes;
3° Port d'Alger;
4° Ports secondaires;
5° Travaux sur le territoire arabe.

Voilà pour ce qui concerne le bugdet de l'État: quant au budget local et municipal, la fixation des recettes et des dépenses qui devaient lui être attribuées, a été opérée par cette même ordonnance. Sans entrer dans le détail de ces recettes et de ces dépenses, nous nous contenterons de dire, que l'on s'est surtout appliqué, dans cette répartition, à la rendre aussi semblable que possible à ce qui existe en France pour le budget de l'État, pour ceux des départements, pour ceux des communes. De même qu'en France, la principale ressource de ce budget consiste dans l'octroi; mais il porte en Algérie le nom *d'octroi de mer*, et se perçoit par les soins de la douane (1).

---

(1) Cet *octroi* de mer fut établi par un arrêté du maréchal Clauzel, du 17 septembre 1830. Il a toujours été maintenu depuis. Une ordonnance royale du 21 décembre 1844 l'a définitivement régularisée. Les droits les plus importants perçus à ce titre sont : sur les vins, 5 fr.

Les budgets de l'Algérie sont donc aujourd'hui réglés d'après les dispositions qui viennent d'être rapportées : citons pour modèle celui de 1848 pour l'État, de 1847 pour la colonie.

Dépenses.

Chap. 28.

Art. 1er Gouvernement . . . . F.	194,000
Art. 2 Administration générale . . .	240,000
Art. 3 Commandement et administration des populations arabes.	1,284,000
Art. 4 Interprètes de l'armée.	298,000
Art. 5 Service télégraphique	370,000
Total du chap. 28. . . . . . . F.	2,386,000

Chap. 29.

Services militaires indigènes en Algérie, comprenant 3 bataillons de tirailleurs, 3 régiments de spahis, troupes auxiliaires, makzen, etc.;

Ensemble. . . . . F. 7,429,922

Chap. 30.

Service maritime, comprenant le service intérieur des postes, la surveillance des côtes. . . F. 492,000

---

l'hectolitre en pièce et 15 fr. en bouteille; sur les eaux-de-vie et esprits, 30 fr. l'hectolitre; sur le sucre et café, 5 fr. les 108 kilog.; Épices, 20, 40, et 100 fr. les 100 kilog.; tabacs, 10 p. % de la valeur.

ADMINISTRATION GÉNÉRALE. 161

Chap. 31.

Art. 1er Justice............F.	632,850
Art. 2 Intérieur............	1,204,200
Art. 3 Commission scientifique..	100,000
Art. 4 Finances, comprenant les inspections des finances, perception des impôts, etc.............	2,274,750
Art. 5 Indemnités pour expropriations antérieures à 1835........	300,000
Total du chap. 31..........F.	4,511,800

Chap. 32.

Colonisation, comprenant les créations de villages, voies de communication entre ces villages, les pépinières, dépôts d'ouvriers, frais de passage, etc. F. 1,715,000

Chap. 33.

Art. 1, 2 et 3, comprenant le personnel des ponts-et-chaussées, des mines et forages, et des bâtiments civils, ainsi que les travaux d'entretien et réparations simples.....................F. 1,342,765

Art. 4. Travaux extraordinaires, savoir :

Desséchements...	5,750,000	
Routes.......	1,500,000	
Aqueducs, canaux.	200,000	
Port d'Alger....	2,000,000	F. 6,165,000
Ports secondaires .	645,000	
Bâtiments civils..	770,000	
Travaux en territoire mixte et arabe.	300,000	

Total du chap. 33..... F. 7,507,765

Chap. 34.

Dépenses secrètes en Algérie. . . . . F.　　250,000

Résumé.

Chap.		
28.	F.	2,386,700
29.		7,429,922
30.		492,000
31.		4,511,800
32.		1,715,000
33.		7,507,765
34.		250,000

Total des dépenses civiles de l'Alg. F. 24,293,187　(1)

Recettes.

Elles ont été évaluées, au budget de 1848, en la manière prescrite par l'ordonnance du 17 janvier 1845, savoir :

---

(1) Si, à ce chiffre ainsi fixé par la loi de finances du 8 août 1847, à la somme de. . . . . F. 24,293,187
on ajoute :

1° Dépenses pour l'armée. — Entretien des troupes, travaux et constructions du génie militaire, artillerie, etc., portés au budget pour une somme de. . . .　50,786,124

2° Les crédits supplémentaires votés chaque année pour maintenir l'effectif au-dessus des 60,000 hommes prévus au budget ; crédits qui se sont élevés à. 25,000,000

On a un total de. 100,079,311
dont il faut déduire le montant des recettes de l'Algérie, attribuées au trésor, pour. 17,825,000

Les dépenses réelles de l'Algérie sont donc de . . . 82,254,311

1° Contributions directes (patentes). F. 430,000
2° Enregistrement, timbre et domaine. 4,306,000
3° Forêts. 141,000
4° Douanes et sels. 4,555,000
5° Contributions indirectes. 1,528,000
6° Postes. 842,000
7° Contributions arabes 4,945,000
8° Produits divers. 878,000
9° Recettes de différentes origines. . 200,000

Total des recettes prévues pour 1848. 17,825,000

En 1847, ces mêmes recettes n'avaient été portées qu'à 12,270,000 fr. L'augmentation de cinq millions et plus, prévue pour 1848, proviendra de l'accroissement des produits en eux-mêmes; car les tarifs n'ont éprouvé aucune modification.

Budget local et municipal.

Ce budget a été réglé pour 1847, par une ordonnance royale du 13 décembre 1846, de la manière suivante :

Recettes . . . . F. 7,185,000

Dépenses.—Somme égale ainsi répartie :

Province d'Alger. . . F.	2,645,025	
— d'Oran.	1,255,050	
— de Constantine.	1,488,675	
Fonds général de 15 % destiné à pourvoir aux dépenses communes, sans distinction de province. . . .	1,077,750	7,185,000
Fonds de réserve et de prévoyance de 10 %. . . .	718,500	

Il est toutefois une observation complémentaire à présenter : de ce que l'ordonnance royale du 15 décembre 1846 a mis à la disposition du ministre de la guerre des crédits pour la somme ci-dessus énoncée de 7,185,000 fr., il ne s'en suit pas que les crédits soient employés pendant l'année. L'ordonnance dit au contraire que des états de répartitions, arrêtés par le ministre de la guerre, détermineront l'emploi détaillé à faire des crédits qui lui sont ouverts. Aucun document officiel n'a fait connaître ces répartitions; nous devons donc nous borner à reproduire les chiffres généraux : nous ne doutons pas toutefois que l'administration ne continue à s'avancer dans la voie prudente et loyale dans laquelle elle est déjà entrée, en donnant aux comptes de gestion des finances particulières de la colonie, la publicité que reçoivent en France les comptes des départements et des grandes villes.

Que si maintenant nous récapitulons les ressources que produit aujourd'hui l'Algérie, voici les chiffres auxquels nous arrivons :

Impôts et revenus au compte de l'État, F. 17,825,000
— — au compte de la colonie, 7,185,000

Ensemble, F. 25,010,000

Ainsi, 25 millions, tel est le chiffre des revenus actuels de l'Algérie ; et si nous cherchons à le comparer avec les dépenses de perception qui s'y rattachent, nous constaterons les résultats suivants.

Nous avons vu (page 161) que l'ensemble des services financiers prélevait au budget une somme total de . . . . F.   2,274,750

Il faut ajouter à cette dépense pour les frais d'abonnement payés aux agents financiers, par le budget local et municipal, dont il s'est également chargé, une somme d'environ.   500,000

Les frais de perception sont donc dans leur ensemble de.   2,774,000

lesquels comparés au chiffre de 25,000,000 f. établissent une moyenne d'environ 11 %. Sans doute on ne trouvera pas que ces rapports soient exagérés, et en dehors des proportions connues dans les différents états; nous allons, du reste, exposer avec autant de briéveté qu'il sera possible, la constitution de ces différentes natures de produits.

Contributions directes.

Les contributions directes, telles que nous les connaissons en France, n'existent pas en Algérie; celle des patentes a seule été établie.

Instituée par un arrêté du général en chef comte Clausel, en date du 7 décembre 1830, cette contribution a été définitivement réglée par une ordonnance royale du 31 janvier 1847, qui a commencé à recevoir son exécution à partir du 1er avril suivant. Voici les dispositions principales de cette ordonnance, dont quelques parties ont paru susceptibles d'être modifiées, au moins en ce qui concerne les petites industries, et surtout les industries indigènes:

Tout individu Français, étranger et indigène, domicilié dans les villes ou communes des territoires civils et mixtes, qui exerce un commerce, une industrie ou une profession non compris dans les exceptions déterminées par la présente ordonnance, est assujéti à la contribution des patentes.

La contribution des patentes est composée d'un droit fixe et d'un droit proportionnel.

Le droit fixe est réglé, comme en France, conformément à l'art. 3 de la loi du 25 avril 1844 et aux tableaux annexés à ladite loi, imprimés à la suite de la présente ordonnance.

Les assujétis musulmans exerçant des commerces, industries ou professions compris dans les sept premières classes du tableau A, seront imposés au droit fixe de la classe immédiatement inférieure.

Les commerces, industries et professions non dénommés dans les tableaux annexés à ladite loi n'en sont pas moins assujétis à la patente. Le droit fixe auquel ils doivent être soumis est réglé, d'après l'analogie des opérations ou des objets de commerce, par un arrêté spécial du directeur des finances et du commerce, sur la proposition du chef de service des contributions diverses, et après avoir pris l'avis du maire ou de l'autorité qui en remplit les fonctions.

Tous les cinq ans, des tableaux additionnels contenant la nomenclature des commerces, industries et professions classés par voie d'assimilation, depuis trois années au moins, seront soumis à notre sanction.

Tous les ans, un arrêté du gouverneur-général, inséré au recueil des *Actes officiels du gouvernement* de l'Algérie, déterminera la population des communes.

Les tableaux rédigés à cet effet présenteront distinctement la population agglomérée, celle des banlieues, et le total par commune.

Il sera pris des dispositions pour qu'il soit procédé tous les cinq ans à un recensement complet des communes, par les soins du maire de chaque commune, d'un magistrat et d'un contrôleur des contributions diverses.

Les établissements placés hors des communes constituées par arrêtés, ou hors des anciens centres de population, ne seront pas soumis à l'impôt des patentes.

Ceux qui seront fondés dans les nouveaux villages créés par l'administration ou avec son autorisation, ne seront imposés que cinq ans après la publication de l'arrêté constitutif de ces villages, à moins toutefois que ces villages ne soient établis sur le territoire d'une commune déjà imposée, auquel cas ils devront le droit de patente à dater du premier du mois dans lequel ils auront commencé à exercer, conformément à l'art. 45 ci-après.

Le patentable qui exerce plusieurs commerces, industries ou professions, même dans plusieurs communes, ne peut être soumis qu'à un seul droit fixe.

Ce droit est toujours le plus élevé de ceux qu'il aurait à payer s'il était assujéti à autant de droits qu'il exerce de professions.

Le droit proportionnel est fixé, d'après la valeur locative, à la moitié du tarif déterminé par l'art. 8 de la loi du 25 avril 1844.

Ce droit proportionnel est établi sur la valeur locative tant de la maison d'habitation, que des magasins, boutiques, usines, ateliers, hangars, remises, chantiers et autres locaux servant à l'exercice des professions imposables.

Il est dû, lors même que le logement et les locaux occupés sont concédés à titre gratuit.

La valeur locative est déterminée, soit au moyen de baux authentiques, soit par comparaison avec d'autres locaux dont le loyer aura été régulièrement constaté ou sera notoirement connu, et, à défaut de ces bases, par voie d'appréciation.

Le droit proportionnel pour les usines et les établissements industriels est calculé sur la valeur locative de ces établissements pris dans leur ensemble, et munis de tous leurs moyens matériels de production.

Les patentes sont personnelles et ne peuvent servir qu'à ceux à qui elles sont délivrées. En conséquence les associés en nom collectif sont tous assujétis à la patente.

Toutefois l'associé principal paie seul le droit fixe en entier. Les autres associés ne sont imposés qu'à la moitié de ce droit, même quand ils ne résident pas tous dans la même commune que l'associé principal.

Le droit proportionnel est établi sur la maison d'habitation de l'associé principal et sur tous les locaux qui servent à la société pour l'exercice de son industrie.

La maison d'habitation de chacun des autres associés est affranchie du droit proportionnel, à moins qu'elle ne serve à l'exercice de l'industrie sociale.

Les maris et femmes séparés de biens ne doivent qu'une patente, à moins qu'ils n'aient des établissements distincts, auquel cas chacun doit avoir sa patente et payer séparément les droits fixes et proportionnels.

Les commis-voyageurs des nations étrangères seront traités, relativement à la patente, sur le même pied que les commis-voyageurs français, chez ces mêmes nations.

Le privilége, attribué au trésor, et aux percepteurs agissant en son nom pour le recouvrement de ses droits, s'exerce avant tout autre en matière de patente.

Un arrêté du ministre de la guerre déterminera le mode des poursuites à suivre envers les débiteurs retardataires.

TABLEAU A.

Tarif général des professions imposées eu égard à la population.

CLASSES.	DE 100,000 âmes et au-dessus.	DE 50,000 à 100,000.	DE 30,000 à 50,000.	DE 20,000 à 30,000.	DE 10,000 à 20,000.	DE 5,000 à 10,000.	DE 2,000 à 5,000.	DE 2,000 âmes et au-dessus
	FR.	FR.	FR.	FR.	FR.	FR.	FR.	FR.
1re....	300	240	180	120	80	60	45	35
2e	150	120	90	60	45	40	30	25
3e.....	100	80	60	40	30	25	22	18
4e.....	75	60	45	30	25	20	18	12
5e.....	50	40	30	20	15	12	9	7
6e.....	40	32	24	16	10	8	6	4
7e.....	20	16	12	8	*8	*5	*4	*3
8e.....	12	10	8	6	*5	*4	*3	*2

Le signe * veut dire : exemption du droit proportionnel.

Sont réputés :

Marchands en gros, ceux qui vendent habituellement aux marchands en demi-gros et aux marchands en détail;

Marchands en demi-gros, ceux qui vendent habituellement aux détaillants et aux consommateurs;

Marchands en détail, ceux qui ne vendent habituellement qu'aux consommateurs.

ENREGISTREMENT. — TIMBRE. — DOMAINE.

Enregistrement. — Le premier acte officiel dans lequel il soit question de l'enregistrement, remonte au 21 juin 1831 : c'est un arrêté rendu par M. le lieutenant-général Berthezène, le même jour, sur ce motif qu'il lui a été exposé que le Cadi maure et le Cadi turc, qui passent la majeure partie des actes de vente d'immeubles dans la Régence d'Alger, *ne tenaient pas régulièrement registre de ces actes* : en conséquence, le général en chef arrête que tous les actes passés à Alger depuis le 5 juillet 1830, ou qui seront passés à l'avenir, pour acquisition d'immeubles situés dans l'étendue de la Régence, devront être soumis, sous peine de nullité, à l'enregistrement du domaine (*sic*).

Restait à fixer la quotité des droits d'enregistrement; elle le fut par un arrêté du 11 juillet suivant, ainsi conçu : « Il sera perçu, sur le capital du prix de la vente présentée à l'enregistrement, un droit de *deux centimes* par franc, quand l'acte stipulera, soit une aliénation définitive au profit de l'acquéreur, soit une cession d'usufruit ou de jouissance, pendant une durée de cinquante ans et au-delà.

Ce droit sera réduit d'un centième par chaque année pour les cessions d'usufruits ou de jouissances dont la durée serait moindre de cinquante ans, conformément à un tarif annexé à l'arrêté.

La somme sur laquelle sera perçue le droit s'établira sur la capitalisation de la rente stipulée, à raison de cinq pour cent, si la cession est faite au prix d'une rente. »

Le 16 février suivant (1832), un arrêté de M. le baron Pichon, intendant civil de la Régence d'Alger, prescrivit les mêmes formalités d'enregistrement pour les jugements et arrêtés des tribunaux, pour les actes authentiques passés devant les notaires, ainsi que tous les actes du ministère des huissiers, de quelque nature qu'ils fussent ; un second arrêté du même fonctionnaire, et qui porte la date du 25 février de la même année, règle la perception des droits.

Enfin, mais seulement dix années après, une ordonnance royale en date du 19 octobre 1841, rendit applicables à l'Algérie les lois, ordonnances et arrêtés existant en France, sauf quelques modifications, dont la plus importante est la réduction à moitié, pour la colonie, des droits perçus dans la métropole. Comme cette ordonnance est encore aujourd'hui en vigueur, nous allons en rapporter les dispositions générales :

A partir du 1er janvier 1842, seront applicables et exécutoires en Algérie, sauf les exceptions et modifications ci-après, et celles qui résulteraient de l'exécution de notre ordonnance du 28 février 1841, art. 10, les lois, décrets et ordonnances qui régissent en France : 1° Les droits d'enregistrement ; 2° Les droits de greffe ; 3° Les droits d'hypothèques ; 4° Les obligations des notaires, huissiers, greffiers, commissaires-priseurs, et tous autres officiers publics et ministériels, en ce qui concerne la rédaction matérielle des actes et la tenue des répertoires.

Il ne sera perçu, pour les droits d'enregistrement, de greffe et d'hypothèques, que la moitié des droits, soit fixes, soit proportionnels, décime non compris, qui sont perçus en France, sans que néanmoins, dans aucun cas, le minimum du droit perçu pour un même acte puisse être au-dessous de vingt-cinq centimes.

Les droits de greffe continueront à être perçus au profit du trésor, conformément à l'art. 28 de notre ordonnance du 28 février 1841.

Les mutations des biens meubles ou immeubles, droits et créances, opérées par décès, ne sont assujéties à aucun droit, ni soumises à aucune déclaration.

Les lois et ordonnances qui seraient rendues en France, relativement aux droits d'enregistrement, de greffe ou d'hypothèque, ne deviendront exécutoires en Algérie, qu'en vertu d'ordonnances spéciales.

Timbre. — Cet impôt ne fut établi en Algérie qu'en 1843. Le 10 janvier de cette année, parut une ordonnance royale, qui déclare applicables et exécutoires en Algérie, les lois, décrets et ordonnances qui régissent actuellement, en France, l'impôt et les droits de timbre.

Toutefois, les lois et ordonnances qui seraient rendues par la suite en France, relativement à ces droits, ne deviennent exécutoires en Algérie, qu'en vertu d'ordonnances spéciales.

Le délai pour l'exécution de l'ordonnance du 10 janvier 1843, avait été fixé au 1er mars suivant; ce délai fut ensuite prorogé jusqu'au 1er juillet suivant : depuis cette époque, l'ordonnance précitée a reçu sa complète exécution : des bureaux auxiliaires pour le débit du papier timbré ont été institués dans les différentes villes de l'Algérie, par un arrêté ministériel en date du 6 septembre 1844. La remise aux débitants est de 5 %.

Domaine. — On peut dire sans exagération que le domaine est la grande affaire de l'administration en Algérie. La constitution de la propriété dans ce pays, soit en raison des conséquences qu'avait produites la domination turque, soit par l'effet des complications qu'a fait naître notre conquête, est soumise à de telles incertitudes, que nécessairement les prétentions que le domaine élève ou peut élever (et quel objet est à l'abri de ses prétentions?) jettent partout une perturbation qui arrête certainement l'essor de la colonie. On en peut juger par cette question des cimetières de Bab-el-Oued et de Bab-Azoun (1), soulevée et agitée depuis plusieurs années, et non encore terminée.

Bien reconnaître et bien définir ce domaine, sont donc des objets que l'administration ne doit jamais perdre de vue, et qu'elle doit s'appliquer à régler avant tout, et cela dans l'intérêt des populations indigènes,

---

(1) Voici ce qu'on entend à Alger par la question des cimetières. Au-delà des portes Bab-Azoun et Bab-el-Oued, s'étendaient de vastes terrains affectés aux inhumations des indigènes. Ces inhumations occupaient d'autant plus de place, qu'il n'est pas dans les usages des Musulmans de faire servir plusieurs fois le même terrain à plus d'une sépulture. Quelques familles indigènes vendirent plusieurs de ces terrains qu'elles possédaient à titre de sépultures particulières. Ces ventes furent reconnues par l'administration; d'autres moins légitimes furent contestées : la spéculation s'en mêla, le domaine fit en vain ses réserves, mais les ventes marchèrent si rapidement et si irrégulièrement, que cela est devenu pour tout le monde une question d'une complication inouïe.

comme dans l'intérêt des populations européennes. Il y a là certainement de quoi exercer largement la sagacité de ses jurisconsultes et la prudence de ses législateurs.

Nous disons : définir ce domaine, et non pas seulement le reconnaître; car tout le monde comprend, qu'indépendamment des biens fonciers sur lesquels l'État peut, à un titre ou à un autre, exercer des droits de revendication, il est diverses natures de propriétés que l'on doit considérer comme nécessairement domaniales : ainsi les eaux, dont on ne s'est pas encore occupé; ainsi les marais, déjà déclarés biens *vacants et sans maîtres :* ainsi les forêts existantes et les terrains, pouvant être considérés comme tels, et qui certainement ne peuvent manquer d'être soumis à des réglements d'utilité publique, même alors que la propriété n'en sera pas directement attribuée à l'État.

Les lois du 18 octobre 1844 et 21 juillet 1846 ont également soulevé, au titre de *l'inculture,* des questions fort graves et qui ne sont rien moins que résolues en ce moment. Que l'on ajoute à cela les séquestres, les interdictions ou les autorisations d'acquérir dans telles ou telles localités, les incertitudes qui planent sur l'état réel des propriétés individuelles et communales dans les tribus; et l'on reconnaîtra que nous ne sommes encore qu'au début des travaux législatifs et administratifs, que va rendre nécessaires l'organisation de la propriété en Algérie.

Aussi sans nous arrêter plus long-temps à cette matière si grave et encore mal éclaircie, qu'il nous soit permis de nous borner à ce court exposé de la situation du domaine de l'État, tel qu'il existe, ou tel du moins qu'on le connaît aujourd'hui.

L'ancien gouvernement possédait, par donations, achats, constructions ou confiscations, un certain nombre d'immeubles, tels que maisons ou partie de maisons, boutiques, jardins et fermes; ces propriétés appartenaient en propre au beylik.

D'autres immeubles de même espèce avaient été, à diverses époques, affectés à l'entretien des fontaines, soit par la munificence des indigènes, aux yeux desquels de telles donations avaient un caractère religieux, soit comme prix des concessions d'eau qui étaient faites; le produit de ces immeubles était exclusivement affecté à l'entretien des canaux et fontaines, objet d'un soin particulier de la part des Musulmans.

Enfin, les janissaires étaient également propriétaires d'immeubles par donation ou acquisition.

Ces diverses propriétés devinrent naturellement celles de l'État après la conquête, et formèrent le domaine.

Peu de temps après l'arrivée des Français, la plupart des Turcs furent exilés, comme nous l'avons déjà dit, d'autres avaient fui : les propriétés des premiers furent séquestrées; celles des autres étaient abandonnées: le domaine fut chargé de leur gestion.

Plusieurs établissements de bienfaisance, tels que la Mecque et Médine, le sboukheyrat, les andaloux (1),

(1) On appelait ainsi à Alger une corporation fondée jadis par les Maures émigrés d'Espagne (d'Andalousie), et dans le but de subvenir aux besoins de ceux de leurs compatriotes que les persécutions religieuses obligèrent, aux 16e et 17e siècles, d'abandonner l'Espagne. Nous ajouterons que ces souvenirs sont encore vivants dans les familles maures d'Alger, qui font remonter leur origine à

se trouvaient, notamment la Mecque et Médine, très-richement dotés par les donations des indigènes, qui espéraient ainsi, a-t-on dit, soustraire leurs biens à la confiscation. L'administration de ces immeubles, l'emploi des revenus, conformément aux vœux des donateurs, furent d'abord laissés aux anciens oukils. Les malversations commises par ces derniers appelèrent l'attention du Gouvernement; les dépenses d'entretien dont ces biens étaient grevés figurèrent successivement au budget, et ces immeubles furent également réunis au domaine.

Il en fut de même des biens que possédaient les mosquées, les zaouias et les écoles.

Enfin, en 1840, la reprise des hostilités força le Gouvernement à prendre encore des mesures rigoureuses contre les indigènes qui passaient à l'ennemi et portaient les armes contre la France; et un arrêté du 1er décembre frappa tous leurs biens de séquestre.

Telles sont les différentes catégories d'immeubles qui constituent aujourd'hui le domaine.

Les anciens registres ayant disparu pour la plupart, parce que les précautions qu'il aurait fallu prendre dans l'origine avaient été négligées, il devint très-difficile de reconnaître et de prendre possession de tous ces immeubles : d'une part, il fallut s'en rapporter à des ouï-dire dénués de preuves, à des renseignements fautifs, qui entraînèrent une foule d'erreurs; d'autre part, les usurpations devinrent faciles au mi-

cette émigration. Il en est parmi elles qui se vantent d'avoir encore les clés de leurs maisons de Grenade. Le fait est que quelques-unes ont conservé leurs titres de propriété.

lieu de l'ignorance et de la confusion générales, et surtout avec une législation exceptionnelle, que la rigueur de ses dispositions rendait le plus souvent inapplicable.

A force de travaux et de recherches souvent interrompus par les changements administratifs et par les événements, on est parvenu en 1846, à dresser des états à peu près complets, qui laissent cependant à désirer dans les détails.

D'après ces états, qui ont été publiés l'année dernière, le domaine possèderait en Algérie 15,128 immeubles, présentant une superficie de 405,191 hect., 41 ares, 28 cent., et une valeur approximative de 145,542,749 fr., qui se répartissent entre les trois provinces de la manière suivante :

PROVINCE.	NOMBRE.	SUPERFICIE.	VALEUR.
Alger....	7,227	42,860 h.	88,219,827
Constantine.	3,638	176,734	23,605,892
Oran....	4,263	185,597	33,717,030
Totaux..	15,128	405,191 h.	145,542,749

Les immeubles urbains sont au nombre de 8,647, présentant une superficie de 13,717,025 mèt. et une valeur approximative de 109,802,390 fr.

Ils se répartissent entre les trois provinces, ainsi qu'il suit :

PROVINCE.	NOMBRE.	SUPERFICIE.	VALEUR.
Alger	4,084	6,093,344 m	70,792,064
Constantine.	2,473	2,105,385	15,695,904
Oran	2,090	5,518,296	23,314,422
Totaux. .	8,647	13,717,025 m	109,802,390

Les immeubles ruraux s'élèvent à 6,481, dont voici l'étendue et la valeur par provinces :

PROVINCE.	NOMBRE.	SUPERFICIE.	VALEUR.
Alger	3,143	42,250 h.	17,427,763
Constantine.	1,165	176,524	7,909,988
Oran	2,173	185,045	10,402,608
Totaux. .	6,481	403,819 h.	35,740,359

Parmi ces immeubles, un grand nombre a dû être affecté au casernement militaire et aux autres besoins des services publics.

Le chiffre de ces affectations s'élève à 3,643 propriétés, d'une superficie de 15,298 hect., 10 ares, 17 cent., et d'une valeur de 103,589,811 fr. Voici la décomposition par provinces de ces chiffres, en biens urbains et biens ruraux :

12

PROVINCE.	NOMBRE	SUPERFICIE.	VALEUR.
Immeubles urbains.			
		hect. ares. cent.	
Alger....	1,514	457 86 65	51,168,791
Constantine.	680	196 90 66	13,822,323
Oran....	810	506 06 17	17,157,932
Totaux..	3,004	1,160 83 48	82,149,046
Immeubles ruraux.			
		hectares. ares. cent.	
Alger....	311	5,695 74 44	14,034,910
Constantine.	154	6,325 77 05	2,336,627
Oran....	174	2,115 75 20	5,069,228
Totaux..	639	14,137 26 69	21,440,765
Tot. généraux	3,643	15,298 10 17	103,589,811

Enfin, les immeubles non affectés aux services publics, et dont l'État peut disposer, sont au nombre de 11,485, d'une superficie de 389,893 hectares, 31 ares, 11 cent., et d'une valeur de 41,952,938 fr.; ils se répartissent dans chaque province en biens urbains et ruraux de la manière suivante :

PROVINCE.	NOMBRE.	SUPERFICIE.	VALEUR.
Immeubles urbains.			
		hect. ares. cent.	
Alger	2,570	151 46 79	19,623,273
Constantine.	1,793	13 63 19	1,873,581
Oran	1,280	45 76 79	6,156,490
Totaux. .	5,643	210 86 77	27,653,344
Immeubles ruraux.			
		hectares. ares. cent.	
Alger	2,832	36,555 03 04	3,392,853
Constantine.	1,011	170,197 98 90	5,573,361
Oran	1,999	182,929 42 40	5,333,380
Totaux. .	5,842	389,682 44 34	14,299,594
Tot. généraux	11,485	389,893 31 11	41,952,938

Les chiffres qui précèdent sont loin de représenter l'intégralité des ressources domaniales de l'Algérie. Les propriétés rurales des territoires mixtes et arabes n'ont pu encore être l'objet de reconnaissances exactes et complètes que dans les banlieues des villes, et il est certain que l'État possède, au-delà de ce rayon qui est tout à fait insignifiant, de très-vastes superficies.

COLONISATION. — CONCESSION.

L'idée de colonisation, appliquée à l'Algérie, n'est pas un fait qui appartienne à un système ou à une époque plutôt qu'à une autre. Le *mot* a été mis en avant dès les premiers jours de la conquête, et la *chose* n'a pas tardé à être mise en pratique. La création des villages de Dély-Ibrahim et de Kouba remonte au 21 septembre 1832; elle est due à M. Genty de Bussy, alors intendant-civil de la régence d'Alger. Il est question dans cet arrêté, de la construction d'un village colonial, d'un gérant de colonisation (1). M. le maréchal Soult avait accueilli avec faveur ces idées de colonisation, et il voulait, assure-t-on, leur imprimer dès lors un développement énergique.

Mais les graves préoccupations dont le Gouvernement était alors entouré, l'incertitude qui planait sur notre établissement algérien, les répugnances très-vives que soulevait dans les chambres et dans une partie considérable du public, ce mot de *colonie*, qui réveillait de funestes souvenirs; tout cela donna un autre cours aux idées. La dénomination même était formellement proscrite du langage parlementaire; il en fut ainsi jusqu'en 1838, époque à laquelle M. Bresson, intendant-civil de l'Algérie, mit de nouveau la ques-

(1) C'était alors M. Amanton, aujourd'hui inspecteur des forêts en France : M. de Soubeyran, sous-directeur à Bône, faisait partie de ce service.

tion à l'ordre du jour, en proposant aux chambres, par voie d'amendement, d'accorder 200,000 fr. pour le développement de la colonisation.

Deux années plus tard, lorsqu'Abd-el-Kader recommença les hostilités sur la Chiffa, et que, par suite de la forte pression qu'il exerçait sur les populations les plus voisines de nos cantonnements, il eût fait le vide autour de nous, les pensées de colonisation reprirent toute leur force. Les efforts individuels, les établissements isolés qui s'étaient témérairement répandus dans la Metidja, avaient amené les résultats les plus désastreux : on ne voulut plus opérer que par groupes ou plutôt par centres de population. Ce fut sous l'impression de ces sentiments qu'il fut rendu, le 18 avril 1841, par M. le lieutenant-général Bugeaud, gouverneur-général, et sur la proposition de MM. les directeurs de l'intérieur et des finances, un arrêté relatif à la formation des centres agricoles, et qui mérite d'être cité : « La colonisation d'un territoire déterminé, est-il dit dans cet arrêté, et la formation de nouveaux centres de population, sont autorisés par arrêtés du gouverneur-général, qui règle les conditions d'existence de ces établissements, leur emplacement, leur circonscription, la population qu'ils sont susceptibles de recevoir immédiatement, et l'étendue des terres à concéder aux premiers habitants. »

Cet arrêté énonçait ensuite les dispositions générales, d'après lesquelles ces villages devaient être construits; ainsi, la proposition du directeur de l'intérieur, spécialement chargé de diriger ces créations, devait être accompagnée d'un plan détaillé et d'un rapport explicatif indiquant le périmètre des villes et villages et celui des terres à y annexer; les routes, chemins, places, rues et autres voies de communication ; les bâtiments et emplacements réservés pour les différents services; l'église, l'école, etc. ; les eaux, fontaines, lavoirs, abreuvoirs, etc. ; enfin le tracé de l'enceinte à construire pour assurer la défense par les habitants.

Dans les créations de centres de population, qui eurent lieu en vertu de cet arrêté, et dont nous allons dresser le tableau, on a, jusqu'à ce jour, observé fidèlement ces sages prescriptions, qui sont devenues dans la pratique, le réglement de la colonisation en Algérie. Les villages sont d'ordinaire composés de cinquante à soixante familles, sauf quelques-uns que l'on considère comme des chefs-lieux futurs de cantons: ainsi, Douéra, Dellys, Guelma, El-Arouch, Arzew, etc. Les travaux d'enceinte se composent d'un fossé avec parapets, flanqué par deux ou trois tourelles, selon la disposition du terrain : les centres principaux ont une enceinte en maçonnerie. Les eaux et fontaines, ainsi que les chemins et voies de communication, et les nivellements de terrains sont considérés comme entrant nécessairement dans la formation primitive des villages: les dépenses auxquelles ces différents travaux doivent donner lieu, sont portées dans le devis général (1).

(1) On avait également admis en principe qu'il serait délivré aux colons, des subventions en matériaux ou en argent : le taux habituel de ces subventions était de 800 à 1,000 fr. Ce système paraît abandonné aujourd'hui ; nous oserons exprimer l'opinion qu'il sera nécessaire d'y revenir, si l'on ne veut pas renoncer à ce mode de créations de villages, le seul, à nos yeux, qui puisse amener, en Algérie, une population toute agricole et toute française.

Les créations qui eurent lieu, en vertu de cet arrêté, sont nombreuses ; ainsi l'on compte, en 1842, province d'Alger, six villages : Drariah, Douéra, El-Achour, Aïn-Fouka, Ouled-Fayet, Chéragas.

En 1843, même province, onze villages : St-Ferdinand, Béni-Mered, Staouëli (concédé depuis aux Trappistes), Saoula, Baba-Hassem, Ste-Amélie, Montpensier et Joinville, près Blida; Crescia, Douaouda, Beni-Mered complété.

En 1844, dans la province d'Alger, quatre centres : Mahelma, Zeradla, Dalmatie, le Fondouk. — Dans la province d'Oran, deux villages : la Sénia, Misserghin. — Dans la province de Constantine, quatre villages : El-Arrouch, Damrémont, Valée et St-Antoine; ces trois derniers près Philippeville.

En 1845, dans la province d'Alger, trois centres : Sidi-Ferruch, Dellys, Souma. — Province d'Oran, trois centres : St-Denis-du-Sig, Arzew-le-Port, Sidi-Chami. Province de Constantine, un centre : Guelma, destiné maintenant à devenir le chef-lieu de la subdivision.

Il est à observer qu'à dater de la promulgation de l'ordonnance royale du 21 juillet 1845, les fondations et les périmètres des villes, villages et hameaux, ainsi que l'étendue de leur territoire, sont réglés non plus par des arrêtés du gouverneur ou du ministre, mais par des ordonnances royales.

En 1846, province d'Alger, trois centres : village maritime de Notre-Dame-de-Fouka, la Chiffa, Mouzaïa (diverses circonstances retardèrent la création de ces villages; ils se construisent aujourd'hui); un centre de population indigène destiné à recevoir la tribu des

Aribs, à la Rassauta. — Province d'Oran, trois villages : Mazagran, Ste-Léonie près d'Arzew-le-Port, la Stidia; une ville : Nemours (Djemmâa-Ghazaouat); une commune qui doit être fondée à St-Denis-du-Sig, par une société dite l'*Union agricole;* enfin, huit communes créées en principe dans la subdivision d'Oran, mais dont l'établissement doit se faire par les soins des particuliers, en vertu d'une adjudication fixée au 17 décembre 1847 (1).

En 1847, province de Constantine, six villages : St-Charles, au confluent de l'Oued-Zerga; Bugeaud, sur la montagne de l'Edough, près de Bône; Condé (Smendou), Penthièvre (route de Bône à Guelma), Robertville, Gastonville (route de Philippeville à Constantine); une ville : le Sétif.

D'après les relevés publiés au 31 décembre 1846, les centres agricoles fondés à cette époque, contenaient une population de 9,500 habitants : 18,000 hectares de terre avaient été distribués. L'ensemble des constructions particulières s'élevait à 7,500,000 fr.

Tel est l'ensemble des créations que présente la colonisation civile effectuée par l'intervention ou plutôt l'action directe de l'administration. Quant à la question de colonisation militaire, nous devons la considérer comme encore indécise : des projets de lois avaient été présentés aux chambres, dans la session dernière; ils ont été retirés sans être discutés.

Venons maintenant à un autre objet, que l'on doit considérer comme jouant un rôle considérable, dans

---

(1) Cette adjudication n'a eu de résultat que pour un seul village.

le mouvement de colonisation ; c'est le mode adopté pour les concessions particulières faites en dehors des centres de population. Ces concessions, après avoir été l'objet de différents réglements particuliers, sont définitivement réglées par les ordonnances des 5 juin et 1er septembre derniers. Voici le texte de cette dernière ordonnance :

ORDONNANCE DU 1er SEPTEMBRE 1847.

Art. 1er A l'avenir, les concessions provisoires de terres de 25 hectares et au-dessous seront autorisées, dans les territoires civils, par le directeur des affaires civiles de la province, sur l'avis du conseil de direction, et dans les territoires mixtes, par le lieutenant-général commandant la province, sur l'avis de la commission consultative du lieu de la situation des biens.

Les concessions provisoires au-dessus de 25 hectares, et au dessous de 100 hectares seront autorisées par le gouverneur-général, sur l'avis du conseil supérieur d'administration.

Les concessions de 100 hectares et au-dessus seront autorisées par nous, sur le rapport de notre ministre de la guerre et l'avis de notre conseil d'État.

Art. 2. Les autorisations d'hypothèques et les substitutions, ainsi que les prorogations de délais, seront accordées par les directeurs des affaires civiles, par les lieutenants-généraux et par le gouverneur-général, pour les propriétés qu'ils sont autorisés à concéder par l'art. précédent.

Art. 3. Les immeubles concessibles seront mis à la disposition du directeur des affaires civiles pour les territoires civils, et du lieutenant-général commandant la province, pour les territoires mixtes, par le chef du service des domaines.

Chaque remise sera constatée par un procès-verbal contradictoire auquel seront toujours joints le plan de l'immeuble et un état indiquant sa provenance, sa situation, ses tenants et aboutissants, et son étendue, ainsi que le numéro sous lequel il aura été inscrit au sommier de consistance du domaine.

Art. 4. Les concessionnaires indigènes seront exemptés du cautionnement imposé par l'art. 6 de notre ordonnance du 5 juin 1847, pour les concessions d'une superficie de 100 hectares et au-dessus.

Art. 5. Les concessions de forêts, de mines, de sources minérales, de sources d'eau salée et de desséchement de marais seront toujours accordées par nous, sur le rapport de notre ministre de la guerre, notre conseil-d'État entendu.

Des termes de cette ordonnance, combinés avec ceux de l'ordonnance du 5 juin, résultent les dispositions suivantes, qu'il peut être utile de porter à la connaissance du public.

Les concessions sont partagées en trois catégories :
1° Concessions de 25 hectares et au-dessous;
2° Concessions de plus de 25 hectares et de moins de 100 hectares;
3° Concessions de 100 hectares et au-dessus.

En principe, toute demande de concession doit faire connaître la situation, la nature et l'étendue ou le nom de l'immeuble, et être accompagnée d'un acte de notoriété, notarié, faisant connaître les ressources pécuniaires du demandeur.

Lorsqu'il s'agit d'une concession de moins de 25 hectares, et que cette concession doit être comprise dans le territoire d'un centre de population de nouvelle création, il suffit de joindre à la demande le certificat de notoriété ci-dessus indiqué.

Lorsqu'il s'agit d'une concession de plus de 25 hectares et de moins de 100 hectares, le demandeur doit fournir, outre le certificat de notoriété, 1° un plan de l'immeuble qu'il désire obtenir ; 2° une soumission par laquelle il s'engage à satisfaire aux obligations dont préalablement il lui a été donné connaissance.

La production des mêmes pièces est nécessaire, lorsqu'il s'agit de concessions de 100 hectares et au-dessus, lesquelles doivent être soumises au Conseil-d'État.

Il résulte de là que pour ces deux catégories de demandes, il est nécessaire que les personnes, qui les ont adressées, soient présentes sur les lieux, ou se fassent représenter par un fondé de pouvoirs.

Avant la promulgation de ces ordonnances, des concessions avaient déjà été faites d'après les principes qu'elles ont consacrés : les plus importantes sont celles faites : à la congrégation des Trappistes, à Staouëli ; à M. Boreli-Lasapie, à Sou-Kali ; à M. le général Galbois, à l'Haouch-Zaouïa, dans la province d'Alger ; à M. Dupré-Saint-Maur, près d'Oran ; à M. Ferdinand Barrot, près de Philippeville. Nous devons ajouter que des concessions ont été faites à des indigènes, principalement dans la province de Constantine. Les conditions de culture, de plantation, de bâtisse, sont les mêmes que celles stipulées dans les concessions obtenues par les propriétaires européens ; et c'est là sans doute un fait digne d'être remarqué. Au reste, et pour compléter le tableau que nous avons dû présenter, il est bon de dire que de grandes et importantes demandes se suivent en ce moment ; elles embrassent des terrains considérables, compris dans la vallée du Saf-Saf, entre Philippeville et Constantine. D'autres se préparent pour les provinces d'Alger et d'Oran. L'intervention, désormais obligatoire du Conseil-d'État, dans les concessions de terres au-dessus 100 hectares, va nécessairement amener, dans cette branche si importante de l'administration algérienne, une régularité et une fixité de principes, dont les salutaires effets ne tarderont pas à se faire sentir.

FORÊTS.

Le service forestier a été établi en Algérie depuis l'année 1838, et les produits ou revenus auxquels il peut donner lieu, sont inscrits parmi les ressources du budjet.

Lorsqu'on applique à l'Algérie les mots de forêts, de régime forestier, beaucoup de personnes sont tentées de les accueillir par le sourire de l'incrédulité ; on citera même la phrase célèbre de Salluste : *ager, frugum fertilis, bonus pecori, arbori infecundus;* et pourtant, est-il possible de donner à ce passage un sens aussi absolu que celui qu'on lui a attribué ? Comment s'expliquer, par exemple, l'existence de tant de colonies florissantes, lesquelles supposent elles-mêmes une population nombreuse, et tout cela, dans un pays entièrement dépourvu de bois ? Ou bien, le pays, déboisé avec les Carthaginois et les Numides, comme l'a vu Salluste, se serait-il reboisé depuis les temps de cet historien, avec l'administration des municipes romains, pour retomber ensuite, avec les Arabes et les Turcs, dans cette nudité que produisent nécessairement diverses circonstances propres au climat (1), lorsqu'elles ne sont pas

---

(1) Ces circonstances sont signalées dans le Mémoire de M. Hardy, déjà cité. (Voir pages 32 et 33.)

neutralisées par les efforts intelligents d'une population plus prévoyante?

Quoi qu'il en soit de ces questions, dont l'examen n'aurait peut-être pas un intérêt exclusivement historique, mais ne saurait trouver place dans cet *Annuaire*, ce que nous connaissons de l'Algérie doit nous donner la ferme confiance que ce pays n'est pas condamné à une *stérilité forestière* irrémédiable. Il y a certainement dans le climat, dans les habitudes des populations indigènes, et sans doute aussi maintenant, dans les besoins de notre population, de notre armée, des causes de destruction sans cesse agissantes; mais il y a aussi, dans la nature et la disposition du sol des principes de reproduction non moins évidents : combattre les premières, développer les seconds, c'est là certainement un des principaux objets que l'administration puisse se proposer; et sous ce rapport, l'organisation d'un service spécial était déjà un bienfait.

Le premier travail dont il avait à s'occuper devait être de fournir des reconnaissances aussi complètes qu'il était possible. En ajoutant aux renseignements donnés par les agents de ce service, d'autres indications dues, soit aux bureaux arabes, soit aux officiers d'état-major chargés de la topographie, la statistique officielle de 1846 a pu évaluer la consistance forestière de l'Algérie à 840,000 hect. On comprend tout ce que cette évaluation a d'arbitraire, et qu'il s'agit d'ailleurs, non pas de forêts véritables, mais de terrains susceptibles d'être un jour ramenés à un boisement et à des aménagements réguliers : c'est là toutefois un point de départ important.

En l'état, l'action du service forestier dont nous ferons

connaître l'organisation dans le chapitre suivant, ne s'exerce que sur 30,000 hectares environ. Certaines portions de ces bois ont pu déjà être soumises à des exploitations régulières : ce sont, par exemple, les bois sur le Mazafran, près d'Alger, et plusieurs cantons de chêne-liége, dans les environs de La Calle et de Philippeville, concédés à des compagnies, pour l'opération du *démasclage* (1); on commence à régler avec les administrations militaires les livraisons de bois de chauffage et de bois d'industrie, qu'elles exploitent dans les forêts reconnues comme appartenant à l'État; d'un autre côté, l'administration paraît disposée à fournir aux usines déjà établies ou à celles qui veulent s'établir, des quantités importantes de bois pour le charbonnage. Mais, il faut le reconnaître : ce ne sont encore que des essais, des bases posées pour l'avenir : le régime forestier de l'Algérie a besoin, avant tout, d'être fondé sur une législation spéciale (1); nos aïeux, en créant la grande-maîtrise des eaux et forêts, en armant cette institution de priviléges et de droits par-

---

(1) L'opération du démasclage consiste à enlever, au moyen d'instruments particuliers, l'écorce de l'arbre qui donne le liége : elle se renouvelle à des périodes variables.

(1) Nous ne sommes pas seuls à exprimer cette opinion : M. Baude, dans son ouvrage sur l'Algérie, disait : « Nous chercherons plus tard dans l'aménagement des forêts, une des sources du revenu public; mais la richesse en combustible et en bois de service, n'est pas le seul but qui doive être assigné au repeuplement du sol algérien. Quand nos pères plaçaient les eaux et les forêts sous la même surveillance, et les faisaient participer aux mêmes soins, ils transportaient dans la législation une connexité consacrée par la nature. »

ticuliers, nous ont donné un bon exemple à suivre; et la France, qui trouve dans ses forêts un revenu considérable, qui recueille aujourd'hui les fruits de cette prévoyance, dont on n'a pas assez respecté peut-être les sages prescriptions, ne doit pas en perdre le souvenir en Algérie.

PÉPINIÈRES.

Depuis l'origine, l'administration a donné à ces utiles établissements une attention toute particulière; dans ce moment, les pépinières entretenues par l'État, dans les territoires civils, sont au nombre de sept : deux dans la province d'Alger, celle de Bouffarik et la pépinière centrale; trois dans la province de Constantine, la pépinière de Bône, celle de Philippeville et celle de Constantine; deux dans la province d'Oran, celle de Miserghin et celle de Mostaganem.

Pépinière de Miserghin. — Située à trois lieues d'Oran, elle a été créée en 1844; elle est d'une superficie de 12 hectares, dont neuf sont complétement cultivés; elle renferme 200,000 plants de un à trois ans; elle est en plein rapport.

Pépinière de Mostaganem. — Elle est située près de la ville, sur la route de Mazagran; sa création ne remonte qu'à 1845. On vient d'y achever une vaste habitation pour loger le personnel, les principaux ouvriers et le matériel. Elle est arrosée par des sources qui sortent toutes de la montagne et qui sont recueillies dans des réservoirs. La nature arénacée de son sol exige de fréquentes irrigations. Sa proximité de la mer lui est nuisible; les vents contrarient souvent la végétation des jeunes arbres au printemps. On s'occupe d'y remédier en plantant des abris d'arbres verts. Son étendue est de 13 hect; sept sont en culture; près de cent mille jeunes arbres y sont plantés.

Pépinière de Bône.—Elle est située derrière l'aqueduc de la ville par la porte Damrémont, et près du cimetière européen. Quoique commencée dès 1841, sa création ne remonte réellement qu'à 1843, époque où elle passa dans les mains d'un élève du Jardin des Plantes de Paris et de la pépinière centrale. Sa superficie est de 15 hect., dont 13 sont en culture. Elle est arrosée au moyen de six norias.

Cet établissement est en plein rapport et rend de notables services à la localité. On peut y livrer de 40 à 50 mille arbres annuellement.

Une filature de soie, où sont dévidés gratuitement les cocons des colons y est installée, ainsi qu'une machine à coton.

Pépinière de Constantine. — Elle se trouve dans l'angle que forme la jonction du Rummel et du Bou-Merzoug à une demi-heure de marche de la ville. Sa surface est de 20 hect.; mais au centre il existe un monticule qui n'est pas susceptible d'irrigation et enlève près d'un tiers de la superficie aux cultures régulières. Elle est arrosée au moyen d'une dérivation provisoire du Bou-Merzoug et qui ne date que d'une année. On y utilisait les sources de Sidi-Mabrouk, avant que le syphon qu'a établi le génie les eût appropriées à l'usage de la ville de Constantine.

La surface cultivée est de 10 hect. Il y existe environ 250,000 arbres de 1 à 3 ans. Elle a été créée en 1843 et est aujourd'hui en plein rapport. Les cultures de cette pépinière sont souvent endommagées par de fréquentes invasions de sauterelles.

Pépinière de Philippeville. — Elle est située entre l'Oued-Zeramna et la montagne, directement en face la grande rue de Philippeville, à laquelle elle se relie au moyen d'une large avenue, en partie plantée de platanes, et qui fera une magnifique promenade, lorsqu'elle sera achevée. Sa superficie est de 12 hect.; huit sont en culture et contiennent environ 250 mille plants d'arbres. Sa création remonte à 1844 : elle est aujourd'hui en plein rapport : ce sera une grande facilité pour les plantations, qui devront être faites dans la vallée du Saf-Saf.

Pépinière de Bouffarick. — Elle est située autour du camp d'Erlon, sur les réserves militaires. Sa surface, primitivement portée à 26 hect., a été réduite à 13 hect. par suite de l'adjonction de pareille quantité de terrain au dépôt d'étalons qui est situé dans l'intérieur du camp, ainsi que les bâtiments d'exploitation de la pépinière. L'eau nécessaire aux irrigations a été amenée de la montagne au moyen d'un fossé. Il est à croire que cette pépinière sera transférée ailleurs ; on la supprimerait pour donner plus de facilité et d'espace au dépôt d'étalons.

Pépinière centrale, dite du Hamma. — Fondée par M. Genty de Bussy, intendant civil en 1832, sous le titre de Jardin d'essai, elle a reçu depuis cette époque des agrandissements essentiels, principalement depuis 1842, époque à laquelle M. Hardy en fut nommé directeur ; elle est située commune de Mustapha, près le lieu dit le Café des Platanes. Sa superficie est de 34 hect. complétement en culture. Elle est arrosée par dix puits à noria et par plusieurs sources, qui sont recueillies dans plusieurs vastes réservoirs, et qui donnent aux irrigations de l'établissement 1,000 mètres cubes d'eau par 24 heures. Elle renferme aujourd'hui plus d'un million d'arbres plantés et de l'âge de 1 à 4 ans.

On s'occupe avec un soin tout particulier dans cet établissement de l'acclimatation des végétaux exotiques; on emploie à cet effet divers appareils installés dans des hangars construits exprès; des serres à toit vitré sont en construction. Ces expériences ont déjà donné des résultats fort remarquables, et semblent devoir élargir la liste des végétaux exotiques productifs à cultiver en Algérie. Cet établissement renferme en outre plusieurs machines pour l'égrenage du coton, une filature pour le dévidage des cocons, où les colons trouvent à faire dévider gratuitement leur soie.

— Dans les territoires mixtes, les pépinières sont au nombre de sept, savoir :

Province d'Alger. — Médeah, Miliana, Orléanville.
Province d'Oran. — Mascara, Tlemcen.
Province de Constantine. — Guelma, le Sétif.

Ces pépinières, instituées par une circulaire de M. le maréchal duc d'Isly, en date du 7 février 1847, n'ont pu recevoir encore les développements nécessaires. Elles rendront dans la suite les plus grands services; quelques-unes d'entre-elles commencent déjà à fournir, soit aux services publics, soit même aux colons, des arbres et des plantes. L'administration ne saurait entourer de trop d'encouragements ces précieux établissements.

Observations générales. — Le nombre des arbres ou plants existant dans ces différentes pépinières, s'élève au chiffre de plus de 2,200,000: ils se composent d'arbres forestiers pour les bordures des routes et pour les plantations, en massif, d'arbres à produits industriels, tels que les mûriers, les oliviers, etc. : on entretient en outre dans chaque pépinière une école d'arbres fruitiers, où l'on a réuni de nombreuses variétés des différentes espèces, afin de pouvoir juger et connaître celles qui conviendront le mieux au climat de l'Algérie et qui devront être propagées de préférence, pour donner de bonnes greffes.

On s'occupe aussi des essais de culture des végétaux industriels; car c'est là ce qui doit faire le principal caractère de l'agriculture algérienne. La pépinière centrale étant la plus ancienne et la plus spacieuse, les essais en ce genre faits dans son enceinte, sont les plus nombreux et les plus complets. On y a démontré que la culture du mûrier et l'éducation des vers-à-soie se font avec la plus grande facilité et sont des plus avantageuses, et qu'un hectare de palmiers-nains, fléau du défricheur, complanté convenablement de 360 mûriers, soignés comme il convient pendant cinq ans, donnerait au bout de ce temps, en faisant consommer soi-même la feuille de ses mûriers par les vers-à-soie, et en faisant dévider ses cocons à la filature de la pépinière centrale, un revenu annuel de 2,420 fr., parce que le mûrier ici n'a pas besoin de se reposer comme en France, et rapporte tous les ans.

La culture de la cochenille a produit des résultats remarquables. La récolte de cet insecte, à l'état sec, a été à raison de 1,000 kil. l'hect., ce qui au prix de 15 fr. le kil., donnerait une somme de 15,000 fr., sur laquelle il faut déduire moitié au moins pour les frais. Il n'est pas de culture qui présente d'aussi grands avantages; car elle n'offre pas de difficultés sérieuses, et les opérations qu'elle exige sont bien moins nombreuses et moins difficiles que celle de l'éducation des vers-à-soie. Il suffit d'avoir observé les mœurs de l'insecte pendant quelque temps, pour être en mesure d'en suivre l'éducation.

Cette culture a eu un plein succès à la pépinière de Bône. Des plantations de nopals existent dans toutes les pépinières, et recevront des mères cochenilles dans le courant de 1848. La facilité avec laquelle cette plante se multiplie est telle, que toutes ces plantations proviennent de quelques pieds seulement, existant à la pépinière centrale, en 1842 (1). Partout où le figuier de Barbarie croît spontanément, la culture de la cochenille se fera avec succès. Espérons que bientôt cette utile industrie prendra le rang qui lui est assigné dans notre colonie.

La culture du pavot à opium a donné des résultats qui attestent de l'excellence de ce produit en Algérie. Les diverses analyses faites à l'Institut en ont constaté

---

(1) Pour rendre à chacun la justice qui lui est due, nous devons rappeler que deux colons, MM. de Loze et de Nivoy, ce dernier surtout, à Kouba, avaient depuis plusieurs années donné des soins à cette culture ; leur exemple a trouvé trop peu d'imitateurs.

la richesse en morphine. On retire de cette plante un double produit par l'huile que l'on peut encore extraire de sa graine, quoique la capsule ait été incisée. Ce fait a été signalé par le directeur de la pépinière centrale.

La culture du pavot somnifère et la récolte de l'opium ont aussi complétement réussi à la pépinière de Bône, à celles de Philippeville et de Constantine.

Parmi les plantes oléifères, nous citerons en première ligne le sésame, dont les produits se sont élevés, à l'aide de l'irrigation, à 1,500 kil. l'hect. Les premiers essais de cette culture remontent à 1843. Ceux qui ont été continués depuis ont toujours été satisfaisants.

La *madia-sativa* a un avantage sur le *sésame* pour la quantité du produit, en ce que cette plante peut se semer à l'automne, se passe d'irrigation et rend presque le double du *sésame*. Mais sa graine rend moins en huile et est moins agréable pour l'alimentation : cette huile est surtout très-propre à l'éclairage, à cause de sa limpidité.

L'*arachide* ou pistache de terre (*cacahuete* des Espagnols) produit autant en poids de graine que la *madia*; mais cette graine rend moins en huile, craint le froid et exige de fréquents arrosements.

Le *coton* a donné des résultats très-satisfaisants; les essais qui en ont été faits dans les manufactures, à Saint-Quentin, ont produit les plus beaux filés, et les prix élevés auxquels ils ont été estimés, sont de nature à faire concevoir les espérances les plus avantageuses sur cette culture, aussitôt que la population, plus compacte et mieux établie dans les campagnes, y aura rendu la main-d'œuvre moins chère et plus facile.

Parmi les plantes tinctoriales, le *pastel*, le *carthame*, ont complétement réussi. L'*indigotier* est très-délicat dans sa jeunesse. Sa culture n'aura de succès que dans les lieux très-abrités, où se font les dépôts limoneux des rivières.

Parmi les plantes tuberculeuses alimentaires, nous citerons : 1° la *patate*, qui prend le premier rang par l'abondance et la qualité de ses tubercules;

2° Le *topinambour*; il résiste à la sécheresse et ne craint pas les sols médiocres;

3° Enfin, la *colocase* d'Égypte; elle réussit parfaitement dans les terrains qui peuvent conserver de la fraîcheur pendant l'été.

Ces détails puisés aux meilleures sources, et que nous avons cru devoir donner avec les développements nécessaires, confirment pleinement l'opinion déjà émise dans une autre partie de cet *Annuaire*; à savoir *que la production agricole de l'Algérie paiera avec usure les sacrifices qu'elle aura coûtés; en un mot qu'elle sera ce que nous voudrons qu'elle soit.*

DOUANES.

Quel était, avant la conquête, le commerce d'exportation et d'importation de la province d'Alger? Cette question a été souvent posée, mais n'a jamais été résolue. Les documents officiels manquent; voici seulement quelques faits que l'on a pu constater.

Avant 1789, la compagnie française d'Afrique, dont le siége était à la Calle, achetait sur les côtes, et principalement dans la province de Constantine, des quantités considérables de grains qu'elle vendait, selon les temps, dans le midi de la France, en Espagne et en Italie. Selon M. Baude, ces quantités se seraient quelquefois élevées à 200,000 hectolitres.

D'après un mémoire de la chambre de commerce de Marseille, les importations dans la Régence se montaient, en 1822, à une valeur de 6,500,000 fr. dans lesquels la France n'entrait que pour 1,500,000 francs.

Il est d'ailleurs un fait incontestable et qui doit donner une idée exacte de la situation réelle des choses avant 1830 ; c'était le petit nombre d'expéditions qui se faisaient dans tous les ports du monde, à la destination de la Régence d'Alger. Lucratif et important pour quelques individus, ce commerce ne comptait pas dans le système général de la Méditerranée; c'est un fait hors de doute; et il ne pouvait en être autrement, avec un gouvernement tel que celui des pachas : commerce et piraterie vont mal ensemble.

Les choses sont bien changées aujourd'hui; un mouvement commercial qui n'existait point, a pris des développements rapides, inattendus ; il serait superflu d'en rechercher la cause ; nous nous bornerons à en exposer les résultats; résultats constatés par les tableaux authentiques de la douane, recueillis depuis 1830 :

Commerce général.

	Importations.	Exportations.
1831. —	6,504,000ᶠ	1,479,600
1832. —	6,856,920	850,509
1833. —	7,599,158 03	1,028,410 60
1834. —	8,560,236 42	2,376,662 29

1835. —	16,778,737 39	2,597,866 02
1836. —	22,402,768 56	3,435,831 70
1837. —	33,055,246 09	2,946,691 04
1838. —	33,542,411 00	4,200,553 00
1839. —	36,877,558 00	5,281,372 00
1840. —	57,334,737 00	3,788,854 00
1841. —	66,905,784 00	4,302,210 00
1842. —	77,487,414 00	7,183,159 00
1843. —	78,847,213 00	7,781,649 00
1844. —	82,804,550 00	8,109,147 00
1845. —	99,360,364 00	10,491,059 00
1846. (1)	115,925,525 00	9,043,067 00
Total	750,742,622 49	74,897,359 68

Les états officiels de 1845, les derniers qui aient été publiés, établissaient de la manière suivante la décomposition de ces chiffres :

1° Sous le rapport des provenances :

Valeurs importées par navires français.	F.	75,000,000
— — —	étrangers.	24,000,000
Valeurs exportées —	français.	5,723,000
— — —	étrangers.	4,767,000

Ainsi, dans les importations, le pavillon national compte pour les trois quarts du chiffre total, et seulement pour moitié dans les exportations.

2° Sous le rapport des marchandises :

Matières animales. — (Animaux vivants,

---

(1) Il est à croire qu'en 1847, année de perturbation commerciale pour tous les pays, il y aura une diminution, sur les résultats de 1846.

produits et dépouilles d'animaux, etc.) F. 5,465,000
Matières végétales. — (Farineux alimentaires, fruits secs, denrées coloniales, bois commun, etc.) 25,450,000
Matières minérales.. — (Pierres et métaux.) 4,325,000
Fabrications. — (Compositions diverses, boissons, tissus, ouvrages en matières diverses.) 64,200,000

Les objets sous le titre de *fabrications* méritent quelques observations; les tissus principalement, dont le commerce a pris un développement très-considérable.

Dans le chiffre de 64 millions rapporté ci-dessus, ces tissus entrent pour une somme de 33 millions, laquelle se décompose ainsi :

Tissus de coton.	19,800,000
— de laine.	8,750,000
— de soie.	2,750,000
— de chanvre et de lin.	1,750,000

et les produits étrangers ne figurent dans ce mouvement que pour un dixième. C'est donc un débouché de 30 millions ouvert aux fabriques françaises. Or, il faut penser que d'une part, il y a cinq ans par exemple, la valeur des tissus venant de France n'était pas de plus de 4 à 5 millions ; et que de l'autre, on ne saurait expliquer cette augmentation par le motif banal de l'augmentation de l'armée, puisque depuis trois ans, le chiffre de l'armée est resté stationnaire, et que pendant cette même période, le commerce des tissu a plus que doublé. Ce que l'armée a fait, ç'a été de pacifier le pays, et de nous ouvrir les marchés de l'intérieur: marchés assez importants pour que la chambre de commerce de Philippeville ait évalué à plus de 5 millions les tissus achetés par les Arabes de l'intérieur, dans la seule province de Constantine (1).

Le commerce des vins s'est élevé en 1845, en quantité, à 342,000 hectolitres venant de France; en valeur, à 7,423,125 fr.

Exportations. — Les exportations, dont la valeur est loin de répondre à celle des importations, se sont élevées, en 1845, comme on l'a vu plus haut, à 10,491,000 fr. Elles se divisent en deux catégories:

Marchandises du *crû du pays*, et marchandises d'origine française et étrangère, réexportées. — Ces dernières présentaient une valeur de 4 millions, les premières une valeur de 6 millions, dont les articles principaux sont :

Peaux brutes. —	1,241,000 F.
Laines. —	1,639,000
Cire. —	127,000
Corail brut. —	1,408,000
Céréales. —	850,000
Huile d'olive. —	475,000

Cette disproportion extrême entre les exportations

---

(1) Pour être juste envers tout le monde, nous devons mentionner aussi les efforts persévérants de la chambre de commerce d'Alger, et surtout d'un de nos principaux négociants (M. David), pour enseigner à nos fabriques le nouveau débouché qui leur était ouvert, et leur faciliter cette conquête, dont on peut apprécier aujourd'hui toute l'importance.

et les importations dénote sans contredit une situation tout-à-fait anormale : ce n'est que par les développements donnés à l'agriculture, que l'équilibre pourra se rétablir : la prospérité de l'Algérie est à ce prix.

Navigation. — On manque de renseignements officiels, suffisamment exacts, pour indiquer le mouvement de la navigation en Algérie, pendant les premières années. On voit seulement qu'en 1835, les états de la douane portent 2,090 navires, jaugeant ensemble 136,000 tonneaux.

Dix ans plus tard, en 1845, ces états indiquent 6,276 navires, jaugeant 449,966 tonneaux, dont les $3/5^{mes}$ appartiennent au pavillon français, et $2/5^{mes}$ aux pavillons étrangers.

Un fait qui mérite à un égal degré d'attirer l'attention du lecteur, c'est l'accroissement de la marine algérienne marchande : en 1835, on ne comptait que 495 navires jaugeant 3,984 tonneaux ; en 1845, on comptait 1,374 navires jaugeant 22,493 tonneaux. Cette marine s'est améliorée non seulement par le nombre, mais encore par l'espèce des navires, puisque dans les premiers chiffres on ne trouve qu'un jaugeage moyen de 9 tonneaux par navire, et il est de 16 tonneaux d'après les chiffres récents. On dira que ce n'est là qu'un petit cabotage ; mais qui ne sait que le cabotage est la pépinière des grandes marines (1) ?

---

(1) Ce serait surtout dans les populations indigènes, les Kabyles du littoral, qu'il importerait de développer ces germes précieux. Une commission spéciale a été instituée pour examiner cette question et d'autres qui s'y rattachent. Le résultat des travaux de cette commission n'est pas encore connu.

Législation et tarifs. — Les résultats qui viennent d'être énoncés ne sauraient être exclusivement attribués au développement de notre établissement en Algérie; et nous ne devons pas nous dissimuler que la prédominance des produits de nos fabriques et de notre navigation, est due principalement aux combinaisons des tarifs. Voici en effet les variations que notre système de douanes a éprouvées.

Jusqu'à l'année 1835, on donna peu d'attention en France à un mouvement commercial qui n'avait pas encore d'importance, et auquel, il faut le dire aussi, on ne présageait pas un très-grand avenir. Mais les faits grandissaient chaque jour, et il fallut bien en tenir compte.

La législation de l'Algérie sur cette matière se bornait à un arrêté rendu par M. le maréchal Clauzel, le 17 septembre 1830, portant fixation de droits à l'entrée de diverses marchandises importées par mer, et à un autre arrêté pris par M. le général Voirol et par M. l'intendant civil Genty de Bussy, le 2 janvier 1834, et qui réduisait à 9 0/0 les droits à percevoir sur diverses marchandises étrangères, sortant des entrepôts de France, nommément les tissus.

Mais on eut lieu d'observer qu'à la faveur de ces combinaisons, les produits nationaux et notre marine marchande rencontraient dans les ports de l'Algérie une concurrence, contre laquelle ils ne pouvaient lutter.

L'administration se trouvait alors placée entre le système de protection et le système de libre concurrence, compliqués d'un intérêt colonial dont on ne pouvait plus méconnaître l'importance. Si l'on se décidait pour le système de liberté, et que l'on consentît à ouvrir, moyennant des tarifs très-modérés, les ports et les marchés de l'Algérie aux produits et aux pavillons étrangers, il était certain que l'on faciliterait l'essor de la colonie, et que le trésor retirerait bientôt, par des droits de douane, des revenus importants. Mais il était certain aussi que ce résultat ne pourrait s'obtenir qu'au détriment de nos fabriques et de notre marine, qui deviendraient bientôt étrangères, ou peu s'en faudrait, à l'Algérie.

Entre ces partis extrêmes, on chercha d'abord, comme cela était naturel, un compromis; et ce fut dans cet esprit que fut rédigée l'ordonnance royale du 11 novembre 1835.

D'après cette ordonnance, tout transport entre la France et les possessions françaises du nord de l'Afrique ne pouvait s'effectuer que par navire français. Il en était de même pour les transports par cabotage d'un port à l'autre de ces mêmes possessions.

Les navires étrangers, chargés ou non, payaient à leur entrée un droit de deux francs par tonneau.

Toutes les marchandises venant de France, et diverses marchandises venant de l'étranger, telles que grains et farines, bois de construction, pierre à bâtir, métaux, etc., étaient admises en franchise.

Les sucres français payaient 10 fr.; les sucres étrangers 16 et 20 fr. les 100 kilog.

Les autres marchandises étrangères non prohibées en France, acquittaient à leur entrée le 1/5 ou le 1/4 des droits fixés par les tarifs de France.

Les marchandises étrangères prohibées à l'entrée

en France, étaient admises en Algérie, moyennant le paiement d'un droit de 12 p. 0/0 de leur valeur, si elles venaient d'un port français, et de 15 p. 0/0 venant d'un port étranger.

Le régime établi par cette ordonnance a duré huit années, de novembre 1835 à décembre 1843. Mais comme il ne produisait pas l'effet que l'on en attendait, comme l'on voyait tous les ans la concurrence des fabriques et des marines étrangères, se maintenir toujours plus redoutable, le Gouvernement, après de longs examens entre les ministères des finances, du commerce, de la guerre et de la marine, et auxquels les administrations locales et la chambre de commerce d'Alger prirent part, se décida à entrer dans le système franchement protecteur; il fit paraître l'ordonnance du 16 décembre 1843, que nous croyons devoir, en raison de son importance, publier dans toute son étendue.

TITRE PREMIER.

NAVIGATION.

Art. 1er. Les transports entre la France et l'Algérie ne pourront s'effectuer que par navires français, sauf le cas d'urgence et de nécessité absolue pour un service public.

Art. 2. Le cabotage d'un port à un autre de l'Algérie, pourra s'effectuer par navires français, par sandales algériennes, et jusqu'à ce qu'il en soit autrement ordonné, par navires étrangers.

Art. 3. Les navires étrangers, chargés ou sur lest, paieront à leur entrée dans les ports de l'Algérie, un droit de 4 f. par tonneau de jauge.

Ce droit sera pareillement perçu à l'égard des navires étrangers, dans le cas où ils seront admis, par application de l'article précédent, à faire le cabotage d'un port à un autre de cette possession.

Art. 4. Seront affranchis de tous droits de navigation :

1° Les navires français et les sandales algériennes ;

2° Les bateaux et embarcations étrangers exclusivement affectés à la pêche du corail ou du poisson, ainsi qu'au transport comme alléges dans l'intérieur des ports de l'Algérie ;

3° Les navires étrangers entrant en relâche forcée ou librement dans ces ports, et qui n'y feront aucune opération de commerce.

Art. 5. Les embarcations étrangères employées en Algérie à la pêche du corail ou du poisson, ou aux transports, comme alléges, dans l'intérieur des ports, et les embarcations françaises attachées auxdits ports, porteront un numéro d'ordre, ainsi que l'indication du nom des propriétaires et du port d'attache, sous peine de 500 fr. d'amende. Ces indications seront reproduites dans un passeport ou congé, dont chacune de ces embarcations devra être accompagnée, sous peine d'une amende de 100 francs.

Ces passeports ou congés seront valables pour un an. Leur prix est fixé ainsi qu'il suit ; savoir :

Congés des bateaux français, de tout tonnage. . . . F. 1 »»
Passeports des bateaux étrangers de moins de 10 ton. . . 5 »»
—   —   de 10 à 30 tonneaux. . . . . 15 »»
—   —   de plus de 30 tonneaux. . . . 30 »»

Art. 6. Les navires étrangers seront tenus, à leur sortie des ports de l'Algérie, de se pourvoir d'un passeport. Le prix de ce passeport, ainsi que celui des permis qui seront délivrés pour l'embarquement et le débarquement des marchandises, est fixé à 50 centimes.

Il ne sera pas exigé de droit d'expédition d'acquit, ni de certificat.

TITRE II.

IMPORTATIONS.

Art. 7. Les produits du sol et de l'industrie du royaume, à l'exception des sucres, et les produits étrangers nationalisés en

France par le paiement des droits, seront admis en Algérie en franchise des droits d'entrée, sur la présentation de l'expédition de douane délivrée à leur sortie de France et constatant leur origine.

Art. 8. Seront pareillement admises en franchise, venant de l'étranger ou des ports de France, les marchandises étrangères énumérées ci-après :

Les grains et farines, légumes frais ;

Bois à brûler, charbons de bois et de terre ;

Bois de construction et de menuiserie, marbre brut et scié en tranches, sans autre main-d'œuvre ; pierre à bâtir, chaux, plâtre, pouzzolane, briques, tuiles, ardoises, carreaux en terre cuite ou en faïence, verres à vitres, fonte, fers ou aciers fondus ou forgés, fers-blancs, plomb, cuivre, zinc, étains à l'état brut ou simplement étirés et laminés ;

Chevaux et bestiaux, plants d'arbres, graines pour semences.

Art. 9. Les produits étrangers, à l'exception de ceux mentionnés en l'art. 12 ci-après, les produits des colonies françaises et le sucre provenant des fabriques du royaume, acquitteront à l'importation, par navires français, les droits portés au tarif suivant :

§ 1er. TISSUS DE COTON

purs ou mélangés d'autres matières que de soie ou de laine.

Unis ou croisés dits calicots, percales, jaconas, coutils, printanières, etc., présentant, plus ou moins découverts, dans l'espace de 5 millimètres.	moins de 15 fils en chaîne...	Écrus............	0f 85c
		Blancs...........	0 95
		Teints ou imprimés.	1 70
	15 fils et moins de 20 fils...	Écrus............	1 30
		Blancs...........	1 40
		Teints ou imprimés.	2 50
	20 fils et moins de 25 fils...	Écrus............	2 90
		Blancs...........	3 00
		Teints ou imprimés.	5 00
	25 fils et au-dessus...	Écrus............	8 00
		Blancs...........	8 35
		Teints ou imprimés.	12 10
Mouchoirs................		Écrus............	3 15
		Blancs...........	3 35
		Teints ou imprimés.	4 00

ADMINISTRATION GÉNÉRALE.

Mousselines, gazes, organdis, etc., présentant, plus ou moins découverts, dans l'espace de 5 millimètres..	Unis ou brochés	Moins de 12 fils	Écrus............	2 »
			Blancs...........	2 15
			Teints ou imprimés.	3 55
		12 fils et pas plus de 15..	Écrus............	11 65
			Blancs...........	12 25
			Teints ou imprimés.	47 »
		16 fils et au-dessus......	Écrus............	32 95
			Blancs...........	33 75
			Teints ou imprimés.	45 40
	Brodés...................			Le double du droit ci-dessus, suivant l'espèce.

Tulles et dentelles.................... Mêmes droits que les tissus brodés de 16 fils et au-dessus.....

Couvertures........................... Mêmes droits que les tissus de 12 fils et de moins de 15 fils.
Bonneterie............................
Rubannerie et passementerie..........

| Mélanges de soie présentant, plus ou moins découverts, dans l'espace de 5 millimètres................ | Moins de 16 fils.. | 8ᶠ 40ᶜ |
| | 16 fils et plus... | 18 60 |

TISSUS DE LAINE.

Purs ou mélangés d'autres matières que de soie, valant par mètre.....	Foulés et drapés (draps)........	Moins de 10 fr.....	6 90
		10 fr. et moins de 20 fr.	9 15
		20 fr. et moins de 30 fr.	11 70
		30 fr. et au-dessus....	16 90
	Foulés, légèrement foulés ou non foulés (casimirs, mérinos, mousselines, nouveautés, etc.)...	Moins de 10 fr.....	6 60
		10 fr. et moins de 20 fr.	6 90
		20 fr. et moins de 30 fr.	7 90
		30 fr. et au-dessus....	10 80

Mélanges de soie...................................... 25 85

| Couvertures............ | Ordinaires........ | 2 40 |
| | A raies de couleur... | 4 20 |

| Bonneterie. | Orientale...... | Mêmes droits que les tissus drapés valant par mètre plus de 10 fr. et moins de 20 fr. |
| | Autre....... | Mêmes droits que les tissus de moins de 10 fr. |

| Chales..... | Autres que le cachemire........ | Mêmes droits que les tissus non foulés, selon l'espèce. |
| | De Cachemire..... | Les droits du tarif général de France. |

Passementerie et rubannerie......
Tapis................................ *Idem.*

Poterie de grès fin	En blanc	Platerie, 100 kilogrammes	27f 50c
		Creux — —	55 »
	Imprimés	Platerie — —	50 »
		Creux — —	77 50
	Peinte et décorée — —		137 50
Sel marin		— —	3 »

§ 2.

Sucres	Non raffinés, provenant	Des colonies françaises et des fabriques de la métropole, 10 fr. par 100 kilogr.
		De l'étranger, extraits des entrepôts de France, les 3/4 des droits du tarif général de France, selon l'espèce et la provenance.
		Directement de l'étranger, les droits du tarif général de France, selon l'espèce et la provenance.
	Raffinés en France	20 fr. » c. par 100 kilogrammes.

Café venant des entrepôts de France... 12 » —
Café venant d'ailleurs............ 15 » —
Foin, paille et fourrages......... » 50 —

Toutes autres marchandises	Admissibles en France autres que celles reprises à l'art. 12 ci-après	Venant des entrepôts de France, 1/4	Des droits du tarif général de France.
		V^{nt} d'ailleurs, 1/3	
	Prohibées en France	Venant des entrepôts de France, 20	P. o/o de la valeur.
		V^{nt} d'ailleurs, 25	

A l'égard des produits étrangers dont les similaires, importés d'Algérie, jouiront en France d'une modération de tarif, les droits en vigueur seront augmentés de la même quotité dont lesdits similaires auront été dégrevés en France (1).

Art. 10. A l'égard des marchandises importées par navires étrangers, le droit fixé au poids sera augmenté, savoir : 1° jusques et y compris 50 cent. par kilog. du dixième de ce même droit ; 2° au-dessus de 50 cent. du vingtième de cette seconde portion du droit.

Art. 11. L'embarquement et le départ des productions colo-

---

(1) D'après une ordonnance royale du 13 décembre 1846, ce paragraphe a été remplacé par la disposition suivante : « Les produits étrangers dont les similaires importés d'Algérie jouissent en France d'une modération de droits, paieront, à leur importation dans la colonie, un droit égal à la différence qui existe en France entre le droit réduit et le droit exigible d'après le tarif général. »

niales françaises et des marchandises étrangères prises dans les ports de France, devront être justifiés par les manifestes de sortie certifiés par la douane, et indiquant les marques et numéros des colis, ainsi que le poids, l'espèce et l'origine des objets.

Art. 12. Sont et demeurent prohibés en Algérie, les sucres raffinés à l'étranger, et quelles qu'en soient la provenance et l'origine, les armes, munitions et projectiles de guerre, les contrefaçons en matière de librairie, de typographie, de gravures et de musique gravée.

TITRE III.

EXPORTATIONS.

Art. 13. Les marchandises expédiées à la destination d'un port français, sous les formalités prescrites en France, pour le cabotage, seront affranchies des droits de sortie.

Art. 14. A l'exception des grains et farines, dont l'exportation demeure affranchie de tous droits, les marchandises expédiées pour l'étranger paieront, savoir :

Celles qui ne sont pas prohibées à la sortie de la France, les droits établis par le tarif général;

Celles dont la sortie est prohibée en France, 15 p. % de la valeur.

TITRE IV.

RESTRICTIONS D'ENTRÉE.

Art. 15. Les marchandises imposées en Algérie à la valeur ou à un droit de plus de 15 fr. par 100 kilog., ne pourront être importées que par les ports d'Alger, Mers-el-Kébir, Oran, Ténès Philippeville et Bône (1) ;

Art. 16. Sauf l'exception relative à l'art. 21 ci-dessous, toute importation par terre est prohibée, sous peine :

---

(1) Les exceptions stipulées en faveur de ces ports, ont été successivement étendues aux autres ports de l'Algérie.

1° De la confiscation des objets saisis et des moyens de transport;

2° D'une amende de 1,000 à 3,000 fr., et d'un emprisonnement d'un à six mois.

TITRE V.
CABOTAGE.

Art. 17. Les marchandises provenant de l'Algérie, celles qui, en vertu des art. 7 et 8 de la présente ordonnance, y auront été admises en franchise, et celles qui, passibles des droits, les auront acquittés, pourront être transportées en franchise de tout droit d'entrée et de sortie, d'un port à un autre de l'Algérie, moyennant les formalités prescrites en France pour le cabotage.

TITRE VI.
ENTREPÔTS.

Art. 18. Il pourra être établi, pour les marchandises étrangères et les productions des colonies françaises, un entrepôt réel dans chacune des villes d'Alger, Mers-el-Kébir, Oran, Ténès, Philippeville et Bône, à la charge par ces villes de se conformer à l'art. 25 de la loi du 8 floréal an XI.

Art. 19. Jusqu'à ce que ces entrepôts soient régulièrement constitués, les marchandises pourront être admises en entrepôt fictif, sous les formalités prescrites par l'art. 15 de la loi du 8 floréal an XI et sous la condition de renoncer à la faculté de réexportation.

La durée de cet entrepôt est fixée à une année; toutefois, sur la demande motivée de l'entrepositaire, elle pourra être prolongée de six mois.

Art. 20. Les marchandises extraites des entrepôts de l'Algérie seront exemptes de tout droit de réexportation.

TITRE VII.
DISPOSITIONS GÉNÉRALES.

Art. 21. Des arrêtés du gouverneur-général de l'Algérie, délibérés en conseil d'administration, et approuvés par notre ministre secrétaire d'État au département de la guerre, pourront:

1° Régler les formalités et les mesures de surveillance nécessaires pour assurer l'effet de la prohibition prononcée par l'art. 16 ;

2° Déterminer ceux des produits des états limitrophes de l'Algérie, qui pourront être importés par terre, sous le paiement des droits fixés par l'art. 9, et régler les conditions et formalités relatives à ces importations ;

3° Désigner, parmi les ports de l'Algérie où il n'existe pas d'établissement de douane, ceux dont les provenances seront admises en franchise dans les autres ports de cette possession, en ce qui concerne les objets ci-après :

Graines, légumes verts, lait, beurre, œufs, volailles, gibier, bois à brûler, charbon de bois, bois de construction, matériaux à bâtir et savon noir.

Toutes les autres marchandises venant de ces ports ou y allant, seront traitées comme venant de l'étranger ou y allant.

Art. 22. Les droits de douane et de navigation, perçus en vertu de la présente ordonnance, seront affranchis du décime additionnel.

Art. 23. Les lois, droits, ordonnances et réglements qui régissent les douanes de France, seront applicables en Algérie, en tout ce qui n'est pas contraire aux dispositions de la présente ordonnance.

Art. 24. La présente ordonnance recevra son exécution aussitôt après sa promulgation officielle en Algérie ; elle sera imprimée en français et en arabe, et affichée dans les bureaux de douane de cette possession.

Art. 25. Toutes les dispositions contraires à la présente ordonnance sont et demeurent abrogées.

Art. 26. Nos ministres secrétaires d'État aux départements de la guerre, de l'agriculture et du commerce et des finances, sont chargés, chacun en ce qui le concerne, de l'exécution de la présente ordonnance, qui sera insérée au *Bulletin des lois,* ou recueil officiel des actes de l'Algérie.

Au Palais des Tuileries, le 16 décembre 1843.

Seconde ordonnance relative aux importations de France en Algérie.

ARTICLE PREMIER.

Importations de l'Algérie en France.

Les marchandises importées de l'Algérie par navires français seront admises aux conditions ci-après, lorsqu'elles arriveront directement des ports d'Alger, Mers-el-Kébir, Ténès, Oran, Philippeville et Bône, et qu'il sera dûment justifié, par les expéditions de douane dont elles seront accompagnées, qu'il ne s'agit pas de marchandises étrangères sortant des entrepôts :

Laine en masse, huile d'olive. (Moitié des droits fixés pour la provenance la plus favorisée.)

Peaux brutes, sauf les grandes peaux sèches, suif brut, fruits de table, frais, secs ou tapés ; kermès en grains ; olives fraîches, amandes, noix, noisettes et faines ; écorces de citron, d'orange et de leurs variétés, et écorces médicinales non spécialement tarifées ; fleurs et feuilles médicinales ; racines de réglisse et racines médicinales non dénommées ; lichens tinctoriaux ; liége brut ; plumes de parure brutes ; corail brut ; soies en cocons, soie grége, écrue et bourre de soie en masse écrue ; minerais de plomb, de cobalt, de cuivre, de zinc, et minerais non dénommés ; terres savonneuses ; cornes de cerf. (Moitié des droits fixés pour la provenance la plus favorisée.)

Grandes peaux brutes sèches ; cire non ouvrée, jaune ou brune ; dents d'éléphants de toute sorte ; arachides et noix de Touloucouna. (Mêmes droits que pour les articles de l'espèce importés du Sénégal.)

Coton en laine, végétaux filamenteux non spécialement tarifés. (Mêmes droits que pour les articles de l'espèce importés des colonies françaises.)

Ces modérations de droits ne seront accordées que dans les ports ouverts à l'importation des marchandises taxées à plus de 20 fr. les 100 kil.

Les marchandises autres que celles dénommées ci-dessus continueront à payer, à leur importation en France, les droits déterminés par le tarif général.

ARTICLE II.
Exportations de France en Algérie.

Les marchandises et denrées, expédiées de France à destination des ports d'Alger, Mers-el-Kébir, Ténès, Oran, Philippeville et Bône, sous les formalités prescrites pour les expéditions aux colonies françaises, seront affranchies de tous droits de sortie; toutefois, cette exemption ne s'appliquera pas aux objets ci-après :

Bois de fusil et bois de noyer propre à les faire; cornes et os de bétail; fil de mulquinerie; grains et farines; peaux brutes y compris celles de lièvres et de lapins; poils propres à la filature ou à la chapellerie; soie et bourre de soie.

Les marchandises dont l'exportation est prohibée ne pourront être expédiées pour l'Algérie.

Art. 3. Nos ministres secrétaires d'État au département des finances et au département de l'agriculture et du commerce, sont chargés, chacun en ce qui le concerne, de l'exécution de la présente ordonnance.

Fait au Palais des Tuileries, le 16 décembre 1843.

Cette dernière ordonnance, qui assimile à certains égards l'Algérie aux pays étrangers, ou qui du moins n'accorde à ses produits que des avantages insuffisants, a excité de vives réclamations. La France, en ce qui regarde l'admission en Algérie des produits de ses fabriques et celle de sa marine, a posé le principe d'une *union*, disons mieux, d'une *identité douanière* absolue. Le sol algérien ne pouvait être à cet égard que le prolongement du sol national; mais n'est-il pas de toute équité que la réciproque soit admise aussi, et que nos produits soient reçus en France sur le pied de l'égalité la plus complète (1)? Nous disons *nos* produits, parce que, nécessairement, le Gouvernement devra prendre toutes les mesures nécessaires pour que les supercheries de la contrebande soient déjouées et prévenues; c'est sans doute là le nœud de la difficulté; mais elle n'est pas insoluble, et l'administration est trop éclairée sur ses vrais intérêts et sur ceux de la colonie, pour se refuser à aucun arrangement équitable.

SERVICE DU TRÉSOR. — MOUVEMENT MONÉTAIRE. — BANQUE.

Le service de la trésorerie, les opérations auxquelles elle se livre en Algérie, méritent d'être observées avec attention. Le *Tableau des établissements français en 1837*, donnait à cet égard des renseignements qui ont encore toute leur valeur aujourd'hui; car il n'est survenu depuis cette époque, dans l'organisation de ce service, que des modifications peu importantes.

Les dépenses locales sont acquittées au moyen des recettes effectuées dans chaque localité, ou des fonds envoyés d'une ville à l'autre.

---

(1) Entre autres exemples des singularités qu'amène cette législation, qu'il me soit permis d'en citer un, et ce n'est pas à coup sûr un intérêt privé qui nous fait le remarquer. Les produits de la librairie algérienne ne sont pas prohibés, comme les contrefaçons belges; mais ils sont frappés de droits exorbitants. C'est ce qui est arrivé à plusieurs ouvrages qui auraient parfaitement justifié de leur origine toute française: *La Grande Kabylie*, par MM. Daumas et Fabar; l'*Essai sur l'Art de la guerre*, par M. Dussaert, capitaine d'artillerie. Voilà certainement une réforme qui peut s'opérer de suite : autrement nous ne pourrions dire, avec le poète ancien :

. . . . *Sine me, liber, ibis in urbem.*

Quant aux dépenses du Gouvernement, elles absorbent nécessairement des sommes plus considérables que celles qui sont versées au trésor par les contribuables; les fonds nécessaires sont envoyés de France par Toulon, où le ministère des finances a établi, sous la surveillance d'un inspecteur des finances, une caisse de réserve destinée à fournir aux besoins de l'Afrique.

Les moyens de service consistent :

1° En numéraire envoyé de Toulon;

2° En traites sur Paris ou sur les receveurs généraux, qui sont échangées en Afrique contre le numéraire que le commerce veut faire passer en France;

3° En numéraire provenant des contributions et des recettes ou recouvrements effectués directement par le trésorier-payeur.

On a paru long-temps attacher une haute importance à cette exportation de numéraire, que les besoins du service rendaient annuellement nécessaire; sans contester ce que ce fait peut avoir de grave, il convient de le ramener à la réalité, en citant les chiffres officiels.

En 1836, sur une dépense totale de 29,000,000 fr., le numéraire envoyé de France s'élevait à 5,500,000 fr.

En 1840, à 13 millions sur 60 ;

En 1844, à 11,765,000 fr. sur une dépense totale de 136,000,000 fr.

En 1845, à 14,700,000 fr. sur 124,000,000 fr.

En 1846, à 20,000,000 fr. sur 130,000,000 fr.

En 1847, à 12,000,000 fr. Le chiffre total de la dépense n'est pas connu; mais il ne peut être que le même que celui de l'année précédente.

En combinant le résultat des années où les envois de numéraire par le trésor ont été les plus considérables, et celles où ils ont été les moindres, on verrait que la moyenne de ces exportations n'a pas été de plus de 10 millions par an : ce sont donc 150 à 160 millions sortis de France pour les besoins de l'Algérie, depuis la conquête; et encore il conviendrait de déduire de ces sommes le trésor de la Casbah, qui a fourni environ 40 millions en espèces d'or et d'argent, comme cela est attesté par les comptes des finances de l'année 1830.

Il serait intéressant après cela de connaître les quantités de numéraire importées en Algérie pour le compte des particuliers ; mais les documents manquent à cet égard : les tableaux publiés par la douane n'en font pas mention (1). Souvent il est arrivé que le commerce a fait venir des piastres pour les paiements à faire aux Arabes, surtout à l'époque où ils se refusaient à recevoir notre monnaie; mais d'après les recherches que nous avons pu faire, ces importations de piastres et d'autres espèces n'ont jamais été au-dessus de deux à trois millions, et cela dans les années où les transactions ont été le plus actives : depuis deux ans, elles sont presque nulles.

D'un autre côté, on a vu par les tableaux de douane

---

(1) Il serait également utile de connaître, ou du moins de pouvoir apprécier l'importance du numéraire existant chez les Arabes. Cet élément, ajouté aux deux autres que nous venons d'indiquer, servirait à déterminer le *capital numéraire* en Algérie. C'est une question qui mérite de fixer l'attention de nos chambres de commerce.

(page 199) de combien les importations surpassaient les exportations (100 millions, par exemple, pour 1846). L'Algérie, qui reçoit tant de produits de France et des autres pays d'Europe, a donc toujours des remises considérables à faire partout; et comme, en même temps, le trésor est tenu de faire face aux besoins de l'armée et des services publics, il en est résulté qu'il a dû toujours appeler à lui toutes les espèces disponibles et fournir en échange au commerce tout ou partie des valeurs nécessaires pour solder les marchandises que celui-ci faisait venir.

C'est ainsi que le trésor est devenu le banquier de l'Algérie; ses mandats, admis comme espèces ou comme papier-monnaie, circulent partout, n'arrivent à Paris que long-temps après leur émission, et couverts de signatures de tous les pays du monde, souvent même en caractères hébreux et arabes : c'est pour le commerce et les transactions de toute nature une ressource et une commodité infinies.

Mais cette banque si utile, si exacte dans toutes ses opérations, n'est qu'une banque de circulation et de virement; ce n'est pas un établissement de crédit. Les lois mêmes, ces lois si justes et si sages qui, dans notre économie financière, régissent le trésor, ne permettent pas qu'il en soit autrement.

Aussi, à côté du crédit public, il faut que le crédit commercial se fonde et s'affermisse; l'institution d'une banque régulière est devenue la condition *sine quâ non* de la prospérité de l'Algérie. Cela est évident pour tout le monde; et l'initiative qu'un certain nombre de colons et de commerçants algériens avaient prise, il y a trois ans, ne pouvait tarder plus longtemps à recevoir son accomplissement. La Banque de France, mise en demeure, dans la session dernière, d'exécuter la loi du 19 juillet 1845, qui l'autorisait à établir à Alger un comptoir d'escompte, a provoqué récemment une ordonnance royale qui fixe les premières conditions de cet établissement. Voici le texte de cette ordonnance; elle porte la date du 28 décembre 1847.

« Vu la loi du 30 juin 1840, portant prorogation du privilége de la Banque de France ;

» Vu la loi du 19 juillet 1845, qui autorise l'établissement d'un comptoir d'escompte de la Banque de France à Alger, et notamment l'art. 5 de la même loi, dont les deux paragraphes sont ainsi conçus :

» Une ordonnance royale, rendue dans la forme des règle-
» ments d'administration publique, sur la demande du conseil
» général de la Banque, autorisera et déterminera :

» L'époque et les conditions de l'émission des huit mille ac-
» tions à créer, et le mode de leur distribution, la quotité du
» capital qui devra être réalisé avant l'ouverture des opérations
» du comptoir. »

» Vu les art. 9, 42 et 43 du décret du 18 mai 1808, et notre ordonnance du 25 mars 1841, relatifs à l'organisation des comptoirs d'escompte de la Banque de France ;

» Vu les décrets du 16 janvier et du 28 août 1808, la loi du 16 mai 1834 et notre ordonnance du 15 juin suivant ;

» Vu les délibérations du conseil général de la Banque de France des 14 et 22 mai 1846, 17 et 20 novembre, 14 et 16 décembre 1847 ;

» Sur le rapport de nos ministres secrétaires d'État de la guerre et des finances, nous avons ordonné et ordonnons ce qui suit :

» Art. 1er La Banque de France est autorisée à émettre huit mille actions du comptoir d'Alger, au capital de mille francs chacune, payables à la Banque de France, siége de la société, moitié comptant au moment de la souscription, et le surplus aux époques qui seront ultérieurement déterminées par le conseil général de la Banque.

» Les versements à effectuer par la Banque au comptoir d'Alger seront faits aux mêmes époques et dans les mêmes proportions que les paiements à effectuer par les actionnaires.

» Moyennant le paiement de la moitié du montant de l'action, les cédants ne seront pas garants solidaires de leurs cessionnaires.

» Les époques des paiements de la seconde moitié du montant de l'action seront annoncées, à Paris et à Alger, par la voie des journaux désignés par l'art. 42 du Code de commerce. A défaut de paiement aux époques fixées, la Banque, sans qu'il soit besoin d'un autre avertissement, fera vendre l'action par le ministère d'un agent de change, aux risques et périls de l'actionnaire retardataire qui profitera de l'excédant, s'il y en a, tous frais et intérêts déduits, et qui, dans le cas contraire, sera personnellement tenu de payer le déficit.

» Art. 2. Dans le délai de trois mois, à partir de la promulgation de la présente ordonnance, le conseil général de la Banque de France transmettra à notre ministre des finances, un état nominatif des souscripteurs aux 8,000 actions, en exécution du paragraphe 2 de l'art. 5 de la loi du 19 juillet 1845.

» Art. 3. Les opérations du comptoir ne commenceront que lorsque la moitié du capital de dix millions, fixé par la loi du 19 juillet 1845, aura été réalisée.

» Art. 4. Les opérations du comptoir seront les mêmes que celles de la Banque de France.

» Art. 5. Les billets du comptoir seront confectionnés par la Banque de France. Ils porteront en titre le nom du comptoir d'Alger.

» Ils contiendront en outre les énonciations suivantes :

» 1° La Banque de France est autorisée à établir un comptoir d'escompte à Alger.

» Le capital en est fixé à dix millions, dont deux fournis par la Banque de France et huit par des actionnaires.

» La Banque de France et les actionnaires ne pourront dans aucun cas être tenus des engagements du comptoir que jusqu'à concurrence des parts respectives qu'ils auront prises dans le capital. (Extrait de la loi du 19 juillet 1845.)

» 2° L'article du Code pénal qui punit la contrefaçon des billets.

» Ils seront payables à Alger.

» Art. 6. Le conseil général de la Banque déterminera les signatures dont les billets devront être revêtus et l'ordre dans lequel elles seront apposées.

» Les coupures de billets pourront être de mille, cinq cents et deux cents francs.

Art. 7. Le montant des billets en circulation cumulé avec celui des sommes dues à des tiers en compte courant, et payable à volonté, ne pourra excéder le triple du numéraire existant matériellement en caisse.

» Art. 8. Les dividendes seront payés tous les six mois. Le dividende annuel se composera :

» 1° D'une répartition des bénéfices nets jusqu'à concurrence de 4 p. 0/0 du capital primitif; 2° d'une autre répartition égale à la moitié des bénéfices excédant la première répartition.

L'autre moitié sera employée à composer un fonds de réserve. Le fonds de réserve sera placé en fonds publics français.

» En cas d'insuffisance des bénéfices, le dividende de 4 p. 0/0 sera complété par un prélèvement sur le fonds de réserve.

» Lorsque ce fonds de réserve aura atteint la somme de deux millions cinquante mille francs, les bénéfices nets ne seront sujets à d'autres retenues que celles qui seraient nécessaires pour remplacer les prélèvements qui auraient eu lieu en vertu du paragraphe précédent.

» Art. 9. Les actions seront inscrites, soit au siége spécial à Paris, soit à Alger.

» La transmission des actions s'opérera par un transfert, sur la déclaration du propriétaire ou de son fondé de pouvoirs, signée sur les registres où les actions seront inscrites.

» Les transferts seront certifiés, à Paris, par un simple

agent de change; à Alger, par un agent de change, ou, à défaut, par un notaire.

» Les dividendes seront payés au lieu où les actions seront inscrites.

« Art. 10. Avant d'entrer en fonctions, le directeur du comptoir sera tenu de justifier de la propriété de quarante actions du comptoir d'Alger, lesquelles seront affectées à la garantie de sa gestion.

» Les administrateurs et les censeurs devront justifier de la propriété de dix actions, lesquelles demeureront inaliénables pendant la durée de leurs fonctions.

» Art. 11. Il sera établi une caisse des retraites au profit des employés du comptoir d'Alger, conformément aux dispositions du décret du 20 août 1808. »

Le premier acte de cette banque, une fois constituée, sera de faire connaître le taux de ses escomptes, qui régleront nécessairement le taux de l'intérêt en Algérie. L'ordonnance royale du 9 décembre 1835 a fixé le taux légal à 10 p. 0/0, tant en matière civile qu'en matière de commerce; mais en déclarant toutefois que la *convention sur le prêt à intérêt faisait la loi des parties.* Cette disposition légale a été l'application logique du fameux axiôme d'économie politique : *L'argent est marchandise.* Mais cette législation pourra-t-elle être maintenue? L'expérience a-t-elle été heureuse pour l'Algérie? Les intérêts privés y ont-ils trouvé avantage? La morale publique y a-t-elle gagné ? Nous laisserons le soin d'en décider à ceux qui ont observé avec quelque attention les faits qui se sont accomplis depuis plusieurs années au sein de la population algérienne.

CHAPITRE III.

Gouvernement général de l'Algérie.

Dans le deuxième chapitre de cet *Annuaire*, nous nous sommes appliqué à exposer le système général de gouvernement et d'administration qui régit l'Algérie, les institutions principales, les rapports des différentes autorités entre elles, leurs attributions, etc.; nous devons maintenant entrer dans les détails de cette organisation, en faisant connaître la composition des différentes administrations centrales de l'Algérie, tant au ministère de la guerre à Paris, qu'auprès du Gouvernement à Alger. Les états-majors généraux de l'armée, de la marine, seront compris dans ce même travail. Les chapitres suivants, consacrés aux trois provinces, contiendront des indications de même nature pour les administrations provinciales.

MINISTÈRE DE LA GUERRE.
Rue Saint-Dominique, n° 86.

Le lieutenant-général TRÉZEL, G. O. ✻, pair de France, ministre secrétaire d'État de la guerre.

M. MAGNE ✻, membre de la chambre des députés, sous-secrétaire d'État.

SECRÉTARIAT-GÉNÉRAL, CONTRÔLE ET COMPTABILITÉ GÉNÉRALE. — SECRÉTARIAT-GÉNÉRAL.

Bureau du secrétariat.

M. CAILLARD ✻, chef.

Bureau du service intérieur.

M. DUCHAUSSOY ✻, chef.

Bureau des lois et archives.

M. ROUSSEAU ✻, chef.

Bureau des pensions, invalides et secours.

M. TINEL ✻, chef.

Bureau de la solde et des revues.

M. FOURNIER ✻, chef.

COMPTABILITÉ GÉNÉRALE.

M. . . . . . ., directeur-adjoint, chargé du contrôle des fonds, et de la comptabilité générale.

Bureau du contrôle des dépenses et du contentieux.

M. MARTINEAU DES CHESNEZ ✻, chef.

Bureau des fonds et ordonnances.

M. DEBIN ✻, chef.

Bureau de centralisation des comptes-matières.

M. FLANDIN ✻, chef.

Agence comptable du ministère.

M. FOURNIER ✻, agent comptable.

GOUVERNEMENT GÉNÉRAL

DIRECTION DU PERSONNEL ET DES OPÉRATIONS MILITAIRES.

Bon GAZAN, C. ✻, lieutenant-général, directeur.

M. MAHÉRAULT ✻, maître des requêtes, directeur-adjoint.

Bureau des opérations militaires et de la correspondance générale.

M. BLONDEL, O. ✻, chef d'escadron au corps royal d'état-major, chef.

Bureau du recrutement et de la réserve.

M. PETITET ✻, chef.

Bureau des états-majors et des écoles militaires.

DEBACQ ✻, chef.

Bureau de l'organisation et de l'inspection.

M. CARVALHO, C. ✻, colonel d'état-major en retraite, chef.

Bureau de la justice militaire.

M. DE CHÉNIER ✻, chef.

Bureau de la gendarmerie.

M. BENOIST CHAMPMONTANT, C. ✻, colonel d'état-major en retraite, chef.

Bureau de l'infanterie.

M. MAILLARD ✻, chef.

Bureau de la cavalerie.

M. RAMPAND ✻, chef.

Bureau de la remonte générale.

M. LERMINA ✻, chef.

DIRECTION DE L'ADMINISTRATION.

M. LE GÉNÉRAL DE TARLÉ, C. ✻, directeur.

Bureau de l'intendance militaire et du personnel administratif.

M. DELAHOURDE ✻, chef.

Bureau de l'habillement, du harnachement, des lits militaires et du campement.

M. MICHELON ✻, chef.

Bureau des subsistances militaires et du chauffage.

M. LAMBERT, C. ✽, intendant militaire en retraite, chef.

Bureau des hôpitaux.

M. BAUDOT ✽, chef.

Bureau des transports, convois et équipages militaires.

M. BERTELOITE ✽, chef.

DIRECTION DU DÉPÔT GÉNÉRAL DE LA GUERRE.

Le lieutenant-général, Bon PELET, G. O. ✽, pair de France, directeur général.

1re Section. — Nouvelle carte de France.

M. CORABŒUF, O. ✽, colonel d'état-major en retraite, chef.

2e Section. — Travaux topographiques intérieurs.

M. LAPIE, O. ✽, colonel d'état-major en retraite, chef.

3e Section. — Travaux historiques.

M. BRAHAUT, O. ✽, colonel d'état-major en retraite, chef.

4e Section. — Statistique militaire et travaux régimentaires.

M. BENTABOLE, C. ✽, colonel d'état-major en retraite, chef.

SERVICE DE L'ARTILLERIE (PERSONNEL ET MATÉRIEL).

M. TUGNOT DE LANOYE, C. ✽, lieut.-général, chef du service.

1re Section. — Personnel.

M. BONET, C. ✽, colonel au corps royal d'artillerie, chef.

2e Section. — Matériel.

M. PICHER DE GRANDCHAMP, O. ✽, colonel au corps royal d'artillerie, chef.

3e Section. — Armes portatives de guerre.

M. MICHELIN, O. ✽, chef d'escadron au corps royal d'art., chef.

4e Section. — Bâtiments.

M. CAMUS ✽, chef d'escadron au corps royal d'artillerie, chef.

5e Section. — Comptabilité, Finance.

M. DUGAT ✻, sous-chef de bureau de 1re classe, chef.

6e Section. — Comptabilité, Matière.

M. TUGNOT DE LANOYE, sous-chef de bureau de 2e classe, chef.

SERVICE DU GÉNIE (PERSONNEL ET MATÉRIEL).

M. BOQUET, C. ✻, maréchal-de-camp, chef du service.

Bon SALLENAVE, O. ✻, colonel au corps royal du génie, adjoint au chef du service et chargé particulièrement des 2e, 3e, 4e et 5e sections.

1re Section. — Personnel.

M. BARBARY ✻, chef (avec rang de chef de bureau de 3e classe).

2e Section. — Travaux de fortifications.

M. YVELIN DE BÉVILLE ✻, chef de bataillon au corps royal du génie, chef.

3e Section. — Casernement.

PUNIET DE MONFORT ✻, chef de bataillon au corps royal du génie, chef.

4e Section. — Administration et contentieux du domaine militaire.

M. DELORME, sous-chef de bureau de 2e classe, chef.

5e Section. — Comptabilité.

M. . . . . . .

DIRECTION DES AFFAIRES DE L'ALGÉRIE.

(Cette direction, créée par l'ordonnance royale du 17 janvier 1844, a été définitivement organisée par une dernière ordonnance, en date du 25 juillet 1846.)

Cte DE LA RUE, G. O. ✻, maréchal-de-camp, directeur.

M. VALLET DE CHEVIGNY, O. ✻, directeur-adjoint.

BUREAU DE L'ADMINISTRATION GÉNÉRALE ET DES AFFAIRES ARABES.

M. FELLMANN ✻, chef.

Organisation du gouvernement et de l'administration générale; ordonnances, arrêtés et règlements sur ces matières. — Délimitation des frontières; circonscriptions territoriales. — Personnel de l'administration générale (direction générale des affaires civiles; directions et sous-directions; commissariats civils). — Questions de préséance. — Classement des fonctionnaires à bord des bâtiments de l'État. — Consuls étrangers. — Correspondance générale. — Police générale; réfugiés politiques en Algérie; translation en France des condamnés; extraditions; expulsions. — Télégraphie. — Presse et librairie; impressions autorisées; souscriptions. — Missions politiques et d'administration générale. — Commission scientifique. — Médailles et récompenses pour belles actions. — Statistique administrative. — Centralisation et publication de tous les documents statistiques. — Administration du pays arabe; mouvement et recensement de la population indigène; direction et bureaux arabes. — Interprètes attachés à l'armée. — Statistique de ces services. — Chefs et agents indigènes; indigènes détenus pour causes politiques; voyages des indigènes en France; pèlerinage de la Mecque. — Culte musulman; culte israélite. — Organisation des corporations indigènes. — Écoles musulmanes; écoles israélites; éducation des jeunes Algériens en France. — Statistique arabe.

BUREAU DE LA COLONISATION ET DE L'AGRICULTURE.

TESTU ✳, chef.

Reconnaissance et constitution de la propriété; législation qui s'y rapporte; régime hypothécaire. — Domaine; aliénations; échanges et locations de biens domaniaux; séquestre. — Opérations topographiques. — Création de centres de population agricole; peuplement; passages en Algérie; placement de colons et d'ouvriers; mouvement et recensement de la population européenne. — Concessions urbaines et rurales. — Personnel du service des opérations topographiques, des agents de colonisation et des pépinières. — Statistique coloniale. — Législation et règlements relatifs à l'agriculture. — Règlements ruraux. — Défrichements; pépinières et cultures; institutions agricoles; fermes modèles; primes et encouragements à l'agriculture. — Élève des races chevaline, bovine et ovine. — Expropriation de terres incultes. — Statistique agricole.

BUREAU DE LA JUSTICE ET DES CULTES, DE L'INSTRUCTION PUBLIQUE ET DE L'ADMINISTRATION MUNICIPALE.

DE LAVAISSIÈRE DE LAVERGNE ✳, chef.

Législation civile et criminelle; organisation et administration du service judiciaire; institution et régime des officiers ministériels. — Pourvois en cassation; recours en grâce; pourvois au conseil d'État; conflits. — Transmission d'actes judiciaires. — Naturalisations. — Successions vacantes. — Affaires contentieuses. — Expropriations pour cause d'utilité publique antérieures à 1845. — Personnel du conseil du contentieux, des magistrats et des officiers ministériels. — Cultes catholique et réformé; législation et réglements sur les cultes; établissements religieux; communautés religieuses. — Donations et legs. — Instruction publique supérieure, secondaire et primaire; chaires publiques. — Bibliothèques et musées; recherches historiques et archéologiques. — Personnel des cultes et de l'instruction publique. — Personnel et administration des mairies; commissaires de police; réglements d'administration et de police municipale. — Voirie urbaine; salubrité. — État civil. — Milices, pompiers. — Service médical, hospices civils; établissements de bienfaisance. — Caisses d'épargne; Mont-de-Piété. — Prisons; régime des cimetières; marchés; théâtres; personnel de ces divers services. — Statistique.

BUREAU DU COMMERCE ET DES TRAVAUX PUBLICS.

FARCY ✳, chef.

Commerce intérieur et extérieur, importations et exportations; tarifs de douanes; entrepôts. — Service maritime. — Mouvement et police de la navigation. — Communications maritimes. — Pêche du corail. — Service sanitaire. — Chambre de commerce; création et police des bourses de commerce; courtiers de commerce. — Établissements industriels; encouragements à l'industrie; brevets d'invention. — Poids et mesures. — Législation et réglements sur les subsistances (céréales, abattoirs, boulangeries, comestibles, approvisionnements de bois et de charbon). — Statistique commerciale et industrielle. — Routes et ponts; desséchements; aqueducs et canaux; barrages de rivières. — Travaux maritimes; phares et fanaux. — Grande voirie; chemins vicinaux. — Conservation et exploitation des bois et forêts; explorations et concessions de mines. — Forages, carrières; salines; recherches géologiques. — Usines; machines à vapeur; chemins de fer. — Bâtiments civils; fontaines et égouts. — Petite voirie. — Construction, réparation et entretien des édifices affectés aux divers services civils. — Expropriation pour cause d'utilité publique, sauf en ce qui concerne les terres incultes. — Conservation, distribution et police des eaux; réglements sur la matière. — Approvisionnement de matériaux; adjudications, marchés. — Commissions qui se rattachent à ces services. — Personnel des ponts-et-chaussées, des forêts, des mines et des bâtiments civils. — Statistique.

BUREAU DES FINANCES ET DE LA COMPTABILITÉ CENTRALE.

LAUXERROIS ✳, chef.

Législation et réglement concernant les divers services financiers. — Établissement des impôts; administration et perception des produits et revenus. — Licences et patentes; droits divers; octrois et taxes municipales —

Amendes et remises; contributions de guerre et prises sur l'ennemi. — Banques. — Personnel des services financiers, travaux de l'inspection des finances. — Statistique. — Présents, indemnités et secours indigènes. — Organisation et administration des services militaires indigènes. — Comptabilité de tous les services. — Établissement des budgets de recettes et dépenses; répartition des crédits législatifs et des crédits locaux et municipaux, applicables aux divers services. — Ordonnance et liquidation des dépenses périodiques et mensuelles. — Comptes généraux et définitifs. — Logement des fonctionnaires. — Acquisition et conservation du mobilier appartenant à l'État et à la colonie.

URTIS ✻, avocat consultant, attaché à la direction des affaires de l'Algérie.

GOUVERNEMENT-GÉNÉRAL.

S. A. R. Mgr LE DUC D'AUMALE, G. C. ✻, lieutenant-général, Gouverneur-Général de l'Algérie.

M. VAÏSSE, directeur-général des affaires civiles de l'Algérie.

Maison du Prince.

MM. le baron JAMIN, O. ✻, colonel du 8e de ligne.
Le marquis de BEAUFORT-D'HAUTPOULT, O. ✻, lieutenant-colonel d'état-major.
DOULCET ✻, capitaine d'état-major.
COUTURIÉ, sous-secrétaire des commandements.

Officiers d'ordonnance du Prince, Gouverneur-Général.

MM. WAUBERT DE GENLIS ✻, capitaine d'état-major,
BOISSONNET ✻, capitaine d'artillerie,
De PECQUEULT-LAVARANDE ✻, capit. au 13e léger,
Vte de MIRANDOL ✻, capitaine au 1er de spahis,
} officiers d'ordonnance.

FOY, lieutenant d'état-major.
Bon ROUSSEAU, interprète principal.

GOUVERNEMENT GÉNÉRAL

CONSEIL SUPÉRIEUR D'ADMINISTRATION.

(Il est présidé par le gouverneur-général, et, en son absence, par le directeur général des affaires civiles. Il se réunit au palais du gouvernement. — Le Secrétariat du conseil est rue de la Charte).

S. A R. Mgr LE DUC D'AUMALE, GOUVERNEUR-GÉNÉRAL.

Le Chef de l'État-Major général de l'armée (1).

VAISSE, O. ✻, directeur-général des affaires civiles.

GILARDIN, O. ✻, procureur-général.

CHARRON, C. ✻, maréchal-de-camp, commandant supérieur du génie.

APPERT, intendant militaire de l'armée d'Afrique (2).

DUBOURDIEU, O. ✻, capitaine de vaisseau, commandant supérieur de la marine.

RIVET, O. ✻, lieutenant-colonel, directeur central des affaires arabes.

Le Bon BALLYET, C. ✻,
RIVIÈRE ✻,
GERMAIN ✻,
MAJOREL,
} conseillers civils rapporteurs.

Le Cte LÉON DE DAX ✻, chef du secrétariat.

(1) Il n'a pas été encore pourvu à la nomination du major-général de l'armée.

(2) L'ordonnance royale du 1er septembre n'avait compris parmi les membres du conseil supérieur d'administration aucun des fonctionnaires de l'intendance militaire; les trois divisions de l'armée d'Afrique avaient chacune leur intendant. Une décision royale a créé de nouveau un intendant militaire de l'armée d'Algérie, et une ordonnance royale, en date du 15 décembre dernier, a admis ce fonctionnaire parmi ceux auxquels leur titre donne droit de siéger dans le conseil supérieur.

Indépendamment des motifs d'utilité générale, qui pouvaient faire désirer que les intérêts administratifs de l'armée fussent spécialement représentés dans ce conseil, où ils sont souvent discutés, directement ou indirectement, tout le monde a accueilli avec satisfaction cette mesure qui a fait rentrer l'honorable M. Appert; il y siégeait depuis sept ans.

DE L'ALGÉRIE.

DIRECTION GÉNÉRALE DES AFFAIRES CIVILES.
Rue Soult-Berg.

Instituée par l'ordonnance du 15 avril 1845; maintenue par celle du 1er septembre 1847, la direction générale est divisée en quatre bureaux.

1er BUREAU. — SECRÉTARIAT, ADMINISTRATION GÉNÉRALE ET MUNICIPALE.

MM. SERIEYX, chef.
GRIMALDI DES BAUX,
De TOUSTAIN-DUMANOIR, } sous-chefs.

1re Section. — *Secrétariat.* — *Administration générale.*

Enregistrement et répartition des dépêches. — Départ de la correspondance. — Personnel et matériel de la direction, des sous-directions et des commissariats civils — Circonscription administrative des territoires. — Attributions et travaux du conseil de direction. — Justice. — Cultes. — Instruction publique. — Préséances. — Questions d'attributions. — Contentieux. — Pourvois. — Conflits. — Translation en France des condamnés. — Extraditions. — Expulsions. — Legs et donations — Presse et librairie. — Bulletin officiel des actes du Gouvernement. — Bibliothèques. — Musées et beaux-arts. — Médailles et récompenses pour belles actions. — Consuls étrangers. — Réfugiés politiques. — Naturalisation des étrangers. — Passages aux frais de l'État. — Légalisation des signatures. — Traductions. — Affaires réservées. — Affaires qui ne rentrent dans les attributions d'aucun bureau. — Statistique administrative. — Centralisation de la statistique de tous les services.

A la direction générale des affaires civiles seulement :

Service télégraphique. — Imprimerie du gouvernement. — *Moniteur Algérien.* — Travaux du conseil supérieur d'administration.

2e Section. — *Administration municipale.*

Personnel et administration des mairies. — Conseils municipaux. — Personnel et matériel des services municipaux. — État-civil. — Mouvement et recensement de la population européenne. — Renseignements et recherches dans l'intérêt des familles. — Milices. — Pompes à incendie. — Voirie urbaine. — Salubrité. — Éclairage. — Nettoiement. — Marchés. — Théâtres. — Services médicaux. — Réglements sur l'exercice de la médecine et de la pharmacie. — Hospices et dispensaires. — Caisses d'épargne. — Monts-de-piété. — Police. — Passeports. — Permis de port-d'armes. — Voitures publiques. — Aumônes et secours. — Prisons. — Inhumations. — Cimetières. — Statistique municipale.

GOUVERNEMENT GÉNÉRAL

2ᵉ Bureau. — Colonisation et travaux publics.

MM. BEQUET, chef.
    P. DUBREUIL,
    MAURY,   } sous-chefs.

1ʳᵉ Section. — *Colonisation.*

Concessions urbaines et rurales. — Opérations topographiques. — Création des centres de population agricole. — Expropriations relatives à la création des centres de population agricole. — Expropriations des terres incultes. — Émigration de colons et d'ouvriers. — Placement de colons et d'ouvriers. — Dépôts d'ouvriers. — Subventions aux colons. — Législation et réglements relatifs à l'agriculture. — Réglements ruraux. — Défrichements et plantations. — Pépinières et cultures. — Sociétés agricoles. — Fermes modèles. — Primes et encouragements à l'agriculture. — Élèves des races chevaline, bovine et ovine. — Dépôts d'étalons. — Personnel et matériel du service des opérations topographiques, de la colonisation, des pépinières et des dépôts d'ouvriers. — Statistique agricole.

2ᵉ Section. — *Travaux publics.*

Routes et ponts. — Desséchements. — Aqueducs et canaux. — Barrages de rivières. — Travaux maritimes. — Phares et fanaux. — Grande voirie. — Chemins vicinaux. — Conservation et exploitation des forêts. — Explorations et concessions de mines. — Forages. — Carrières. — Salines. — Recherches géologiques. — Usines. — Machines à vapeur. — Bâtiments civils. — Fontaines et égoûts. — Petite voirie. — Construction, réparation et entretien des édifices affectés aux différents services civils. — Expropriations pour cause d'utilité publique. — Conservation, distribution et police des eaux. — Réglements sur la matière. — Approvisionnements de matériaux, adjudications, marchés. — Personnel et matériel des ponts-et-chaussées, des forêts, des mines et des bâtiments civils. — Statistique.

3ᵉ Bureau. — Bureau des finances, du commerce et de la comptabilité centrale.

MM. ROGIER-DESORMEAUX, chef.
    CHANDELIER, sous-chef.
    BERNELLE, faisant fonctions de sous-chef.

1ʳᵉ Section. — *Finances et commerce.*

Législation et réglements concernant les divers services financiers. — Établissement des impôts. — Administration et perception des produits et revenus. — Reconnaissance et constitution de la propriété. — Législation qui s'y rapporte. — Régime hypothécaire. — Domaine. — Aliénations, échanges et locations des biens domaniaux. — Séquestre. — Commerce intérieur et extérieur. — Importations et exportations. — Tarifs de douanes. — Entrepôts. — Service maritime. — Mouvement et police de la navigation. — Communications maritimes. — Pêche du corail. — Service sanitaire. — Chambres de commerce. — Création et police des bourses de commerce. — Courtiers de commerce. — Etablissements industriels. — Encouragements à l'industrie. — Brevets d'invention. — Poids et mesures. — Législation et réglements sur les subsistances (céréales, abattoirs, boulangeries, comestibles, approvisionnements de bois et de charbon). — Personnel et matériel des services de l'enregistrement, des domaines, des douanes et des contributions diverses. — Statistique financière et commerciale.

2e *Section.* — *Comptabilité centrale.*

Comptabilité de tous les services. — Établissements des budgets de recettes et de dépenses. — Répartition des crédits législatifs et des crédits locaux et municipaux applicables aux divers services. — Ordonnancement et liquidation des dépenses. — Situations périodiques et mensuelles. — Comptes généraux et définitifs en deniers et en matières. — Logement des fonctionnaires. — Acquisition et conservation du mobilier appartenant à l'État et à la colonie.

A la Direction générale des affaires civiles seulement.

Travaux de l'inspection des finances.

Par une décision spéciale du ministre, le bureau dit de l'*Administration des indigènes*, et qui à ce titre est chargé de la distribution de secours aux Musulmans nécessiteux, a été rattaché à la direction générale, dont il forme le 4e bureau; il est ainsi composé :

MM. DELAPORTE ✻, secrétaire-interprète, chef.
BROSSELARD, sous-chef.

A ce bureau est attachée une commission dite *de Bienfaisance*, et exclusivement composée d'indigènes, savoir :

ALI-EL-QZADRI,   membre sédentaire;
AHMED-ECH-CHÉRIF.   id.
MUSTAPHA-BEN-AHMED-KAOUADJI,   id.
MOHAMMED-BEN-MUSTAPHA-EL-HARRAR, id.

Différents services ont été centralisés auprès du gouvernement général ; nous allons les indiquer successivement et faire connaître de suite leur organisation complète.

INSPECTION DES FINANCES.

Le ministère des finances a toujours exercé en Algérie sur les caisses publiques le contrôle et la surveillance, qui lui sont dévolus par les lois et ordonnances relatives à la comptabilité. Dans ces dernières années, il a été organisé un service spécial ou *mission* permanente, dont les attributions sont les mêmes que celles des inspecteurs en France.

MM. CHENIN ✻, inspecteur des finances de 1re classe, chef de la mission. — Hôtel de la Régence, à Alger.
PASQUIER ✻, inspecteur de 2e classe. — Hôtel de Paris, à Alger.
LE BRETON, inspecteur de 2e classe, à Oran.
PERCHERON, — de 3e classe, à ....
LAMANDÉ, — — à Constantine.

SERVICE DES MINES ET FORAGES.

Organisé dans les trois provinces, mais centralisé à Alger, ce service remplit en Algérie les fonctions qui lui sont assignées en France par la loi du 21 avril 1810, ainsi que par les ordonnances et arrêtés qui en ont réglé l'application.

Il est composé de la manière suivante :

MM. GARELLA ✻, ingénieur, chef du service, rue Bugeaud, à Alger.
VILLE, ingénieur en chef de la province d'Alger, rue de Chartres.
DUBOCQ, ingénieur en chef de la province de Constantine, à Bône.
DE MARIGNY, manipulateur attaché au laboratoire d'Alger, rue Socgemah.

SERVICE DES FORÊTS.

MM. CETTO, inspecteur de 2e classe, chef du service, à Alger, rue Tourville.

MM .L. HENRY, garde-général sédentaire de 2ᵉ classe, à Alger.
HEKINBENDER, arpenteur-dessinateur, id.

Province d'Alger.

MM. JAUFFRET, sous-inspecteur de 2ᵉ classe, dirigeant le cantonnement du Sahel.
......, garde-général, à Ténès.
TECROT, garde-général de 1ʳᵉ classe, à Koléah.
BOYER, — , à Blidah.
BAUDOUIN, garde-général, à Teniet-el-Hâad.

Province d'Oran.

MM. GROGNOT, sous-inspecteur de 2ᵉ classe, à Oran.
N...... garde-général, à Mascara.

Province de Constantine.

MM. BRUSSAUX, sous-inspecteur de 1ʳᵉ classe, à Constantine.
DUFEU, garde-général, chargé de travaux d'art, id.
DE L'EGUILLE, garde-général de 1ʳᵉ classe, à Bône.
FERGAUT, — — à La Calle.
WURSTIN, — de 2ᵉ classe, id.
N..... sous-inspecteur de 2ᵉ classe, à Philippeville.
LEFEBVRE, garde-général, à Bathna.

SERVICE TÉLÉGRAPHIQUE.
Organisé comme il a été dit page 222.

MM. LAIR ✻, inspecteur de 1ʳᵉ classe, directeur du service télégraphique, à Alger, rue du Laurier.
CARTIER, traducteur, à Alger.
LABAT,
GÉNISSIEN, } inspecteurs, à Blidah.
MATHIEU, inspecteur, à Médéah.
COUTURIER, — à Miliana.
PIERRET, traducteur, id.
GAILLARD, — à Orléanville.
CARETTE, inspecteur, à Oran.
CHERBONNEL, traducteur, id.
LACHAUPÉE, — à Mostaganem.

IMPRIMERIE DU GOUVERNEMENT.

Dès 1830, les besoins et le service de l'armée avaient obligé d'attacher à l'état-major et à l'administration militaire une presse à autographie; de là est venue l'imprimerie dite du Gouvernement, qui, dirigée depuis les premiers jours de la conquête par M. Rolland de Bussy, a pris une extension considérable, et est devenue un établissement vraiment intéressant.

Les publications ordinaires, indépendamment de tous les secours que cette imprimerie fournit aux différentes administrations, sont :

Le *Moniteur Algérien*, créé par un arrêté de M. l'intendant civil, baron Pichon, en date du 8 février 1832, non-seulement pour donner aux actes du Gouvernement de la France et à ceux *du Gouvernement de la Régence d'Alger* la publicité nécessaire, mais encore pour servir aux publications légales et judiciaires : le *Moniteur Algérien* a toujours paru depuis cette époque, mais souvent avec une périodicité peu régulière; aujourd'hui il est publié tous les cinq jours;

Le *Bulletin officiel des actes du Gouvernement*, créé par un arrêté du gouverneur-général, comte d'Erlon, en date du 20 octobre 1834. Ce bulletin est établi à l'instar du *Bulletin des lois*, en France;

Le *Mobacher* spécialement destiné aux indigènes : il est publié en langue arabe, avec une traduction en langue française; répandu depuis peu de temps dans l'intérieur du pays, il est en général accueilli avec empressement par les tribus.

Depuis plusieurs années, l'imprimerie du Gouvernement à Alger s'est organisée pour des publications en langue arabe; nous en pourrions déjà citer quelques-unes: *Grammaire* de M. Delaporte; la *Chrestomatie* de M. Bresnier, professeur d'arabe, etc., etc. En ce moment, un ouvrage de la plus haute importance est confié à ses presses; c'est l'ouvrage d'Ibn-Khaldoun, sur l'*Histoire des Berbères et des dynasties musulmanes de l'Afrique septentrionale;* cet ouvrage est édité par le ministère de la guerre, sous la direction de M. le baron de Slane, l'un de nos orientalistes les plus distingués.

M. ROLAND DE BUSSY ✲, directeur.

JUSTICE.
Directeur du service de la justice en Algérie.

M. GILARDIN, O. ✲, procureur-général.

PARQUET.
Rue Socgemah.

MM. DE BRIX ✲, avocat-général, aux Tagarins.
    LECAUCHOIS-FÉRAUD ✲, id. galerie Duchassaing.
    PIERREY, substitut, rue Socgemah.
    DIDIER, id. . . . .

    THÉVENARD, secrétaire du Parquet.
    DURAND, interprète.

COUR ROYALE (1).

MM. DUBAR ✲, président, rue des Oranges.
    BERTORA ✲, vice-président, rue du Vinaigre.

---

(1) Voir pour les tribunaux de 1re instance, tribunaux de commerce, justices-de-paix, etc., les localités auxquelles ces différentes autorités appartiennent.

MM. GIACOBBI ✻, conseiller, rue Boutin, 7.
PAULMIER ✻, id. rue du Rempart, 18.
SOLVET, id. rue Bélisaire, 17.
GAURAN, id. rue des Lotophages, 19.
MONGRAND, id. rue du Soudan.
PLANCHAT, id. rue Tanger.
COUTTOLENC, id. rue des Consuls, 64.
MARION, id. rue d'Isly, maison Mazigo.
CAZAMAJOR, id. rue Duquesne, 51.
CAMPER, id. rue du Locdor, 13.
D'AVANNES, id. rue Tanger, 6.
CAVAILHON, id. rue du Chêne, 90.

Greffe de la Cour royale.

MM. MOURGUES, greffier en chef.
LAMBERT, } commis-greffiers.
KERGROHEN, }

HADJI-ALY, assesseur.

JULIEN,
BOETTO, } interprètes.
HOLZALB, }

CULTES.

CULTE CATHOLIQUE.

Le tableau qui va suivre comprend les noms, titres et résidences de tous les ecclésiastiques attachés au diocèse d'Alger. Cet ordre nous a paru le plus convenable, en raison de l'organisation de ce diocèse; organisation que nous avons exposée dans le chapitre précédent. (*Voir* pages 118 à 123.)

Évêché.

Mgr PAVY (Louis-Antoine-Augustin) O. ✻, nommé le 26 février 1846, installé le 1er juin suivant.

MM. DAGRET ✹, vicaire-général.
SUCHET ✹, id.
PLASSE, chanoine faisant fonctions de vicaire-général.
PAVY, id.
VIOT, chanoine honoraire, secrétaire-général de l'évêché.

Chapitre de la Cathédrale.

MM. PELLETAN, doyen du chapitre.
MONTÉRA, chanoine.
G'STALTER, id.
DAIDOU, id.
CARRON, id.
BERNADOU, id.
PLASSE, id.
PAVY, id.

CLERGÉ PAROISSIAL D'ALGER.

Cathédrale Saint-Philippe.

MM. BERNADOU, archiprêtre, curé de la cathédrale, vicaire-général honoraire.
ROUDIL ✹, chanoine honoraire.
TRIOLLE,
CAMMILLERI, } chapelains-vicaires.
SCHEMBRY,
HERNANDEZ, prêtre sacriste, chapelain.
QUINTANA, organiste, id.
ZOGUEB,
MANUEL, } prêtres habitués.

Église de Saint-Augustin.
Faubourg Bab-Azoun.

MM. VAZILLIER, curé, chanoine honoraire.
BOYER, vicaire.

Prêtres auxiliaires.

DUPOISAR,
PASTOR, } prêtres auxiliaires.

Grand séminaire.

MM. GIRARD, supérieur, chanoine honoraire.
MARTY,
DEMPRUN, } directeurs.
VIVÈS,

Petit séminaire.

MM. COMPTE-CALIX, supérieur, chanoine honoraire.
LAMY, directeur.

Paroisses de la province d'Alger.

MM. SAUVE, curé à Blidah.
CARRÉ, vicaire, id.
FABRE, faisant fonctions d'aumônier à l'hôpital de Blidah.
AVIT, desservant à Bouffarick.
ANDRÉ, desservant, f' fonct. d'aumônier. — Douéra.
PRICHELMY, desservant. — Sainte-Amélie.
LEGENDRE, id. — Koléah.
BECCARD, id. — Dely-Ibrahim.
CABARDÈS, id. — Elbiar.
CARLES, id. — Drariah.
ROSELLO, id. — Birkadem.
SALMON, id. — Kouba.
SCHLICH, id. — Mustapha.
FAYSSIGUES, f' fonct. d'aumônier à l'hôpital, id.
NAHAU, desservant. id. — Cherchel.
RETOURS, id. id. — Miliana.
D'ARTHOIS, id. id. — Médéah.
DELCLOS, desservant, f' fonct. d'aumônier. — Orléanville.
DESTENAVE, id. — Bougie.
JOAN, aumônier de l'hôpital militaire du Dey. — Alger.

Province de Constantine.

MM. RIGAUD, curé. — Constantine.
LAVAY, vicaire. — id.
PARABÈRE, aumônier de l'hôpital militaire. — id.

MM. BANVOY, curé. — Bône.
MALO, vicaire. — id.
D'ELHON, faisant fonctions d'aumônier à l'hôpital militaire. — id.
CASES, id. de la légion étrangère. — id.
LEMAUFF, curé. — Philippeville
GALEA, vicaire. — id.
VINCENT, faisant fonctions d'aumônier à l'hôpital militaire. — id.
AUBRY, desservant, faisant fonctions d'aumônier. — Guelma.
ROSTAN, id. — Gijelly.
LESTURGIE, id. — Sétif.
PAURENQUE, id. — La Calle.

Province d'Oran.

MM. DROUET, curé de la paroisse de Saint-Louis. — Oran.
PASCALIN, vicaire. id. — id.
MORA, id. id. — id.
FEYTOUT, curé de la paroisse Saint-André. — id.
PICAZZO, aumônier à l'hôpital militaire. — id.
CAPRILES, desservant. Mers-el-Kébir.
SOUVRAY, id., faisant fonctions d'aumônier. — Tlemcen.
ROUZAUD, id. id. — Mascara.
BEFFAUDRI, id. id. — Mostaganem
KNEY, id. id. — Arzew.

CULTE PROTESTANT.

M......., pasteur et président de l'Église et de l'Oratoire. L'intérim est rempli par M. DÜRR, pasteur à Douéra.

Consistoire mixte central, représentant le culte réformé et les églises de la confession d'Augsbourg.

MM. SCHNELL, négociant, secrétaire, membre laïque.
HOSKIŒR, consul de Prusse, trésorier.
VOLTERS, docteur en médecine, archiviste-bibliothécaire.
BROWN, juge au tribunal de première instance.

MM. LAFON-RILLIET, doyen d'âge.
RIEKEN, consul des villes anséatiques.
MEYMAC, agent d'affaires.
DE PRÉBOIS, officier d'administration.
TULIN, vice-consul d'Angleterre.
KOBB, banquier.
SAUM, négociant.

Oratoire de la confession d'Augsbourg, à Douéra.

M. DÜRR, pasteur auxiliaire.

Oratoire du culte réformé, à Philippeville.

M. PAUL, pasteur auxiliaire.

Oratoire du culte réformé, à Oran.

M. ANDRÉ, pasteur auxiliaire.

CULTE ISRAÉLITE (1).

Consistoire d'Alger.

MM. WEIL (Michel-Aaron), grand rabbin.
GUGENHEIM (Max), président.
MIGUÈRES (Messaoud), docteur en médecine.
LÉVY-BRAM, négociant.
ALPHANDÉRY, négociant.
ENNERY, secrétaire du Consistoire.

Consistoire d'Oran.

MM. COHEN, rabbin du Consistoire provincial.
NAHON-SOUANÈS, }
ABRAHAM,   } laïques.
DANAOUI,   }

INSTRUCTION PUBLIQUE.

M. LEPESCHEUX ✻, inspecteur d'académie, inspecteur de l'instruction publique, chef du service, rue Tourville.

---

(1) *Voir* pour le culte musulman, le chapitre spécial consacré aux intérêts indigènes.

INSTRUCTION SUPÉRIEURE.
Chaires publiques de langue arabe.

Alger. — M. BRESNIER, professeur, rue de Tanger.
Oran. — M. HADAMARD, professeur.
Constantine. — M. CHERBONNEAU, id.

COLLÉGE D'ALGER.

Ce collége, établi depuis dix ans dans une ancienne caserne des Janissaires, a eu, comme toutes les institutions de l'Algérie, des commencements faibles et incertains ; mais il s'est développé avec elle, et avec la population à laquelle il est spécialement destiné. Les bâtiments ont été récemment agrandis et mis en état de recevoir une centaine d'élèves internes. L'enseignement est le même que celui des colléges de l'Université; enfin, il est disposé pour recevoir le titre de collége royal. M. le ministre de la guerre avait même présenté, dans la session dernière, une proposition formelle dans ce but : des motifs d'économie l'ont fait ajourner : elle est reproduite cette année.

Personnel des professeurs.

MM. JUBIEN, officier de l'Université, principal du collége.
L'abbé ROUDIL ✻, aumônier.
MOUILLARD, licencié ès-lettres, professeur de philosophie.
CAMBOULIU, agrégé des classes supérieures, professeur de rhétorique.
MULLER, bachelier ès-lettres et sciences, professeur de mathématiques supérieures, de physique et de chimie.
CHRÉTIEN, licencié ès-lettres, professeur de seconde.
FEUILLERET, bachelier ès-lettres, professeur d'histoire.
FOURNEL, bachelier ès-lettres, professeur de troisième.
CHENU, ancien élève de l'école polytechnique, professeur de mathématiques élémentaires et d'histoire naturelle.

MM. BALLY, bachelier ès-lettres, professeur de quatrième.
DROIT, bachelier ès-lettres, professeur de cinquième et surveillant général.
RESSAYRE, bachelier ès-lettres, professeur de sixième.
DELATOUR, bachelier ès-lettres, professeur de septième.
SORBIÉ, bachelier ès-lettres, professeur de huitième.
GORGUOS, bachelier ès-lettres, professeur de langue arabe.
ROBERT, 1er professeur du cours supérieur de français.
DUCLOS, 2e   id.   id.   id.   id.
DUDILLOT,
VAYSSETTES,   } bacheliers ès-lettres, maîtres d'études.
BONAMI,
LIOGIER, élève de Paul Delaroche, maître de dessin et de peinture.

Personnel des élèves.

65 internes. — 120 externes.

Taux de la pension.

600 fr. — Les élèves externes ne paient aucune rétribution.

INSTRUCTION PRIMAIRE.

M. CANTREL, officier de l'Université, inspecteur de l'instruction primaire, rue Bab-el-Oued.

Voir aux différentes localités pour les instituteurs primaires.

ARMÉE. — SON EFFECTIF. — ÉTAT-MAJOR GÉNÉRAL.

L'effectif de l'armée d'expédition de 1830 était de 36,000 hommes. La révolution de juillet et les événements qui suivirent engagèrent le Gouvernement à rappeler en France une partie de ces troupes, en sorte qu'au 1er janvier 1831, et après que M. le maréchal Clausel eut mis garnison dans Médéah, l'effectif n'était plus que de 17,190 hommes. Voici, depuis cette époque, les changements ou plutôt les accroissements que cet effectif a éprouvés.

1832. . . . . 21,511 hommes.
1833. 26,681
1834. 29,858
1835. 29,485
1836. 29,897
1837. 40,147
1838. 48,167
1839. 50,367
1840. 61,231
1841. 72,000
1842. 70,853
1843. 75,034
1844. 82,037

De 1845 jusqu'au jour où nous écrivons (1er janvier 1848), l'effectif a peu varié; il s'est constamment trouvé entre 100,000 et. . . . . 105,000 (1).

Voici maintenant la composition de cette armée d'Algérie qui, elle aussi, a marqué sa place dans les pages de l'histoire :

Le gouverneur-général commandant les troupes de toutes armes.

Un lieutenant-général, chef de l'état-major général, non désigné;

Trois lieutenants-généraux, commandants supérieurs des provinces;

Quinze maréchaux-de-camp, dont un, commandant supérieur de l'arme de l'artillerie; un, commandant

---

(1) La soumission d'Abd-el-Kader a déjà permis au gouvernement d'annoncer une réduction de 5,000 hommes, qui doit se réaliser en 1848.

supérieur de l'arme du génie; un, commandant la cavalerie indigène ;

Un intendant-militaire en chef ;

47 officiers du corps royal d'état-major ;

33 id. d'artillerie ;

140 id. du génie, dont 64 appartenant à l'état-major de l'armée, et 76 appartenant aux compagnies ;

40 fonctionnaires de l'intendance militaire (1) ;

80 chirurgiens, médecins, pharmaciens attachés aux hôpitaux de l'armée (2) ;

59 officiers de l'état-major de place et pour les troupes ;

1 légion de gendarmerie de quatre compagnies ;

16 régiments d'infanterie de ligne ;

5 — d'infanterie légère ;

1 — de zouaves ;

5 bataillons de chasseurs d'Orléans ;

3 — dits d'infanterie légère d'Afrique ;

2 régiments d'infanterie, composant la légion étrangère ;

3 bataillons de tirailleurs indigènes ;

3 régiments de chasseurs de France ;

1 id. de hussards de France ;

4 id. de chasseurs d'Afrique ;

3 id. de spahis ;

14 batteries d'artillerie, dont 7 de montagnes ;

---

(1) Non compris les officiers comptables, officiers d'administration, etc.

(2) Non compris les chirurgiens, etc., attachés aux différents corps.

1 compagnie de pontonniers; 2 d'ouvriers; 1 d'armuriers; 2 compagnies du train des parcs.

20 compagnies du génie, dont 16 de sapeurs et mineurs, 1 d'ouvriers, 3 de sapeurs-conducteurs;

6 compagnies du train des équipages militaires;
2 compagnies des ouvriers militaires;
1   id.   de vétérans.

Il faut compter aussi :
8 compagnies de discipline;
1   id.   de pionniers;
5 ateliers de condamnés au boulet.

Nous ferons connaître, dans les chapitres spécialement consacrés aux divisions et aux provinces, les numéros des différents corps, ainsi que les noms et grades des officiers-généraux, des officiers supérieurs et autres à résidences fixes.

ÉTAT-MAJOR GÉNÉRAL.
A la Jénina.

MM. DE CRÉNY O. ✻, colonel, sous chef de l'état-major général, faisant fonctions de chef de l'état-major général par intérim.
DE CISSEY O. ✻, chef d'escadron d'état-major, attaché à l'état-major.
PISSIS ✻,   id.   id.
RENAULT ✻,   capitaine,   id.
SUSLEAU DE MALROY ✻, id.   id.
RAOULT O. ✻.   id.   id.
TUBIANA, interprète.

Service topographique et géodésique.

MM. PRALAS DE ROSIÈRES ✻, chef d'escadron d'état-major, chef du service.
DE VALDAN ✻, capitaine d'état-major, à Alger.

MM. SAGET ✻, capitaine d'état-major, à Alger.
    MAREL,   id.   à Oran.
    BEAUDOIN,   id.   à Tlemcen.
    DIEU ✻,   id.   à Constantine.
    DE TORCY,   id.   à Bône.

INTENDANCE MILITAIRE.
Rue de l'Intendance.

Les trois divisions de l'armée d'Algérie ont chacune leur intendant ; mais une décision récente vient de rétablir un intendant militaire en chef, chargé de centraliser les différents services. Il a dans ses attributions la répartition supérieure du personnel de l'intendance militaire, des officiers de santé et d'administration, des troupes de l'administration, ainsi que du matériel et de tous les moyens de transport sur la totalité des points de l'Algérie. En vertu de son titre, il a autorité sur les intendants divisionnaires.

Il demeure chargé de l'administration de la division d'Alger, et a sous ses ordres immédiats, pour cette division, un sous-intendant faisant fonctions d'intendant militaire, auquel il délègue telle partie d'attributions qu'il juge convenable.

Il est chargé de veiller à la formation de tous les approvisionnements nécessaires à l'armée.

M. APPERT, C. ✻, intendant-militaire de l'armée d'Algérie.

LÉGION DE GENDARMERIE.
Rue de Toulon.

MM. LEMAIRE, O. ✻, lieutenant-colonel, chef de la légion.
    AVRIL ✻, chef-d'escadron, commandant supérieur des deux premières compagnies.
    CHABRIER ✻, capitaine commandant la 1re compagnie.

ACCARY ✻, capitaine-trésorier de la 1re compagnie.
PARIZELLE ✻, lieutenant, id.
RITTIER ✻, id. id.

SERVICE DE L'ARTILLERIE.
Rue du Vinaigre.

Le service de l'artillerie est partagé en trois directions : Alger, Oran, Constantine ; mais centralisées toutes trois à Alger, sous les ordres d'un officier-général de l'arme.

MM. DE MAINVILLE O. ✻, maréchal-de-camp, commandant supérieur de l'artillerie.
BONAMY ✻, chef-d'escadron, chef d'état-major.
FOULLON-GRANDCHAMP ✻, capitaine-adjudant.
MALLIAZ ✻, capitaine, aide-de-camp du général.
POIRSON, capitaine attaché à l'état-major.
PIZARI ✻, chef d'escadron commandant l'artillerie de la division d'Alger.

SERVICE DU GÉNIE.
Rue Philippe.

Le service du génie, est comme celui de l'artillerie, partagé en trois directions, placées sous les ordres d'un officier-général de l'arme.

MM. CHARON, C. ✻, maréchal-de-camp, commandant supérieur du génie.
TRIPIER, O. ✻, lieutenant-colonel.
DEJEAN, O. ✻, chef de bataillon, chef d'état-major.
VÉRONIQUE ✻, capitaine.
DUBOST ✻, id.
ANSOUS ✻, id.

MARINE ROYALE.

MM. DUBOURDIEU O. ✻, capitaine de vaisseau, commandant supérieur de la marine.

MM. DE MARQUÉ O. ✻, capitaine de corvette de première classe, chef d'état-major.

DE CHÉPY ✻, lieutenant de vaisseau, sous-chef d'état-major.

BOUCHET-RIVIÈRE, enseigne de vaisseau, aide-de-camp de M. le commandant supérieur.

SILVESTRE ✻, commis principal de la marine, chef du secrétariat de M. le commandant supérieur.

Service administratif.

MM. RAMPAL ✻, commissaire-ordonnateur, chef du service administratif.

BATTAREL, sous-commissaire, chargé du service de l'inscription maritime et des revues.

Service des subsistances.

M. POUVERIN, sous-directeur.

Service médical.

M. AZAN, chirurgien de 2e classe, chef du service.

Contrôle.

M. BAUX, sous-contrôleur de 2e classe.

Directions des ports.

Alger. — M. MASSIOU ✻, capitaine de corvette, directeur du port.

Id. — M. AGARRAT (Joseph), commis de 1re classe, chargé de la comptabilité.

Bâtiments affectés au service de la station de l'Algérie.

Le *Solon*, navire à vapeur en fer, de 160 chevaux, affecté au service personnel de Mgr le gouverneur-général, commandant M. Jaurès, capitaine de corvette, stationne à Alger.

Le *Véloce*, corvette à vapeur de 220 chevaux, commandant M. le capitaine de corvette Bérar, faisant la correspondance entre Oran et Tanger, stationne à Oran.

Le *Tartare*, de 160 chevaux, commandant M. le capitaine de

corvette Rolland de Chabert, employé à la correspondance latérale.

Le *Ténare*, de 160 chevaux, commandant M. le capitaine de corvette Poutier, même service.

L'*Euphrate*, de 160 chevaux, commandant M. le capitaine de corvette Villemain, même service.

Le *Vautour*, de 160 chevaux, commandant M. le capitaine de corvette Dufrénil, même service.

Le *Cocyte*, de 160 chevaux, commandant M. le lieutenant de vaisseau Giraud, même service.

Le *Vigilant*, de 60 chevaux, en fer, à hélice, commandant M. le lieutenant de vaisseau Veyrier de Maleplane, destiné à un service de surveillance de la côte.

Le *Boberach*, chebeck à voiles, commandant M. le lieutenant de vaisseau Chasseloup de Chadillan, affecté pendant l'été à la surveillance et à la police de la pêche du corail, dans les parages de La Calle, stationne à Alger pendant l'hiver.

La *Tafna*, balancelle, capitaine M. Sicard, chef de timonnerie de 1re classe, employé au même service, concurremment avec le *Boberach*, et stationnant constamment à La Calle.

La *Ménagère*, brick de 10 canons, servant de stationnaire à Alger, capitaine M. Augian, chef de timonnerie de 1re classe.

Une frégate à vapeur devra, en outre, stationner constamment à Alger, pour faire face aux éventualités qui pourraient se présenter, et exiger l'emploi d'un grand bâtiment. Cette frégate sera relevée tous les dix jours, pour rentrer à Toulon.

DIRECTION CENTRALE DES AFFAIRES ARABES.

Quelque peu de soin que l'on eût pris, en entrant à Alger, de maintenir les relations d'autorité qui existaient entre le gouvernement turc et la population indigène, et en raison même de cette fâcheuse négligence, on ne tarda pas à s'apercevoir que ces relations ne pouvaient être brisées sans inconvénient, sans danger même; aussi, trouve-t-on dans les documents qui remontent aux premiers jours de la conquête, des dispositions qui attestent l'envie de former, dès lors, auprès du commandant en chef, une autorité spéciale et un centre d'administration française pour ces populations.

Les fonctions d'Aga des Arabes, qui avaient tant d'importance sous les Turcs, furent d'abord conservées, puis supprimées par un arrêté du 7 janvier 1831; puis rétablies le 18 février suivant, et confiées à M. Mendiri, alors grand-prévôt de l'armée.

Quelques mois après, cette charge d'Aga était exercée par un indigène de la famille des Sidi M'Barek, nommé Sidi Hadj-Maheddin ben-Sidi-Ali-ben-Bahas, qui ne la garda que peu de temps, et se retira chez les Hadjoutes, d'où il commença cette longue guerre, qui vient de finir par la soumission de l'émir.

Ce fut à cette époque que fut formé, auprès du général en chef et faisant partie de l'état-major général, un bureau qui prit le nom de *bureau arabe*, et fut dirigé d'abord par M. de La Morcière, alors capitaine des zouaves, et après lui par M. de Laporte, ancien chancelier du consulat de Tanger.

En 1834, un arrêté, rendu le 18 novembre par le comte d'Erlon, gouverneur-général, réunit la direction de ce bureau à la charge d'aga des Arabes, qui, dès-lors, dût être confiée à un officier supérieur.

M. le lieutenant-colonel Marey (1), commandant le

---

(1) Aujourd'hui maréchal-de-camp, commandant-supérieur de Médeah.

corps des spahis réguliers dans la province d'Alger, fut appelé à ces fonctions. Il les exerça jusqu'au 15 avril 1837, époque à laquelle M. le comte de Damrémont, gouverneur-général, prit un arrêté en vertu duquel les affaires arabes étaient centralisées auprès du gouverneur-général et formaient une direction, dite des *Affaires arabes*. Le même jour, M. Pélissier (1), capitaine d'état-major, fut nommé directeur des affaires arabes. Il a conservé ce poste jusqu'en 1840, et fut remplacé par M. le commandant d'Allonville.

En 1841, la direction des affaires arabes fut organisée par un arrêté du gouverneur-général, daté du 16 août; le commandement des troupes irrégulières indigènes et la direction proprement dite des affaires arabes, furent complètement séparés. Cet arrêté ajoutait en outre :

« Art. 2. Le directeur des affaires arabes aura seul,
» en notre nom, l'autorité sur les kaïds, cheiks, hakems,
» kadis, muphtis et autres autorités indigènes établies
» sur le territoire, tant sous le rapport de la police que
» de l'administration. Les ordres qu'il leur donnera,
» sous notre approbation, seront considérés comme
» émanés de notre cabinet particulier.

« Art. 3. Le directeur des affaires arabes sera chargé,
» en notre nom, d'établir des relations avec les tribus
» du dehors et celles non soumises; de recueillir les

---

(2) Aujourd'hui consul à Sous, Régence de Tunis. C'est l'auteur des *Annales Algériennes;* mais elles ne vont que jusqu'à 1840 : Il est à regretter que les occupations de M. Pelissier ne lui aient pas permis de continuer cette intéressante publication.

» renseignements divers propres à éclairer notre poli-
» tique et nos opérations, etc., etc. »

M. le chef d'escadron, aujourd'hui colonel, Daumas, fut immédiatement appelé à remplir les fonctions de directeur des affaires arabes.

L'arrêté de M. le maréchal Bugeaud que nous venons de rapporter, a été le fondement de la direction des affaires arabes, qui prit bientôt une extension considérable et proportionnée à nos progrès dans le pays. Des bureaux, rattachés à cette direction furent installés partout. Aussi, lorsque parut l'ordonnance du 15 avril 1845, elle ne fit que confirmer et régulariser ce qui existait déjà, en créant une *Direction centrale des affaires arabes*, dont le chef est maintenant un des membres du conseil supérieur. Voici, en quels termes s'exprime cette partie de l'ordonnance :

« Le directeur central des affaires arabes exerce, sous les ordres *immédiats* du gouverneur-général, les fonctions qui lui sont attribuées par les arrêtés de notre ministre de la guerre.

» L'administration des territoires arabes est essentiellement inhérente au commandement militaire.

» La direction supérieure en appartient, dans chaque province, sous l'autorité immédiate du gouverneur-général, au lieutenant-général commandant la division.

» Dans chaque circonscription de commandement, l'administration des territoires arabes est exercée sous les ordres du lieutenant-général, par les officiers investis du commandement militaire.

» Ces officiers ont sous leurs ordres :

» 1° Les directeurs et autres officiers chargés des affaires arabes ; 2° les fonctionnaires et agents indigènes de tout rang, institués par nous ou par le gouverneur-général. »

En l'état, voici l'organisation administrative des affaires arabes :

Une direction centrale, à Alger ;

Trois directions divisionnaires, à Alger, Oran et Constantine ;

Trente directions particulières.

Nous ferons connaître, dans le chapitre affecté à chaque province, la composition des directions divisionnaires et des directions particulières, ainsi que les localités où elles se trouvent. Nous devons nous borner pour le moment à exposer, pour ce service, comme nous venons de le faire pour les autres, la composition de la direction centrale.

M. RIVET, O. ✻, lieutenant-colonel, membre du conseil supérieur d'administration, directeur central des affaires arabes.

1er Bureau.

M. DE ROUZÉ ✻, capitaine, chef.

Journal arabe. — Conservation des archives. — Bibliothèque. — Personnel des bureaux. — Centralisation des contributions arabes. — Fixation des contributions dans les pays réservés à la direction centrale. — Personnel des chefs indigènes. — Circonscriptions territoriales. — Correspondance générale.

2e Bureau.

M. MESMER ✻, lieutenant, chef.

Colonisation européenne. — Recherche des terres domaniales. — Propriété chez les indigènes. — Séquestre. — Commerce avec les indigènes. — Examen des rapports (1). — Émissaires de la province d'Alger. — Correspondance relative aux affaires de cette province.

---

(1) Rapports prescrits par l'ordonnance du 15 avril.

3° *Bureau.*

M. ARNAUDEAU ✶, lieutenant, chef.

Topographie et histoire du pays. — Statistique. — Réquisitions arabes. — Écoles indigènes. — Recherches sur la Zaouïa-Khouan (1). — Examen des rapports de quinzaine de la province de Constantine. — Correspondance relative aux affaires de cette province. — Embarquement des indigènes.

4° *Bureau.*

M. MARTINE ✶, lieutenant, chef.

Mesures de police et de sûreté générale. — Marchés arabes. — Amendes. — Fourrières. — Prisonniers. — Makhzen, Khrielas et Askars. — Opérations budgétaires. — Indemnités aux indigènes. — Examen des rapports de quinzaine de la province d'Oran. — Correspondance relative à cette province.

5° *Bureau.*

M. FOURNIER ✶, capitaine, chef.

Interprètes et Khodjas. — Correspondance avec les indigènes. — Hôtes arabes. — Perception des rations. — Distribution des secours. — Surveillance des bâtiments. — Correspondance avec les services civils d'Alger.

MM. NOGUES, chirurgien, aide-major.

Interprètes.

MM. DE SLAN ✶, interprète principal.
 RÉMUZAT ✶, id. de 1ʳᵉ classe.
 AHMOUD, id. temporaire.

CORPS CONSULAIRE.

MM. DE ST-JOHN, agent consul-général d'Angleterre, rue de la Charte.
 DE TULIN, vice-consul d'Angleterre, impasse Salluste.
 DE ZUGASTI ✶, agent général d'Espagne, r. de la Licorne.

---

(1) Confréries, associations religieuses.

MM. REY, vice-consul d'Espagne, rue de la Licorne.
    MONJO, chancelier, id. id.
    D'ÉRICO ✻, consul-général des Deux-Siciles, r. Bab-Azoun, maison Catala.
    A. WENDLING, vice-consul id. id.
    DE CRUSENTOLPE, consul de Suède et de Norwège, chargé d'affaires de Russie, rue d'Isly.
    DESCOUS ✻, vice-consul de Suède et de Norwège, rue des Consuls.
    HOSKIŒR, consul de Prusse, passage Gaillot.
    ALLOAT, consul-général de Sardaigne, rue Jean-Bart.
    FOLCO, vice-consul id. id.
    LACROUTS, O. ✻, consul d'Amérique et de Hollande, rue Porte-Neuve.
    GRAVIER, consul de Belgique, rue Jénina.
    LICTHLIN ✻, consul de Toscane et de Danemarck, rue Porte-Neuve.
    SHALLER, consul de Suisse, rue Navarin.
    COUGOT, id. du Portugal, rue Jean-Bart.
    RIEKEN, id. des Villes anséatiques, rue Bab-Azoun.
    DOER, id. de Francfort, rue Mahon.
    ZYGOMALA, vice-consul de la Grèce, rue de la Licorne.

CHAPITRE IV.

Province d'Alger.

Superficie . . . . 110,000 kilomètres.
Population européenne. . . . 71,764 habitants.
Id.   musulmane. . . . 520,653   id.
Id.   israélite.   7,145   id.

LIMITES DE LA PROVINCE.

Les détails et les renseignements que nous avons donnés sur l'Algérie en général s'appliquent complétement à la province d'Alger; car il est à observer que les trois provinces, en même temps qu'elles présentent des conditions tout-à-fait identiques sous les différents rapports du climat et de la configuration du sol, n'offrent que des différences peu sensibles sous le rapport des mœurs et des usages des habitants.

Les limites qu'il convient d'assigner à la province d'Alger sont, comme on doit le penser, fort arbitraires. La topographie intérieure du pays n'est pas assez avancée pour qu'elle ait pu indiquer des points précis de démarcation. Nous ajouterons que, dans la situation présente, ce serait un soin assez inutile que de chercher à les fixer avec une rigueur mathématique. Nous avons trouvé des usages tout établis, et qui remontent au temps des anciens beylicks. D'un autre côté, des usages nouveaux tendent à se former sous l'influence de nos autorités, et entre ces autorités elles-mêmes; les limites actuelles suffisent et suffiront long-temps encore à nos besoins politiques, administratifs, militaires. Les espaces sont assez vastes pour qu'on ne cherche pas à se les disputer.

Quoi qu'il en soit, voici les limites qui, dans notre opinion, et à défaut de toute décision officielle, peuvent être attribuées à la province d'Alger :

Au nord, la mer;

Au sud, les zônes Sahariennes;

A l'est, une ligne arbitraire, ayant son point de départ à quelques lieues au-delà de Bougie, qui suit pendant long-temps l'oued Bou-Messaoud, et de là, traversant du nord au sud les montagnes de la Kabylie, suit la crête de ces mêmes montagnes qui dominent l'extrémité de la plaine de la Medjana, et vient aboutir au grand lac, marqué sur les cartes sous le nom de *Sebka-el-Chott*, ou *Chott-el-Saida*. La ville de Bou-Çada, qui est située à l'extrémité occidentale de ce lac salé, doit être considérée comme appartenant à la province d'Alger.

Dans l'ouest, la ligne qui sépare cette province de celle d'Oran, prend son point de départ à quelques lieues au-delà du cap Ténès, d'où elle se prolonge du nord au sud, à travers les montagnes de l'Ouarensenis, et passe entre nos deux postes-magasins *Teniet-el-Hâad* et *Tiaret*, situés à 60 kilomètres l'un de l'autre, à peu près sous la même parallèle ; ils appartiennent, le premier à la province d'Alger, le second à la province d'Oran.

L'étendue de la province d'Alger, ainsi délimitée, doit être évaluée à 110,000 kilomètres de superficie ; elle est de même grandeur que la province d'Oran, mais plus petite que celle de Constantine. Cette étendue répond à celle de 15 de nos départements.

La province d'Alger est en général très-montagneuse ; elle comprend la portion la plus importante de la Grande-Kabylie, ainsi que les différents systèmes de montagnes qui se rattachent aux pics de l'Ouarensenis, du Zaccar et du Mouzaïa ; on rencontre après cela des vallées riches et fertiles, mais de très-peu de largeur, à l'exception de la Métidja et de la vallée du Chélif.

Plaine de la Métidja. — Il a été sans cesse question, depuis la conquête, de la Métidja. C'est une plaine ou plutôt une vallée de 16 à 20 kilomètres de largeur, sur une longueur d'environ 80 kilomètres, ce qui lui donne une superficie de 150 à 160,000 hectares ; comprise entre les collines du Sahel et les chaînes de l'Atlas, elle forme autour d'Alger une demi-circonférence, terminée à l'est par cette espèce de golfe qui s'étend entre le cap Matifoux et l'Oued-Corso ; et fermée à l'ouest par les montagnes des Chainouans, par celles des Beni-Menad et des Soumata, disposées autour de cette plaine, comme un majestueux amphithéâtre.

Assainie, cultivée, habitée, comme elle peut l'être, la Métidja formerait certainement un des territoires les plus riches et les plus fertiles du monde.

La sécurité de cette plaine, qui a été pendant si long-temps le théâtre de tant de combats, est aujourd'hui assurée à l'ouest et au sud, par l'occupation permanente de Miliana et de Médéah; elle le sera également à l'est par la création d'un grand établissement militaire et colonial, qui couvrira le vaste espace resté libre entre Médéah, le nouveau poste d'Aumale et Dellys. La vallée de l'Isser semble depuis long-temps marquée pour devenir le siége de cet établissement. Il est à croire que l'on ne tardera pas à mettre à exécution ce projet, qui s'accorderait si bien avec notre système général d'occupation.

DIVISION ANCIENNE ET NOUVELLE.

Au temps des Turcs, la province d'Alger formait deux grandes divisions administratives, ou plutôt politiques : la *plaine* d'Alger, et le beylick de Titery.

La *plaine* d'Alger, qui comprenait la ville, le Fahs ou banlieue, le Sahel ou rivage, était en outre divisée en sept *outhans* ou districts :

1° Sebaou, le plus important de tous; 2° Beni-Krelil, où est situé Bouffarick; 3° Beni-Moussa; 4° Krachna; 5° Beni-Djad; 6° Beni-Selimann; 7° El-Sebt, qui est le pays des Hadjoutes.

Le beylick de Titery, dont le centre était Médéah,

embrassait tout le reste jusqu'au désert, et en revenant vers la mer, la Grande-Kabylie, toujours insoumise, comme nous l'avons expliqué ailleurs.

Aujourd'hui, et conformément à diverses ordonnances ou arrêtés, la province d'Alger forme :

1° Une division militaire, dont Alger est encore aujourd'hui le chef-lieu, et cinq subdivisions, savoir : Alger, Blidah, Médéah, Miliana, Orléanville ;

2° Une direction civile à Alger, une sous-direction à Blidah, et cinq commissariats civils : Douéra, Bouffarick, Koléah, Cherchel, Ténès ;

3° Six villes à territoires mixtes : Médéah, Miliana, Orléanville, Dellys, Bougie, Aumale ;

4° Deux postes-magasins : Boghar, Teniet-el-Hâad.

AUTORITÉS ET ADMINISTRATIONS CENTRALES DE LA PROVINCE D'ALGER (1).

DIVISION MILITAIRE.
Rue des Lotophages.

MM. le général CHANGARNIER, C. ✻, lieutenant-général, commandant la division, commandant supérieur de la province.
DE CARCY ✻, capitaine d'état-major, aide-de-camp.
POURCET ✻,   id.   id.
CHARLEMAGNE, lieutenant au 4ᵉ chasseurs, officier d'ordonnance.

---

(1) Nous avons fait connaître, dans le chapitre deuxième, l'organisation administrative de l'Algérie, et dans le chapitre troisième, celle des différentes administrations qui centralisent les services généraux. Nous allons maintenant indiquer les autorités centrales, particulières à la province d'Alger ; de là nous passerons aux localités et aux autorités locales. L'ordre adopté pour la province d'Alger sera également suivi pour les autres provinces.

DIRECTION DES AFFAIRES CIVILES.
Rue Bruce.

M. BOSELLI ✻, directeur.

Conseil de direction.
A la Direction, rue Bruce.

M. DEMANCHE, conseiller, faisant fonctions de secrétaire, rue Brémontier.

Conseillers.

MM. BOURGEVIN DE LINAS, rue de Chartres, bains du Bazar.
 LAPAINE,   id.   id.
 N.....

Cinq auditeurs au Conseil-d'État sont en outre attachés au conseil de direction, pour la reconnaissance et la délimitation des propriétés et en exécution de l'ordonnance du 26 juillet 1846. Ce sont :

MM. CORBIN, rue du Commerce.
 THÉNARD,   id.
 ROUX.
 MUSSET.
 DE TOURNOER.

BUREAUX DE LA DIRECTION.

Le nombre et les attributions des bureaux, dans les directions provinciales sont les mêmes que pour la direction générale des affaires civiles. (*Voir* au chapitre précédent, page 233).

1ᵉʳ bureau. — Secrétariat et Administration.

MM. DE CÈS-CAUPENNE, chef.
 DE RODÉ, sous-chef.
 DE VILLETARD.

2ᵉ bureau. — Colonisation et Travaux publics.

MM. TASSIN, chef.

MM. CHOISNET, sous-chef.
ROUGET, id.

3ᵉ bureau. — Comptabilité. — Services financiers.

MM. SEMAY, chef.
ROUGÉ DE BRION, sous-chef.
CELLIER DE BLUMENTHAL, id.

INSPECTEURS DE COLONISATION.

L'institution des inspecteurs de colonisation a été créée par un arrêté ministériel du 24 octobre 1845.

Ces inspecteurs ont principalement pour mission, de suivre toutes les opérations relatives à l'établissement de colons dans les villages, à la délivrance des lots, à la distribution de secours en matériaux ou autrement, à la rédaction de procès-verbaux nécessaires pour les autorisations de substitutions, d'hypothèques, et pour les prorogations de délais, évictions, etc.; comme aussi, pour les remises de titres définitifs. Ils adressent aux administrations auxquelles ils sont attachés, des documents périodiques sur les faits qui intéressent la colonisation en général, l'agriculture, etc.

Ces inspecteurs sont au nombre de 12, savoir : Dans la province d'Alger, 6; — province d'Oran, 3; — de Constantine, 3.

Les inspecteurs attachés à la direction des affaires civiles de la province d'Alger, sont :

MM. A. DE CHANCEL, Alger.
DARRU, id.
SEGUY-VILLEVALEIX, id.
LOZIVY, Douéra.
AUGOUARD, Blidah.
ROY, Mouzaïa.

SERVICE DES TABACS.

Le département de la guerre, d'accord avec la direction des tabacs en France, a organisé en Algérie un service des tabacs qui a été de la plus grande utilité.

Les agents de ce service, qui a été dirigé depuis son origine avec d'autant d'intelligence que d'activité par M. Lebeschu, employé supérieur de la régie, ont enseigné non seulement aux colons, mais encore aux Arabes, les meilleurs procédés, soit pour cultiver cette plante si précieuse, soit pour préparer les feuilles récoltées. L'administration les achète, et c'est déjà pour l'Algérie une production importante.

En 1846-47, les achats qui ont eu lieu de cette façon se sont élevés à plus de 300,000 fr. Le produit net d'un hectare bien cultivé a été, d'après des renseignements positifs, évalué de 6 à 800 fr.; avec de pareils avantages, il est à croire que cette culture prendra tous les ans un développement plus considérable.

MM. DURANTON, inspecteur, chef du service.
ROUSSÉS DE FOURCAULT, agent.

PONTS-ET-CHAUSSÉES.

Le service des ponts-et-chaussées, dans la province d'Alger, est placé sous la direction d'un ingénieur en chef. Il a été divisé en six arrondissements.

MM. DON ✻, ingénieur en chef, à Alger, passage Mantout.
LORSON, conducteur.
AUDIGIER, chef de comptabilité.

1er *Arrondissement.*

Tous les travaux de l'intérieur de la ville d'Alger et les aqueducs extérieurs qui l'alimentent.

MM. PIARRON DE MONDÉSIR, ingénieur, à Alger.
LARGE, conducteur, régisseur comptable.
MARRAST, id. faisant fonctions de garde-magasin.
PEYTAVIN, id.
HÉTEAU, id.

2e Arrondissement.

Tous les travaux de la partie nord du district d'Alger.

MM. LIMOUSIN, ingénieur, à Alger.
RÉMIGNON, conducteur, à Dély-Ibrahim, régisseur-comptable.
FOREY, id. à Alger.

3e Arrondissement.

Tous les travaux de la partie sud du district d'Alger, et ceux du territoire civil situé sur la rive droite de l'Harach.

MM. DENNECEY, ingénieur, à Alger.
DELMARÈS, conducteur, à Alger.
LÉGO, id. au Fondouck.
MOURRE, id. à Sidi-Azin.

4e Arrondissement.

Tous les travaux des districts de Douéra et de Koléah.

MM. DE ROUGEMONT, ingénieur, à Douéra.
KUCLEWSKI, conducteur, à Bouffarick.
GODLEWSKI, id. à Koléah.
RIVIÈRE, id. à Douéra.
WZELAKI, id.
CAZABON, id. à Koléah.
CAILLOT, id. à Douéra.
CAUSSE, régisseur-comptable, à Douéra.
FONDARD, garde-magasin, id.

5e Arrondissement.

Tous les travaux des districts de Blidah et de Bouffarick, et de la rive gauche de l'Harach.

MM. AYMARD, ingénieur, à Blidah.
   LAPOUJADE, conducteur, à Bouffarick.
   DUBREUIL,   id.   à Blidah.
   BRULLIOT, régisseur-comptable, à Blidah.

6e *Arrondissement.*

Tous les travaux du cercle de Cherchel, et les travaux maritimes sur tout le littoral de la province.

MM. GIRET, ingénieur, à Cherchel.
   BLASY, conducteur, à Bougie et Dellys.
   TALAYRAC,   id.   à Cherchel.
   BUISSON,   id.   à Ténès.
   RENAUD, régisseur-comptable, à Cherchel.

TRAVAUX HYDRAULIQUES DU PORT D'ALGER.

Les travaux hydrauliques du port d'Alger forment un arrondissement séparé, qui a son ingénieur en chef, et dont le service est parfaitement distinct des autres.

MM. BÉGUIN ✻, ingénieur en chef, à Alger.
   RAVIER, ingénieur ordinaire.
   CASABIANCA, conducteur, à Alger.
   DARRÉ,   id.   id.
   GABIOT,   id.   id.
   BREIL,   id.   id.
   FEUTRAY, régisseur-comptable.
   CATILLON, garde-magasin.

BATIMENTS CIVILS ET PETITE VOIRIE.

Ce service est placé sous la direction d'un architecte en chef. Il est divisé en quatre arrondissements.

MM. GUIAUCHAIN ✻, architecte en chef, à Alger.
   LESUEUR, inspecteur, faisant fonctions de vérificateur, id.
   BESANCENEZ, régisseur-comptable, chef de comptabilité, id.
   LAFFAGE, garde-magasin.

1er *Arrondissement.*

Partie de la ville et du district d'Alger, et du district de Douéra.

MM. VIALA DE SORBIER, inspecteur, faisant fonctions d'architecte, chef d'arrondissement.

2e *Arrondissement.*

Partie de la ville et du district d'Alger, et du district de Cherchell.

MM. DE BLINIÈRE, inspecteur, faisant fonctions d'architecte, chef d'arrondissement.
OLIVIER, inspecteur, à Alger.
RAVIER, id. à Cherchell.

3e *Arrondissement.*

Arrondissement de Blidah.

MM. OLLIER, inspecteur, faisant fonctions d'architecte, chef d'arrondissement.
GROUSELLE, inspecteur, à Koléah.
DE LA HÈGNE, id. à Bouffarick.
BOURAUDEL, régisseur-comptable, à Blidah.

4e *Arrondissement.*

Service spécial de la voirie et de la colonisation, dans toutes les villes des 1er et 2e arrondissements, à l'exception du district de Cherchel.

MM. LEFÈVRE, inspecteur, faisant fonctions d'architecte, chef d'arrondissement.
SARRUS, inspecteur auxiliaire.

ADMINISTRATIONS FINANCIÈRES

Comprises aujourd'hui dans la Direction des affaires civiles, d'après l'ordonnance du 1er septembre.

DIRECTION DE L'ENREGISTREMENT ET DES DOMAINES.
Rue de la Charte.

MM. PIGORNET, directeur, chef de service.
DE GRAND, vérificateur, chef du contentieux.

MM. ROUBIÈRE, receveur (domaine d'Alger.)
DUCOING, id. (domaine dans la province.)

Comptabilité.

M. SCHÜLER.

Contrôle.

MM. FABRE ✻, inspecteur.
LANET, vérificateur.
CAPIFALI, id.
DUMAINE, id.
PERUSSIS, id.

DOUANES.
Alger, rue Renaud.

MM. FOUQUESSOLLES ✻, inspecteur, chef du service.
DUMAIL, commis de direction.
LE PRIEUR, inspecteur divisionnaire de 4e classe.
CAILLY, receveur principal de 4e classe.
CASSASSOLES, sous-inspecteur de 2e classe.

Visite.

M. LEBRETON DE LABONNELIÈRE, sous-inspecteur de 3e classe.

Entrepôt.

M. FLEURY, contrôleur.

Déclarations.

M. MOREAU, contrôleur.

Statistique et Balance.

M. VENCE, commis principal de 1re classe.

CONTRIBUTIONS DIVERSES.
Rue d'Orléans.

Service Administratif.

MM. GASSON, chef du service.
. . . . . ., contrôleur ambulant.

MM. NIPPERT, 1er commis.
LAFONTAINE, 2e id.
HIRBEC, contrôleur.
GUYNET, id.

RECETTES.

Voir, pour cette partie du service, aux différentes localités.

FORÊTS.

Voir au chapitre 3e, page 233.

TRÉSOR ET POSTES.

Jusqu'à la fin de 1843, le service du trésor et des postes a été centralisé, à Alger, par le trésorier-payeur, commissaire des postes de l'armée.

A partir du 1er janvier 1844 (ordonnance royale du 16 décembre 1843), la division, par province, a été opérée.

Les trésoriers-payeurs remplissent à la fois les fonctions de payeur de département et de receveur-général. Le service est placé sous les ordres directs de M. le ministre des finances (art. 78 de l'ordonnance royale du 2 janvier 1846).

Le service, dans chaque place, est effectué par un payeur particulier, préposé du trésorier-payeur; il remplit les fonctions de payeur, et, jusqu'à un certain point, celles de receveur particulier.

Le service des postes est, ainsi que celui du trésor, rattaché à la direction du mouvement général des fonds, qui fait partie du ministère des finances.

MM. les trésoriers-payeurs, à Alger, Oran et Constantine, remplissent, pour ce service, les fonctions de directeur-comptable, et, pour la partie administrative, celles d'inspecteur des postes. Dans chaque place, le service est effectué par un préposé du trésorier-payeur, qui en est chargé au même titre que des fonctions de payeur.

Personnel du service central.
Rue Jean-Bart.

MM. ROGUIN, O. ✳, trésorier-payeur.
FARRENC ✳, payeur principal.
De JUPEAUX ✳, payeur particulier.
RAFFIN, payeur particulier, chef du bureau des postes.
FABIANI, payeur-vérificateur des produits des postes.

Payeurs-Adjoints.

MM. VENTRE.	VINCENT.
LEPÈRE de LAPÉREUSE.	PELLETIER.
CLOTTES.	ALLARD.
BLANC.	AUGER.
DILLÉNIUS.	FALCON.
LATROBE.	
SIMON.	

MILICE.

La milice (c'est le nom que la garde nationale a définitivement pris en Algérie), la milice a d'abord été instituée par un arrêté du maréchal Clausel, du 24 décembre 1830, sous le nom de *garde urbaine*. Les Maures et les Israélites devaient en faire partie; ils étaient tenus de présenter un certificat de la municipalité, constatant leur attachement à la France.

Deux ans après, un arrêté du duc de Rovigo créait à Alger une garde nationale; elle n'était alors composée que de cinq compagnies. Les indigènes n'en faisaient plus partie.

On cite encore un arrêté du 21 juillet 1835, qui appelait tous les habitants mâles de la ville d'Alger, *sans exception*, à se faire inscrire pour le service de la garde nationale. Nous nous souvenons encore de l'émotion que causa cet arrêté, qui autorisait la population maure, plus nombreuse qu'elle ne l'est aujourd'hui, à prendre les armes, et cela, peu de jours après la nouvelle du combat de la Macta. Cet arrêté fut révoqué le 2 septembre suivant.

Enfin, au mois d'octobre 1836, le maréchal Clausel se disposant à partir pour l'expédition de Constantine, qui allait éloigner les troupes et diminuer sensiblement la force de garnison, rendit, le 28 octobre, un arrêté dont le premier article mérite d'être rapporté : « La » milice africaine est instituée pour maintenir l'obéis- » sance aux lois qui régissent la colonie, pour conser- » ver ou rétablir l'ordre, et pour seconder l'armée de » ligne dans la défense du territoire et des propriétés. »

Les dispositions organiques de cet arrêté sont en grande partie calquées sur la législation qui régit la garde nationale en France : il y a, toutefois, été apporté des modifications importantes par les arrêtés suivants :

1° 28 mars 1841. — Il attribue à l'autorité militaire l'application des peines disciplinaires.

2° 17 décembre 1841. — Cet arrêté place les conseils de recensement sous la présidence du commandant de la place ou d'un officier-supérieur de l'armée. — Tous les officiers sont à la nomination du Gouverneur-Général. — Nul individu ne peut obtenir sa patente s'il ne justifie qu'il fait partie de la milice.

Le principe de mobilisation de la milice est prévu

dans l'arrêté du 28 octobre 1836. Au commencement de 1846, alors qu'Abd-el-Kader se rapprochait de la Métidja, et jetait de l'inquiétude dans les tribus, des mesures furent prescrites pour préparer cette mobilisation : des rôles d'inscription furent établis : il n'y fut pas donné autrement suite.

Partout en Algérie, en même temps que la population européenne s'établit et s'accroît, la milice se forme et s'organise successivement; le peloton devient compagnie; la compagnie se dédouble et se forme en bataillon; les bataillons deviennent légion.

En ce moment, la milice de la province d'Alger forme une légion forte de 2 batteries d'artillerie, de 8 bataillons d'infanterie, et de 1 escadron de cavalerie. L'effectif de cette légion est de 7,241 hommes; elle est composée de la manière suivante :

État-Major.

MM. N. . . . . colonel.
    Comte L. DE DAX ✻, lieutenant-colonel.
    FOURIER D'HINCOURT ✻, major à Alger.
    DU THEIL ✻, major à Blidah.
    MEARDY ✻, chirurgien-major.
    BORNET, capitaine d'armement.

Escadron d'artillerie.

MM. N. . . . . chef d'escadron.
    CAMPS, chirurgien aide-major.
    Effectif. . . . . . 308 hommes.

1er Bataillon (à Alger).

MM. GUIAUCHAIN ✻, chef de bataillon.
    DIDIER, capitaine adjudant-major.
    MAURIN, chirurgien aide-major.
    Effectif. . . . . . 699 hommes.

2ᵉ Bataillon (à Alger).

MM. GAILLOT ✻, chef de bataillon.
LOYER DE LA METRIE, capitaine adjudant-major.
BODICHON, chirurgien aide-major.

Effectif. . . . . . 589 hommes.

3ᵉ Bataillon (à Alger).

MM. TIOCH ✻, chef de bataillon.
ALRICH, capitaine adjudant-major.
MARTINE, chirurgien aide-major.

Effectif. . . . . . 562 hommes.

4ᵉ Bataillon (banlieue). — Hussein-Dey.

MM. VILLARET, chef de bataillon.
PAPILLON DE LA MANSARDIÈRE, cap. adjudant-major.
SEMANAS, chirurgien aide-major.

Effectif. . . . . . 1,004 hommes.

5ᵉ Bataillon (banlieue). — El-Biar.

MM. Comte DE FRANCLIEU, chef de bataillon.
MELCHIOR, capitaine adjudant-major.
RANCUREL, chirurgien aide-major.

Effectif. . . . . . 514 hommes.

6ᵉ Bataillon (à Douéra).

MM. DE ROUGEMONT, chef de bataillon.
BERTRAND ✻, capitaine adjudant-major.
PUTOUSKI, chirurgien aide-major.

Effectif. . . . . . 801 hommes.

7ᵉ Bataillon (à Blidah).

MM. N . . . . chef de bataillon.
ROCHEREAU, capitaine adjudant-major.
. . . . . . chirurgien-major.

Effectif . . . . . . 1,055 hommes.

8ᵉ Bataillon (à Boufarick).

MM. BORRELY DE LA SAPIE, chef de bataillon.
MARTIN, capitaine adjudant-major.
N. . . . . . chirurgien aide-major.

Effectif. . . . . . 442 hommes.

Cavalerie.

MM. FLEURY ✳, chef d'escadron.
FOLEY, chirurgien aide-major.

Effectif. . . . . . 141 cavaliers.

MILICE DE CHERCHEL.

La milice de cette ville forme deux compagnies et une section de pompiers.

Effectif. . . . . 240 hommes.

MILICE DES TERRITOIRES MIXTES.

Médéah. — 2 compagnies d'infanterie; 1 section de sapeurs-pompiers; 1 peloton de cavalerie.

Effectif. . . . . 260 hommes.

Miliana. — 1 bataillon; 1 section de sapeurs-pompiers; 1 peloton de cavalerie.

Effectif. . . . . 450 hommes.

Ténès. — 3 compagnies d'infanterie; 1 peloton de cavalerie; 1 section de sapeurs-pompiers; 1 section de marins.

Effectif. . . . . 450 hommes.

Orléanville. — 1 compagnie de milice.

Effectif. . . . . 160 hommes.

Dellys. — 1 compagnie d'infanterie; 1 section de sapeurs-pompiers.

   Effectif. . . . . 180 hommes.

Bougie. — 2 compagnies d'infanterie; 1 section de sapeurs-pompiers.

   Effectif. . . . . 240 hommes.

Mouzaïa-les-Mines. — 2 compagnies d'infanterie; 1 section de sapeurs-pompiers.

   Effectif. . . . . 230 hommes.

L'effectif de la Légion, joint à celui des bataillons et compagnies isolées qui composent l'ensemble des milices de la province d'Alger, est donc de 7,241 officiers, sous-officiers et miliciens des différentes armes.

COUR ROYALE ET TRIBUNAUX.

Voir pour la Cour royale, au chap. III, page 239 et pour les Tribunaux de 1re instance, de commerce et de justice-de-paix, aux différentes localités, Alger, Blidah, etc.

CULTES.

Voir chap. III, pages 241 et suivantes.

INSTRUCTION PUBLIQUE.

Voir, pour l'inspection de l'Instruction publique et pour le collége d'Alger, pages 244 et 245, et aux différentes localités pour l'Instruction primaire, publique et privée.

DIVISION D'ALGER.

M. CHANGARNIER, C. ※, lieut.-général, commandant la division.

Aides-de-camp.

MM. DE CARCY ※, capitaine d'état-major.
  POURCET ※,   id.

D'ALGER.

Officier d'ordonnance.

M. CHARLEMAGNE, lieutenant au 4ᵉ de chasseurs.

ÉTAT-MAJOR DE LA DIVISION.
Rue des Lotophages.

MM. SPITZER ✻, chef d'escadron d'état-major, chef d'état-major.
    MANCEL, capitaine   *idem.*
    APPERT,   *idem*   *idem.*
    TUBIANA, interprète.

Subdivision d'Alger.

M. GENTIL, G. C. ✻, maréchal-de-camp, commandant la subdivision, à Alger, rue du Chêne.
MM. GALLE, aide-de-camp, capitaine d'état-major.
    PAULZE-D'YVOIX, officier d'ordonnance, capit. au 13ᵉ léger.
    AMAR, interprète.

Subdivision de Miliana.

M. LEVASSEUR, C. ✻, maréchal-de-camp, commandant la subdivision, à Miliana.
MM. . . . . aide-de-camp.
    N. . . . officier d'ordonnance.
    LOUIES-LOUX, interprète.

Subdivision de Médéah.

M. MAREY-MONGE, C. ✻, maréchal-de-camp, commandant la subdivision, à Médéah.
MM. MARTENOT DE CORDOUE ✻, aide-de-camp, capitaine.
    . . . . officier d'ordonnance.
    MOLINO, interprète.

Brigade de réserve.

M. BLANGINI, C. ✻, maréchal-de-camp, commandant la brigade de réserve, à Blidah.
MM. . . . . aide-de-camp.
    . . . . officier d'ordonnance.

Cavalerie indigène.

M. JUSUF, C. ✻, maréchal-de-camp, commandant la cavalerie indigène, à Mustapha.

M. FAURE, aide-de-camp, lieutenant d'état-major.

Cercle de Blidah.

M. CLAPARÈDE, O. ✻, colonel commandant le 51ᵉ de ligne, commandant-supérieur à Blidah.

M. DAYAN, interprète.

Subdivision d'Orléanville.

M. LE ROY DE SAINT-ARNAUD, C. ✻, maréchal-de-camp, commandant-supérieur à Orléanville.

MM. PETOT ✻, capitaine d'état-major.
LAMBERT ✻, chef d'état-major de la subdivision.
BAUSSIER, interprète.

Cercle d'Aumale.

M. DE L'ADMIRAULT, O. ✻, colonel commandant le régiment des zouaves, commandant-supérieur à Aumale.

Cercle de Ténès.

M. FERAY ✻, lieutenant-colonel du 3ᵉ chasseurs d'Afrique, commandant-supérieur à Ténès.

Cercle de Cherchel.

M. DELAMARRE, chef de bataillon, commandant-supérieur à Cherchel.

Cercle de Téniet-el-Hâad.

M. CARBUCCIA, O. ✻, lieutenant-colonel du 8ᵉ régiment d'infanterie légère, commandant-supérieur à Téniet-el-Hâad.

Cercle de Boghar.

M. MONNET, chef de bataillon au 8ᵉ de ligne, commandant-supérieur à Boghar.

Cercle de Bougie.

M. MORLOT de WENGY, O. ✻, chef d'escadron, commandant-supérieur à Bougie.

Cercle de Dellys.

M. PÉRIGOT, chef de bataillon au 53e régiment de ligne, commandant-supérieur à Dellys.

DIRECTION DIVISIONNAIRE DES AFFAIRES ARABES.
A la Direction centrale.

M. DURRIEU ✻, commandant du 1er spahis, directeur.
MM. HANOTEAU, capitaine du génie, attaché à la direction.
    PICHOT-DUCLOS, capitaine,   *idem.*
    HUGONET, sous-lieutenant,   *idem.*
    BADIN, interprète,   *idem.*

Chefs des bureaux arabes de la Division.

MM. GABORIAUD ✻, capitaine, à Blidah.
    De FOUG,   *idem,*   à Médéah.
    DUCROS ✻, commandant, à Aumale.
    De FÉNÉLON ✻, capitaine, à Miliana.
    GRUARD, lieutenant, à Boghar.
    MOULÉ ✻, sous-lieutenant, à Cherchel.
    MARGUERITE ✻, lieutenant, à Téniet-el-Hâad.
    RICHARD, O. ✻, capitaine, à Orléanville.
    LAPASSET ✻, *idem,* à Ténez.
    AUGEREAU, *idem,*   à Bougie.
    OMALLEY ✻, *idem,* à Dellys.

DÉSIGNATION ET RÉSIDENCE DES CORPS COMPOSANT LA DIVISION D'ALGER.

Infanterie.

MM. Bon JAMIN, O. ✻, colonel du 8e régiment de ligne, à Kouba.
    GUILLABERT ✻, lieutenant-colonel   *idem.*
    CAMOU, O. ✻, colonel du 33e, à Médéah.

MM. SOL ✻, lieut.-colonel du 33ᵉ à Médéah.
    LEVAILLANT, C. ✻, colonel du 36ᵉ, à Mustapha.
    JOLLIVET ✻, lieut.-colonel, *idem.*
    CLAPARÈDE, O. ✻, colonel du 51ᵉ, à Blidah.
    BLANCHARD ✻, lieut.-colonel, *idem.*
    . . . . . colonel du 53ᵉ, à Orléanville.
    RÉPOND, O. ✻, lieut.-colonel, *idem.*
    PICOULEAU, O. ✻, colonel du 64ᵉ, à Miliana.
    D'AURELLE, O. ✻, lieut.-colonel, *idem.*
    Dᴇ CAMBRAY, O. ✻, colonel du 8ᵉ léger, à Douéra.
    CARBUCCIA, lieut.-colonel, O. ✻, *idem.*
    MOLLIÈRE, O. ✻, colonel du 13ᵉ léger, à Alger.
    . . . . . lieut.-colonel, *idem.*
    GOUILLAUD ✻, commandant le 3ᵉ bataillon de chasseurs d'Orléans, à Aumale.
    Idem,   *idem*   le 5ᵉ bataillon, à Ténez.
    Dᴇ L'AMIRAULT, O. ✻, colonel du régiment de zouaves, à Aumale.
    ÉTIENNY ✻, commandant le 2ᵉ bataillon d'infanterie légère d'Afrique, à Cherchel et Téniet-el-Hâad.

Cavalerie.

    DURRINGER, O. ✻, colonel du 5ᵉ chass. de France, à Hussein-Dey.
    Dᴇ MILHAU, O. ✻, lieut.-colonel, *idem.*
    RICHEPANSE, O. ✻, colonel du 1ᵉʳ chass. d'Afrique, à Mustapha.
    CASSAIGNOLES, O. ✻, lieut.-colonel, *idem.*
    ANSELME ✻, commandant la 7ᵉ compⁱᵉ de fusiliers vétérans, au Fort-des-Anglais, à Alger.
    . . . . commandant les compagnies du bataillon des ouvriers d'administration, à Mustapha.
    GREVERATH, commandant les équipages militaires, parc de réparations, à Mustapha.
    POMMERET ✻, commandant la compⁱᵉ d'ouvriers, à Mustapha.

MM. MARTIN, O. ✻, lieutenant-colonel, commandant les escadrons du train, à Mustapha.
HOEGY, chef d'escadron, commandant le 4ᵉ escadron du train, à Mustapha.
JANOD ✻, command. la 2ᵉ compⁱᵉ de discipline, à Dellys.
POUPART ✻, id.   6ᵉ   id.   à Ténez.
CLAVEL,   id.   7ᵉ   id.   id.
DUMONTEIG, id.   8ᵉ   id.   id.
BOUDHORS ✻, id.   9ᵉ   id.   à Cherchel.
DELHAYE ✻, commandant la 2ᵉ compagnie de pionniers de discipline, à Cherchel.
BLANCARD, lieutenant, commandant la 3ᵉ compagnie de pionniers de discipline, à Cherchell.

ÉTAT-MAJOR DES PLACES DE LA DIVISION D'ALGER.

MM. CAPPONE (*dit* MARENGO), O. ✻, colonel, commandant de place à Alger.
POERIO, O. ✻, lieutenant-colonel,   id.   à Blidah.
ASSENAT, O. ✻, chef de bataillon,   id.   à Miliana.
MARÉCHAL ✻,   id.,   major de place à Blidah.
DESMARETS DE MONCLAR ✻, chef de bataillon, major de place à Alger.
DELAMARE ✻, chef de bataillon, commandant de place à Cherchel.
JOUIN ✻,   id.   id.   à Médéah.
RÉGNIER ✻, capitaine-commandant de place, commandant le fort l'Empereur, près d'Alger.
FRICOT ✻, capitaine-commandant de place à Mustapha.
FAVIER ✻,   id.   à Coléah.
POUJOL ✻,   id.   à Bouffarick.
GUIBERT ✻,   id.   à Ténès.
ASSENAT ✻,   id.   à Douéra.
MEFFE ✻,   id.   à Mouzaïa.
BOTIAU ✻, archiviste de la place d'Alger.
LEBERCHE ✻, capitaine adjudant de place à Alger.

MM. GENIES ✻, capitaine, adjudant de place, à Alger.
ACHARDY, id. id.
PAUTE ✻, id., commandant la Casbah.
CHIFFAUT ✻, capitaine adjudant de place à Alger.
MALZAC ✻, id. à Blidah.
ZERLAUT ✻, id., faisant fonctions de commandant de place à Bougie.
MARTIN ✻, faisant foncts de commandt de place, à Orléanville.
DELAMOTTE ✻, capitaine adjudant de place à Alger.

INTENDANCE MILITAIRE DE LA DIVISION.

Nous avons fait connaître (page 250), l'organisation actuelle du service de l'intendance militaire en Algérie. On a vu que M. l'intendant militaire en chef demeurait chargé de l'administration de la division d'Alger, et qu'il avait sous ses ordres immédiats, pour cette division, un sous-intendant faisant fonctions d'intendant militaire. Il nous reste à faire connaître le personnel de ce service attaché à la division d'Alger :

M. PARIS DE BOLARDIÈRE, O. ✻, sous-intendant militaire de 1re classe, faisant fonctions d'intendant de la division.
MM. ANGOT ✻, sous-intendant militaire à Alger.
CHRÉTIEN ✻, id.
DE LAUNAY ✻, id.
MOISEZ, O. ✻, id.
WOLF ✻, id.
DE SOYE ✻, id.
BOCQUET, O. ✻, id. à Cherchel.
CORRÉARD ✻, id. à Douéra.
LIBERSART ✻, id. à Blidah.
D'AMOUREUX ✻, id. à Bougie.
DE MERCIER ✻, adjudant de 1re classe à Médéah.
LEMAIRE ✻, id. à Orléanville.

MM. SENECEY ✻, adjudant de 1re classe, à Miliana.
WIRIOT, id. à Ténès.
DUCHÉ ✻, id. à Aumale.

Officiers d'administration.

MM. LAPERLIER ✻, officier principal.—Service des vivres, Alger.
GÉRARD ✻, id. comptable de 1re classe.—Fourrages, id.
MELCION-D'ARC ✻, id. id. — Vivres-viande, id.
HŒNER ✻, id. id. — Liquides et chauffage, id.
ROUSSEL, id. id. — Habillement et campt, id.
EYROUX, chef du bureau de centralisation, id.
COYTIER ✻, chef du bureau de centralisation des hôpitaux, id.

SERVICE DE SANTÉ DES HÔPITAUX.

CONSEIL DE SANTÉ DE L'ARMÉE.

MM. PAUL, O. ✻, médecin de l'armée, au Dey.
GUYON, O. ✻, chirurgien en chef, id.
HORÉAU, O. ✻, pharmacien en chef, id.

Hôpital du Dey.

MM. LÉONARD ✻, médecin principal de 2e classe.
HUET ✻, chirurgien-principal de 2e classe.
MILLOT ✻, pharmacien-major de 1re classe.
RENAUD ✻, officier comptable de 2e classe.

Hôpital de la Salpétrière.

MM. FERRUS ✻, médecin ordinaire de 1re classe.
MALLE ✻, chirurgien-major de 1re classe.
DEVRENE, pharmacien-major de 2e classe.
BARBIER ✻, officier d'administration de 2e classe.

Hôpital de Mustapha.

MM. MAGAIL ✻, médecin ordinaire de 1re classe.
DELEAU ✻, chirurgien principal de 1re classe.

MM. MÉQUIGNON ✻, pharmacien-major de 1re classe.
FONTAINE, officier d'administration de 1re classe.

Ambulance active.

MM. LACGER ✻, chirurgien-major.
MONGODIN, pharmacien-major.
PEISSON, O. ✻, adjudant en 1er, comptable.

Dépôt des médicaments.

M. TRIPIER ✻, pharmacien-major de 2e classe.

Hôpital de Douéra.

MM. LOYER, médecin ordinaire de 2e classe.
RENAUT ✻, chirurgien-major de 2e classe.
CANDELÉ, pharmacien aide-major de 2e classe.
COYTIER, adjudant en 1er.

Hôpital de Bouffarick.

MM. MALACHOWSKI, chirurgien aide-major de 2e classe.
GREGORI, adjudant-comptable en 1er.

Hôpital de Coléah.

MM. LECLERC, médecin-adjoint.
VANDENKERKOVE, pharmacien aide-major.
CHAVAGNAC, adjudant d'administration en 1er.

Hôpital de Blidah.

MM. FINOT ✻, médecin ordinaire de 1re classe.
BONNEAU ✻, chirurgien-major de 2e classe.
FORTIER, pharmacien-major de 2e classe.
PHILIP, officier d'administration, comptable de 1re classe.

Hôpital de Médéah.

MM. GORET ✻, médecin ordinaire de 2e classe.
BESSEDÈS ✻, chirurgien-major de 2e classe.
DUPLAT ✻, pharmacien-major de 2e classe.
ADER, adjudant-comptable en 1er.

Hôpital de Boghar.

MM. FOURGEAUD, chirurgien sous-aide.
JACQUIN, adjudant d'administration en 2e.

Hôpital de Miliana.

MM. GARREAU, médecin ordinaire de 2e classe.
VILLAMUR ✻, chirurgien aide-major de 2e classe.
LÉVY, pharmacien aide-major de 1re classe.
N...., officier d'administration de 2e classe.

Hôpital de Teniet-el-Hâad.

MM. FRANCE, chirurgien aide-major de 2e classe.
PITON, pharmacien aide-major de 2e classe.
LEPERS, adjudant d'administration en 1er.

Hôpital de Cherchel.

MM. MIALHÈS, médecin ordinaire de 2e classe.
SALLERON ✻, chirurgien-major de 2e classe.
BOURDIN, officier d'administration de 1re classe.

Hôpital de Ténès.

MM. DURAND, médecin ordinaire de 2e classe.
DENIS ✻, chirurgien aide-major de 1re classe.
BAUDELINQUE, pharmacien-major de 2e classe.
JUE ✻, officier d'administration en 1er.

Hôpital d'Orléanville.

MM. RIETSCHEL ✻, médecin ordinaire de 2e classe.
GIULIANO ✻, chirurgien-major de 1re classe.
DEPLANQUE, pharmacien-major de 2e classe.
SCHMIDT, adjudant en 1er, comptable.

Hôpital de Bougie.

MM. PONTIER, médecin-adjoint.
RIBAUCOURT, chirurgien aide-major de 2e classe.
BENOIST, pharmacien aide-major de 2e classe.

Hôpital de Dellys.

MM. BEAUCAMP ✻, chirurgien aide-major de 2ᵉ classe.
LAPEYRE, pharmacien aide-major de 2ᵉ classe.
COLLIN, adjudant d'administration en 1ᵉʳ.

DIRECTION DE L'ARTILLERIE.

MM. BLANC, O. ✻, colonel, directeur.
LAURON ✻, chef d'escadron, sous-directeur.
DUGUET ✻, capitaine, adjoint à la direction.
LEPAIRE, id. id.
MARNET, id. id.
RAPATEL, id. id.
PIRAIN ✻, chef d'escad., command. l'artillerie de la division.
BOURET, chirurgien-major.
RICHARDOT, capitaine, commandant l'artillerie, à Médéah.

DIRECTION DU GÉNIE.

MM. GUYOT-DUCLOS, O. ✻, lieutenant-colonel, directeur des fortifications.
HUGON DE GIVRY, capitaine, adjoint.
CHAPELLE, garde de 2ᵉ classe.

Place d'Alger.

MM. LAMBERT ✻, lieutenant-colonel, chef du génie.
RENOUX ✻, capitaine, service de la place.
RÉMOND, id. id.
DEROULÈDE-DUPRÉ, capitaine, service de place.
PARMENTIER ✻, id., id.
KARTH, id., topographie.
JACQUIN, O. ✻, id., ouvriers.

Place des camps du Sahel.

M. ABINAL ✻, capitaine, chef du génie à Mustapha.

Place de Blidah.

MM. DUCASSE ✳, chef de bataillon, chef du génie.
STAINCQ, capitaine, id.

Annexe de Koléah.

M. RIVIÈRE, sous-lieutenant, chef de place.

Place d'Aumale.

MM. FÉTET ✳, capitaine, chef du génie.
HEZETTE, id., service de place.
PORNAIN, lieutenant, id.

Place de Médéah.

MM. JAVAIN ✳, chef de bataillon, chef du génie.
GRASSET, capitaine, service de place.
BOULANGÉ, id., id.
DE CARBONNEL, lieut., id.

Boghar (annexe de Médéah).

M. TEISSIER, capitaine, chef de l'annexe.

Place de Miliana.

MM. MALCOR ✳, capitaine, chef du génie.
LEJEUNE, id., service de place.
SCHMIDTZ, id., id.
REGARD, lieutenant en 1er.

Teniet-el-Hâad (annexe de Miliana).

M. BURAGE, lieutenant, chef de l'annexe.

Place de Cherchel.

MM. MANTE, capitaine, chef du génie.
RÉGEARD, lieutenant en 1er, service de la place.

Place de Ténès.

MM. COMMINES DE MARSILLY, capitaine, chef du génie.
SAVARD, lieutenant, service de la place.

Place d'Orléanville.

MM. LEBRETTEVILLOIS ✻, capitaine, chef du génie.
VALESQUE, id., service de place.
DOHAYNYS, id., id.

Place de Bougie.

M. BONNE, lieutenant, chef du génie.

Place de Dellys.

MM. LACHAUD DE LOCQUEYSSIE, capitaine, chef du génie.
LEFEBVRE, lieutenant en 1er, service de la place.

Service topographique.

Organisé par différents arrêtés ministériels, pour les opérations cadastrales proprement dites, aussi bien que pour les besoins du domaine, pour la colonisation, et enfin pour les travaux qui accompagnent les délimitations de propriété, prescrites par l'ordonnance du 26 juillet 1846.

Le personnel de ce service est nombreux : il comprend environ 80 agents, vérificateurs, triangulateurs, géomètres, dessinateurs, etc.

MM. BARBERI père, inspecteur.
GUILLON, vérificateur, chef du service de la province d'Alger.
De SAINT-ROMAIN, MOREAU, GOUGE, triangulateurs.

VILLE D'ALGER.

PREMIÈRE PARTIE.

DESCRIPTION. — INDICATIONS GÉNÉRALES.

Alger, l'ancienne *Icosium* (1), en arabe *El Djezaïr* (les îles), ainsi nommée par les indigènes, à cause des deux petits îlots placés en avant de la ville, et qui ont été réunis à la terre-ferme, au moyen d'une levée construite par le célèbre corsaire Kaïr-ed-Din (2). Cette levée porte encore aujourd'hui ce nom.

Vue de la mer, la ville d'Alger présente un aspect

---

(1) Voici l'étymologie que l'on donne à ce nom d'Icosium : la fable raconte qu'Hercule, lorsqu'il vint en Afrique, s'arrêta au lieu où est Alger aujourd'hui, et y laissa vingt de ses compagnons, qui y bâtirent une ville: *Eykosi* en grec veut dire vingt : Icosium aurait donc été la colonie des *Vingt*.

(2) Kaïr-ed-Din est le même personnage que celui connu dans nos histoires sous le nom d'Hariadan Barberousse.

fort pittoresque; ce massif de maisons, disposées en amphithéâtre, groupées sur la pente d'une colline très-escarpée, offre à l'œil quelque chose qui étonne et qui plaît. Mais c'est une disposition bien étrange et bien incommode pour l'établissement d'une grande ville, d'une capitale; aussi cet établissement n'était-il compatible qu'avec les usages et les mœurs d'une population, telle que l'étaient les Maures, c'est-à-dire d'une population essentiellement inactive, ne se livrant à aucune industrie un peu importante, ne connaissant que les professions mécaniques les moins perfectionnées, n'employant d'autre moyen de transport que des bêtes de somme ou des portefaix.

Ce défaut de voies carrossables fut un des grands obstacles que l'on rencontra après la prise d'Alger en 1830. Emprisonnée dans ces rues étroites, l'armée ne pouvait faire usage de son matériel qu'avec des difficultés et des lenteurs infinies. Il fallut donc se frayer promptement à travers ce labyrinthe de petites rues et de constructions accolées les unes aux autres, des voies de communication, désormais indispensables; c'est ce qui fit ouvrir très-promptement la rue et la place de la *Marine* (aujourd'hui place Royale), et les deux rues qui partent de cette place et vont aboutir, l'une à la porte Bab-Azoun, l'autre à la porte Bab-el-Oued.

Mais ce qu'Alger a de vraiment beau, et qui lui appartient en propre, c'est cette rade, qui se déroule en avant de la ville, et dont les contours harmonieux et grandioses remplissent si bien ce vaste horizon que terminent, sur les premiers plans, les chaînes du petit Atlas, qui enceignent la Métidja, et, sur les plans plus éloignés, les cîmes élevées du Jurjura.

La rade d'Alger, comprise entre la tour du Phare à l'ouest, et le cap *Matifoux* à l'est, occupe un espace de vingt-quatre kilomètres, sur une profondeur de dix à douze kilomètres.

Au sud de cette rade et à partir du pied des coteaux que commande le fort l'*Empereur*, s'étend une plaine de peu de largeur, resserrée qu'elle est entre la mer et les premières collines du Sahel, mais qui n'a pas moins de dix à douze kilomètres de longueur. C'est dans cette plaine que la ville d'Alger et son active population, rejetées du côté de l'ouest par la *Bouzaréa*, cherchent nécessairement à se répandre. Beaucoup de personnes ont comparé cette disposition des lieux à celle de Naples, et ne trouvent point qu'Alger puisse redouter cette comparaison, abstraction faite du nombre et de la grandeur des constructions publiques et privées dans les deux villes, et de l'importance respective des deux populations.

Alger a considérablement changé dans ces dernières années. La basse ville est devenue tout-à-fait européenne ; la haute ville a seule conservé, et cela encore dans les parties les plus élevées, c'est-à-dire dans celles qui avoisinent *la Casbah*, son ancienne physionomie mauresque ; et quoi que l'on en puisse dire, le changement n'est pas à regretter.

Le faubourg Bab-Azoun, particulièrement, est devenu un beau quartier, largement et commodément ouvert pour la circulation. Des constructions élégantes se sont élevées comme par enchantement, et par le prodige d'une de ces fièvres de spéculation, qui possédaient l'Europe, il y a quelques années, et dont on subit partout les inévitables conséquences.

La modification la plus importante qu'Alger ait éprouvée résulte de l'agrandissement de son enceinte : c'est l'histoire de toutes les grandes villes, surtout de celles qui ont de l'avenir.

L'ancienne ville, telle que nous l'avons trouvée et gardée pendant dix ans, n'avait que cinquante hectares de superficie.

En 1841, le plan des fortifications ayant été définitivement adopté, l'enceinte fut considérablement agrandie, et la superficie a été portée à cent soixante hectares.

La population est évaluée à 72,000 habitants, savoir :

Européens	48,000
Musulmans	18,000
Israélites	6,000
Total	72,000 habitants.

C'est donc une moyenne de 440 habitants par hectare. A Paris, on ne compte que 273 habitants ; on peut juger par là combien la population de la ville d'Alger est étrangement agglomérée. C'est un grave inconvénient, et l'administration doit y remédier, en procurant à cette population les moyens de se répartir plus également, et sur une surface plus étendue. Ouvrir de nouvelles communications, percer de nouvelles places, ou agrandir celles existantes; assurer au loin une viabilité constante, et la rapidité aussi bien que la régularité des communications, telles sont les mesures à prendre et qui, nécessaires partout, le sont encore plus sous un climat tel que celui de l'Algérie. C'est aussi par ces mêmes raisons de climat que l'administration a sagement fait de développer, autant qu'il est possible, le système des constructions à arcades, lesquelles présentent, à l'égard du soleil, les mêmes avantages que les petites rues, et n'en ont pas les nombreux inconvénients.

Dans ce même but, le système des eaux de la ville d'Alger devra recevoir les plus grands développements. Nous n'avons fait jusqu'à présent que corriger et améliorer les travaux, sans doute considérables, mais peu habilement conçus, que les Turcs nous avaient laissés. Une administration, qui se pique de science et de civilisation, ne peut en rester là. On évalue la consommation actuelle des eaux, à Alger, à vingt-cinq ou trente litres par individu; dans nos contrées de nord, cette consommation peut être suffisante, mais elle ne l'est pas, à coup sûr, pour une ville d'Afrique. Il faudrait aussi songer à l'irrigation des campagnes environnantes. Nous l'avons dit ailleurs, et nous le répéterons en toute circonstance : sous un semblable climat, le capital employé en irrigations est un inépuisable trésor.

Établissements militaires. — Les établissements militaires, indépendamment des forts et des batteries que nous avons trouvés tout construits, et qui ont été médiocrement réparés, consistent en deux bâtiments neufs, attribués au campement, et en treize casernes, dont deux seulement sont de construction neuve et méritent ce nom. C'est d'abord à la porte de la Marine, la caserne Lemercier, ainsi nommée d'un officier supérieur du génie, mort en 1836, et qui a commandé le premier cette arme en Algérie, avec autant de distinction que de dévouement ; c'est ensuite la grande caserne d'infanterie, près de la Casbah, aujourd'hui terminée.

Les hôpitaux militaires sont situés au-dehors de la ville ; le principal est celui du Dey, au-delà de la porte Bab-el-Oued : il peut contenir 1,800 malades et est parfaitement approprié pour le service.

L'enceinte fortifiée, qui a exigé et exigera encore des travaux de terrassement et de maçonnerie énormes, est ouverte sur tout son parcours ; elle sera terminée dans quelques années : on a le projet de l'appuyer de neuf forts. Les trois principaux seront établis, le premier sur la Bouzaréa, le deuxième à El-Biar, le troisième à Mustapha-Supérieur : ce sera le plus considérable.

Monuments publics. — Les difficultés de toute nature qui ont entouré notre établissement naissant, les dépenses énormes qu'a causées cette longue guerre que la soumission d'Abd-el-Kader vient enfin de terminer, ne permettaient pas au gouvernement de mettre les monuments publics de la capitale de l'Algérie au niveau des besoins que notre civilisation fait naître, et des idées grandes et élevées qu'elle impose. Alger n'offre donc rien de remarquable à cet égard. L'hôpital civil, établi dans une caserne des janissaires, mal restaurée, est aussi insuffisant qu'incommode. C'est une ancienne maison mauresque de médiocre grandeur, qui sert de palais de justice ; le théâtre est une misérable bicoque; ce qu'on appelle bibliothèque, est une salle trop petite, arrangée dans l'intérieur du collége; nous n'avons point de musée.

La cathédrale et la prison civile sont les seuls édifices un peu importants que l'administration française ait commencés à Alger, et ils sont loin d'être achevés. La prison civile est bâtie d'après les principes du système pénitentiaire actuel. Quant à la cathédrale, qui est construite sur l'emplacement d'une ancienne mosquée, que l'on n'avait voulu d'abord que restaurer, elle ne mérite réellement pas ce nom de cathédrale; ce sera une église de grandeur moyenne, mais d'un effet gracieux et d'un bon style : malheureusement, elle est mal placée.

Nous citerons aussi le temple protestant : il est petit, mais d'un style sévère et tout-à-fait en harmonie avec les besoins de ce culte.

Le palais du Gouverneur, l'évêché, ne sont que de fort belles maisons mauresques restaurées et appropriées, tant bien que mal, aux usages auxquels elles sont destinées.

Les deux principales mosquées de la rue de la Marine (Anefi et Maleki), existaient du temps des Turcs, à peu près telles que nous les avons conservées. On s'est contenté d'ajouter à la mosquée Maleki, située rue de la Marine, une colonnade et une espèce de portique, qui seraient d'un meilleur effet s'ils étaient placés d'une façon moins bizarre; c'est-à-dire, s'ils faisaient face à quelque chose, et s'ils entraient dans quelque combinaison de perspective.

On doit, cette année, jeter les fondements d'une

synagogue, réclamée depuis long-temps par la population israélite.

Port et quais. — Mais au-dessus de tous ces travaux, et dans un degré d'importance auquel ils ne sauraient prétendre, s'élève la question du port d'Alger; port militaire encore plus que commercial, nouveau Toulon que la France veut se construire sur la côte de la Méditerranée, qui fait face aux côtes de Provence; à travers un *canal* qui n'a pas plus de 160 lieues de largeur, et que l'on franchit maintenant en moins de 40 heures.

Nous avons déjà traité cette question (voir aux *travaux publics*); mais on nous permettra d'y revenir et d'ajouter quelques détails sur la disposition générale qui serait donnée à cet établissement, conçu dans des proportions vraiment imposantes.

La jetée actuelle, qui a sa base sur le petit îlot couvert de batteries, et où les Espagnols avaient bâti un fort au XVIe siècle, se prolongerait dans la direction qu'elle a aujourd'hui, c'est-à-dire du nord-ouest au sud-est. Le développement de cette jetée (1) est dès à présent de 500 mètres; elle serait portée à 500 mètres plus loin par une profondeur de 15 et 18 mètres.

Au-delà de cette jetée, que terminerait une batterie

---

(1) Par suite des variations qui se sont succédé dans les projets auxquels a donné lieu la construction du port d'Alger, cette jetée décrit une courbe dont l'effet est bizarre et sera sans doute l'objet de critiques éternelles. Il est certain cependant que cette *bizarrerie* n'est que pour le coup-d'œil, et qu'elle est sans importance réelle pour le mérite et l'utilité de ce port.

de quarante pièces de canon, s'étendrait un second brise-lames de 2,000 mètres de développement, qui formerait artificiellement une rade, jugée indispensable pour un port militaire.

En arrière de cette rade, une jetée, dite du Sud, s'appuyant aux batteries de la côte de Mustapha, fermerait l'entrée du port, qui serait pourvu de tous les établissements nécessaires: bassin de commerce, bassin des bâtiments à vapeur, arsenaux, machine à mâter, etc.

La tenue de la rade est bonne, et les profondeurs d'eau sont telles, que les plus grands bâtiments de guerre pourraient venir, sans difficulté, mouiller dans l'intérieur du port. Tel qu'il est aujourd'hui, et avec une jetée qui n'est pas encore à la moitié de son développement, les grandes frégates à vapeur y trouvent un abri assuré contre les plus mauvais temps.

Un autre ouvrage considérable, depuis long-temps projeté et commencé dès cette année, c'est la construction des quais. Ils s'étendront à peu près parallèlement à la jetée, avec une largeur considérable (100 mètres environ, jusque vers le fort Bab-Azoun); ils seront bordés de magasins taillés dans le roc, ou construits en voûtes maçonnées à double étage, comme le sont déjà celles de la place du Gouvernement; et enfin, pour compléter tout ce système, on construirait une rue suffisamment large, bâtie sur un seul côté, à arcades, à constructions uniformes, et qui, se reliant à la place Royale, dominerait ces quais, ces magasins et tout ce port. Des rampes calculées, de manière à racheter convenablement la différence des niveaux, qui est considérable, mettraient la ville en communication avec le port, les quais et leurs magasins. Tels sont, dans leur ensemble, les beaux et vastes projets que l'on a étudiés, et si l'on veut, *rêvés* pour la ville d'Alger, qui deviendrait ainsi l'une des belles villes du monde. Pour nous, nous ne voyons pas les raisons sérieuses qui empêcheraient ces *rêves* de s'accomplir.

ADMINISTRATION DE LA VILLE D'ALGER. — Au moment où nous mettons sous presse cette partie de l'*Annuaire*, les ordonnances et arrêtés pour la mise à exécution de l'ordonnance du 28 septembre dernier, qui a fondé en Algérie le régime de municipalité, ne sont pas encore promulgués. La ville d'Alger continue, comme par le passé, à être administrée par la direction des affaires civiles de la province. La mairie, qui a cependant été constituée dès l'origine, n'a point d'attributions fixes : le maire ne remplit, à proprement parler, que les fonctions d'officier de l'état-civil. Il est assisté de deux adjoints européens. Lorsqu'on a établi le consistoire israélite, on a supprimé l'adjoint de cette nation. La population musulmane n'est pas non plus représentée dans cette municipalité, sur laquelle il serait, au surplus, inutile de s'étendre davantage, puisqu'elle va être remplacée par un ordre de choses tout nouveau.

POLICE. — La police est dirigée par un commissaire central, qui a sous ses ordres six commissaires ordinaires.

Le commissaire central, indépendamment de la surveillance générale du service, est spécialement chargé de la remise des passeports et des inscriptions aux départs, prescrites par l'arrêté du 20 décembre 1843.

Pour faciliter le service, la ville a été partagée en cinq arrondissements, confiés chacun à un commissaire de police.

1er *arrondissement.* — Comprenant la partie de la basse ville renfermée entre l'ancienne porte Bab-Azoun, la rue de Chartres et la rue Bruce, avec le prolongement projeté jusqu'à l'ancienne porte Bab-el-Oued.

2me *arrondissement.* — La partie de la haute ville comprise entre les anciens remparts, à l'exception de la portion qui forme le 1er arrondissement.

3me *arrondissement.* — Tout l'espace à l'est, compris entre la mer, la vieille enceinte et les nouveaux remparts, jusqu'à la Casbah; c'est ce qui forme le nouveau quartier Bab-Azoun.

4me *arrondissement.* — Tout le terrain à l'ouest, compris entre la mer, la vieille enceinte jusqu'à la Casbah, et le nouveau rempart; c'est ce qui forme le quartier Bab-el-Oued.

5me *arrondissement (extrà muros).* — Comprenant une portion de la commune de Mustapha et le quartier de l'Aga, jusques et y compris le camp de Mustapha.

Un sixième commissaire de police est spécialement chargé du service du dispensaire et des objets qui s'y rattachent. C'est ce que l'on pourrait appeler le bureau des mœurs, pour employer une expression usitée à Paris.

CORPORATIONS. — On appelle de ce nom, à Alger, non pas des corporations formées de certains états ou professions, mais par la réunion d'individus appartenant à diverses populations de l'intérieur que l'attrait du gain et l'exercice de certaines professions attirent dans nos villes du littoral; comme nous avons en France nos Auvergnats, nos Savoyards. Les Turcs avaient institué ces corporations, et nous les avons conservées; elles sont régies par un arrêté du 10 février 1838.

Ces corporations sont au nombre de six, savoir:

Kabyles. — Ils sont en général, manœuvres et employés dans les travaux de la campagne; ceux que l'on voit à Alger viennent ordinairement des montagnes aux environs et au-delà de Bougie.

Mozabites. — Ils viennent de l'oasis du Beni-Mzab, à l'entrée du désert, 20 journées au sud-est d'Alger; les professions qu'ils exercent sont celles de bouchers, baigneurs, marchands.

Biskris. Ce sont les hommes venant de Biskara, et des contrées voisines. Biskara est depuis trois ans un de nos points d'occupation : ce sont les portefaix de la ville; d'où le nom est resté à tous les individus qui exercent la même profession.

Nègres. — Domestiques, portefaix, blanchisseurs de maisons, ceux qui font partie de la corporation, sont à l'état de liberté, et ce régime paraît très-bien leur convenir; ils sont gais et actifs.

Mzitas. — Portefaix à la Rachba (marché aux grains).

Laghouats. — D'une tribu à 80 lieues au sud de Médéah, et qui reconnaît aujourd'hui notre autorité : ce sont d'ordinaire les portefaix du fondouck aux huiles.

Ces corporations sont placées sous la surveillance de la police ordinaire, et dirigées par des *amyns* ou chefs. Lorsqu'un indigène appartenant aux populations qui viennent d'être énoncées, arrive à Alger pour s'y fixer ou pour y résider temporairement, on l'inscrit sur un registre, et on lui donne un livret et une plaque de fer-blanc, qui porte le numéro sous lequel il est inscrit au registre; il paie pour cet objet une faible redevance. Dans certains cas, la corporation est responsable des méfaits de ses membres.

Au 1er janvier 1846, la force numérique de ces corporations était de 9,469 individus, dont les Kabyles formaient plus de la moitié : c'est là sans doute un chiffre élevé, et cependant on doit convenir qu'aucune population ne donne moins d'embarras que ces corporations: nous devons même les favoriser autant que possible; car, indépendamment des services qu'elles rendent, ce sont nos missionnaires dans l'intérieur du pays; les Kabyles surtout, dont l'esprit progressif sait fort bien porter dans les montagnes les procédés et les instruments de travail, dont ils ont vu les *Roumis* se servir. Notre langue pénètre avec eux, et il n'est pas aujourd'hui si âpre montagne de la Kabylie, où l'on ne trouve un certain nombre d'individus parlant et entendant à merveille le français; germes précieux pour l'avenir, et qu'il importe de cultiver.

PORT et SERVICE SANITAIRE. — Le port d'Alger étant considéré comme de première classe, a simultanément un directeur du port militaire, un directeur du port marchand, un capitaine de santé.

Le régime des quarantaines qui dominait, il y a peu d'années, toute la Méditerranée, avait amené le gouvernement à faire construire à Alger un lazaret, destiné aux navires venant de Turquie, d'Égypte, et qui sont obligés d'aller purger leur quarantaine à **Malte** ou à Mahon. Le commerce des grains, si considérable avec la Mer Noire pour l'approvisionnement de l'armée, l'exigeait ainsi : ce lazaret a donc été construit à 200 mètres au-delà des nouveaux remparts de la ville, mais il n'a pas encore été organisé.

ENTREPRISE DU LESTAGE. — Les navires qui viennent à Alger ne trouvant point de chargement, et repartant très-souvent sur lest, il a fallu établir un réglement pour cette opération, qui, sur la demande du commerce, a fait l'objet d'une adjudication.

L'adjudicataire actuel est le maure Ben-Marabet.

HOPITAUX, HOSPICES, ÉTABLISSEMENTS DE BIENFAISANCE. — Il n'existe à Alger qu'un hôpital civil, dit de *Caratine*, rue Bab-Azoun ; nous avons déjà dit combien il était insuffisant et incommode : il contient 300 lits ; comme ce nombre serait insuffisant, surtout pendant les chaleurs, et alors que les travaux de la fenaison augmentent rapidement le nombre des malades, on a ajouté à cet hôpital deux succursales, l'une dans la même rue, et dans une caserne cédée par le génie militaire ; l'autre à Dély-Ibrahim, 12 kilomètres d'Alger ; enfin, lorsque cela devient nécessaire, l'hôpital militaire de Mustapha reçoit les malades qui ne peuvent trouver place dans les hôpitaux civils.

Au surplus, et puisque l'occasion se présente de le dire, partout où il existe en Algérie des hôpitaux militaires, les malades civils sont reçus et traités avec les mêmes soins que ceux appartenant à l'armée ; les indigènes, lorsqu'ils parviennent à vaincre leurs superstitieuses répugnances, sont admis aux mêmes traitements. Le ministère de la guerre a donné, à cet égard, les instructions les plus libérales, et elles sont religieusement observées sur tous les points du territoire.

Dans le chapitre spécial consacré au culte catholique, nous avons fait connaître divers établissements hospitaliers déjà fondés à Alger : celui des Sœurs de la Providence, rue Boutin, près la cathédrale, destiné à procurer des consultations et des secours gratuits aux indigents de la ville, à quelque nation, à quelque religion qu'ils appartiennent; celui des Orphelines d'El-Biar, maintenant transféré à Mustapha; celui des Orphelins de Ben-Aknoun, si bien dirigé par M. l'abbé Brumault; nous ne reviendrons donc pas sur ce qui a été dit à ce sujet. Mais il n'est que trop certain que, dans notre constitution actuelle de société, la charité privée, si active qu'elle soit, ne suffit point; il faut que l'État ou du moins *la communauté* intervienne. Aussi l'administration, qui n'avait d'abord fait que seconder et subventionner ces utiles créations, a été invinciblement amenée à prendre à leur gestion une part plus directe : ce sera un des importants objets dont les municipalités qui vont être établies auront à s'occuper.

Boulangerie. — La boulangerie est réglée par un arrêté du gouverneur-général, en date du 15 janvier 1845, lequel est commun à toutes les localités de l'Algérie.

Le nombre des boulangers à Alger est en ce moment limité à 22; ils sont formés en syndicat, et tenus d'avoir, soit chez eux, soit dans un magasin central désigné, un approvisionnement égal à la consommation de la population pendant 30 jours. Le poids et la taxe du pain sont réglés par des dispositions tout-à-fait semblables à ce qui existe en France; les fonds de boulangerie sont transmissibles, moyennant certaines conditions et avec l'agrément de l'autorité.

BOUCHERIE. — Cette industrie, ainsi que la charcuterie et la triperie, ont été réglées par un arrêté ministériel du 16 novembre 1846; cet arrêté a posé en principe la nécessité pour chaque boucher d'avoir toujours un certain approvisionnement de viande sur pied. La viande est taxée, comme il est d'usage dans quelques villes de France; le nombre des bouchers d'Alger est en ce moment de 17, non compris les bouchers maures et juifs, qui sont régis par des coutumes particulières, ces derniers surtout; car tout le monde sait que les Israélites ne peuvent toucher qu'aux viandes des animaux qui ont été tués par des hommes de leur religion et conformément à certaines prescriptions de la loi de Moïse, prescriptions très-religieusement observées par la population juive d'Alger.

DEUXIÈME PARTIE.

Cette seconde partie comprend diverses désignations, savoir : Résidence des autorités civiles, judiciaires, militaires, etc. — Noms et adresses des fonctionnaires, etc.

Gouvernement général.
Palais du Gouvernement, place du même nom.

(*Voir* page 231) (1).

(1) Les pages auxquelles nous renvoyons le lecteur pour cet article et pour les suivants, sont celles qui contiennent la composition du personnel, les attributions, etc.

Conseil supérieur d'administration.

Il tient ses séances les mardi et vendredi, au palais du Gouvernement. — Secrétariat, rue de la Charte.

(*Voir* page 232).

Direction générale des Affaires civiles.
Rue de la Charte et rue Soult-Berg.

(*Voir* page 233).

État-Major général de l'armée.
A la Jénina, place du Soudan.

(*Voir* page 249).

État-Major général de la division.
Rue des Lotophages.

(*Voir* page 273).

État-Major de la subdivision.
Rue du Chêne.

(*Voir* page 276).

Intendant Militaire de l'armée.
Rue de l'Intendance.

(*Voir* page 286).

Intendant Militaire de la division.
Rue de l'Intendance.

(*Voir* page 287).

Direction centrale des Affaires arabes.
Place des Garamantes, près l'ancienne porte Bab-Azoun.

(*Voir* page 257).

Direction divisionnaire des Affaires arabes.
Au même endroit.

(Voir page 281).

Légion de Gendarmerie d'Afrique.
Rue de Toulon.

(Voir page 250).

État-Major général de l'artillerie.
Rue du Vinaigre.

(Voir page 251).

Direction de l'artillerie.
Rue Jean-Bart.

(Voir page 288).

État-Major général du génie.
Rue Philippe.

(Voir page 251).

Direction des Fortifications de la province.
Rue Philippe.

(Voir page 288).

Service de la place d'Alger.
Rue Philippe.

(Voir page 288).

État-Major des places de la division.
Rue Jénina.

(Voir page 283).

État-Major de la place d'Alger.
Rue Jénina.

(Voir page 284).

Marine royale.
A l'Amirauté.

(*Voir* page 252).

Culte catholique.

Évêché, place du Gouvernement.
Église cathédrale, Saint-Philippe, rue Bal-el-Oued.
Chapitre de la Cathédrale, à l'évêché.
Église de Saint-Augustin, à Bab-Azoun.
Grand Séminaire, rue Philippe, imp. Ste-Philomène.
Petit Séminaire, à Saint-Eugène.

(*Voir*, pour l'organisation du culte et du clergé catholique, pages 240 et suivantes).

Culte protestant.

Consistoire, au Temple, rue de Chartres.

(*Voir* page 243).

Culte israélite.

Il existe plusieurs synagogues dans les divers quartiers de la ville, notamment rue Sainte et rue Scipion : le Consistoire se réunit rue Sainte, n° 1.

(*Voir* page 244).

JUSTICE.

Parquet du procureur-général.
Rue Socgemah.

(*Voir* page 239).

Cour royale.
Rue Bruce.

1ʳᵉ CHAMBRE. — *Audiences civiles*, les lundi, mardi, mercredi, à huit heures du matin.

2ᵉ CHAMBRE. — *Audiences criminelles*, les jeudi et vendredi, à onze heures du matin.

Audiences civiles, le samedi, à huit heures.

(*Voir* page 239 et suivante).

Parquet du procureur du roi.
Rue de l'État-Major.

MM. LARDEUR, procureur du roi, rue Doria.
BONIE, substitut, rue de l'État-Major.
TRUANT, substitut, rue Boulabah.
CHEVILLOTTE, substitut, rue .....

Tribunal de première instance.
Rue de l'État-Major.

1ʳᵉ CHAMBRE. — *Audiences civiles*, les jeudi, vendredi et samedi, de deux à cinq heures du soir.

MM. DE PONTON D'AMÉCOURT ✻, président du tribunal, présidant la 1ʳᵉ chambre, rue d'Isly (1).

(1) M. de Ponton d'Amécourt, qui compte dans la magistrature depuis 1822, est venu en Afrique en 1834. Il remplissait les fonctions de juge unique civil de 1ʳᵉ instance à Alger, et les garda jusqu'en 1841, époque à laquelle il rentra en France comme substitut du procureur général à Nancy. Un an après, M. de Ponton d'Amécourt vint reprendre à Alger sa place au tribunal de 1ʳᵉ instance dont il fut nommé président. Ainsi le même magistrat a occupé le même siège pendant quatorze ans. C'est de l'inamovibilité par le mérite, par le caractère, par la nécessité de ne pas introduire de changements dans des fonc-

MM. BOLLAERT, juge, rue de Tanger.
BOUVIER, id. rue Mantout.
HUN, id. id.

2ᵉ CHAMBRE. — *Audiences civiles*, les jeudi, vendredi, samedi, de huit à onze heures du matin.

MM. MOURET DE St-DONAT, vice-président, rue Boulabah, 26.
OURANGIN DES BRISSARDS, juge, rue de l'État-Major, 5.
GUILLAUME, id. rue Doria.
CAILLEBARD, id. id.

3ᵉ CHAMBRE. — *Audiences correctionnelles*, les lundi et mardi, à midi.

Audiences civiles, mercredi, à deux heures.

MM. ANDRÉ, vice-président, rue Darfour.
ARGENCE, juge, Bazar-Mantout.
COLONNA D'ORNANO, juge, rue des Lotophages.
BROWN, juge, rue Duquesne.
KADDOUR-BEN-TURQUIA, assesseur musulman.
DUBRAC, greffier en chef, rue de l'État-Major, 50.

Tribunal de Commerce.
Rue de la Marine.

En exécution de l'ordonnance royale du 27 novembre 1847, les notables négociants de la province d'Alger se sont réunis les 25 décembre et 5 février pour élire les membres qui doivent faire partie du tribunal

---

tions aussi délicates qu'importantes. Pourquoi donc la constitution organique de la magistrature en Algérie ne consacrerait-elle pas en droit, ce qu'en fait on regarde comme nécessaire, ainsi que cela existe dans la métropole? On nous permettra de citer cet exemple de M. d'Amécourt, et il n'est pas le seul que nous pourrions invoquer.

de commerce pendant l'année 1848; cette double élection a donné les résultats suivants (1) :

MM. BOURNICHON ✻, président pour deux ans.
    LICHTLIN ✻, juge. id.
    ALPHANDERY, id. id.
    COUPUT, id. id.
    SUQUET, id. id.
    GABRIEL, id. id.
    BELLOIR, id. id.
    TIRON, id. pour un an.
    LECHÊNE, id. id.
    FOURCHON, id. id.
    CŒUR-DE-ROI, id. id.
    DUBREUIL, juge-suppléant pour deux ans.
    KOBB, id. id.
    CHARPENTIER, id. id.
    WAROT, id. id.
    VILLIERS, juges-suppléants pour un an.
    MÉNAGER, id.
    BOURNOT ✻, id.
    SADIA-LEVI-VALENSIN, id.
    D'ESPOURRIN, greffier en chef.
    VERGETTI, commis-greffier.

Justice-de-Paix.
Rue Jean-Bart.

Canton Nord. — Audiences, les mercredi et vendredi, à 8 heures du matin.

MM. MONGELLAS, juge-de-paix.
    LUSSAC, défenseur, 1ᵉʳ suppléant.

---

(1) L'ordonnance royale confirmative de l'élection, et qui doit, suivant l'usage, constituer pour 1848 le tribunal de commerce, n'a pas encore été promulguée.

MM. JOBERT, 2me suppléant.
    HAMED BOU-KAUDOURA, assesseur.
    GIRARD, greffier, rue de la Marine.
    DANINOS, interprète.

Canton Sud. — Audiences, les mardi et samedi, à 8 heures.

MM. COQUELIN, juge-de-paix.
    SABATÉRY, défenseur, 1er suppléant.
    FLORET, notaire,   2e id.
    HEURTAUX, greffier.
    DANINOS, interprète.

Tribunal de simple police.
Présidé par les deux juges-de-paix, à tour de rôle.

Audiences : lundi et mardi.

MM. DUCLAUX, greffier.
    DANINOS, interprète.

JUSTICE MILITAIRE.

Conseil de Guerre.
Rue Scipion.

La juridiction des conseils de guerre en Algérie a une importance et une extension considérables, parce qu'elle embrasse tous les territoires mixtes et arabes, c'est-à-dire tout l'intérieur du pays. C'est ainsi que nous avons vu s'instruire et se juger devant ces tribunaux des affaires aussi graves que compliquées, et qui, par la manière dont l'instruction avait été faite, et dont les débats ont été conduits, méritent de figurer dans nos recueils des causes célèbres. Nous citerons entr'autres l'assassinat des employés du télégraphe du

Gontas, près Miliana, et le jugement des deux faux Bou-Maza, qui furent livrés par les Arabes ; l'un fut condamné à mort et exécuté sur le lieu même où il avait levé l'étendard de la révolte ; la peine de l'autre fut commuée en celle des travaux forcés à perpétuité.

La composition de ces tribunaux est réglée d'après les lois de la justice militaire.

1er *Conseil de guerre.*

MM. SELLA, capitaine au 64e, capitaine-rapporteur.
    KNAPS, greffier.

2me *Conseil de guerre.*

MM. BERLIER, capitaine au régiment des zouaves, capitaine-rapporteur.
    MOREL, greffier.

Officiers ministériels.

Défenseurs.

Près le Tribunal civil.

Audebert, rue
Barberet, rue Bab-el-Oued.
Bastide, rue de la Révolution.
Baudrand, rue Bab-el-Oued, passage Martinetti.
Blasselle, rue Boutin.
Bussières, rue Bab-Azoun.
Delangle, id.
Dermineur, rue Jean-Bart.
Florens, rue de la Marine.
Fruchier, rue Boutin.
Gechter.
Genella, rue de l'Aigle.
Horé-d'Aprémont, place Royale.
Ladrix.
Sabatéry, rue Cléopâtre.
Journès, rue de l'Arc.

Près le Tribunal de commerce.

Bouriaud, impasse Mahon.
De Sulauze, rue Bab-el-Oued.
Ecoiffié, rue Doria.
Craney, rue
Lussac, rue Duquesne.
Quinquin, rue des Consuls.
Tioeh ✻, bazar Mantout.
Villacrose, rue Bab-Azoun.

Tous les défenseurs, nommés près le tribunal civil et près le tribunal de commerce, ont qualité pour postuler et plaider concurremment devant la Cour Royale (arrêté du 25 mai 1845).

Notaires.

Auger ✻, rue Neuve-Jénina, 2.
Barrois, rue Bosa (maison Alphan).

Double, rue Mahon, 51.
Floret, rue Bab-Azoun (maison Catala).
Leroy, place de la Pêcherie (maison Sarlande).
Lieutaud, rue des 3 Couleurs, 54.
Martin, rue des Consuls, 2.
Rousseau, rue Sainte, 2.
Pourtauborde, rue Bab-Azoun.
Triboulet, rue Mahon, 41.

Huissiers.

Bastard, rue Charles-Quint.
Bunel, rue Jénina.
Dazinière, rue Traversière.
Dufau, rue Mahon.
Durand, place Royale.
Gaillard, rue Bab-el-Oued.
Galiani, rue Mahon.
Gamelin, rue Philippe.
Garreau de Loubresse, rue de la Marine.
Larsonneur, r. des Trois-Couleurs
Martin de Roquebrune, rue Bab-el-Oued.
Pannecet, rue Bab-Azoun.
Pierre, impasse Mahon.
Raynaud, rue de la Marine, maison Bisary.
Robert, rue Sainte, 1.
Sardnal, place du Gouvernement.
Serrain, rue des Trois Couleurs.

Interprètes assermentés.

Attard (langue arabe, caractère musulman et caractère hébreu) rue d'Orléans.
Aupied (langue arabe), rue Mahon.
Gentili, courtier (interprète pour l'italien) rue des Consuls.
Guyon-Vernier (langue espagnole), rue d'Orléans.
Guyon-Vernier (langue italienne), rue Doria.
Holzhalb (langue allemande), rue Lalahoum.
Kirwan, (langue allemande et langue suédoise) rue Tourville.
Kulmann (langues suédoise, danoise et anglaise).
J. Sansericq (langue espagnole), rue Bab-el-Oued.
Trèves (Auguste), courtier, (langue italienne) rue d'Orléans, 62
Tama, (langues arabe et hébraïque), impasse Philippe.

Commissaires priseurs.

Blasselle, rue Boutin.
Billette, rue Jean-Bart.
Demolins, rue Socgemah.
Dyvrande, rue de la Marine, 4.

Curateurs aux successions vacantes.

Barberet père.
Vielle.

ADMINISTRATIONS.

Direction des affaires civiles.

Rue Bruce.

Voir pour cette administration, pour le personnel

l'organisation du conseil de direction, des bureaux, etc., page 265.

Ponts-et-Chaussées.
Passage Mantout.

(*Voir* page 267).

Travaux hydrauliques.
Au port.

(*Voir* page 269).

Mines et Forages.
A la Jénina.

Il s'y trouve un laboratoire de manipulation et une collection minéralogique déjà importante, mais installée ou plutôt enfouie dans un local plus qu'insuffisant.

(*Voir* page 236).

Bâtiments civils.
Rue Bruce, à la direction des affaires civiles.

(*Voir* page 269).

Bibliothèque et Musée.
Au collége, rue Bab-Azoun.

La bibliothèque, installée depuis dix ans dans les bâtiments du collége, ne peut être considérée que comme provisoire. Elle ne contient qu'un nombre de volumes fort restreint; mais elle possède des manuscrits arabes précieux.

Le musée n'existe que nominalement; les collections déjà recueillies sont loin d'être sans importance. Il est à souhaiter qu'un édifice convenable soit bientôt consacré à cet objet, si important pour la capitale d'un pays qui renferme tant de richesses historiques.

M. BERBRUGGER ✻, conservateur, memb. corresp. de l'Institut.

Jours d'entrée : Lundi, mercredi, vendredi, de midi à 5 heures.

INSTRUCTION PUBLIQUE.

M. LEPESCHEUX ✻, inspecteur de l'instruction publique, chef de service, rue Tourville.

Cours public de langue arabe.
Au Musée, rue Bab-Azoun.

M. BRESNIER, professeur, ancien élève de l'école royale et spéciale des langues orientales, rue de Tanger.

Cours de langue parlée : Lundi, mercredi et vendredi, à 11 heures 1/2.

Cours de langue écrite : Mardi, jeudi, samedi, à 11 heures 1/2.

COLLÉGE D'ALGER.
Rue Bab-Azoun.

(*Voir* page 244).

Instruction primaire.

M. CANTREL, inspecteur, rue Bab-el-Oued.

Écoles communales de garçons.

MM. CARBONNEL, directeur de l'école mutuelle, rue Socgemah.
    AUGAGNEUX, id. rue du 14 juin.
    MALLEN, instituteur, à Bab-Azoun.
    DEPEILLE, direct. de l'école maure française, r. de la Lyre.
    WEIL, direct. de l'éc. des jeunes israélites, r. Scipion.

Institutions privées.

MM. LAURENT, officier d'Académie, rue Bab-Azoun.
    MACHUEL,   du 1er degré,   rue du Sagittaire.
    SIMAN,   —   rue Boutin.
    ABADIE,   —   rue Philippe.
    BÉCAT,   —   rue Charles-Quint.

École de dessin.

M. BRANSOULIÉ, professeur de dessin, rue de Chartres.

Écoles communales de filles.

Sœurs de Saint-Vincent-de-Paul, rue du Divan.
Sœurs de la Doctrine chrétienne, école gratuite, à Bab-Azoun.
Mme LUCE, directrice de l'école des jeunes musulmanes, rue du Regard.
Mme HARTOCH (Héloïse), directrice de l'école des jeunes israélites, rue du Vinaigre.

Institutions privées.

MM^{mes} DUPARC (vicomtesse), *Athénée des familles*, r. de l'État-Major.
    MARTIN,   rue Renaud.
    ARMAND,   rue de la Révolution.
    RIVIÈRE,   rue des Consuls.
    LHERMINES, rue Boutin.
    DASNIÈRES, rue Bab-el-Oued.
    PERRICAU,   rue de la Marine.
    BELLOC,   rue Jénina.
    PINGAT,   rue des Trois-Couleurs.
    PECHMARTY, à Bab-el-Oued.
    FOING,   rue d'Isly.
    BACHELET,   à Mustapha-Inférieur.
    WITTERSHEIM, rue des Lotophages.

Salles d'asile.

Sœurs de Saint-Vincent-de-Paul, rue du Divan.
Sœurs de la Doctrine chrétienne, rue Mogador.

Mmes DE LATOUR et DE LARROC, salle d'asile payante pour les enfants des deux sexes, de deux à six ans, rue Scipion, 13.

MAIRIE.

Rue Jénina et rue Bruce. — Même bâtiment que la direction des affaires civiles.

MM. DE VÉSINS (comte), O. ✻, maire d'Alger.
ROLAND DE BUSSY, 1er adjoint.
SABATAULT, 2e adjoint.
PÉCOUD, chef de bureau.
SÉROR, interprète.
MIGUÈRES, médecin.
BOSIO, id.

Commission permanente de santé.
Instituée par l'arrêté du 13 mai 1833.

MM. DE VÉSINS, O. ✻, maire d'Alger, président.
MÉARDI ✻, docteur-médecin.
CASSASSOLES, inspecteur de douanes.
LEFEBVRE, commissaire central.
MALLE ✻, docteur-médecin.
SIMOUNET, pharmacien.

HÔPITAL CIVIL D'ALGER.

Rue Bab-Azoun. — Succursale à Dély-Ibrahim.

Service de Santé.

MM. TROLLIET ✻, médecin en chef, galerie Duchassaing.
MÉARDI ✻, chirurgien en chef, rue du 14 juin.
MELCION, chirurgien en second, rue des Sauterelles.
FOLEY, médecin en second, rue Mahon.
ROLLIER, chirurgien-adjoint, rue Bab-Azoun.
SÉGARD, pharmacien en chef, rue Bab-Azoun.

Administration.

M. LAMBERT DE MAUPAS, économe.

Voir pour la succursale, à Dély-Ibrahim.

Dispensaire.
Rue Cagliata.

MM. ECKELT, chirurgien, rue de Chartres.
RÉVÉRARD, pharmacien, rue Bénachère.
MOUSELER, économe, rue Boutin.

POLICE.
Police centrale, rue Boutin.

(*Voir*, pour l'organisation, page 300).

MM. LEFEBVRE, commissaire central.
LOMBARD, inspecteur.
JAUME, id.

1er Arrondissement (place de la Pêcherie).

MM. DALIGNY, commissaire.
BOISSEAU, inspecteur.

2e Arrondissement (rue du Lézard).

MM. MURANI, commissaire.
LAUZEVAL, inspecteur.

3e Arrondissement (faubourg Bab-Azoun, rue du Marché).

MM. SAVY, commissaire.
LUIGGI, inspecteur.

4e Arrondissement. (Faubourg Bab-el-Oued, près le pont).

MM. BENAZET, commissaire.
VAUTRAVERS, inspecteur.

5e Arrondissement (A l'Agha, route de Mustapha-Supérieur).

MM. LAMARQUE, commissaire.
MAUREL, inspecteur.
SALVAIGNE DE LA CIPIÈRE, commissaire de police du Dispensaire, à la police centrale.

SERVICES FINANCIERS.

ENREGISTREMENT ET DOMAINES.
Rue de la Charte.

(*Voir* page 270).

Recettes.

MM. SANTELLI, conservateur des hypothèques, rue du Commerce, 2.
ROUBIÈRE, receveur des domaines, rue la Charte.
BRUNY, receveur des actes civils, rue des Sauterelles, 2.
FASSY, receveur des actes judiciaires, rue Traversière.
GACHOT, receveur des dépôts et consignations, rue Socgemah.
N....., receveur des amendes.
BÉRARD, receveur du timbre extraordinaire, rue de la Charte, 61.

Débits de papier timbré.

MM^{es} Ve PÉPIN, rue Bab-Azoun.
Ve LACOSTE, rue Lalahoum.
OLIVIER, rue Bab-el-Oued.
M. BASTIDE, libraire, place Royale.

DOUANES.
Rue Renaud.

(*Voir* page 271).

M. CAILLY, receveur principal, rue Renaud.

CONTRIBUTIONS DIRECTES.
Rue d'Orléans.

(*Voir* page 271).

Recettes.

MM. BADIER, receveur de la ville.
ESPA, receveur de la banlieue.

MM. **PONS DÉRAMOND**, receveur central des produits locaux et municipaux, à Bab-Azoun.

ANDRÉ, receveur, à l'abattoir civil.

BOUFFEY père, entreposeur des poudres, rue Bab-el-Oued.

LEROUX, vérificateur des poids et mesures.

LESPINAS, receveur du poids public.

ALI-PACHA (1), surveillant des marchés.

TRÉSOR ET POSTES.
Rue Jean-Bart.

(*Voir* page 272).

PORT DE COMMERCE.
A la Mairie.

MM. **SEGRETIER**, O. ✻, capitaine de corvette en retraite, directeur du port.

PONS, pilote-major.

FORCIOLI, inspecteur de la police des quais du port.

MARTINO SAVIGLIO, syndic des pêcheurs.

SERVICE DE LA SANTÉ.

Commission sanitaire.
A la Mairie.

MM. Le Cte DE **VESINS**, O. ✻, maire de la ville d'Alger, président de droit.

ROLAND DE **BUSSY** (Théodore) fils, membre.

C. **BOUNEVIALLE** ✻, négociant,		id.
COUGOT,	id.	id.
KOBB,	id.	id.
CITATI,	id.	id.
LECHÊNE,	id.	id.

VIDAL, secrétaire.

---

(1) C'est le petit-fils du dey, prédécesseur d'Hussein-Pacha.

Bureau de la santé.
A la Marine.

MM. CASTEL, capitaine en 1er.
BARBIER, id. en 2e.
CAMPS, médecin, rue Tourville.
DE VAROQUIER, employé.

CORPORATIONS INDIGÈNES.

(*Voir* page 301).

A la Police centrale.

AHMED-BEN-HADJ-ALI, amin des Kabyles.
TAHAR-BEN-MOHAMMED, amin des Biskris.
BAKIR-BEN-OMAR, amin des Mzabites.
MOHAMMED-BEN-EL-MOULOUD, amin des Mzitas.
AHMED-BEN-ABDERREZZAK, amin des Beni-Lagrouath.
KARA-MOHAMMED, caïd des Nègres.
ALI-BEN-OMAR, khodja (secrétaire) des corporations.

SOCIÉTÉ D'AGRICULTURE.
Rue Bugeaud, maison Solhaune.

MM. MARION, président.
LACROUTS, O. ✻, président honoraire.
TROLLIET ✻, vice-président.
MALLE ✻, id.
RÉCY, secrétaire.
GUILLEN, secrétaire-adjoint.
SIMOUNET, pharmacien, trésorier.

SOCIÉTÉ DE MÉDECINE.
A la Mairie.

La Société de Médecine d'Alger fonctionne depuis deux ans; elle a pour objet, ainsi que l'indique son réglement, l'intérêt de la science, le maintien de la dignité professionnelle et le resserrement des liens de confraternité.

La Société se compose de membres titulaires, honoraires et correspondants.

Le renouvellement du bureau, qui a eu lieu en séance générale, le 3 décembre dernier, a fourni au scrutin secret, pour l'année 1848, la composition suivante :

MM. NÉGRIN, président, rue Boutin.
MARTIN, vice-président, maison Bisarry.
DRU, id. rue Scipion.
TROLLIET, secrétaire, rue Bab-Azoun.
BOSIO, secrétaire-archiviste, rue Philippe.
SEMANAS, secrétaire-adjoint, rue Bab-el-Oued, 113.
FOLEY, trésorier, rue Mahon.

Chambre de Commerce.

La chambre de commerce d'Alger est aujourd'hui l'institution la plus ancienne de l'Algérie : elle a été établie par un arrêté du général en chef, comte Clauzel, du 7 décembre 1830.

Elle fut d'abord composée de sept négociants, dont cinq Français, un Maure et un Hébreu, qui furent désignés par le même arrêté.

En 1835, un arrêté du Gouverneur-Général, se fondant sur le décret du 30 nivôse an XI, et sur l'ordonnance royale du 16 juin 1832, réorganisa la chambre de commerce, sur les bases suivantes :

Elle était composée de neuf membres, dont sept Français, un Maure et un Indigène, et renouvelée par tiers tous les trois ans.

Ces neuf membres devaient être *élus* dans une assemblée composée :

1° Des membres du tribunal de commerce;

2° Des membres de la chambre de commerce actuelle, y compris les membres sortants ;

3° De notables commerçants, en nombre égal à celui des membres du tribunal de commerce et de la chambre de commerce, et désignés par l'un et par l'autre.

Ces dispositions ont été maintenues jusqu'à ce jour; les élections se sont toujours opérées avec le plus grand ordre et la plus grande régularité : la dernière a eu lieu au mois de novembre dernier, et la chambre de commerce a été, pour l'année 1848, constituée de la manière suivante : (1)

MM. LICHTLIN ✱, président.
     COUPUT, membre.
     BEN-MARABET, id.

(1) Un arrêté du 9 juillet 1834, modifié par un autre arrêté du 11 novembre suivant, avait attribué à la chambre de commerce, pour subvenir à ses dépenses, le produit de la perception d'une taxe de 15 0/0 sur les patentes : ce produit était de beaucoup supérieur aux dépenses de la chambre, et en s'accumulant d'année en année, il eût fini par mettre à sa disposition une somme de quelque importance, qu'elle eût pu consacrer à quelque entreprise propre au commerce. Mais les lois de finance qui sont intervenues depuis ont supprimé ce produit. Les dépenses de la chambre figurent au budget. C'est ainsi que nos règlements de comptabilité publique ont détruit partout ces petites caisses et ces recettes spéciales. Elles ont leurs inconvénients; mais elles ont aussi leurs avantages. La chambre de commerce de Marseille a seule conservé la libre disposition de certains revenus qui lui étaient attribués, depuis un temps immémorial. Il ne paraît pas que la manière dont elle en fait usage doive discréditer l'institution de ces caisses : bien loin de là.

MM. FOURCHON aîné, membre.
BOURNICHON, id.
LÉVY-BRAM LAZAU, id.
TIRON, id.
BOISSIÈRE, id.
SÉDILLE, id.
CABANELLAS, secrétaire, rue de la Marine.

Liste des notables commerçants de la ville d'Alger, appelés à concourir à l'élection des juges du tribunal de commerce, en 1848.

MM. LACROUTS, O. ✻, négociant.
BOUNEVIALLE ✻, id.
CITATI GAÉTAN, banquier.
BOURNICHON, négociant.
ALPHANDERY, id.
LITCHTLIN ✻, banquier.
COUPUT, négociant.
GUILLON, id.
BOISSIÈRE (Aristide), banquier.
CŒUR-DE-ROI, négociant.
TIRON (Alix), banquier.
LECHÊNE, négociant.
THOULET, id.
BEN-MARABET, banquier.
LEVY BRAM, négociant.
SÉDILLE (Édouard), marchand de bois en gros.
VILLIERS ✻, banquier.
MENAGER, id.
FOURCHON cadet, négociant.
FABRE (Jean,) id.
SALMON, id. en bois de construction.
BRUN, négociant.
BOURNAS, id.
MULINARD, id.
SIMOUNET, pharmacien.
BELLOIR, marchand de bois en gros.

MM. GALLIEN, négociant.
   WAUTIER, id.
   MARRON, négociant.
   BERTHOLON, banquier.
   GONELLE, négociant.
   BASTIDE, libraire.
   DUBOS, id.
   CHARPENTIER, négociant.
   GABRIEL, id.
   SEYRAL, id.
   SADIA, marchand de tissus en gros.
   EYNAUD, négociant.
   BREUIL, marchand de cuirs en gros.
   SICARD, négociant.
   DUBREUIL, id.
   COSTE, id.
   JULIENNE, banquier.

Comptoir d'Alger.

Institué par l'ordonnance royale du 28 décembre 1847 (*Voir* page 220).

M. SABATAULT, directeur du comptoir d'escompte.

ARRONDISSEMENT D'ALGER.

L'arrondissement d'Alger, tel qu'il a été fixé par les arrêtés des 17 décembre 1843 et 13 août 1844, comprend, outre la ville d'Alger et son territoire, un district composé de treize communes et deux commissariats civils, dont Cherchel et Douéra sont les chefs-lieux.

Communes du district d'Alger.

Mustapha-Pacha. — Population européenne et indigène : 4,483 individus.

Le chiffre de la population, dont les neuf dixièmes sont européens, indique combien cette commune est importante.

Son territoire, contigu à la zône des servitudes militaires de la ville d'Alger, du côté du sud et de l'est, s'étend en amphithéâtre sur les coteaux qui dominent la plaine, dite de Mustapha et du Hamma, et aussi dans cette plaine. Il est couvert de maisons de campagne, la plupart anciennes maisons mauresques, restaurées et agrandies par les Européens, leurs propriétaires actuels. La salubrité bien reconnue de ce quartier, la beauté de la vue, qui dans la plupart des positions embrasse à la fois, et la mer, et la plaine, et les montagnes, et le mouvement si animé du port et de la rade, font de Mustapha-Pacha un des lieux les plus agréables du monde.

La partie basse de cette commune, celle qui est contiguë à la mer et se rapproche de la ville, est naturellement la plus peuplée. L'*Agha*, ainsi nommé, parce que du temps des Turcs il y avait une caserne de cavalerie mise à la disposition de l'agha des Arabes, est un quartier populeux qui s'est bâti en peu d'années.

Mustapha-Pacha possède des établissements militaires importants; un camp ou caserne de cavalerie, plantée d'arbres, vaste et commode, occupée depuis quinze ans par le 1er régiment de chasseurs d'Afrique; un hôpital militaire, compris dans l'enceinte de ce camp; des écuries pour le train des équipages militaires; un quartier d'ouvriers du train; un quartier d'infanterie, dont une partie vient d'être cédée pour les Orphelines; une petite caserne de gendarmerie; des bâtiments pour un magasin de fourrage très-considérable, appropriés à cet usage avec une grande intelligence; enfin, un champ de manœuvre d'environ 20 hectares, dont les alentours commencent à se couvrir de maisons, et qui deviendra plus tard une promenade publique.

MM. M. . . . . . maire.
    LIEUTAUD, notaire, adjoint.
    LAISNÉ (Ch.), négociant, adjoint.
    HUBERT, capitaine, commandant du camp.
    LEQUIEN, lieutenant de gendarmerie.
    LAMARQUE, commissaire de police, à l'Agha.
    ROUX, instituteur.

Il y a à Mustapha-Pacha : six boulangeries et cinq boucheries; une tannerie; deux briqueteries; ateliers de charronnage, etc.

Pépinière du Gouvernement, dite du Hamma. — Nous avons parlé ailleurs de cet établissement. (*V.* page 193.)

MM. HARDY, directeur.
    QUENTIN, jardinier en chef.
    BONAFOUS, économe.

BIRMANDRAÏS. — 8 kilomètres d'Alger. — Population européenne et indigène : 866 individus.

Cette commune occupe une partie des coteaux qui dominent Mustapha-Pacha; elle est traversée par un joli vallon qui lui a donné son nom. — Premier poste télégraphique de la ligne d'Alger à Blidah.

MM. ASTRUC, propriétaire, maire.
    PIHAN, banquier, adjoint.

HUSSEIN-DEY. — 6 kilomètres d'Alger. — Population : 114 individus.

Le territoire de cette commune, contigu à celui

de Mustapha, s'étend, le long de la mer, dans ce qu'on appelle la plaine du Hamma, et se prolonge jusqu'à l'entrée de la plaine de la Métidja. Les terres sont fertiles et très-recherchées des cultivateurs mahonnais, qui les louent 1,000 et 1,200 fr. l'hectare, lorsqu'il est convenablement arrosé, ou pourvu de bons puits, dits *norias*.

Hussein-Dey a une caserne de cavalerie. En 1840, le goum de Ben-Salem s'en approcha et saccagea quelques maisons, à peu de distance de ce camp. Deux personnes furent assassinées et un enfant enlevé, dans une auberge qui portait alors et porte encore aujourd'hui l'enseigne du *Repos des voyageurs*. Le poste militaire, bien connu sous le nom de *Maison-Carrée*, dépend de Hussein-Dey, bien qu'il se trouve de l'autre côté de l'Harach.

MM. SIMON, maire.
    AUGER ✻, notaire, adjoint.
    ROGUES, propriétaire, adjoint.
    VILLON, instituteur.

Moulins à blé sur l'Oued-Knis. — Plusieurs briqueteries.

Kouba. — Population : 814 individus. — Le village de Kouba, dit aujourd'hui le Vieux-Kouba, a été le premier essai de colonisation tenté en 1832. Cette commune contient un quartier d'infanterie; une caserne de gendarmerie; des carrières à pierres de taille; briqueteries.

MM. BŒNSCH, maire.
    BUREAU, médecin, adjoint.

MM. GRUSSE, lieutenant de gendarmerie.
BOIZARD, instituteur.

BIRKADEM. — 11 kilomètres d'Alger. — Population : 1,412 habitants.

Dès les premiers temps de l'occupation d'Alger, on établit un camp à Birkadem. Ce camp a amené la formation d'un village, qui s'est groupé sur la route autour d'une très-belle fontaine, construite il y a environ 40 ans par Omar-Pacha. On a bâti sur ce même point une église et une école.

Saoula, l'un des centres de population créés en 1843, est un annexe de Birkadem.

C'est par Birkadem et son territoire que passe la route la plus fréquentée qui conduit d'Alger à Blidah par la plaine. — Ferme importante, connue sous le nom de *Ferme-Modèle*. — Moulins au ruisseau dit de Baba-Ali.

Tixeraïm, où se trouve un petit camp d'infanterie, est un des principaux quartiers dépendant de Birkadem. On y remarque une fontaine en marbre construite du temps des Turcs, ombragée de beaux arbres. Elle est d'un effet très-pittoresque.

MM. REVERCHON, maire.
RAIGUEL, adjoint à Saoula.
AUTILLET, instituteur.
NAUDIER ※, lieutenant de gendarmerie.
PAYN, médecin.

DRARIAH. — 13 kilomètres d'Alger. — Population : 883 individus.

Cette commune a pris ce nom du premier des centres de population créés en 1842. Il y a une église et une école. Jusques-là, ce canton était connu sous le nom de Kaddous, l'un des principaux quartiers de cette commune, d'où elle en avait pris le nom.

MM. PÉLISSIER (C.), propriétaire, maire.
    ASQUIER, adjoint.
    GORDE, instituteur.
Mme GORDE, école de filles.

Carrières de pierres de taille en pleine exploitation.

EL-BIAR. — A 5 kilomètres d'Alger. — Population : 1,133 habitants.

Cette commune est celle des environs d'Alger où les cultures ont fait le plus de progrès. — Deux moulins à vent; briqueteries et tuileries considérables; une brigade de gendarmerie.

MM. MORIN, propriétaire, maire.
    GAUBERT, adjoint.
    LEROSNEL, id.
    MOSCA, instituteur.

BOUZARIA. — 6 kilomètres 1/2 d'Alger. — Population : 1,432 habitants.

Cette commune a pris son nom de la plus élevée des collines qui environnent Alger. Sa hauteur est de 398 mètres au-dessus du niveau de la mer. La commune de la Bouzaria est très-étendue en superficie, mais le territoire est fort montagneux. Les belles eaux, la salubrité de l'air, avaient depuis longtemps attiré dans ce quartier les riches familles des Maures d'Alger et la plupart des consuls; aussi y trouve-t-on, comme à Mustapha, beaucoup de belles maisons, dont les Européens sont en grande partie aujourd'hui propriétaires. — Gisements de minerai de plomb argentifère et de manganèse explorés aujourd'hui; carrières à chaux très-estimées; un moulin à manége.

MM. D'ESPARBÈS DE LUSSAN, O. ✳, maire.
  MERCIER, adjoint.

La Pointe-Pescade. — 6 kilom. d'Alger. — Population : 720 habitants.

Cette commune, qui est comprise entre la banlieue d'Alger, la mer et la Bouzaria, est également très-montagneuse. La partie qui borde la mer offre des positions très-pittoresques, et dont on a tiré un bon parti.

Une petite cité, connue sous le nom de *Saint-Eugène*, a été construite dans ces dernières années avec une très-grande rapidité. Une route en assez mauvais état joint ce quartier à la ville. Sur cette route se trouve un pont en fil de fer de 27 mètres de longueur construit aux frais de deux propriétaires.

MM. DE LA VILLALBA, propriétaire, maire.
  QUINQUIN, avocat, adjoint.

Dély-Ibrahim. — 10 kilomètres d'Alger. — Population : 1,432 habitants.

Dély-Ibrahim a été pendant plusieurs années le point extrême de nos possessions autour d'Alger, on pourrait même dire, en Algérie; lorsqu'on a formé le camp de Douéra, dont il va être question tout à l'heure, Dély-Ibrahim a pris plus d'importance par l'effet de la nouvelle route qui nous ouvrait le Sahel; ça été, avec Kouba, le premier essai de colonisation par village, tenté en Algérie : les Arabes ont souvent, depuis 1831, insulté Dély-Ibrahim et enlevé ou assassiné ses courageux colons.

Aujourd'hui Dély-Ibrahim, avec l'accroissement de territoire qu'il a reçu en 1842, est constitué comme un gros village de France : il y a une église, une école, une brigade de gendarmerie, une succursale de l'hôpital civil, divers établissements importants de roulage, briqueteries et autres.

En 1842, on a ajouté à ce village un centre de population qui a été établi à *El-Achour,* pour occuper l'intervalle alors inoccupé qui le séparait de Draria.

MM. MAZÈRE, propriétaire, maire.
    DUVERGER, adjoint à El-Achour.
    CHAPSAL ✸, lieutenant de gendarmerie.
    JACQUOT, instituteur.
    RANCUREL, médecin en chef de la succursale de l'hôpital civil.
    PASKALSKI, économe.

CHÉRAGAS. — 12 kilomètres d'Alger. — Population : 950 habitants.

Cette commune, qui a pris son nom de celui d'un douar arabe émigré en 1840, est toute de fondation nouvelle; c'est un des centres créés en 1842. On y trouve un moulin à farine sur l'Oued-Messous, diverses briqueteries et tuileries fort estimées. Les familles amenées sur ce point des environs de Grasse (Var), par les soins du Gouvernement, ont prospéré.

En 1844, on a ajouté à la commune de Chéragas un petit centre établi sur le bord de la mer à *Aïn-Benian;* il est encore sans importance. Créé comme village de pêcheurs, il avait été l'objet d'une concession particulière ; mais les conditions n'ayant pas été remplies par le concessionnaire, l'administration a dû intervenir, et traiter cette affaire directement.

MM. MERCURIN, propriétaire, maire.
FRUITIER, id., adjoint.
BARAT, instituteur.

Ouled–Fayet. — 12 kilomètres d'Alger. — Population : 242 habitants.

Création de 1842. — Le village est situé à peu de distance d'un blockhaus, jadis bien connu sous le nom de Dechioued, et qui a été le théâtre de combats fréquents avec les maraudeurs arabes; c'est là qu'en 1841 (le 1er mai), un capitaine d'infanterie fut surpris et tué, avec un détachement de la légion étrangère de 40 hommes; la sécurité dont on jouit en ce moment autour d'Alger, et même bien loin d'Alger, a fait oublier, un peu trop vite peut-être, ces évènements d'une importance secondaire, qui remplissent l'histoire de nos premières années en Algérie. Ouled-Fayet est une commune exclusivement vouée à l'agriculture.

MM. COPPIN, propriétaire, maire.
ROSEY, id. adjoint.
GALISSIAN, instituteur.

Sidi-Ferruch et Staoueli. — A 24 kilomètres d'Alger. — Population : 150 habitants.

Sidi-Ferruch et Staouëli sont aujourd'hui des noms glorieux, inscrits pour jamais dans nos annales; c'est à Sidi–Ferruch que l'armée française débarqua le 14 juin 1830; c'est à Staouëli qu'elle a pour la première fois combattu sérieusement les Arabes commandés alors par les Turcs ; le succès de la journée de Staouëli lui ouvrit, peu de jours après, les portes d'Alger.

Sidi-Ferruch, ou Ferroudj (pour l'écrire plus correctement) consiste uniquement dans un marabout construit à l'extrémité de la presqu'île, et consacré à un saint personnage musulman, sur lequel il court une multitude de légendes merveilleuses.

Actuellement, le village de Sidi-Ferruch, renfermé dans l'enceinte du camp tracée par l'armée en 1830, est un petit hameau composé de quelques familles de pêcheurs recrutées sur les côtes de Bretagne ; ce n'est encore qu'un essai, mais un essai d'une portée immense pour notre marine et notre cabotage. A ce titre, il mérite de fixer toute l'attention du gouvernement : la pêche et la salaison des sardines, et la pêche des huîtres commencent à y prendre quelque suite et quelque activité.

Staouëli est bien connu par le monastère que les frères de la Trappe y ont construit ; il présente des constructions très-importantes et un développement de culture remarquable. La concession qu'ont obtenue les trappistes est d'une étendue de 1,000 hectares d'un seul tenant : l'administration a généreusement aidé ces pieux enfants de Saint-Benoît ; mais ils se sont encore mieux aidés eux-mêmes par leur dévouement, par leur persévérance. Ce monastère, qui nous rappelle ceux du moyen-âge, contient 60 pères ou frères, tous voués au travail d'après la règle de leur ordre : il porte le nom de Notre-Dame de Staouëli. On aurait pu l'appeler *l'Abbaye de la bataille*, comme le couvent que

Guillaume-le-Conquérant fit élever sur le champ et en mémoire de la bataille d'Hastings.

MM. GOUIN, maire de Sidi-Ferruch.
Le père Don ANTONIO RÉGIS, supérieur.

FONDOUCK. — Centre créé par un arrêté du 14 octobre 1844, à trente-huit kilomètres d'Alger. — Population, 280 habitants.

Un camp destiné à observer et à couvrir la partie orientale de la Métidja avait été établi, en 1838, au lieu dit du Fondouck. Mais l'insalubrité de cette position était extrême; le camp et le fort de Kara-Mustapha qui en dépendaient furent évacués et abandonnés en 1841.

Cependant, comme cette position, située sur la route d'Alger à Constantine par Aumale, et à proximité de celle d'Alger à Dellys, a une importance incontestable, l'administration se décida, en 1844, à créer dans la même localité, mais dans une situation supposa moins malsaine, un centre de population destiné à devenir le centre administratif de cette partie de la plaine.

La population qui est venue se fixer sur ce point a été cruellement éprouvée par les maladies; cette circonstance fâcheuse ralentira certainement l'essor de ce village, qui réunit du reste les conditions les plus favorables. Aussi l'administration doit-elle faire tous ses efforts pour que cette création surmonte les obstacles qu'elle rencontre, et que le problème de l'assainissement graduel du pays soit résolu comme il paraît l'avoir été à Bouffarick.

M. MARQUIER, maire.

MM. MELLET, médecin.
PAUR, instituteur.

Nous devons ici mentionner d'autres localités dont il est souvent question à Alger, lorsqu'il s'agit de cette partie de la plaine de la Métidja. Ce sont :

1° Le quartier de Beni-Moussa, dans lequel l'administration se propose de créer deux villages : l'*Arba* et *Rovigo*; ce quartier est en grande partie possédé par des propriétaires européens;

2° La terre de *la Rhegaya*, exploitée jadis par un de nos colons les plus courageux, M. Mercier, et qui appartient aujourd'hui à M. Fortin-d'Ivry;

3° La ferme de *la Rassauta*, concédée en 1834 à M. le prince de Mir, reprise depuis par l'administration, qui y a placé la tribu des Aribs, et se propose d'y créer un village au lieu dit le *Fort-de-l'Eau*.

Il importe au plus haut point que ces établissements publics et privés, commencés ou seulement projetés, reçoivent une prompte et énergique impulsion; car il est vraiment à déplorer de voir cette partie de la plaine, riche et si voisine d'Alger, encore déserte et infertile.

District de Douéra.

Comprenant sept communes. (Arrêté du 13 septembre 1844.)

DOUÉRA. — Distance légale, 22 kilomètres S.-O. d'Alger, chef-lieu du district de ce nom. — Population : 1,302 habitants.

Douéra est un point occupé par nos troupes depuis 1833. Ce n'a été longtemps qu'un camp, sous la protection duquel s'était formé un village, que faisait vivre le passage continuel des troupes et la fréquentation de la route, la seule alors qui conduisît d'Alger à la plaine.

En 1842, lorsque l'administration songea à coloniser le Sahel, Douéra fut considéré comme devant être le centre administratif des établissements qui seraient formés de ce côté. Un arrêté du gouverneur-général, en date du 17 mars 1842, jeta les bases de cette création, qui a été continuée depuis cette époque.

Douéra contient aujourd'hui un quartier d'infanterie, un hôpital militaire pour 300 lits, une église, un temple protestant; l'air y est sain : son territoire sec et montueux paraît éminemment propre à la culture de la vigne et du mûrier.

MM. COSTALLAT, commissaire civil.
    MANGIN, secrétaire.
    GODARD ✻, lieutenant de gendarmerie.
    VOLLON, juge-de-paix.
    BARBANCEYS, greffier.
    OSCAR GLOERFELDT, interprète.
    FAUDOT, notaire.
    FONTAINE, huissier.
    ROUGEMONT, ingénieur des ponts-et-chaussées.
    N....., inspecteur des bâtiments civils.
    OUTREY, trésorier-payeur.
    BOYER, instituteur.
Mlle CRESSON, école de filles.
MM. ASSENAT ✻, capitaine, commandant de place.
    CORRÉARD ✻, intendant militaire.
    RENAUT ✻, chirurgien en chef de l'hôpital militaire.
    CASELLI, médecin   id.
    MARTIN, médecin civil.
    RIVIÈRE, receveur de l'enregistrement.
    CONDURIER, receveur des contributions diverses.
    BLACHET, négociant.

MM. CHAPPON, négociant.
GRISOLLES, id.
BLANC, voiturier.

Ouled-Mendil. — Hameau situé à droite de la route de Bouffarick, sur le versant de la plaine, est une dépendance de Douéra ; là se trouve un *douar arabe* de ce nom, seul reste des tribus qui occupaient avant la conquête cette partie du Sahel. Le hameau, dit des *Quatre-Chemins*, situé dans la plaine, est aussi un annexe de Douéra.

Baba-Hassan. — Centre de population créé en 1843, 4 kilomètres de Douéra. — Population, 175 habitants.

MM. CHIFFLET, maire.
BOURDEAUX, adjoint.
JOUG, instituteur.

Crescia. — Centre de population créé en 1843 : 6 kilomètres de Douéra. — Population, 175 habitants.

M. MÉJANELLE, maire.

Une caserne de gendarmerie a été construite près de ce village dans une position qui domine le Sahel.

C'est sur le territoire de ce village que se trouve un camp formé en 1841, et aujourd'hui abandonné : il portait le nom de Sidi-Slimam.

Mahelma. — Centre créé en 1844, 8 kilomètres de Douéra. — Population 107 habitants.

MM. PONTENAY ✳, maire.
FENET, adjoint.
DUVAL, médecin.

Mahelma a été jusqu'en 1838 le point extrême de

notre occupation, dans la direction de l'ouest; cette position devint secondaire, lorsqu'on occupa Koléah, en vertu des conventions du traité de la Tafna.

Le village a été bâti par les condamnés militaires, et a d'abord formé le noyau d'une petite colonie militaire; il est depuis deux ans remis à l'autorité civile; la tribu des Ben-Omar, qui a émigré en 1837, après l'assassinat d'un officier de zouaves, occupait un emplacement voisin du camp : elle avait donné son nom à ce quartier.

Saint-Ferdinand. — Créé en 1843, 8 kilomètres de Douéra. — Population, 155 habitants.

MM. CAPPONE, maire.
RUSÉ, adjoint.
ANDRIOT, instituteur.

Le hameau, dit le Marabout d'Aumale, et l'habitation, dite la Consulaire, sont des dépendances de Saint-Ferdinand; tous ces établissements et le village ont été construits par les condamnés militaires sous la conduite de M. le colonel Marengo.

Sainte-Amélie. — Créé en 1844, 8 kilomètres environ de Douéra. — Population, 113 habitants.

M. DÈDOUIN, maire.

Ce village a été construit en même temps que Saint-Ferdinand par les condamnés militaires.

Il faut remarquer que le quartier où ces trois derniers villages ont été construits était entièrement désert, il y a cinq ans, et qu'il avait été le théâtre d'assassinats continuels. Ces créations faites rapidement ont contribué à y ramener la sécurité.

SOUS-DIRECTION DE BLIDAH.

Blidah, chef-lieu de la sous-direction de ce nom, créée en vertu de l'ordonnance du 15 avril 1845, est aussi le siége d'un tribunal de première instance.

La sous-direction de Blidah comprend, outre les cinq communes qui en dépendent, deux commissariats civils : Bouffarick et Coléah.

Blidah est indiqué comme devant être le chef-lieu de la division militaire.

Cette ville, la seule encore qui existe dans la grande plaine de la Métidja, est située au pied de l'Atlas, au débouché des routes qui conduisent à Médéah et à Miliana. M. le maréchal Bourmont, en 1830 et peu de jours après la prise d'Alger, dirigea une reconnaissance sur Blidah; il n'y pénétra qu'après un sanglant combat : il en fut de même quatre mois après, lorsque M. le maréchal Clauzel alla mettre une garnison et installer un bey à Médéah. Blidah ne fut cependant occupé définitivement qu'en 1838, et encore, à cette époque, on ne permettait aux Européens d'y entrer qu'avec des autorisations expresses. En 1839, lorsqu'éclata l'insurrection d'Abd-el-Kader, la nécessité obligea de renoncer à ces vains scrupules; on mit garnison dans la ville; on créa les établissements dont les services avaient besoin; la population civile put s'y établir librement; aussi Blidah a-t-il promptement changé de face : la spéculation s'y porta avec une activité sans doute prématurée; des quartiers entiers furent construits : c'est aujourd'hui une ville tout-à-fait européenne.

Ce que Blidah offre de plus remarquable, c'est l'abondance de ses eaux alimentées par les sources de l'Oued-el-Kebir, qui servent à l'irrigation et à des prises d'eau pour des usines. Les campagnes qui l'environnent sont d'une beauté remarquable. Au temps des Turcs, Blidah était réellement situé au milieu d'une magnifique forêt d'orangers et de citronniers. Les besoins de la défense et d'autres besoins moins justifiables ont considérablement éclairci ces admirables jardins; ils commencent à se repeupler. Une bonne administration, un aménagement convenable, un bon système d'irrigation, les auraient bientôt rétablis.

Blidah contient un hôpital, des casernes et d'autres établissements militaires considérables; un poste de traduction télégraphique. — Distance d'Alger, 51 kilomètres. — Population, 6,349 habitants.

MM. DUSSERT ✻, sous-directeur.
    PEYRE, secrétaire de la sous-direction.
    GOBY, maire.
    DELAGRÉE, adjoint.
    DIETZ, commissaire de police.
    PASCAL, instituteur.
Mlles BREZET, institutrice.
    MEYER,   id.
MM. AYMARD, ingénieur des ponts-et-chaussées.
    OLLIER, inspecteur des bâtiments civils.
    ALLIÈS, conservateur des hypothèques.
    DUCHÉ, receveur de l'enregistrement.
    STÉPHANOPOLI, receveur des domaines.
    DAUPHIN, receveur des contributions diverses.
    REYBAUD ✻, payeur particulier.
    POÉRIO, O. ✻, lieutenant-colonel, commandant de place.

MM. MONTÉLÉON de St.-FORIN ✻, capitaine, commandant la 2ᵉ compagnie de gendarmerie.
DUCOUDRAY, lieutenant de gendarmerie.
HALL, trésorier.
LIBERSART ✻, intendant militaire.
FINOT ✻, médecin en chef de l'hôpital militaire.
BONNEAU ✻, chirurgien en chef.
FORTIER, pharmacien.
DUCASSE ✻, chef de bataillon, chef du génie.

Direction des affaires arabes.

MM. GABORIAUD ✻, capitaine, directeur.
PECHOT ✻,   id.   adjoint.
PELTINGEAT, lieutenant, id.

TRIBUNAUX.

Tribunal de première instance.

MM. LEFÈVRE, président.
De TONNAC, juge d'instruction.
BONHOMME de LAJAUMONT, juge.
PATRAS,   id.
JORDAN,   id.
GODEFROY, greffier.

Parquet.

MM. LEFRANÇOIS, procureur du roi.
SÉGUIER, substitut.
N....., juge-de-paix.
GENUIST, greffier.
LEGOLFF, défenseur.
FOURRIER,   id.
LIGNIÈRES, id.
THIRION,   id.
de la PLACE, notaire.
DAGET,   id.

MM. JOLY (Casimir), traducteur assermenté.
CASABIANCA, huissier.
BERTRAND, id.
PELLETIER, id.
N....., id.
CARDONNE, commissaire-priseur.
MARMONTEL, curateur aux successions vacantes.
DÉLORMEL, médecin.
GUÉRIN, id.
PONCEL, pharmacien.
CHAULE, id.
MAGNÉ et FABRI, négociants.
POURTAUBORDE, nouveautés.
BACRI, id.
GUÉRIN, id.
MAFFRE Frères et Comp^e, vins et liqueurs.
GRENIER-DELARET, id.
NIULLARD, id.
FRANÇOIS, épiceries.
TORRÉ, id.
MAURAIN (dame) id.
GAUVIN et LERVAT, selliers.
MULLER, armurier.
CHAMPS et GRAVOTTI, quincailliers.
HARTMANN, libraire.
ROIDOT, id.
ROCHE, imprimeur.
FONTENAT, commissionnaire de transports.
MALLIFFAND et Comp^e., id.
MEYER, id.

3 boulangeries. — 4 cafés. — 4 hôtels : de *France*, du *Palais-Royal*, du *Périgord*, de *la Régence*.

Messageries. — Les mêmes qu'à Alger.

MM. VERGER, propriétaire d'usines sur l'Oued-el-Kébir.
DESMOULINS, briqueterie.

Montpensier. — Village situé à trois kilomètres N.-E. de Blidah, créé en 1843, sur l'emplacement du petit camp de Blidah. — Population : 77 habitants.

M. de RAYNEVAL, maire.

Joinville. — Centre créé en 1843 sur l'emplacement et dans l'enceinte du *Grand-Camp* ; six kilomètres O. de Blidah. — Population : 169 habitants.

MM. RAVIX, maire.
GARRÉ, adjoint.

Dalmatie. — Centre créé en 1844, au lieu dit *Oulid-Yaïch*, à huit kilomètres E. de Blidah. — Population : 249 habitants.

MM. GIRARD, maire.
VOISIN, adjoint.

Beni-Mered. — A été pendant longtemps un poste de cavalerie, destiné à observer la route entre Bouffarick et Blidah : plus d'un combat sanglant a été livré dans ses environs. C'est près de là aussi qu'en 1842, un brave sergent d'infanterie, nommé Blandan, chargé, avec vingt hommes du 26ᵉ de ligne, d'escorter les dépêches, fut surpris par un parti de quatre cents cavaliers arabes. Il tomba percé de coups, en donnant le signal de la plus énergique résistance à sa petite troupe, qui combattit avec le courage du désespoir, et en même temps avec assez de succès pour que les troupes de Bouffarick et de Beni-Mered aient eu le temps de venir à son secours. Cinq hommes seuls survécurent à cette glorieuse affaire, en mémoire de laquelle M. le maréchal Bugeaud fit élever, par souscription, le monument qui décore la place de Mered.

En 1843, ce point fut choisi pour un essai de colonie militaire. Deux ans après, Beni-Mered a été remis à l'autorité civile.

Distance légale, dix kilomètres N.-E. de Blidah. — Population : 293 habitants.

MM. ....., maire.
    QUIRIN, adjoint.

Mouzaïa. — La Chiffa. — Deux centres créés par ordonnances, rendues en 1846, sont d'une formation toute récente. Ils tirent leurs noms, le premier, de celui de la montagne voisine et de la tribu qui l'habite; le second, de la rivière de la Chiffa, près de laquelle il est placé. M. Roi, inspecteur de colonisation, a été nommé maire provisoire : les colons commencent à s'installer.

Bouffarick. — Point de partage des eaux de la plaine de la Métidja. De temps immémorial, il se tenait dans cet endroit un marché arabe considérable : il était d'ordinaire fort tumultueux. Un des scheiks qui nous était dévoué, nommé Bou-Zéïd (1), y fut assassiné en 1833. On établit d'abord un camp, qui porta le nom de *Camp d'Erlon*, du nom du gouverneur-général qui en prescrivit la formation. A côté de ce camp, et par la double influence du passage des troupes et de l'ouverture de la route de Blidah, un village se forma; des concessions furent faites par la direction des finances. Les nécessités de la défense, en 1839, obligèrent à enfermer ce bourg dans une enceinte dont le développement est considérable.

Les eaux sont très-abondantes à Bouffarick, le terri-

---

(1) Voir les *Annales* de M. Pélissier.

toire très-fertile ; pendant de longues années, ce lieu était redouté par son insalubrité. L'habitation, les cultures, les plantations, les travaux de desséchement ont singulièrement amélioré cette situation (1).

Bouffarick est depuis 1840 le chef-lieu d'un commissariat civil. — 35 kilom. 1/2 d'Alger ; 14 1/2 kilomètres de Blidah. — Population : 2,131 habitants.

MM. DE LAMOTHE-LANGON, commissaire-civil.
    VERLAC, secrétaire.
    BÉRARD, instituteur.
    MALAKOWSKI, chirurgien aide-major.
    PUJOL ✻, commandant de place.
    THOMAS ✻, capitaine, dépôt d'étalons.
MM. SELTZ, négociant.
    AUDIS,   id.

Souma. — Centre créé en 1844, à 10 kilomètres de Bouffarick. — Population : 225 habitants.

MM. TEULE, maire.
    DELAUNAY, adjoint.

Koléah était célèbre chez les Arabes par le marabout des Sidi-M'Barech, qui avaient là leur sépulture. Cette petite ville est fort agréablement et fort sainement située sur le versant nord des collines du Sahel, qui dominent la partie de la Métidja, connue sous le nom de plaine des Hadjoutes. La campagne qui environne cette ville est fertile et bien boisée. Au temps des Turcs, et encore avant la guerre de 1839, les Koléotes

---

(2) Nous devons dire toutefois, pour rendre hommage à la vérité, que, dans la saison dernière, il y a eu à Bouffarick de nombreuses maladies. On les attribue aux remuements de terres, occasionnés par les travaux de desséchements.

se livraient à un commerce de grains très-actif entre Alger et les tribus de la montagne, et même celles du Chélif : ce commerce n'existe plus aujourd'hui, il suit d'autres voies.

Plus d'une fois nos colonnes avaient visité et traversé Koléah, dont les habitants s'appliquaient à conserver entre nous et les Hadjoutes, comme on disait alors, une prudente neutralité. Mais, après le traité de la Tafna, au commencement de 1838, cette ville fut définitivement occupée par le régiment des zouaves, alors commandé par M. de La Moricière. On y a créé des établissements militaires importants, des casernes, un hôpital, etc.; on a augmenté et fortifié l'enceinte; enfin Koléah fut érigé en commissariat civil par l'arrêté ministériel du 21 décembre 1842 : on vient d'y instituer récemment une justice-de-paix.

44 kilomètres O. d'Alger, 38 kilomètres N. de Blidah. — Population : 1,623 habitants.

MM. CALENDINI, commissaire civil.
MAILLART DE LA COUTURE, secrétaire.
GROUSELE, inspecteur des bâtiments civils.
ROGER, receveur de l'enregistrement.
PEPUTOWSKI, médecin civil.
LECLERC, médecin en chef de l'hôpital.
DOUDARD DE LAGNY, juge-de-paix.
BOUCHIER, greffier.
GILLARD, huissier.
FABVIER ✻, commandant de place.
DARVILLE, lieutenant de gendarmerie.
LANNÉGRAS, instituteur.

Aïn-Fouka, sous-Koléah. — Centre créé en 1842; M. le maréchal Bugeaud y envoya des colons militaires libérés de différents corps de l'armée d'Afrique : des maisons leur furent construites par le génie militaire.

En 1846, on a ajouté au village agricole un hameau composé de pêcheurs et destiné, comme cela avait déjà été pratiqué à Sidi-Ferruch, à former le noyau d'une de ces populations maritimes que la France aurait si grand intérêt à voir se former sur les côtes de l'Algérie. — Population 228 habitants.

MM. BRÉVARD, maire.
ROUX, instituteur.

DOUAOUDA. — Centre créé en 1843 sur un plateau qui domine la rive gauche du Mazafran ; le territoire est riche et fertile. C'est dans un des ravins, compris dans ce territoire, qu'en 1840 un détachement de 150 hommes du 3me léger, fut surpris et détruit par un parti nombreux de cavaliers arabes. — Population : 225 habitants.

MM. WIDEKERKER, maire.
MEUSY, adjoint.
BOURGEOIS, instituteur.

ZÉRALDA. — Village créé en 1844, au milieu d'un territoire fort boisé, mais encore peu cultivé et peu fréquenté. — Population : 203 habitants.

MM. MAGREY, maire.
. . . . adjoint.

CHERCHEL. — Chef-lieu du commissariat civil de ce nom. — C'était Jol sous les rois mauritaniens ; c'est l'ancienne *Julia Cæsarea*, ville importante parmi les cités d'Afrique, et dans laquelle les rois de Mauritanie avaient fixé leur résidence; les ruines considérables dont le sol de Cherchel et ses environs, à de grandes distances, sont jonchés, attestent d'une manière irrécusable son ancienne splendeur. Partout, en fouillant, on rencontre des fûts de colonnes de marbre, souvent même des statues dans quelques unes d'un bon style, mais, malheureusement presque toutes mutilées, des colonnes de granit encore entières. Il y avait à *Julia Cœsarea*, comme dans les colonies romaines d'une certaine importance, un théâtre, un hippodrome et un cirque, dont l'enceinte et même les gradins, dans quelques parties, sont bien conservés; on remarque également dans les vallées à l'ouest de la ville, deux aqueducs qui amenaient l'eau des sources situées à des distances considérables. Enfin on a trouvé à Cherchel des inscriptions en langue latine d'un véritable intérêt historique; les autorités locales ont fait ce qu'elles ont pu pour conserver et recueillir tous ces monuments; ils n'attendent qu'un local con- venable pour former une collection intéressante.

M. le maréchal Clauzel avait vainement en 1836, tenté la voie des négociations pour amener les habitants de Cherchel à une soumission volontaire. Abd-el-Kader y établit son autorité, à la faveur du traité de la Tafna.

En décembre 1840, les habitants de Cherchell ayant remarqué un bâtiment de commerce que les courants amenaient vers la côte, en même temps que le défaut de vent l'empêchait de manœuvrer, armèrent leurs mauvaises embarcations, amarrées sur la côte, et attaquèrent ce navire que son équipage eut à peine le temps d'abandonner. Ce fait de piraterie amena l'occupation de Cherchel; l'armée commandée par M. le maréchal Valée y entra le 12 mars 1840; la ville était entièrement déserte; des ordres sévères de l'émir avaient obligé les habitants à l'abandonner : une faible partie (le tiers seulement) de cette population put rentrer dans ses foyers, lors de la pacification de 1842.

Un arrêté du 1er décembre 1840 a créé à Cherchel un centre de population européenne; peu de temps après, on y établit un commissariat civil.

Les ponts-et-chaussées y construisent en ce moment un port ou plutôt un bassin, creusé dans l'emplacement d'un port romain; on y construit également un phare; ces deux travaux seront d'une importance et d'une utilité véritables pour la navigation si difficile sur ces côtes sans abri. Le génie militaire a bâti une caserne d'infanterie, un hôpital militaire, et enfin tout ce qui est nécessaire pour une garnison de 2,000 hommes.— 83 kilomètres (par mer) O. d'Alger. — 100 kilomètres N. de Miliana. — Population : 1,969 habitants.

MM. DE LAMARE, O. ✻, commandant-supérieur.
   OTTEN, commissaire-civil.
   MAUDUIT, secrétaire.
   GIRET, ingénieur des ponts-et-chaussées.
   BELLE ✻, lieutenant de vaisseau, directeur du port.
   BOCQUET, O. ✻, intendant-militaire.
   MENTE, capitaine, chef du génie.
   MIALLÈS, médecin en chef.
   SALLERON, chirurgien.
   JOT, pharmacien.
   MOULÉ ✻, lieutenant de spahis, chef du bureau arabe.
   RABIET, trésorier-payeur.
   VERNEY, maréchal-des-logis, commandant la gendarmerie.

MM. VIGNOT, notaire.
    RONDON, instituteur.
Mlle DE BALDY, école de filles.
Mme LOURSE,   id.
MM. CHALAP, receveur de l'enregistrement.
    D'HOUDETOT, receveur des contributions.
    SANS, receveur des douanes.
    MAMY, courtier de commerce.
    CELLI, négociant.
    WALS,   id.
    LÉON,   id.
    LEYDEN, id.
    PAPILLON, id.
Mme VERNEY, id.

4 boulangeries. — 2 boucheries. — Fours à chaux et à plâtre. — Carrières de pierres de taille.

Sur la route de Cherchel à Alger se trouvent trois localités dignes d'être citées :

1° Le monument connu sous le nom arabe de *Kouber-Roumia* (le Tombeau de la Chrétienne). Tout porte à croire que ce monument était le mausolée des anciens rois de Mauritanie. Il serait inutile de rapporter toutes les légendes qui circulent parmi les Arabes sur ce monument; il n'est, du reste, remarquable que par sa masse, et par sa position élevée qui domine un vaste horizon ;

2° Le lac *Alloula*, véritable réservoir des cours d'eau de la plaine, dans cette partie de la Métidja. Ce lac, ou plutôt ce vaste marais, est couvert d'une innombrable quantité d'oiseaux aquatiques. Il fournit aussi beaucoup de sangsues ;

3° Les ruines de la ville de *Tefsad*, l'ancienne Tipasa. Ces ruines sont considérables, mais paraissent peu importantes pour les arts et l'histoire. Il serait intéressant du moins pour le cabotage qui se fait le long de ces côtes, de créer à Tefsad un petit établissement maritime. Les montagnes des Chainouans forment déjà un abri naturel que les navires vont souvent chercher lorsque les vents soufflent de l'ouest.

TERRITOIRES MIXTES DE LA PROVINCE D'ALGER.

Médéah. — Ancien chef-lieu du beylik de Titteri, aujourd'hui chef-lieu de la subdivision militaire.

Médéah fut occupé, dès le mois de novembre 1830, par M. le maréchal Clausel, qui y installa pour bey, au nom de l'autorité française, un Maure d'Alger, Hadj-Mustapha-ben-Omar; il est mort il y a peu de temps. Ce bey ne put tenir longtemps contre les Arabes insurgés.

M. le général Berthezène, successeur de M. le maréchal Clausel, essaya également de laisser dans Médéah une garnison, mais elle était beaucoup trop faible, et il fallut bientôt la relever; c'est alors qu'eut lieu cette fâcheuse affaire connue sous le nom de retraite de Médéah.

Depuis ce temps, Médéah fut perdu pour nous. Cédée à l'émir en 1837, par le traité de la Tafna, M. le maréchal Valée dut s'emparer de nouveau de cette place, dont l'importance, au point de vue stratégique et politique, ne saurait être contestée. Après plusieurs combats sanglants avec l'émir, il y entra à la fin d'avril 1840, avec le duc d'Orléans, qui commandait une des divisions de l'armée.

Depuis cette époque, Médéah a été définitivement occupée, et est une ville entièrement européenne. Des établissements considérables s'y sont formés. Nous avons parlé ailleurs de la route ouverte à travers les gorges de la Chiffa, et qui assurera, lorsqu'elle sera achevée, les communications entre Médéah et Alger, par Blidah. Les environs de Médéah sont aussi sains que pittoresques et fertiles. Les propriétés ont commencé à y acquérir une véritable valeur. Les cultures font chaque année des progrès sensibles.

Distance légale : 84 kilomètres S. d'Alger.

Population : 4,968 habitants.

MM. MAREY-MONGE, C. ✳, général, commandant-supérieur.
    JOUIN, O. ✳, commandant de place, faisant fonctions de commissaire civil.
    DEFOUG ✳, capitaine, chef du bureau arabe.
    DE SAINT-AMAND, trésorier-payeur.
    MAIGNE, notaire.
    JAVAIN ✳, commandant du génie.
    MERCIER ✳, intendant-militaire.
    GORET ✳, médecin en chef.
    BESSÈDES, chirurgien.
    DUPLAT ✳, pharmacien en chef.
    FAURE, receveur des domaines.
    PEQUEREAU, receveur des contributions.
    PAYAN, instituteur.
Mme PAYAN, école de filles.
MM. UTIVAN, négociant.
    MATHIEU, id.
    GEORGES, id.

BOGHAR. — C'est le *poste-magasin* de Médéah; à 80 kilomètres au sud de cette ville. A l'abri et sous l'influence de ce poste, il s'est formé un village dont la population s'élève à 175 habitants.

MM. MONNET ✻, chef de bataillon, commandant-supérieur.
GRUARD, lieutenant, chef du bureau arabe.
TESSIER, capitaine, commandant le génie.

Mouzaïa-les-Mines. — Centre de population et établissement métallurgique très-important, fondé d'abord par M. Montgolfier, et ensuite par MM. Henry frères, de Marseille, qui ont obtenu la concession des mines de cuivre. (Arrêté du 22 septembre 1844.)

Les minerais extraits de ces mines sont exportés en France et amenés à une usine récemment fondée par cette compagnie, à Bouc, près Marseille. Ils y sont traités d'après des procédés nouveaux, dont le succès paraît assuré. Les exportations de ces minerais se sont élevées, en 1846 et 1847, à 500,000 kilogrammes ramenées à une richesse moyenne de 25 p. 0/0. La compagnie des mines de Mouzaïa a certainement bien mérité de l'Algérie, par la persévérance et l'habileté avec lesquelles elle a conduit cette grande entreprise, qui a employé des capitaux importants.

Population : 489 habitants.

MM. EMME, directeur de la mine.
GUÉRIN, ingénieur en chef.
MEFFE ✻, capitaine, commandant de place.

Aumale (*Sour-Ghoslan*, en arabe). — 130 kilomètres environ S.-E. d'Alger; 60 kilomètres E. de Médéah, et à huit lieues du fort d'Hamza.

Aumale n'est encore qu'un camp formé, il y a un peu plus d'une année, pour observer et contenir les populations du Jurjura. Cet établissement était la conséquence, ou plutôt la base nécessaire des projets si sagement conçus et préparés par M. le maréchal Bugeaud, à l'égard de la Grande Kabylie. Déjà, le camp commence à devenir une ville qui se développera avec les progrès de notre domination en Algérie.

Aumale, qui doit être un de nos principaux points d'appui pour la route d'Alger à Constantine par le Sétif, est situé non loin de l'emplacement de l'ancienne *Auzia*. Or, n'est-il pas digne de remarque que ce soit dans les mêmes lieux qu'ont succombé les trois plus célèbres défenseurs de l'indépendance africaine. En effet, tout porte à croire que c'est auprès d'*Auzia* que Jugurtha fut livré par Bocchus; c'est à peu de distance de cette colonie que fut surpris et tué ce Tacfarinas qui fatigua si longtemps les généraux de Tibère; enfin, c'est dans ces mêmes régions qu'Abd-el-Kader, surpris une première fois par le général Gentil, et ensuite par le colonel Camou, éprouva les échecs décisifs qui l'obligèrent à quitter la partie et à se réfugier dans le Maroc.

MM. DE L'ADMIRAULT, C. ✻, colonel, commandant-supérieur.
DUCROS ✻, commandant, chef du bureau arabe.
FÉTET ✻, capitaine, commandant le génie.
DUCHÉ ✻, sous-intendant militaire.
SENMARTIN, trésorier-payeur.

MILIANA. — Chef-lieu de la subdivision militaire, à 108 kilomètres S.-O. d'Alger.

Population : 2,457 habitants.

Miliana, placé sur l'un des versants du Zaccar, domine et commande une portion notable de la vallée du Chélif. Abd-el-Kader y avait établi un de ses principaux kalifas (lieutenant), Mohammed-Ben-Aïssa, plus connu sous le nom d'El-Barkani et chef de la grande famille de ce nom. Le parti que l'émir Abd-el-Kader avait su tirer de cette ville, qui lui avait été cédée en 1837, nous enseigna l'importance de cette position. M. le maréchal Valée s'en empara en 1840. Depuis cette époque, elle est devenue un point d'occupation, et même de colonisation. Des établissements militaires considérables y ont été construits; on commence à ouvrir aussi, ce qui n'était pas moins indispensable, deux routes carrossables : l'une vers Alger, par la plaine de la Métidja et Blidah; l'autre vers Cherchel, par une station romaine, encore désignée sur les cartes sous le nom d'*Aquæ calidæ*. Ce nom d'*Eaux chaudes* vient d'une source sulfureuse qui existe en cet endroit, et qui paraît destinée à former un établissement d'eaux minérales.

C'est entre Miliana et Cherchel que se trouve la tribu des Beni-Menacer, qui, de 1839 à 1843, a opposé à nos troupes une résistance si obstinée, et qui n'est encore qu'imparfaitement soumise.

Population : 2,457 habitants.

MM. LEVASSEUR, C. ✻, maréchal-de-camp, commandant-supérieur.
ASSENAT ✻, chef de bataillon, commandant de place, faisant fonctions de commissaire civil.
FÉNÉLON ✻, capitaine, chef du bureau arabe.
De MALCOR ✻, capitaine, commandant le génie.
SENNECEY, sous-intendant militaire.
GARRAUD ✻, médecin en chef
VILLAMUR ✻, chirurgien.
PHILIPPE ✻, pharmacien.
PIED-NOIR, instituteur.
Mlle MASSUE, école de filles.

MM. LAMBLIN, trésorier.
  LARTIGUE, receveur des domaines.
  DESLANDES, receveur des contributions.
  MORIZOT, notaire.
  HALLE, négociant.
  DESJARDINS, id.
  VERRIER, id.
  ERB, id.
  GUÉRIN, id.

Teniet-el-Haad. — C'est le poste-magasin de Miliana, à 80 kilomètres S. de cette place. Il contient déjà des établissements militaires importants, et une population civile de 173 habitants.

Près de Teniet-el-Hâad, se trouve une forêt de cèdres, qui a pu déjà être exploitée pour les besoins de la place, et qui mérite d'être conservée et aménagée avec soin.

MM. CARBUCCIA O. ✻, lieut.-colonel, commandant-supérieur.
  MARGUERITTE, lieutenant de spahis, chef du bureau arabe.

Orléanville. — Sur le Chélif, chef-lieu de subdivision et centre de population, créé et fondé, en 1843, par M. le maréchal Bugeaud. — A 72 kilomètres S. de Ténès, et 80 kilomètres O. de Miliana.

La position de cette ville est importante; elle est située à peu près au milieu de ce que l'on appelle la grande plaine du Chélif; elle commande la partie inférieure de cette grande et riche vallée, et sert en même temps de point d'appui pour observer et contenir les populations indociles du Dahra.

On a trouvé à Orléanville des ruines romaines considérables, et entre autres le tombeau d'un évêque, célèbre dans l'histoire de l'église d'Afrique, sous le nom de *Reparatus*.

Des établissements considérables existent déjà dans cette petite ville; le territoire qui l'environne est fertile, mais trop dénué d'arbres. On ne saurait trop s'appliquer à le boiser et à le couvrir de plantations.

Population : 608 habitants.

MM. LEROY de SAINT-ARNAUD, O. ✻, général, commandant-supérieur.
    RICHARD ✻, capitaine du génie, chef du bureau arabe.
    DELANOY ✻, capitaine, commandant de place.
    DUFRESNEL ✻, sous-intendant militaire.
    LEBRETTEVILLOIS ✻, capitaine, commandant le génie.
    DALBARET, trésorier-payeur.
    DUTARTECQ, receveur des domaines.
    LAPAYRE, receveur des contributions.

TÉNÈS. (L'ancienne *Cartenna*). — Des inscriptions trouvées dans des fouilles ne laissent aucun doute à cet égard.

C'était une mauvaise bourgade, dont les habitants étaient depuis jadis donnés à la piraterie, mais qui, dans ces dernières années, vivaient d'un commerce de grains assez actif.

La fondation d'Orléanville amena l'occupation de Ténès, qui en était le port nécessaire, comme Cherchel l'est de Milianah, comme Bougie l'est de Sétif, etc.

La ville européenne, fondée en 1843, à côté de l'ancienne ville européenne, s'est peuplée et bâtie avec une rapidité singulière. Les constructions privées s'élèvent à plus de 2 millions, indépendamment des établissements militaires déjà considérables.

Distance : 150 kilomètres O. d'Alger.
Population : 2,621 habitants.

MM. FERAY, O. ✳, lieutenant-colonel, commandant-supérieur.
GUIBERT ✳, commandant de place, faisant fonctions de commissaire civil.
WIRIOT ✳, sous-intendant militaire.
. . . . . lieutenant de vaisseau, directeur du port.
HUMBERT, receveur des domaines.
OLIVIER, receveur des douanes.
DAUPHIN, receveur des contributions diverses.
BUDIN, trésorier-payeur.
DOMINIQUE ✳, lieutenant, commandant la gendarmerie.
DURAND, médecin en chef.
DENIS, chirurgien.
BARAT, notaire.
MARTINEAU, instituteur.
SŒURS DE SAINT-AUGUSTIN, école de filles.
. . . . . courtier de commerce.
LUXARDO, négociant.
BRUDO aîné, id.
GORSE, id.
LIGNIÈRES, id.
CAMUSARD, id.
PAGÈS, id.
BOY, id.
ZENOVARDO, id.
LEROY et LARRIEUX, de Paris, propriétaires de mines.
LAUGIER fils, de Marseille et d'Alger, id.
BRIGNOLES, de Paris, id.
BRIQUELER et CHEVANDIER, id.

Ces mines sont l'objet le plus important que présentent les environs de Ténès; elles consistent en gisements de minerais de fer, et surtout en des minerais de cuivre; leur richesse, leur beauté déjà reconnues, et la facilité des transports par mer, promettent de rendre l'exploitation de ces minerais aussi facile qu'active.

Une route a été ouverte entre Ténès et Orléanville. C'est dans un défilé que traverse cette route, au lieu dit le *Camp des Gorges*, que le 2ᵉ bataillon d'Afrique eut à soutenir, en avril 1845, un combat meurtrier, pour défendre le convoi qu'il conduisait à Orléanville.

Dellys. — Petite ville située sur le bord de la mer, à 60 kilomètres E. d'Alger : l'occupation a été décidée en 1843 et immédiatement exécutée. C'est le principal marché des Kabyles des montagnes voisines; il y existe des vignobles considérables et dont les produits sont très-recherchés. On a commencé à exploiter une carrière de grès, précieuse pour le pavage des rues. — Population : 1,362 habitants.

Le quartier concédé aux Européens est déjà couvert de constructions importantes.

MM. PÉRIGOT ✹, chef de bataillon, commandant supérieur.
O'MALLEY ✹, capitaine, chef du bureau arabe.
POUJOL ✹, capitaine, commandant de place.
De LOQUEYSSIE, capitaine du génie.
LEMAIRE ✹, sous-intendant militaire.
AVELINE, lieutenant de vaisseau, directeur du port.
DE GOUZENS, trésorier-payeur.
SAMMARA, receveur des domaines.
De la TOULOUBRE, receveur des douanes.
BOYER, instituteur.

Bougie — (l'ancienne *Saldæ* des Romains), 120 kilomètres E. (par mer) d'Alger.

Bougie est le meilleur mouillage de toute la côte E. de l'Algérie. Cela seul méritait de fixer l'attention du

Gouvernement sur l'occupation de cette place ; elle eut lieu en 1833, et fut en quelque sorte provoquée par un acte de piraterie que les Bougiotes commirent sur un bâtiment anglais. M. le général Trézel, aujourd'hui ministre de la guerre, commandait l'expédition ; il y fut blessé.

Les Génois et les Espagnols ont successivement possédé Bougie, et y ont élevé des constructions et des fortifications considérables; on a des lettres de 1515, adressées par le roi Ferdinand-le-Catholique au gouverneur de cette place, et qui attestent que les populations qui habitent les montagnes voisines n'étaient pas plus faciles alors que nous ne les avons connues depuis quatorze ans. Jusqu'à ces derniers temps, le blocus de Bougie par les Mzaya et autres tribus voisines a été *hermétique*. L'un des commandants supérieurs de Bougie, M. Salomon de Musis, fut assassiné dans une entrevue avec l'un des chefs de ces tribus. Les combats entre les montagnards et la garnison renfermée dans ces lignes étaient continuels. La dernière expédition de M. le maréchal Bugeaud a commencé la pacification du pays. Les convois entre Bougie et le Sétif commencent à circuler. Si cette pacification devient plus complète et plus assurée, Bougie deviendra l'entrepôt d'un commerce important. — Population : 759 habitants.

MM. MORLOT de WENGY, O. ✻, chef-d'escadron d'état-major, commandant supérieur.
    AUGERAUD ✻, capitaine, chef du bureau arabe.
    MARTIN ✻, capitaine, commandant de place.
    CHARPENTIER ✻, lieutenant de vaisseau, directeur du port.

MM. DAMOREUX ✻, sous-intendant militaire.
MAYLIN, trésorier-payeur.
BOUILLET, receveur des douanes.
LONGCHAMP, receveur des domaines.
ALAMAGNY, instituteur.
LES BIN, maréchal-des-logis de gendarmerie.
RIBAUCOURT, chirurgien en chef.
PONTIER, médecin.
BENOIST, pharmacien.
MAFFRE, négociant, fabricant d'huile.
RIVON,   id.
TROUCY,   id.
DUFOUR,   id.
DARMAIN,   id.
SALB,   id.
MIKALEFF, id.

En résumé, cinq points du littoral :
Bougie, Dellys, Alger, Cherchel, Ténès;
Quatre places occupées ou fondées sur la ligne intérieure du Tell :
Aumale, Médéah, Miliana, Orléanville;
Deux postes-magasins sur la ligne du Désert :
Boghar, Teniet-el-Hâad;
Indépendamment des villes, villages et hameaux dont nous venons de dresser la nomenclature, complètent aujourd'hui et assurent l'occupation de la province d'Alger.

CHAPITRE V.

Province d'Oran.

Superficie . . . . 102,000 kilomètres.
Population Européenne. . . . 27,514 individus (1).
— Musulmane. . . . . . 490,187 —
— Israélites. . . . . 7,517 —

La province d'Oran, moins montagneuse que celle d'Alger, beaucoup moins vaste que celle de Constantine, est celle qui a offert à nos armes la plus vive résistance; c'était elle aussi qui, du temps des Turcs,

---

(1) Nous avons conservé, pour ce chiffre, les indications fournies par les états publiés au 30 juin 1847 : ceux du 30 septembre donnent un résultat un peu plus élevé, 29,773 individus ; tandis que dans les autres provinces la population européenne a diminué, elle a augmenté dans la province d'Oran.

se montrait la moins soumise, la plus disposée à lever l'étendard de la révolte. Il est même à croire qu'à l'époque où la France est venue détruire le pouvoir des Deys, ils auraient eu fort affaire à résister aux insurrections que préparaient dès lors les fanatiques et belliqueuses populations de l'Algérie occidentale. Le génie actif et persévérant du fils de Mahi-ed-Din qui nous a suscité tant d'obstacles, qui nous a presque mis en péril nous-mêmes, ne se fût pas sans doute arrêté pour si peu ; et, si ce n'eût été l'intervention *providentielle* de la France en 1830, l'Europe eût pu apprendre, non sans étonnement, qu'une révolution toute arabe, toute fanatique, s'accomplissait dans le nord de l'Afrique et venait se substituer à l'indolente piraterie des pachas, héritiers de Barberousse. On dira que ce sont là des conjectures purement gratuites ; mais les événements survenus depuis quinze ans ne sont-ils pas de nature à les justifier ?

LIMITES.

Dans le chapitre consacré à la province d'Alger, nous avons cherché à fixer, aussi exactement qu'il était possible, les limites irrégulières et indécises qui la séparent de la province d'Oran ; nous ne reviendrons pas sur cet objet, lequel au reste, et suivant l'opinion que nous avons exprimée ailleurs, n'exige pas une détermination plus précise.

A l'ouest, nous trouvons la frontière du Maroc, telle qu'elle a été fixée par le traité du 18 mars, conclu entre la France et le chef de cet empire ; quel que soit au surplus le tracé de cette frontière *conventionnelle*, il est de fait que la rivière de la *Moulouya* formera toujours la séparation réelle des deux territoires; c'est une observation que nous avons déjà eu sujet de présenter (voir page 11) avant qu'un événement tout récent (l'occupation inattendue des îles *Djafarin* par l'Espagne) ait attiré sur ce point l'attention publique.

Au nord, c'est la mer, cette magnifique frontière de l'Algérie.

Au sud, le désert nous offre, là comme ailleurs, ses espaces infinis ; seulement nous devons faire observer que comme le *Tell* de la province d'Oran est plus resserré que celui des deux autres provinces, et qu'au contraire les zônes sahariennes y sont plus peuplées, nos efforts ont dû se porter davantage de ce côté, et nos colonnes ont dû pénétrer à de plus grandes distances; c'est ainsi que l'avant-garde du général Renault s'est avancée jusqu'au 32me degré.

DIVISIONS POLITIQUES ET ADMINISTRATIVES.

Alger et Constantine étaient et sont encore aujourd'hui les centres uniques des deux provinces qui portent leur nom; il n'en est pas de même de la province d'Oran, qui présente à l'observateur attentif trois groupes principaux: Oran, Mascara, Tlemcen.

Oran est le centre commercial; — Mascara est le centre politique; — Tlemcen est le centre militaire, sans doute à cause de l'importance que donne à cette place la proximité de la frontière marocaine.

Il faudrait peut-être faire aussi entrer en ligne de compte 1° Mostaganem, qui est un marché considérable vers lequel affluent les provenances de la vallée du Bas-Chélif, celles de la Mina et de leurs affluents : et en second lieu, le Dahra, contrée sauvage et montagneuse, véritable Kabylie de l'ouest, dont l'insurrection de Bou-Maza nous a révélé l'importance en 1845.

Ce n'est qu'en s'appuyant sur la province d'Oran, qui lui avait été abandonnée à peu près sans partage par le traité de la Tafna, qu'Abd-el-Kader a pu peser d'un si grand poids sur la province d'Alger, et menacer un instant celle de Constantine : de même aussi la lutte ne s'est terminée à notre avantage que par l'occupation définitive de Mascara et de Tlemcen, et par la pacification de la frontière du Maroc, résultat incontestable de la bataille d'Isly et des négociations qui en ont été la suite.

Le gouvernement général de l'Algérie, en cherchant à établir sur des bases solides la pacification et la soumission de la province d'Oran, ne pouvait que se conformer aux conséquences d'une situation qu'il trouvait tout établie, et qui existait certainement depuis une longue suite d'années.

Oran est, depuis notre établissement en Algérie, le chef-lieu de la division militaire ; cependant, il a été décidé en principe que ce chef-lieu serait transféré à Mascara.

Dans ce système d'occupation, voici de quelle manière serait effectuée l'organisation de cette province :

Mascara, chef-lieu de la division ;

Oran, Tlemcen, Mostaganem, Sidi-Bel-Abbès, chefs-lieux de subdivision.

Nemours (Djemmâa-Ghazaouat), Arzew-le-port, chefs-lieux de cercle.

Lella-Maghrnia, Sebdou, Saïda, Daïa, Tiaret, postes-magasins.

Nous expliquerons d'une manière plus complète ce système d'occupation; surtout nous le mettrons mieux en harmonie avec ce qui a été dit, en plusieurs endroits, de la topographie générale de l'Algérie, en le présentant sous la forme suivante :

Ligne du littoral : Nemours, poste de l'île Rachgoun à l'embouchure de la Tafna, Mers-el-Kebir et Oran, Arzew, Mostaganem.

Ligne de l'intérieur : Lella-Maghrnia (sur la frontière du Maroc), Tlemcen, Sidi-Bel-Abbès, Mascara. Cette ligne serait complétée par la création d'un établissement militaire de 2e ordre, projeté au lieu dit : *Dar-Ben-Abd-Allah*, et qui relierait Mascara à Orléanville, en même temps qu'il dominerait la Haute-Mina et le pays des Flittas.

Ligne du Tell : postes-magasins de Sebdou, Daïa, Saïda, Tiaret.

La division administrative se décompose ainsi :

Direction des affaires civiles comprenant Oran et son territoire; Mostaganem et son territoire, qui ne forme encore qu'un commissariat civil, bien qu'on ait projeté déjà de l'ériger en sous-direction.

Territoire mixte : toutes les autres places qui viennent d'être désignées plus haut.

AUTORITÉS ET ADMINISTRATIONS CENTRALES DE LA PROVINCE D'ORAN.

DIVISION MILITAIRE.

MM. JUCHAULT DE LAMORICIÈRE, G. O. ✻, lieutenant-général, commandant la division, commandant supérieur de la province.

PATAS D'ILLIERS, O. ✻, chef-d'escadron d'état-major, aide-de-camp.

DENIS DE SENNEVILLE ✻, capitaine d'état-major, aide-de-camp.

DE CORNULIER, lieutenant du 12e léger, officier d'ordonnance.

DIRECTION DES AFFAIRES CIVILES.

M. MERCIER-LACOMBE ✻, directeur.

Conseil de direction.

MM. Le Bon GARBÉ, conseiller de direction, faisant fonctions de secrétaire.
BARBERI, id.
Le Bon DE MONTRIBLOUD, conseiller.

BUREAUX DE LA DIRECTION.

(Pour les attributions, voir page 233).

1er *Bureau.* — (Secrétariat. — Administration).

M. DE LORMEL, chef.

2e *Bureau.* — (Colonisation. — Travaux publics).

M. ZŒPFELL ✻, chef.

3e *Bureau.* — (Comptabilité. — Services financiers).

M. GETTEN, chef.

Inspecteurs de colonisation.

Sont attachés en cette qualité, à cette province :

MM. CANIS, Oran.
GAY, id.
PETRUS-BOREL, Mostaganem.

PONTS-ET-CHAUSSÉES.

Le service des ponts-et-chaussées, dans la province d'Oran, est organisé d'après les mêmes principes que dans la province d'Alger.

Il est dirigé par un ingénieur en chef, et comprend deux arrondissements divisés de la manière suivante:

M. AUCOURT ✻, ingénieur en chef.

1er Arrondissement.

Tous les travaux du district d'Oran et les travaux maritimes du littoral-ouest de la province.

MM. LAGOUT, ingénieur.
    ROBINET, conducteur.
    DEGORGE, id.
    ROUVIÈRE, id.
    GARBE, id.
    ROUX, id.

2me Arrondissement.

Tous les travaux du cercle de Mostaganem.

MM. ROBIN, ingénieur.
    GERMAIN, conducteur.
    LABORIE, id.
    COSTE, id.

Bâtiments civils, et petite voierie.

MM. DUPONT, architecte, chef du service.
    OSSELIN, inspecteur à Oran.
    PELLETIER, id. à Mostaganem.

ADMINISTRATIONS FINANCIÈRES.

Direction de l'enregistrement et des domaines.

MM. BEX, inspecteur chef du service.

MM. LECOINTRE, vérificateur.
PERRIN, conservateur des hypothèques.
DEIGLUN, receveur des domaines.
AUSSEL, id. de l'enregistrement.

DOUANES.

MM. VERNET, inspecteur, chef de service.
DE LEUGLEY ✵, inspecteur divisionnaire.
DE BATSALE, sous-inspecteur sédentaire.
JOUBERT, vérificateur de 1re classe.
VITTON, receveur principal.

CONTRIBUTIONS DIVERSES.

Service administratif.

MM. ROBERT, chef du service.
ROUX, 1er commis.
LANGLUMÉ DE COURTIL, contrôleur.
FRECHIN, receveur.

Service topographique.

MM. TOUPÉ, vérificateur, chef du service.
LIOULT ainé, triangulateur.

Trésor et postes.

MM. PRIEUR ✵, trésorier-payeur.
BUDOS, payeur particulier.
FAURE, id. adjoint, chef du service des postes.

MILICE.

La milice de la province d'Oran n'a pas encore été formée en légion; elle comprend quatre bataillons et plusieurs compagnies des différentes armes, savoir :
Ville d'Oran. — 2 bataillons. — 1 escadron de cava-

lerie. — 1 compagnie de sapeurs-pompiers. — 1 id. d'artillerie. — 1 de marins.

MM. AUCOURT ✻, commandant le 1ᵉʳ bataillon.
  RAMOGER,   id.   le 2ᵐᵉ bataillon.
  GUÉRARD ✻, adjudant-major.
  DAUMAS,   id.

Miserghin, 2 compagnies.
Mostaganem. — 1 bataillon. — 1 compagnie de sapeurs-pompiers. — 1 id. de marins. — 1 peloton de cavalerie.

MM. DUFROIS, commandant.
  FICHEFEU, adjudant-major.

Mascara. — 1 bataillon. — 1 section d'artillerie.

M. SAUZÈDE, commandant.

Tlemcen. — 3 compagnies de milice. — Milice indigène, composée de Coulouglis.
Nemours. — 1 compagnie de milice.

L'effectif de la milice de cette province est de 2,400 hommes.

SERVICES MILITAIRES.

Division d'Oran.

MM. JUCHAULT DE LAMORICIÈRE, G. O. ✻, lieutenant-général commandant la division.
  PATAS D'ILLIERS, O. ✻, aide-de-camp chef d'escadron d'état-major.
  DENIS DE SENNEVILLE ✻, capitaine d'état-major, aide-de-camp.
  DE CORNULIER, lieutenant au 12ᵉ d'infanterie légère, officier d'ordonnance.

État-Major de la division.

MM. DE MARTIMPREZ, O. ✻, lieutenant-colonel, chef d'état-major.
JARRAS ✻, capitaine d'état-major, attaché à la division.
POULLE ✻,   id.   id.
MAREL, capitaine d'état-major, chargé du service géodésique, à Oran.
BEAUDOUIN ✻, capitaine d'état-major, à Tlemcen.
LALLEMAND,   id.   attaché à la division.
RANSON ✻,   id.   id.

Subdivision d'Oran.

MM. THIERRY, C. ✻, maréchal-de-camp, commandant la subdivision.
CLEMEUR, capitaine d'état-major, aide-de-camp.
MORRIS, C. ✻, maréchal-de-camp, à la disposition du gouverneur-général.

Subdivision de Mascara.

MM. RENAULT, C. ✻, maréchal-de-camp, commandant la subdivision.
FERRI-PISANI, capitaine d'état-major, aide-de-camp.

Subdivision de Tlemcen.

MM. CAVAIGNAC, C. ✻, maréchal-de-camp, commandant la subdivision.
BOREL, capitaine d'état-major, aide-de-camp.
ROZIER DE LINAGE, lieutenant aux zouaves, officier d'ordonnance.

Subdivision de Mostaganem.

MM. PÉLISSIER, C. ✻, maréchal-de-camp, commandant la subdivision.
CASSAIGNE, capitaine d'état-major, aide-de-camp.

Cercle de Sidi-Bel-Abbès.

M. DE MONTAUBAN, C. ✻, colonel, commandant supérieur.

Cercle de Nemours.

M. BOURGOURD DE LAMARRE, O. ✺, lieutenant-colonel, commandant-supérieur.

DIRECTION DIVISIONNAIRE DES AFFAIRES ARABES.

MM. WALSIN ESTHERAZY, O. ✺, colonel, directeur.
AZEMA DE MONTGRAVIER ✺, capitaine d'artillerie, attaché à la direction.

Chefs des bureaux arabes de la division.

MM. BAZAINE ✺, chef de bataillon, à Tlemcen.
DE LIGNY, capitaine, à Mascara.
BOSQUET, O. ✺, colonel, à Mostaganem.
SAAL ✺, lieutenant, à Nemours.
RIMBAUD, id. à Sebdou.
DOINEAU, id. à Lella-Maghrnia.
FAUDELLE, id. à Tiaret.
QUESTEL, id. à Saïda.
VALICON ✺, commandant, à Ammi-Moussa.

Désignation et résidence des corps composant la division d'Oran.

Infanterie.

MM. ROCHES, O. ✺, colonel du 5ᵉ régiment de ligne, à Oran.
BISSON, O. ✺, lieutenant-colonel, id.
DE MAC-MAHON, O. ✺, colonel du 9ᵉ de ligne, id.
RENAUD ✺, lieutenant-colonel, id.
VAN HEDDEGHEN, O. ✺, colonel du 16ᵉ de ligne, à Mostaganem.
BOSC, O. ✺, lieutenant-colonel, id., à Mostaganem.
LE FLO, O. ✺, colonel du 32ᵉ de ligne, id.
MANSELAND ✺, lieutenant-colonel, id.
FAIVRE, O. ✺, colonel du 44ᵉ, à Tlemcen.
DE GARDERENS, O. ✺, lieutenant-colonel, id.
DE GERAUDON, O. ✺, colonel du 56ᵉ, à Mascara.
N....., lieutenant-colonel, id.

MM. O'KEFFE, O. ✻, colonel du 6ᵉ léger, à Mascara.
N....., lieutenant-colonel, id.
MAISSIAT, O. ✻, colonel du 12ᵉ léger, à Oran.
BOURGOURD DE LAMARRE ✻, lieut.-colonel, à Nemours.
MELLINET, O. ✻, colonel du 1ᵉʳ régiment de la légion étrangère, à Oran.
DENOU ✻, lieutenant-colonel, id. id.
CHARRAS ✻, 1ᵉʳ bat. d'infant. légère d'Afrique, à Mascara.
LE NORMAND DE LOURMEL ✻, commandant le 8ᵉ bataillon des chasseurs d'Orléans, à Tlemcen.
DE BRAS DE FER ✻, capitaine, commandant le 9ᵉ bataillon, à Mostaganem.
DE LABADIE D'AYDREN, command' le 10ᵉ bat., à Tlemcen.
PELLÉ ✻, commandant le bataillon des tirailleurs indigènes, à Mostaganem.

Cavalerie.

MM. DE COTTE ✻, colonel du 2ᵉ régiment de chasseurs de France, à Nemours.
GENESTET DE PLANHOL, O. ✻, lieutᵗ-colonel, à Nemours.
DE NOUE ✻, colonel du 1ᵉʳ chassʳˢ de France, à Mascara.
BOYER, O. ✻, lieutenant-colonel, id.
COUSIN DE MONTAUBAN, O. ✻, colonel du 2ᵉ de chasseurs d'Afrique, à Oran.
DUPUCH ✻, colonel du 4ᵉ de chas. d'Afrique, à Mostaganem.
RIVET, O. ✻, lieutenant-colonel, directeur central des affaires arabes.
N. . . . . , commandant le 2ᵉ de spahis, à Oran.

Troupes diverses.

MM. CHEVALIER ✻, commandant la 1ʳᵉ compagnie des pionniers de discipline, à Oran.
PETIT ✻, commandant la 1ʳᵉ compagnie de fusiliers de discipline, à Mostaganem.
BARTEL ✻, commandant la 4ᵉ compagnie, id.
1 compagnie d'ouvriers d'administration, à Oran.

3 compag. du 2ᵉ escadron du train des équipages, id.
1 id. du 3ᵉ id. id.
1 id. d'ouvriers d'administration, à Mostaganem.
1 id. du 2ᵉ escadron des équipages, id.
1 id. id. à Mascara.
1 id. id. à Tlemcen.

État-Major des places de la division.

MM. DE BEAUFORT, O. ✹, colonel, commandant de place, à Oran.
FILIPPI ✹, chef de bataillon, major de place, à Oran.
BERNARD, O. ✹, chef-d'escadron, commandant de place, à Tlemcen.
BERTIN, O. ✹, chef de bataillon, commandant de place, à Mostaganem.
BASTOUIL, O. ✹, id., command. de place, à Mascara.
OLLIVIER ✹, capitaine, id. à Arzew.
ROBERT ✹, id. id. à Mers-el-Kébir.
CORDENNIER ✹, id. id. à Miserghin.
LOUIS ✹, id. id. à Tiaret.
CORBIOT, id. id. à Nemours.
BELVEZET-LIGEAC ✹, id. id. à Lella-Maghrnia
PORRIER ✹, id. id. à Saïda.
SABATIER ✹, id. id. à Daïa.

Intendance militaire de la division.

MM. DILLON, O. ✹, intendant militaire, Oran.
DELAROCHE ✹, sous-intendant de 2ᵉ classe, id.
UHRICH, adjoint de 1ʳᵉ classe, id.
DE NEUVIER, id. id.
DE LASCASES, id. id.
CADOT, O. ✹, sous-intendant de 1ʳᵉ classe, Mostaganem.
PEQUIGNOT, adjoint de 1ʳᵉ classe, id.
HAUSSMANN, adjoint de 1ʳᵉ classe, Tlemcen.
MARTIN ✹, id. Mascara.
GIBOU ✹, id. Nemours.

MM. BROU, adjoint de 1ʳᵉ classe.   Sidi-Bel-Abbès.
GALBAUD-DUFORT, id.   Arzew.
DUBUT, id.   Tiaret.

SERVICE DE SANTÉ.

Oran.

MM. GOËDORP ✻, médecin ordinaire de 1ʳᵉ classe.
VALETTE ✻, chirurgien principal de 2ᵐᵉ classe.
LAPORTE ✻, pharmacien principal de 2ᵐᵉ classe.
ADER, officier comptable de 2ᵐᵉ classe.

Arzew.

MM. JUVING, chirurgien aide-major de 2ᵉ classe.
JOSSELIN, adjudant en 1ᵉʳ, comptable.

Sig.

MM. NOGUÈS, chirurgien sous-aide.
BERGERET, adjudant en 2ᵉ.

Sidi-bel-Abbès.

MM. CAHUAC, médecin ordinaire de 2ᵉ classe.
FROUSSART, chirurgien aide-major de 2ᵉ classe.
ALIX, pharmacien,   id.
RICHET, adjudant en 1ᵉʳ.

Daia.

MM. BEYLOT, médecin, adjoint.
MALARET, adjudant en 2ᵉ.

Nemours.

MM. BROUSSAIS ✻, médecin ordinaire de 1ʳᵉ classe.
MUSART, pharmacien aide-major de 2ᵉ classe.
BAZIN, adjudant en 1ᵉʳ.

Mostaganem.

MM. MAYER ✻, médecin ordinaire de 2ᵉ classe.
PINGRENON ✻, chirurgien-principal de 2ᵉ classe.

MM. ROBILLARD, pharmacien-major de 2ᵉ classe.
GINESTET, officier comptable de 2ᵉ classe.

Ammi-Moussa.

MM. DOMERGUE, chirurgien sous-aide.
LANSIER, adjudant en 2ᵉ.

Mascara.

MM. VASSILIÈRE, médecin ordinaire de 2ᵉ classe.
BARTHARÈS, chirurgien major de 2ᵉ classe.
JULLIER, pharmacien aide-major de 2ᵉ classe
DOR, officier comptable de 2ᵉ classe.

Saïda.

MM. DUFAY, chirurgien sous-aide.
DEBOURDEAU, adjudant en 1ᵉʳ.

Tlemcen.

MM. CATTELOUP, médecin ordinaire de 2ᵉ classe.
PAU Sᴛ-MARTIN, chirurgien-major de 2ᵉ classe.
VIAL, pharmacien-major de 2ᵉ classe.
JOUSSAIN, adjudant en 1ᵉʳ.

Sebdou.

MM. SONRIER, chirurgien aide-major de 2ᵉ classe.
PERET-LOIRE, adjudant en 1ᵉʳ.

Lella-Maghrnia.

MM. STRAUSS ✽, médecin adjoint.
Sᴛ-SUPERY, chirurgien aide-major de 2ᵉ classe.
CASSAIGNE, pharmacien aide-major de 2ᵉ classe.
MIRGUET, adjudant en 2ᵉ.

Tiaret.

MM. DELAUNAY, chirurgien aide-major de 2ᵉ classe.
NETTER, médecin adjoint.
LAPERTOT, pharmacien aide-major de 2ᵉ classe.
TAILLEFER, officier comptable de 2ᵉ classe.

Magasin central.

M. SALICIS, officier comptable de 2ᵉ classe.

Chef de centralisation.

M. MACHISAUD, adjudant en 1ᵉʳ.

DIRECTION DE L'ARTILLERIE.

MM. LEROY ✻, lieutenant-colonel, directeur,   à Oran.
PIERRE ✻, capitaine, faisant fonctions de sous-directeur,   id.
PAULTRE DE LAMOTTE, capitaine, attaché à la direction.
CAUVET,   id.   id.

DIRECTION DU GÉNIE.

MM. DALESME, O. ✻, colonel, directeur,   à Oran.
BLONDEAU, capitaine, adjoint,   id.
QUIOT,   id.   id.

Place d'Oran (Annexes : Arzew et Nemours).

MM. DE VAUBAN ✻, commandant, chef du génie.
GRAS ✻, capitaine, adjoint.
CHARRIER,   id.   à Nemours.
JANET,   id.   à Arzew.

Place de Mostaganem.

MM. NOEL ✻, capitaine, chef du génie.
DUMAS,   id.   au pont d'Orléans.

Place de Mascara (Annexes : Tiaret et Saïda).

M. CROZALS ✻, commandant, chef du génie.
   2 officiers d'état-major.
   2   id.   de troupe.

Place de Sidi-Bel-Abbès (Annexe : Daïa).

M. PRUDON ✻, capitaine, chef du génie.
   1 officier d'état-major.
   1   id.   de troupe.

Place de Tlemcen (Annexes : Sebdou et Lella-Maghrnia).

M. GAUBERT ✻, capitaine, chef du génie.
   3 officiers d'état-major.
   5 id.   de troupe.

Arrondissement et ville d'Oran.

ORAN. — (Se prononce en arabe *Waran*, comme l'écrivait avec raison le Dr *Shaw*, d'après l'orthographe anglaise).

Si Alger, par sa position centrale, par son importance politique, par les souvenirs du passé, par sa population, est nécessairement la capitale de l'Algérie, Oran en est peut-être la première ville par les avantages que lui donne sa position commerciale et la rade de Mers-el-Kebir.

Une escadre mouillée sous les batteries de ce fort, et pouvant y trouver un abri et un refuge, domine nécessairement tout ce canal qui existe entre la côte d'Afrique et celle d'Espagne, et qui conduit de l'Océan dans la Méditerranée. Pour le commerce comme pour la guerre, Mers-el-Kebir le dispute à Gibraltar, et certainement il y a quarante ans, à l'époque du combat de Trafalgar, cette position, que l'Espagne avait abandonnée douze ans auparavant, aurait pu jouer un rôle important.

La ville d'Oran et le fort de Mers-el-Kebir furent occupés par les Espagnols, en 1505. Ils avaient des intelligences dans l'intérieur du pays, principalement dans le beylik de Tlemcen, qui formait alors, à ce qu'il paraît, une petite souveraineté indépendante entre les pachas algériens et les souverains du Maroc ; mais les haines qui existaient depuis tant de siècles, entre le *maure* et l'espagnol étaient irréconciliables, et peut-être avons-nous hérité des sentiments hostiles que cette circonstance avait fait naître : peut-être est-ce là un des motifs qui ont rendu la guerre si vive dans cette partie de l'Algérie.

En 1708, Oran fut perdu pour l'Espagne. Voici ce qu'en dit le duc de Saint-Simon dans ses *Mémoires :* « Lors-
» qu'il (le duc d'Orléans) arrangeait tout pour son dé-
» part pour l'Espagne, on apprit que les Maures avaient
» pris Oran et accordé une honnête capitulation à la
» garnison, qui s'était retirée à Musalquivir (*sic*). »

En 1732, sous le *second* règne de Philippe V, une expédition considérable fut dirigée des ports d'Espagne sur Oran, qui retomba au pouvoir des Espagnols. Ce fut alors qu'ils exécutèrent, et très-rapidement, les immenses ouvrages qui existent encore aujourd'hui, et dont nous avons pu tirer grand parti ; mais soixante ans plus tard, en 1792, tout le pays étant insurgé, le bey de Mascara vint mettre le siége devant la place ; il avait commencé à la bombarder, lorsqu'un tremblement de terre d'une violence extrême renversa une partie des fortifications, et tua ou blessa 600 hommes de la garnison. L'Espagne, affaiblie et épuisée par le triste gouvernement de Charles III, préféra abandonner sa conquête, et Oran fut rendu aux Turcs, par suite d'une capitulation conclue avec le dey d'Alger.

Aussitôt après la capitulation du 5 juillet, M. le maréchal Bourmont dirigea par mer une expédition sur Oran, qui se soumit sans résistance. Mais les événements de juillet firent rappeler l'escadre expéditionnaire; on évacua le fort de Mers-el-Kebir, en faisant sauter une partie des fortifications; M. le maréchal Clauzel, aussitôt qu'il eut pris le commandement de l'armée, envoya de nouvelles troupes. Dès les premiers jours de l'année 1831, les forts et la ville étaient de nouveau remis en notre pouvoir : le général Boyer y fut envoyé en 1832, et l'occupation de cette place décidée sans retour.

La ville d'Oran, que nous avons trouvée déserte et ruinée en 1830, renferme aujourd'hui une population de 25,000 âmes, sur lesquelles on compte 18,000 Européens, 6,000 Musulmans et 1,000 Israélites.

Le périmètre de la place renferme 72 hectares; c'est environ 300 habitants par hectare : un tiers de moins qu'à Alger.

La circonstance la plus remarquable qu'offre la ville d'Oran, c'est le grand ravin, communément nommé par nous le *Ravin blanc*, et par les Arabes : *Oued-el-Rahoui*, rivière des Moulins. Ce ravin, au pied duquel coule le ruisseau, sépare la ville en deux parties. Sur la rive gauche, la vieille ville, la ville espagnole, assise entre le ruisseau et les pentes abruptes du Medjadjo; sur la rive droite, la ville neuve, la ville arabe, qui, assise sur un plateau dominant le ravin, se continue à l'est et au sud et forme la plaine d'Oran.

L'*Oued-el-Rahoui* n'a que 1,000 mètres de développement : le volume des eaux est assez considérable pour suffire largement aux besoins d'une population de 30,000 âmes, et la pente est si rapide, que l'on a pu établir sans difficulté huit moulins, appartenant soit à des particuliers, soit à l'administration. A l'origine de la source, au *Ras-el-Aïn* (tête de la source), on a construit un petit monument, qui sert de corps-de-garde, et d'où partent deux canaux conduisant les eaux aux diverses fontaines des deux villes; ce qui lui a fait donner le nom de *Château-d'Eau.*

La vieille ville comprend trois quartiers, séparés les uns des autres par des remparts : la Marine, la Planza, la vieille Casbah.

La ville neuve, sur la rive droite de l'*Oued-el-Rahoui,* comprend d'abord la nouvelle Casbah, ou Château-Neuf, citadelle bastionnée et armée, qui domine la ville et la mer. C'est là que se trouve l'ancien palais du bey d'Oran, qui sert d'habitation au général commandant la province, aux états-majors, etc. Le surplus de cette nouvelle ville n'est, à vrai dire, qu'une longue rue tortueuse et rapide, dont la première partie s'appelle rue *Philippe,* la seconde rue *Napoléon.*

Quelles que fussent les difficultés qu'opposait à l'établissement d'une grande cité, un terrain aussi accidenté, aussi tourmenté, elles ont été en partie vaincues, de telle sorte que tous les quartiers de la ville et la rue principale sont accessibles aux voitures. Le temps, la persévérance, l'exécution de projets sagement conçus, ne pourront que développer l'œuvre heureusement commencée. Hâtons-nous toutefois de dire que la création d'un port de commerce, dont les plans sont déjà étudiés et préparés, en serait le complément nécessaire.

Nous venons de faire connaître les autorités centrales de la province, il convient maintenant d'indiquer celles particulières à la ville d'Oran.

MAIRIE.

MM. LESSEPS, maire.
JONQUIER, adjoint.
BOYER, id.
DUMAIN, secrétaire.
BONIFACE, commissaire de police.
BILLET ✹, capitaine de gendarmerie, commandant la 4ᵉ compagnie.
LANEYRIE, lieutenant.
LHERBIER, sous-lieutenant, trésorier.

MARINE.

MM. CONDÉ ✹, lieutenant de vaisseau, directeur du port.
BERTRAND, commis principal de 1re classe, chargé du service administratif.

INSTRUCTION PUBLIQUE.

MM. HADAMARD, professeur d'arabe. — Cours public.
VIOLLE, instituteur communal (1).
FORTON, directeur de l'école gratuite, supérieur de Saint-Joseph.
Sœurs Trinitaires, directrices de la Salle d'asile.
BARRY, instituteur.
MM^{es} BELVÈZE, institutrice.
DE LA CHASTRE, id.

TRIBUNAUX.

Parquet du procureur du roi.

MM. ROBINET DE CLÉRY, procureur du roi.
FÉNIGAN, substitut.

---

(1) Nous ne pouvons ici nous empêcher de faire ressortir l'insuffisance des établissements d'instruction publique à Oran. Une ville de 30,000 âmes, ne peut se dispenser d'avoir un collège communal, et c'est à peine si l'instruction primaire est constituée!

Tribunal de première instance.

MM. DE VAUDRECOURT, président.
GAUDILLOT, juge.
FABRE, id.
DE GROUSSON, id.
ARNOUX, juge d'instruction.
FORCIOLI, greffier.

Tribunal de commerce (1).

MM. JONQUIER, président.
BLANCHARD, juge.
BOYER, id.
BAX, id.
FREIX, id.
BONFORT, id.
ANDRIEUX, id.
N....., greffier.

JUSTICE-DE-PAIX.

MM. DE LOYS, juge-de-paix.
SCIPIONI, greffier.
MM. RENAUD-LEBON, défenseur.
GERMAIN, id.
DIEUZAIDE, id.
LEGOGAL-TOULGOET, id.
BILHARD-FEURIER, id.
SAUZÈDE, notaire.
DAVID, id.
CLAUDIN, id.
LARRAT, huissier.
CUGUILLÈRE, id.
AUDIBERT, id.

(1) Le résultat de l'élection qui a dû avoir lieu à Oran, conformément à l'ordonnance du 24 novembre, n'est pas encore connu.

Il existe, à Oran, des industries importantes, telles que : brasseries, fours à chaux et à plâtre, moulins à blé, construits sur le ruisseau dont il a été question plus haut. Deux de ces deux moulins appartiennent à MM. Caussonnel.

BAINS DE LA REINE. — Établissement thermal appartenant à M. Germain. Ces eaux sont réputées très-bienfaisantes pour les maladies cutanées. La tradition veut que ce nom de *Bains de la Reine* vienne d'une reine d'Espagne, qui s'est plusieurs fois rendue à ces bains, et y a trouvé sa guérison.

L'*Écho d'Oran*, feuille périodique. — Propriétaire : M. Perrier.

(*Voir pour les adresses à la fin du volume.*)

Arrondissement d'Oran.

MERS-EL-KEBIR. — C'est surtout au mouillage de Mers-el-Kebir que s'appliquent les observations que nous a suggérées la position d'Oran, considérée comme position maritime ; car c'est à Mers-el-Kebir que viennent s'abriter les navires en destination pour le port d'Oran; aussi dès les premiers temps de notre occupation on a dû songer à relier la ville et le fort de Mers-el-Kebir par une route qui a été tracée dans le roc avec de grands efforts; et avec des dépenses considérables, mais que tant de circonstances rendaient indispensables. Le fort qui commande la rade a été construit par les Espagnols; il a été armé et restauré, mais non pas encore au point où il devait l'être.

Mers-el-Kebir a été érigé en commune par une ordonnance royale du 29 octobre 1845. — Population, 996 habitants.

MM. AVIOT, maire.
SEGOND, instituteur.
D^lle ALLARY, institutrice.
M. ROBERT ✵, capitaine commandant le fort.

MISERGHIN. — Centre créé par ordonnance du 29 octobre 1845. — Le territoire de cette commune est contigu au *sebgha* ou lac salé, un de ces lacs qui existent en grand nombre en Algérie.

Il s'y trouve une pépinière du gouvernement. (*Voir* page 191). — Population, 279 habitants.

MM. DE LA LAISSE, maire.
JOUSSEAUME, instituteur.

LA SENIA. — Centre créé par ordonnance du 29 octobre 1845. — Population : 135 habitants. — Le hameau du *Figuier* est un annexe de ce centre.

M. REGNAULD, maire.

SIDI-CHAMI. — Centre créé le 16 décembre 1845. — Population, 176 habitants.

CERCLE DE MOSTAGANEM.

L'occupation de Mostaganem remonte à 1832 : une garnison turque était restée maîtresse de cette place, mais désespérant de pouvoir se défendre contre les Arabes insurgés qui l'attaquaient de toutes parts, cette garnison entra en pourparlers avec le général Desmichels qui commandait alors à Oran, et se soumit à la France. Cette garnison et la population de la ville se sont depuis cette époque toujours montrées fidèles et dévouées.

Mostaganem n'a point de port; c'est une plage ouverte, que la moindre agitation de la mer rend inabordable; mais la beauté du territoire qui l'environne, l'importance de son marché, qui est l'entrepôt et le débouché de toutes les populations du Bas-Chélif et de la Mina, etc., assignent à cette ville une position considérable. En outre, M. le maréchal Bugeaud l'ayant prise pour base de ses opérations dans les expéditions qu'il dirigea sur l'intérieur de la province d'Oran, Mostaganem devint le chef-lieu d'une subdivision; de grands établissements militaires furent créés : la population augmenta rapidement, elle est aujourd'hui de 6,738 habitants, sur lesquels on compte 4,300 Européens.

Mostaganem a été érigé en commissariat civil par un arrêté du 8 mai 1841; une justice-de-paix y a été instituée par ordonnance du 13 novembre 1845.

MM. A. DE BRETAGNE, commissaire civil.
 PERRENOT, secrétaire.
 DUBOSQ, commissaire de police.
 ESTUBLIER, instituteur.
Mme ESTUBLIER, institutrice.
MM. VALLAMBRAS ✻, lieutenant de gendarmerie.
 MILLIÈRE, lieutenant de vaisseau, directeur du port.
 LIÉVREL, payeur, trésor et postes.
 DUCHÉ, receveur des domaines.
 DESLANDES, id. des contributions diverses.
 DECUERS, id. des douanes.
 TÉRON, juge-de-paix.
 CONSERANT, greffier.
 PASQUIER, notaire.
 BLOCH, huissier.
 RAOUX, id.

(*Voir* pour les adresses des négociants à la fin du volume).

Il existe près de Mostaganem une pépinière (*voir* page 191), un haras entretenu au frais du gouvernement, et qui contient une vingtaine d'étalons, et un certain nombre de juments poulinières.

M. GUERRE ✻, capitaine au 4ᵉ de chasseurs d'Afrique, directeur du haras.

MAZAGRAN. — Centre créé en 1846. — Population, 224 habitants.

M. SAVARD, maire.

LA STIDIA. — Centre créé en 1846.
Ce village a été formé au moyen d'une émigration de familles allemandes, que le gouvernement se vit dans l'obligation de diriger de Dunkerque sur l'Algérie. Il a été construit, et les terres défrichées par les soins de l'armée, sous la direction de M. le colonel Bosc. — Population, 461 habitants.

Territoires mixtes.

Le territoire civil de l'arrondissement d'Oran, a été constitué par un arrêté du 29 octobre 1845; il comprend environ 15,000 hectares.

Au sud et à l'est de ce territoire, différentes ordonnances ont créé plusieurs communes qui ont reçu des noms français, et que l'on doit dès à présent considérer comme annexées à la circonscription civile, bien qu'elles continuent à être régies comme territoire mixte; ces communes sont les suivantes :

Christine, Sᵗᵉ-Ferdinande, Isabelle, Sᵗ-Cloud, Sᵗ-Leu, Sᵗ-Eugène, Sᵗᵉ-Adélaïde, Joinville, Sᵗ-Louis,

Chartres, Ste-Barbe, Arzew-le-port, et son annexe Ste-Léonie.

A l'exception de ces deux derniers centres, dont il sera question plus loin, ces communes ne sont encore que nominales; les unes doivent se créer par voie de concession directe; les autres sont l'objet d'adjudications publiques, dont le résultat n'est pas encore connu.

Ajoutées au territoire civil d'Oran qui est de 15,000 hectares, la circonscription de ces communes forme un total de 60,000 hectares, livré, sauf des réserves faites dans l'intérêt des populations indigènes, à la colonisation européenne; c'est une grande et vaste opération due aux mesures énergiques et prévoyantes à la fois qu'a prises M. le général de Lamoricière, qui exerce depuis sept ans le commandement supérieur de cette province; la colonisation et le peuplement de ce territoire seront l'ouvrage de plusieurs années; nous aurons donc successivement à en constater les progrès et les résultats.

Mascara. — A 100 kilomètres S. E. d'Oran, 80 kilomètres S. de Mostaganem, est le chef-lieu d'une des subdivisions de la province, et le chef-lieu projeté de la division.

Mascara commande la riche plaine *d'Egrhis*, qu'occupait la riche et puissante tribu des Hachems, au sein de laquelle est né Abd-el-Kader, et qui a été la base première de sa puissance.

En 1835, M. le maréchal Clauzel, pour réparer les désastreux effets du combat de la Macta, dirigea une expédition sur Mascara et s'en empara; mais il n'en trait pas alors dans les intentions du gouvernement que cette place fût conservée; elle fut donc évacuée immédiatement.

En 1841, Mascara fut occupé de nouveau par M. le maréchal Bugeaud, qui se décida à la conserver; malgré le dénuement et le délabrement de la place, M. le général de Lamoricière s'y maintint avec des fatigues et des efforts inouïs : les expéditions continuelles qu'il dirigeait au cœur de l'hiver, et sur les points les plus éloignés, ruinèrent les tribus et amenèrent la soumission de la province.

Mascara se relève aujourd'hui de ses ruines; des établissements militaires considérables ont été créés; les colons ont de leur côté élevé des constructions déjà importantes; le territoire qui environne la ville se peuple et se cultive; des militaires libérés ont été établis comme colons sur plusieurs points de cette banlieue; notamment aux hameaux de St-André et St-Hippolyte; notons enfin, comme une particularité digne d'intérêt, que dans cette localité, comme à Médéah, on a commencé à faire un peu de vin de très-bonne qualité.
—Population, 3,844 habitants, sur lesquels on compte 1,700 européens.

MM. BASTOUIL, O. ✻, chef de bataillon, commandant de place.
    CROZALS ✻, chef de bataillon du génie.
    MARTIN ✻, sous-intendant militaire.
    LAVILLE, trésorier-payeur.
    BARTAYRÈS, receveur de l'enregistrement.
    SAUZÈDE,   id.   des contributions directes.
    FARINÈS, notaire.
    RABILLOUD, instituteur primaire.
Mme RABILLOUD, institutrice.

MM. GARDEMPOIS, commissaire de police.
BEROUT-ZAOUI, négociant.
OLIVE ET Cⁿ, id.
PÉRÉS, id.
PEDENCOIG, id.
MOUSSET, id.

Tiaret. — Poste-magasin, annexe de Mascara.

Saïda. — Poste-magasin, annexe de Mascara.

Tlemcen. — 120 kilomètres S. O. d'Oran, 72 kilomètres S. de Nemours (Djemma-Ghazaouat).

Cette ville située au milieu d'un pays réputé le plus riche et le plus fertile de l'Algérie, était autrefois la capitale de l'un des principaux états du nord de l'Afrique; les souverains de Tlemcen ont joué un rôle important, à diverses époques de l'histoire, du reste fort peu connue de ces contrées.

Aussitôt après la prise d'Alger et la chute du gouvernement turc, l'empereur Muley-abd-er-Rachman fit quelques démonstrations pour s'emparer de Tlemcen, sur lequel le Maroc avait toujours élevé des prétentions. Mais le gouvernement français s'opposa à ces tentatives, M. le général (alors commandant) de La Rue, fut envoyé en mission auprès de l'Empereur qui se désista.

En 1835, le maréchal Clauzel occupa Tlemcen, comme il venait de s'emparer de Mascara; mais voyant qu'Abd-el-Kader tirait surtout son appui du Maroc ou plutôt des tribus du Rif, les mêmes chez lesquelles il s'est réfugié dans ces dernières années, le maréchal Clauzel se décida à mettre garnison dans Tlemcen, dont le commandement fut confié à M. le capitaine, aujourd'hui général Cavaignac. Mais cette garnison était trop faible; elle fut constamment bloquée jusqu'au mois de mai 1837, c'est-à-dire, jusqu'à la conclusion du traité de la Tafna.

Tlemcen fut dès-lors cédé à l'Émir, puis occupé de nouveau au commencement de 1842. Le système d'occupation générale de l'Algérie ne pouvait négliger une place de cette importance. Tlemcen devint dès-lors le chef-lieu d'une subdivision, que les événements du Maroc, et la présence continuelle d'Abd-el-Kader ont obligé de maintenir sur un pied respectable.

La ligne télégraphique d'Alger à Tlemcen par Miliana, Orléanville, Mostaganem, Oran, Sidi-bel-Abbès, sera construite dans le courant de la présente année.— Population, 7,200 habitants, dont 950 Européens, et 6,250 indigènes.

MM. BERNARD, O. ✻, chef d'escadron, commandant de place.
 GAUBERT ✻, capitaine, chef du service du génie.
 DE NEUVIER, adjoint de 1re classe, faisant fonctions d'intendant militaire.
 FRANCOWITCH, trésorier-payeur.
 MOREL, receveur des domaines.
 BOY, receveur des contributions.
 SAUVAGE, notaire.
Mme GÉRARD, institutrice.

SEBDOU. — Poste-magasin, annexe de Tlemcen.

DAYA. — id. id.

LELLA-MAGHRNIA. — A 60 kilomètres O. de Tlemcen. C'est un poste d'observation sur la frontière du Maroc, que l'importance des évènements obligea en 1844, quelque temps avant la bataille d'Isly, d'occuper d'une manière permanente : quelques Européens ont commencé à s'établir dans cette bourgade.

M. BELVEZET-LIGEAC ✻, capitaine, commandant de place.

NÉDROUMA. — Petite ville exclusivement habitée par une population indigène, d'environ 2,000 individus. Elle est sans importance politique.

AÏN-TEMOUCHEN. — Est un poste établi sur la route de Tlemcen à Oran, et pour assurer les communications entre ces deux villes. En 1845, un détachement de 120 hommes du 15ᵐᵉ léger, s'y maintint avec fermeté, au milieu des insurrections qui se multipliaient de tous côtés. Il est à croire que ce poste deviendra plus tard un centre de population.

SIDI-BEL-ABBÈS. — N'était qu'un poste d'étape sur la route d'Oran à Tlemcen, à mi-chemin à peu près de ces deux villes.

Une décision récente vient d'en faire le siége d'une subdivision. Sidi-bel-Abbès sera de même, bientôt, érigé en centre de population. Quelques colons y sont déjà établis.

NEMOURS *(Djemma-Gazaouat)*. — C'est le port de Tlemcen, dont il n'est séparé que par une distance de 72 kilomètres; comme Ténès est le port d'Orléanville; comme Philippeville est le port de Constantine.

C'est dans les environs de Nemours, au marabout de Sidi-Brahim, lieu à jamais célèbre dans nos annales militaires, qu'Abd-el-Kader, le 22 septembre 1845, surprit un détachement de nos troupes, commandé par le colonel Montagnac, et donna le signal de l'insurrection.

C'est là aussi qu'il est venu faire sa soumission, et terminer sa carrière politique.

La présence d'un effectif de troupes considérable, le transit des approvisionnements de Tlemcen ont déjà imprimé au commerce de Nemours une certaine activité. — La population, toute européenne, est de 465 individus.

MM. CORBIOT, capitaine, commandant de place.
COFFYNE, capitaine, chef du service du génie.
CORNILLER, lieutenant de vaisseau, directeur du port.
GIBON ✻, adjoint de 1re classe, faisant fonctions d'intendant militaire.
GADOT, trésorier-payeur.
CARETTE, receveur des douanes.
PÉLISSIER, courtier-interprète.

Ilot de Rachgoun. — En face l'embouchure de la Tafna, occupé par l'ordre du maréchal Clauzel, en 1835. On a reconnu dans cet îlot un gisement de pouzzolane. En face de cette île se trouvait le camp de la Tafna, créé en 1835, abandonné en 1837.

Arzew-le-Port. — 40 kilomètres E. d'Oran, 28 kilomètres O. de Mostaganem, est le meilleur port de toute la côte algérienne. A cet avantage, déjà considérable Arzew joint celui de posséder dans son voisinage un dépôt salin d'une richesse inépuisable. Les produits des salines d'Arzew commencent à s'exporter dans les différentes places de l'Algérie, et alimentent le cabotage. Ce sera bientôt une branche de commerce aussi lucrative qu'importante : l'administration n'a pas encore adopté de mesures définitives pour l'établissement régulier de cette exploitation.

Arzew a été érigé en centre de population, par un arrêté en date du 12 août 1845. Depuis, on a créé dans la banlieue, le village de *Ste-Léonie*, qui a été construit par l'armée, de même que celui de la *Stidia* (*voir* page 390), pour une émigration de Prussiens, amenée de Dunkerque. — Population : 1,016 habitants européens.

MM. OLLIVIER ✻, capitaine, commandant de place.
JANET, capitaine, chef du génie.
HAUSSMANN, sous-intendant.
CONRAL, lieutenant de vaisseau, directeur du port.
DUCLAUX, receveur des domaines.
MARTIN,   id.   des douanes.
GAUFFRAY, négociant.
AMORETTI,   id.
MAUBERT,   id.
MUSSOT,   id.
MONTAGNAC,   id.

St-Denys-du-Sig. — Centre créé par arrêté du 20 juin 1845. La population réunie sur ce point est d'environ 400 habitants : ce village occupe une belle position dans la riche plaine du Sig. Un ouvrage important, le barrage du Sig, a été construit sur ce point par les soins de l'armée, en 1845. Le *Sig*, dans la saison des basses eaux, débite encore un mètre cube par seconde : ce qui peut fournir à l'irrigation de 2,500 à 3,000 hectares de cultures diverses ; on pourra aussi utiliser les chutes pour les usines.

Une concession importante et située à côté du village, a été faite à une compagnie, qui a pris le titre de *Société agricole du Sig*. C'est un essai *phalanstérien*.

Pont-d'Orléans. — En 1845, M. le maréchal Bugeaud, sur la demande des populations indigènes, prescrivit la construction d'un pont sur le Bas-Chélif, à 24 kilomètres de son embouchure, et destiné à assurer des communications régulières entre Mostaganem et le Dahra. Les tribus consentirent à verser une somme considérable qui, avec les fonds que l'État fournit ensuite, a permis de construire ce pont; il a reçu le nom de *Pont d'Orléans*, et il sera bientôt terminé.

Par suite de la permanence des travailleurs militaires, un petit village s'est formé aux abords de ce pont. La population est de 110 individus.

Tel est, dans son exposé le plus concis, le développement déjà bien considérable qu'a pris en peu d'années la province d'Oran, sous le rapport de l'occupation et sous le rapport de la colonisation.

CHAPITRE VI.

Province de Constantine.

Superficie. . . . . 156,000 kilomètres.
Population européenne. . 13,646 individus.
— musulmane. . 1,013,934 id. (1)
— israélite. . . . 4,266 id.

Les chiffres qui précèdent indiquent mieux que tous les raisonnements que l'on pourrait faire la situation politique de cette province.

Dans la province d'Alger, les Européens sont à l'égard des Indigènes comme un est à dix ; et ils ont pour appui une division dont l'effectif était naguère de près de 40,000 hommes. Au contraire, dans la province de Constantine la population européenne est à la population indigène dans la proportion de un à cent.

---

(1) Non compris les populations insoumises et peu connues dont il est question dans le 1er chapitre de cet ouvrage (voir page 46); nous ne les avons pas indiquées non plus pour la province d'Alger.

L'effectif de la division a rarement dépassé 25,000 hommes, et est souvent resté au-dessous. Cette division a pu même, dans des circonstances critiques (1), prêter quelqu'une de ses brigades à la division d'Alger ; et cependant cette province, depuis la prise de la ville de Constantine et la chute du bey Achmed, dont nous n'entendons même plus parler, s'est toujours montrée, et sans comparaison, la plus facile et la plus soumise.

Voici les causes que l'on peut assigner à ce fait, qui ne saurait être révoqué en doute :

1° Une différence marquée dans les races. Indépendamment des tribus arabes, qui sont là ce qu'elles sont ailleurs, et des populations kabyles qui occupent les parties montagneuses du littoral, on distingue, dans la province de Constantine, la race *Chaouia*, qui est peut-être moins une race proprement dite, qu'un composé des différentes races qui ont habité ou qui habitent ce pays ; on serait disposé à trouver, dans cette race *Métis*, les descendants des anciens berbères, qui longtemps mêlés aux colonies romaines, si nombreuses dans l'est de l'Afrique, en ont retenu des germes de civilisation que les siècles n'ont pu complètement effacer. Ce qui est certain, c'est que les groupes appartenant à cette race présentent des dispositions moins hostiles et moins rebelles aux tentatives d'assimilation à la civilisation européenne. Nous devons dire toutefois, que les caractères distinctifs de cette race des *Chaouia* n'ont pu encore être déterminés bien rigoureusement ;

2° La configuration topographique de la province de

---

(1) **Notamment en 1845 et 1846.**

Constantine qui, au lieu de n'offrir, comme la province d'Oran, et surtout comme celle d'Alger, que des massifs de montagnes entrecoupées de vallées étroites et de plaines peu étendues, présente au contraire deux régions montagneuses (celle du littoral et celle des Monts-Aurès), séparées par une large bande de plaines ou de plateaux élevés, tels que la Medjana, la plaine de Abd-en-Nour, enfin, celles des Haraktas et des Hannenchas. Cette disposition du terrain nous a permis de nous mouvoir avec plus de liberté au cœur même de la province; et une fois établis à Constantine, de revenir vers le littoral, en partant de l'intérieur;

3° L'importance de Constantine, comme centre de province, comme capitale. En occupant Alger, Oran, Mascara même ou Tlemcen, nous ne possédons que des positions indispensables sans doute, mais sans influence réelle sur le pays. Constantine, au contraire, était une véritable capitale; les familles qui l'habitaient avaient des ramifications étendues dans l'intérieur, et en les conservant au milieu de nous, en quelque sorte comme des ôtages, en les associant même à notre politique, elles ont pu réellement seconder nos efforts ou paralyser bien des résistances.

Tels sont les caractères généraux que présente la province de Constantine; ils ont eu pour résultat de nous permettre de multiplier, beaucoup moins que dans le reste de l'Algérie, nos points d'occupation. Ainsi, tandis que dans la province d'Oran on compte cinq subdivisions et quatre dans la province d'Alger, Constantine, avec une surface bien plus étendue, n'en a également que quatre : Constantine, Bône, Sétif, Bathna.

Les cercles ou commandements inférieurs sont également moins nombreux; ils se réduisent aux suivants : Philippeville, Gigelli, sur le littoral, Guelma dans l'intérieur; mais dans la ligne du nord au sud, nous avons porté nos établissements plus en avant; par exemple, Batna, sur le revers septentrional des Monts-Aurès, et Biskara, au-delà de cette chaîne, à l'entrée des oasis du Ziban, et sous une latitude déjà toute africaine.

Quant à l'administration civile, elle y est organisée d'après les bases que nous avons déjà fait connaître.

Une direction civile à Constantine.

Deux sous-directions, l'une à Philippeville, l'autre à Bône.

Un commissariat civil à La Calle.

AUTORITÉS ET ADMINISTRATIONS CENTRALES DE LA PROVINCE.

DIVISION MILITAIRE.
à Constantine.

MM. BEDEAU, G. O. ✻, lieutenant-général, commandant la division, commandant supérieur de la province.

D'ESPIVENT DE LA VILLEBOISNETTE, O. ✻, chef-d'escadron d'état-major, aide-de-camp.

LACROIX, capitaine d'état-major, aide-de-camp.

DIRECTION DES AFFAIRES CIVILES.

M. CHAUVY ✻, directeur.

Conseil de direction.

MM. DESVERNAY, conseiller, faisant fonctions de secrétaire de la direction.

SANTEUIL, conseiller.

DE MILHAU, id.

Bureaux de la direction.

(Pour les attributions, *voir* page 233).

1er *Bureau*. — (*Secrétariat*. — *Administration*.)
M. FENOT, chef.

2e *Bureau*. — (*Colonisation*. — *Travaux publics*.)
M. DELOCHES, chef.

3e *Bureau*. — (*Comptabilité*. — *Services financiers*.)
M. DÉRAZEY, chef.

Inspecteurs de colonisation.

Sont attachés en cette qualité, à cette province :
MM. LAVAUD, à Constantine.
BOUVIER, O. ✹, à Bône.
CAIGNARD, à Philippeville.

PONTS-ET-CHAUSSÉES.

Même organisation que dans les provinces d'Alger et d'Oran.

M. CAPELLA ✹, ingénieur en chef, à Constantine.

Arrondissement de Constantine.

MM. MALINOWSKI, conducteur.
GUCKERT, id.

Arrondissement de Bône.

MM. LABORIE, ingénieur.
GILLET, conducteur.
CHAVOT, id.

Arrondissement de Philippeville.

MM. LYONNET, ingénieur.
PESCETTI, conducteur.
TREMEAUX, id.

MINES ET FORAGES.

MM. DUBOC, ingénieur, chef du service de la province, à Bône
CLUNY, garde-mine.

BATIMENTS CIVILS ET PETITE VOIRIE.

MM. AUBER, architecte, chef du service, à Constantine.
TIXIER, inspecteur, à Bône.
MEURS, id. à Philippeville.

ADMINISTRATIONS FINANCIÈRES.
Direction de l'enregistrement et des domaines.

MM. MILLOCHAIN ✻, inspecteur, chef du service.
ALBERT, receveur.
VIVIÈS, vérificateur.
FOURIER, receveur des domaines.
BOBY DE LA CHAPELLE, receveur de l'enregistrement.

DOUANES.

MM. TARAYRE, inspecteur, chef du service, à Bône.
WABLE, inspecteur divisionnaire, id.
DE VAUGRELAND, sous-inspecteur sédentaire, id.
ALLAMAND, receveur principal, id.

CONTRIBUTIONS DIVERSES.

MM. ROGUET, chef du service.
PIOLLE DE CHAMPLORIN, contrôleur.
DUTARTE, receveur.

SERVICE TOPOGRAPHIQUE.

MM. DESEMERÉ, vérificateur, chef du service.

TRÉSOR ET POSTES.

MM. DE BELLOT ✻, trésorier-payeur.
FOURTIER, payeur particulier.
Ste-COLOMBE, payeur adjoint, chargé du service des postes.

MILICE.

La milice de la province de Constantine, non plus que celle de la province d'Oran, n'a pas encore été formée en légion ; elle se compose des bataillons et compagnies ci-après :

Constantine. — 4 compagnies.
Philippeville. — 1 bataillon.

M. DELAY, commandant.

Bône. — 1 bataillon.

M. DE St-LÉON ✳, commandant.

Guelma. — 2 compagnies.
Sétif. — 3 id.
El-Arouch. — 1 id.

L'effectif de cette Milice est d'environ 2,000 hommes.

SERVICES MILITAIRES.
DIVISION DE CONSTANTINE.

MM. BEDEAU, G. O. ✳, lieutenant-général, commandant la division.
D'ESPIVENT DE LA VILLE-BOISNETTE, O. ✳, chef d'escadron d'état-major, aide-de-camp.
LACROIX ✳, capitaine d'état-major, aide-de-camp.

État-major de la division.

MM. DESMARET ✳, chef d'escadron d'état-major, chef d'état-major.
VILLEDIEU DE TORCY, capitaine d'état-major, attaché à l'état-major.
DIEU ✳, id. id.
REGNAULT, id. id.

SUBDIVISION DE BÔNE.

MM. DE DROLLENVAUX, O. ✳, maréchal-de-camp, commandant la subdivision.
N....., aide-de-camp.

SUBDIVISION DE BATHNA.

MM. D'HERBILLON O. ✻, maréchal-de-camp, commandant la subdivision.
GRESLEY, capitaine d'état-major, aide-de-camp.

SUBDIVISION DE SÉTIF.

MM. EYMARD, C. ✻, colonel d'état-major, commandant la subdivision.
N....., officier d'ordonnance.

CERCLE DE PHILIPPEVILLE.

M. BARTHELEMY, C. ✻, colonel, commandant supérieur.

CERCLE DE GUELMA.

M. DE TOURVILLE, O. ✻, chef d'escadron d'état-major, commandant supérieur.

CERCLE DE GIGELLY.

M. REGAUD, O. ✻, lieutenant-colonel au 31e de ligne, commandant supérieur.

CERCLE DE BISKARA.

M. GAILLARD DE St-GERMAIN ✻, chef de bataillon au 56e de ligne, commandant supérieur.

DIRECTION DIVISIONNAIRE DES AFFAIRES ARABES.

M. DEVAUX, O. ✻, commandant, directeur.

CHEFS DES BUREAUX ARABES DE LA DIVISION.

MM. SADDE ✻, capitaine, à Constantine.
SCHMIDT ✻, id. à Bône.
ADAM ✻, id. à Philippeville.
BUTET, id. à Guelma.
ROBERT ✻, id. à Sétif.
DE NEVEU, id. à Bathna.

MM. DU BOSQUET, lieutenant, à Biskara.
FANELLY, sous-lieutenant, à La Calle.

DÉSIGNATION ET RÉSIDENCE DES CORPS COMPOSANT LA DIVISION DE CONSTANTINE.

Infanterie.

MM. DE BUTAFFOCO, O. ✻, colonel du 2e de ligne, à Bathna.
REGEAU, C. ✻, colonel du 31e de ligne, à Constantine.
REGAUD, O. ✻, lieutenant-colonel, id. à Gigelly.
DE BARRAL, O. ✻, colonel du 38e de ligne, à Sétif.
BONINI ✻, lieutenant-colonel, id. id.
CORNILLE, O. ✻, colonel du 45e de ligne, à Constantine.
DE CHASSELOUP-LAUBAT, O. ✻, colonel du 19e régiment d'infanterie légère, à Philippeville.
DUMONTET, O. ✻, lieutenant-colonel, à Philippeville.
DE LINIERS ✻, chef de bataillon, commandant le 3e bataillon d'infanterie légère d'Afrique, à El-Arouch.
DE SENILHES, O. ✻, colonel au 2e régiment de la légion étrangère, à Bône.
THOMAS ✻, commandant le bataillon des tirailleurs indigènes, à Constantine.

Cavalerie.

MM. D'ALLONVILLE, O. ✻, colonel du 5e hussards, à Bône.
DE MIRBECK, C. ✻, id. du 3e de chasseurs d'Afrique, à Constantine.
DE FORTON, O. ✻, lieutenant-colonel, id.
BOUSCARIN, O. ✻, colonel du 3e régiment de spahis, id.
BOYER, O. ✻, lieutenant-colonel, id. id.

Troupes diverses.

M. DU VINOUX, capitaine, commandant la 5e compagnie de discipline, à Philippeville.

1 compe d'ouvriers d'administration, à Constantine.
1 id. du train des équipages militaires, à id.

1 id. du 3ᵉ escad. du train id., à Philippeville.
1 id. id. à Bône.

ÉTAT-MAJOR DES PLACES DE LA DIVISION.

MM. DE LAVELAINE, O. ✻, colonel hors cadre, à Constantine.
MAYNIER, O. ✻, lieutenant-colonel, id. à Bône.
LAMBERT ✻, chef de bataillon, id. à Sétif.
OLLIVIER, O. ✻, id. à Constantine.
BRANLIÈRE ✻, capitaine, command. de place, à Gigelly.
DESJARDINS ✻, id. à Guelma.
LACOMBES ✻, id. à Bône.
DELORREY, id. à la Calle.
DE FRANCESCHI ✻, id. à Philippeville.

INTENDANCE MILITAIRE DE LA DIVISION.

MM. LYAUTEY, O. ✻, intendant militaire de la division, à Constantine.
REQUIER ✻, sous-intendant de 2ᵉ classe, à Constantine.
AIROLLES, adjoint de 1ʳᵉ classe, id.
PALLOC, id. id.
DE BOUYIN ✻, sous-intendant de 1ʳᵉ classe, à Philippeville.
CHARMETTON ✻, de 2ᵉ id.
MALLARMÉ ✻, id. de 2ᵉ à Bône.
LE CREUZER, adjoint de 1ʳᵉ classe, id.
BAZIRE ✻, sous-intendant de 2ᵉ classe, à Sétif.
LAGÉ, adjoint de 1ʳᵉ classe, à Gigelly.
CONSEILLANT, adjoint de 2ᵉ classe, à Bathna.

SERVICE DE SANTÉ.
Constantine.

MM. VITAL ✻, médecin ordinaire de 1ʳᵉ classe.
CECCALDI ✻, chirurgien principal de 2ᵉ classe.
RIVIÈRE, pharmacien-major de 2ᵉ classe,
GÉRIN, officier comptable de 2ᵉ classe.

Philippeville.

MM. LODIBERT, médecin ordinaire de 2ᵉ classe.

MM. VIVÈS, chirurgien-major de 1re classe.
ROYER, pharmacien-major de 2e classe.
CHRISTOPHE, officier comptable de 2e classe.

Bône.

MM. RIBOULET, médecin ordinaire de 2e classe.
SAIGET, chirurgien principal de 2e classe.
DEMORTAIN, pharmacien-major de 2e classe.
ALBERTINI, adjudant en 1er

Guelma.

MM. GRELLOIS, médecin adjoint.
COLEAU, chirurgien aide-major de 2e classe.
LANTENOIS, pharmacien id.   id.
DURUTHY, officier comptable de 2e classe.

La Calle.

MM. LUSUARDI, chirurgien aide-major de 2e classe.
BATIGNE, pharmacien   id.
MUXARD, adjudant en 1er.

Gigelly.

MM. BOUFFAR, médecin-adjoint.
MOREL, chirurgien-major de 2e classe
DUPUIS, pharmacien aide-major de 2e classe.
PIERRE, adjudant en 1er.

Sétif.

MM. MOREAU, médecin ordinaire de 2e classe.
MAUPIN, chirurgien-major de 2e classe.
LAMEL, pharmacien aide-major de 2e classe.
CHRISTOT, adjudant en 1er.

Bathna.

MM. TELLIER, médecin adjoint.
LEBON, adjudant en 1er.

Biskara.

MM. BURGKLY, chirurgien aide-major de 2e classe.
COUFFY, adjudant auxiliaire.

Chef de centralisation.

M. ROUSSEL, officier comptable de 2e classe.

DIRECTION DE L'ARTILLERIE.

MM. PARISET, O. ✻, lieutenant-colonel, directeur, chef du service.
BONVALET, capitaine en 2e, adjoint au chef du service.
DE LARMINAT, id. id.
MONNOT-ARBILLEUR, id. id.
LE BŒUF, id. id.

DIRECTION DU GÉNIE.

MM. BOUTEILLOUX, O. ✻, lieutenant-colonel, directeur.
PEYRIS, capitaine, adjoint à la direction.
LE MASSON, id. id.

Place de Constantine.

M. BRINCARD ✻, chef de bataillon, chef du génie.
3 officiers de l'état-major du génie.
4 officiers de troupe.

Place de Sétif (annexe Biskara.)

M. THOMAS ✻, capitaine, chef du génie.
1 officier de l'état-major.
2 officiers de troupe.

Place de Philippeville.

M. N....., chef du génie.
1 officier de l'état-major.
3 officiers de troupe.

Place de Guelma.

M. GRAILLET, capitaine.
1 officier de troupe.

Place de Sétif.

M. CHAMPANHET ✳, chef du génie.
    1 officier d'état-major.
    2 officiers de troupe.

Place de Bône.

M. GRÉBAN ✳, chef de bataillon, chef du génie.
    2 officiers d'état-major.
    4 officiers de troupe.

Place de Gigelly.

M. FÉRAUD, capitaine, chef du génie.

VILLE DE CONSTANTINE.

La ville de Constantine, chef-lieu de la province de ce nom, est élevée sur les ruines de l'ancienne Cirtha, capitale du royaume de Numidie.

Cirtha, a été dans l'antiquité, le théâtre d'événements importants, et a joué un grand rôle dans toutes les guerres qui ont fait passer successivement la domination du pays entre les mains de tant de peuples. Vers l'an 114 avant J.-C., Jugurtha gagna sous ses murailles une bataille décisive contre l'armée d'Adherbal, fils de Micipsa ; puis, après un long siége, s'empara de la ville elle-même, où s'était réfugié le malheureux prince qu'il fit périr immédiatement. Quelques années après, Jugurtha fut vaincu par Marius, à une seconde bataille de Cirtha.

Sous la domination romaine, Cirtha reçut de Jules-César le nom de *Civitas Sittianorum*, du nom d'un certain Sittius, qui y avait conduit une colonie. Elle prit ensuite le nom de Constantine, en l'honneur de l'empereur Constantin, qui la rebâtit presque entièrement, vers l'an 315 ou 320 de l'ère chrétienne. Envahie par les Vandales, et reprise par les généraux de l'empire d'Orient, Constantine suivit le sort de l'Afrique, et se soumit aux Arabes, à la fin de viie siècle, après un long siége, dirigé par le célèbre Sidi-Okba. Les Turcs s'y établirent dans le xviiie siècle. En 1836, M. le maréchal Clauzel dirigea sur Constantine, une première expédition qui ne réussit point; l'année suivante, le 13 octobre, l'armée française, commandée par M. le maréchal Valée, pénétra dans la ville, après un assaut meurtrier, et qui est justement considéré comme un des brillants faits d'armes de l'armée d'Afrique. La veille, le général Damrémont, commandant en chef, avait été tué d'un coup de canon.

La situation de Constantine est peut-être unique au monde; elle est bâtie sur un vaste plateau rocheux, qui semble avoir été détaché par une commotion volcanique des masses voisines auxquelles il appartenait primitivement. Entourée sur les deux tiers de son périmètre par une déchirure profonde, dans laquelle s'engouffre le Rhummel, elle est défendue de l'autre côté par l'élévation prodigieuse et l'escarpement impraticable du rocher. On ne peut arriver à cette ville étrange que par deux voies; l'une naturelle, l'autre pratiquée par la main des hommes; à l'ouest, par un isthme fort étroit, formé de terres d'alluvion, qui la relie au Coudyat-Aty, et au sud-est par un immense pont de pierre, qui la met en communication avec la base du Mansourah. Ce pont, qui fait l'admiration des touristes par la hardiesse de sa construction et l'aspect bizarre et tourmenté du paysage qui l'environne, a été bâti par les Romains et restauré vers la fin du xviii° siècle, par le célèbre bey Salah, l'Haaroun-al-Raschild de l'histoire du pays. Il se compose de deux rangs d'arches superposées et appuyées sur une immense voûte naturelle : son élévation totale au-dessus du niveau de la rivière, que l'on découvre à peine au fond de l'abîme, est de cent vingt mètres.

La population de Constantine est d'environ 24,000 habitants; savoir : 17,000 musulmans, 5,000 juifs et 2,000 à 2,300 Européens.

Le nombre des indigènes n'a pas diminué depuis l'occupation française. Les quelques familles, qui avaient émigré lors du siége, sont rentrées successivement fort peu de temps après. La population indigène est généralement active et laborieuse. Son industrie consiste plus particulièrement dans la préparation des cuirs, la sellerie, la cordonnerie et la teinture, dont les produits sont envoyés dans toutes les parties de la province.

Le nombre des thalebs est considérable; il y a une cinquantaine d'années, il existait à Constantine une sorte de faculté de lettres et de théologie, dont la réputation s'étendait au loin et que l'autorité française se propose de reconstituer sur de nouvelles bases. On compte encore aujourd'hui près de cinquante mosquées, parmi lesquelles on remarque la grande mosquée, celle de Salah-Bey, et la mosquée de Sidi-Lakdar. La plus belle de toutes, celle qui était voisine du palais du bey, a été affectée au culte catholique, dès les premiers jours de notre établissement. Le corps des ulémas jouit encore aujourd'hui d'une grande réputation de science, et il est souvent consulté par les savants des autres pays.

Dans le but de maintenir, sous l'action immédiate de l'autorité française, une aussi importante agglomération d'individus et d'intérêts de toute nature, qui lui semblait avec raison exister dans des conditions favorables à notre politique, comme aussi, pour préserver cette population de la rapide dispersion constatée dans les autres villes que nous avons occupées, et enfin, pour ménager un certain ordre dans l'introduction de l'élément européen au milieu de cette masse restée compacte, le Gouvernement a pris à l'égard de Constantine des mesures exceptionnelles. Une ordonnance, rendue le 9 juin 1844, a divisé la ville en deux quartiers, l'un affecté à l'immigration européenne, l'autre exclusivement réservé aux indigènes. Cette mesure de haute politique a été diversement appréciée; nous nous bornerons à constater, d'une part, que dans le quartier arabe les musulmans qui, depuis l'occupation laissaient tomber leurs maisons en ruine, ont commencé à les réparer, et en ont même bâti un certain nombre de nouvelles depuis l'ordonnance; d'une autre part, que l'essor des constructeurs européens, obligé de se concentrer sur un seul point, a promptement modifié l'aspect du quartier franc, qui présente déjà de larges rues entièrement reconstruites et contenant d'assez belles maisons. Nous ferons observer en outre que l'activité de la population émigrante, détournée des spéculations sur les immeubles, qui sur d'autres points ont produit de si fâcheux résultats, s'est reportée sur la culture des jardins, qui date de cette époque seulement. Dans la prévision de l'insuffisance prochaine du quartier franc, l'administration vient de faire étudier, par une commission spéciale, un projet de faubourg, qui est en ce moment soumis à l'approbation du Gouvernement.

Le commerce européen a déjà pris à Constantine une grande activité ; on y vend annuellement pour plusieurs millions de tissus sortis de nos fabriques. L'exportation des laines, longtemps suspendue par des interdictions dont il est difficile de se rendre compte, se développe de plus en plus tous les ans : le chiffre des laines, envoyées à Marseille l'année dernière, a dépassé 700,000 francs.

Il existe, dans la région qui environne Constantine, d'abondantes sources et des cours d'eau, qui peuvent offrir à l'agriculture des moyens d'irrigation précieux, et à l'industrie des moteurs utiles : ce sont, d'une part, le Rhummel (*l'Ampsagus* des anciens), et le Bou-Merzoug avec lequel il fait sa jonction à un kilomètre de la ville ; enfin, l'Oued-Hamma, ruisseau d'eau tiède, qui arrose et fertilise la vallée de Hamma, et les jardins du Cherakat.

Trois moulins à farine ont été établis par des Européens sur le Rummel ; deux en amont et le troisième en aval de la ville. Ce dernier établissement, qui appartient à M. Lavie, contient vingt-deux paires de meules. Un autre colon, M. Girard, a construit sur l'Oued-Hamma, un moulin, également fort considérable. Ces usines, dont quelques-unes remontent aux premiers jours de l'occupation, ont rendu à la population et à l'armée les plus grands services ; elles leur ont permis, à l'une et à l'autre, de se nourrir presqu'exclusivement des farines du pays ; ce qui était un immense avantage. Constantine étant séparée de la mer par une distance de plus de 80 kilomètres.

Le génie militaire a entrepris et a presque achevé un travail aussi curieux qu'important ; c'est l'aqueduc destiné à amener à la ville les eaux des fontaines de Sidi-Mabrouk et de l'Oued-el-Bagrati, au moyen d'un syphon à grand développement qui vient aboutir aux citernes romaines de la Casbah, au point le plus élevé de la ville. Il a coûté plus de 600,000 fr., et fournit déjà une quantité d'eau considérable, que de nouvelles sources vont encore augmenter. L'ouverture des robinets du syphon a été pour Constantine un jour de fête véritable, surtout pour les indigènes, qui ne pouvaient comprendre l'utilité de travaux si difficiles, si opiniâtrément poursuivis, et ne soupçonnaient pas la possibilité d'un pareil résultat.

Ces difficultés, que présente à Constantine la question d'approvisionnement des eaux, n'avaient pas échappé à l'administration romaine. Ainsi, l'on a trouvé à la Casbah des citernes immenses et assez bien conservées pour que l'on puisse encore s'en servir ; ailleurs, les ruines d'un aqueduc, qui amenait les eaux du Bou-Merzoug aux citernes du Coudiat-Aty ; et, enfin, des égouts admirablement construits et qui pourront être utilisés. Partout enfin on rencontre des débris de monuments, des inscriptions, etc., qui offrent à nos archéologues des sujets d'études et de recherches intéressants. Un édifice, que l'on suppose avoir été une église chrétienne, subsiste encore ; sa structure donne lieu de croire que ce même édifice avait été précédemment consacré au paganisme.

Constantine, prise d'assaut le 13 octobre 1837, et destinée à devenir le siége d'une division militaire considérable, ne présentait, aucune construction appropriée aux besoins de l'armée. Des travaux considérables ont donc dû être immédiatement entrepris. Aujourd'hui il existe un hôpital militaire à la Casbah, de vastes casernes, un quartier de cavalerie au Bardo. Ce sera à l'administration civile, aujourd'hui installée dans cette ville, à la doter, et principalement les nouveaux quartiers, d'édifices et de constructions proportionnés à l'importance de sa population.

Nous avons fait connaître précédemment les autorités provinciales. Voici celles particulières à la ville.

MAIRIE.

Il n'y a point encore de maire nommé; c'est un conseiller de direction qui remplit les fonctions d'officier de l'état civil.

MM. N..., chef de bataillon commandant de place.
    Commandant de la milice, à Aid-Alla.
    CAVAYÉ ✻, lieutenant de gendarmerie.
    DE LADERIÈRE, commissaire de police.
    LABBÉ DE GLATINAY, juge de paix.
    CAYLET, notaire.

Principaux négociants.

MM. LAVIE ✻,
    GARCIN,
    CORDONNIER et COHEN,
    ARNOUIN,

MM. ROUX,
    DOST,
    VAISSE et SIGNORET,
    MOREL,
    ABADIE.
    RICARDIE,
    GADOT, pharmacien,
    BOUQUEREL, id.,
    AMAT,
    GUENDE, libraire-imprimeur-lithographe.

Entreprise de diligences pour Philippeville. — Départ tous les jours.

Principaux hôtels : *le Palais-Royal*, *la Régence*.

Pour compléter et assurer l'établissement de la population indigène de Constantine, comme aussi pour faciliter l'installation de la population européenne, il a été décidé qu'une banlieue serait annexée à la ville. L'étendue de cette banlieue sera de 14 à 15,000 hectares. Des centres de population seront créés sur divers points, et principalement sur les routes qui partent de Constantine, dans la direction du Sétif, de Guelma, de Philippeville, de Bathna.

Dans le même esprit de prévoyance, des projets ont été préparés pour la colonisation de la vallée du Bou-Merzoug, qui est traversée par la route de Bathna. Cette opération, qui mettra à la disposition de l'administration un terrain d'environ 15,000 hectares, touche à son terme, et les concessions pourront bientôt être délivrées.

Arrondissement de Philippeville.

PHILIPPEVILLE. — L'ancienne *Rusicada*, fondée à la fin de 1838, par le maréchal Valée. — Population (exclusivement européenne) : 5,516 habitants, en y comprenant Stora.

Philippeville est à 360 kilomètres E. d'Alger, 100 kilomètres O. de Bône, 83 N. de Constantine. Elle a été mise en communication régulière avec cette dernière ville, par une route, aujourd'hui terminée, et dont nous avons parlé ailleurs (page 137).

La ville se résume, pour ainsi dire, dans une seule rue, la rue Royale, qui comprend, sur un développement de 800 mètres, tout l'espace intermédiaire entre la plaine et la mer. C'est là que se concentrent le commerce et le mouvement de la cité. Les autres quartiers, qui s'élèvent en étages sur les deux versants de la colline, dominent chaque côté de la grande rue.

Il convient de faire observer que toute la partie qui se trouve entre la place de l'Intendance et la place de la Marine n'est encore garnie que de mauvaises baraques, édifiées provisoirement dans les premiers temps de l'occupation : elles doivent disparaître pour faire place à de belles constructions. On espère qu'elles seront terminées dans un an ; cette rue sera alors, sans contredit, l'une des plus belles de l'Algérie, par son étendue, sa largeur, et l'heureuse disposition de ses arcades, que rafraîchit incessamment la brise de mer.

Ce qui manque encore à Philippeville, ce sont les

édifices d'*édilité* publique. Quelques-uns sont déjà en construction, comme l'église, la douane; d'autres sont projetés, tels que la prison, le tribunal, l'école, etc.; enfin, le service des ponts-et-chaussées a commencé des travaux importants, qui ont pour objet d'amener, dans les anciennes citernes que l'on a retrouvées, les eaux du Beni-Melek : c'est là encore un travail de l'ancien municipe romain, et que nous reprenons en sous-œuvre, après quatorze siècles d'intervalle.

Les bâtiments militaires existant déjà à Philippeville, sont : un hôtel construit par le génie et habité par l'autorité militaire supérieure; un hôpital militaire pour huit ou neuf cents malades, et des casernes pour une garnison de 4,000 hommes de toutes armes.

Les constructions civiles sont toutes européennes; on compte quarante rues et traverses, et environ cinq cents maisons.

Stora est le mouillage de Philippeville, comme Mers-el-Kébir est le port d'Oran ; mais Stora est loin de valoir Mers-el-Kébir. Pour le rendre sûr, il faudrait y exécuter des travaux d'une certaine importance, et qui n'ont pu encore être entrepris. Tel qu'il est, le port de Stora est habituellement fréquenté par la marine du commerce. Un phare vient d'y être construit ; une route en bon état assure les communications entre Philippeville et Stora : le développement de cette route est de 6 kilomètres.

MM. BARTHÉLEMY, O. ✻, colonel, commandant supérieur.
LESAILLEUR ✻, chef de bataillon, commandant de place.

DE CONSTANTINE.

SOUS-DIRECTION.

MM. FISSONT, sous-directeur (1).
FENECH (Auguste), secrétaire.
PECHART baron D'AMBLY, maire.
PRIVÉ, adjoint.
LECORDIER, commissaire de police.
DE SAND-FORT, O. ✳, capitaine de corvette, commandant la marine, à Stora.

Tribunaux.

MM. MARION, président du tribunal de 1re instance.
BON, juge d'instruction.
MAYNARD DE LA VALLETTE, juge.
GRENIER, id.
BEAUFILS, id.
BERTAULT, procureur du roi.
DUBARD, substitut.
JAUFFRET, greffier.

Justice-de-paix.

MM. GUEMET, juge-de-paix.
NEWGERMAIN, notaire.
POIRÉ, id.
N....., défenseur.
N....., id.
N....., id.
MESTAYER, huissier.
MARTIN, id.
LAVAGNIE, id.
DORIA, commissaire-priseur.

---

(1) M. Fissont vient de mourir. Il n'est pas encore remplacé. L'intérim est rempli par M. Fenech, secrétaire.

Instruction publique.

MM. BECHU, directeur de l'école secondaire.
GUELMAR, id. de l'école primaire.
DE Ste COLOMBE, receveur de l'enregistrement.
THOMINI, id. des domaines.
N....., id. des contributions diverses.
DE VAULGRELAND, sous-inspecteur des douanes.
ALLAMAND, receveur principal.
LESONNIÈRE ✳, payeur particulier.

Chambre de commerce instituée par un arrêté du 4 octobre 1844.

MM. DE NOBELLY, président.
CHIRAC, membre.
DELAY, id.
PÉGAT, id.
VIÉ, id.
RIVONI, id.
NARBONI, id.
GARCIN, secrétaire.

(Pour la liste des commerçants, *voir* à la fin du volume.)

La circonscription civile de Philippeville et sa banlieue ont été déterminés par un arrêté, en date du 19 novembre 1844. Cette banlieue comprend environ cinq mille hectares. Indépendamment des concessions particulières qui ont été faites pour partager et livrer à l'agriculture ce territoire, trois centres de population ont été créés, savoir :

DAMRÉMONT, constitué par un arrêté du 26 août 1844. — Population : 62 habitants.

VALÉE (arrêté du même jour) : 163 habitants.

SAINT-ANTOINE (idem) : 112 id.

En dehors du territoire civil, dont Philippeville est le chef-lieu, mais s'y rattachant d'une manière intime, d'autres centres de population se sont formés d'eux-mêmes, ou ont été successivement créés. Nous allons les indiquer successivement.

El-Arouch, 24 kilomètres S. de Philippeville. — Population : 400 habitants.

MM. N....., commandant supérieur.
    Rousse, instituteur.

Saint-Charles. — Centre créé par une ordonnance royale du 6 avril 1847, au confluent de l'Oued-Zerga et du Saf-Saf.

Robertville.— Gastonville.— Deux villages, créés par des ordonnances royales, ne sont pas encore constitués.

Condé, plus connu sous le nom arabe de *Smendou*. — Centre créé par une ordonnance royale, en date du 9 septembre 1847.

Ces cinq villages ont été constitués d'après un ensemble de combinaisons qui méritent d'être expliquées.

Entre El-Arouch et le Smendou, qui sont deux étapes de la route de Philippeville à Constantine, s'étend la vallée du Saf-Saf, ainsi appelée du nom de cette rivière, qui la traverse, et qui a son embouchure dans la mer, à six kilomètres de Philippeville.

Cette vallée, un peu resserrée comme cela est ordinaire en Afrique, a 18 à 20,000 hectares. Les tribus arabes qui l'occupaient ont été cantonnées et resserrées sur un espace d'environ 8,000 hectares, qui sont devenus leurs propriétés.

Les autres 12,000 hectares ont été affectés à la colonisation, d'après le système suivant :

El-Arouch, au nord, à la naissance de la vallée, du côté de Philippeville ;

Condé, au sud, à son issue, du côté de Constantine ;

Saint-Charles, au centre ;

Robertville et Gastonville, à l'est et à l'ouest.

Les terrains, compris entre ces derniers villages et formant environ 6 à 7,000 hectares, ont été partagés en lots d'inégales grandeurs et distribués entre divers propriétaires qui commencent à s'établir sur leurs concessions. Nul doute que ces différentes créations, placées au milieu d'un territoire sain et fertile, qui s'appuient les unes sur les autres et que vivifient le transit et la route de Philippeville à Constantine, n'acquièrent promptement des développements remarquables (1).

En traitant la question des mines au commencement de cet ANNUAIRE, nous avons indiqué les Monts-Filfila situés à 20 kilomètres de Philippeville, et les gisements qu'ils contiennent ; mais on s'est borné à

---

(1) Additionnellement à ce qui vient d'être dit, nous devons annoncer que ce système vient d'être complété par la création d'un village qui a reçu le nom de Jemmapes. Ce village est situé près de l'Oued-Fendeck, sur la route projetée et déjà reconnue, qui doit relier Bône à Philippeville par la vallée du Saf-Saf. Ce centre, qui n'existe encore que nominalement, est le premier jalon fixé sur cette route. On projette d'en établir un autre au lieu dit Aïn-Mokra, où se trouvent de riches mines de fer, entre le lac Fezzara et les montagnes.

quelques travaux d'exploration, suivis avec peu d'acvité : aucune exploitation sérieuse n'est encore commencée.

Bône (en arabe *Anaba*, ville des Jujubiers) occupe une partie de l'emplacement où était situé l'*Hippo regius* des anciens (1), l'*Hyppone* de saint Augustin, qui y mourut en 429, deux années avant qu'elle fût prise par les Vandales qui la saccagèrent.

En 1535, l'empereur Charles-Quint, après avoir réduit Tunis et son bey à une vassalité incontestable, fit occuper Bône par sa flotte, qui put alors, chose digne de remarque, passer l'hiver au mouillage de la Seybouse. On a encore les lettres adressées par Don Alvarez, commandant des troupes espagnoles, à cet empereur. La ville avait été abandonnée par ses habitants, et le pays tout entier était en insurrection ; ce qui n'empêche pas le général espagnol d'apprécier tout ce qu'a d'avantageux la position de Bône, et surtout cette magnifique plaine de la Seybouse, qui lui rappelle, dit-il expressément, la plaine de Séville (2).

La plaine de la Seybouse, ainsi nommée, parce que cette rivière la traverse dans la plus grande largeur, est bornée à l'ouest par le lac Fezzara et la Meboudja ; au sud et à l'est par les montagnes qui, partant du lac

---

(1) ..... *Antiquis dilectus regibus Hippo*, dit Juvenal ; ce qui prouve que si Constantine était la capitale de la Numidie, Hyppone était le lieu de plaisance de ses rois, ce qui était fort naturel.

(2) Documents recueillis en Espagne par le département de la guerre.

Fezzara, dominent le camp de Dréan, et forment un demi-cercle qui vient aboutir au cap Roza.

L'étendue de cette plaine est d'environ 60,000 hectares de terres d'une grande fertilité. Les eaux de la Seybouse, de la Mafrag, de leurs affluents, fournissent le moyen d'augmenter cette fertilité par les irrigations. Aucune partie de l'Algérie ne semble plus propice pour de vastes essais de colonisation, et cependant il faut dire qu'aucun effort sérieux n'a encore été tenté de ce côté : le village de d'Uzerville (1), créé par un arrêté du 12 février 1845, n'est pas encore commencé.

Les autres particularités remarquables que présente le territoire de Bône, sont :

Les montagnes de l'Edough, qui commencent à six kilomètres de la ville; c'est là que se trouvent les plus belles forêts de l'Algérie :

La petite plaine, dite des Karezas, traversée par la Meboudjah ;

Le lac (ou étang) de Fezzara, à 25 kilomètres de Bône; il atteint, dans certaines profondeurs, de quatre à cinq mètres. On a proposé de le dessécher ; ce qui rendrait à la culture une superficie de 10 à 12,000 hectares d'excellente terre. Cette opération est possible, puisque le fond du lac est élevé de plusieurs mètres au-dessus du niveau de la mer. N'est-ce point là d'ailleurs un réservoir naturel d'irrigations, et dont il conviendrait de tirer parti ?

---

(2) Le nom de d'Uzer-Ville a été donné à ce centre, en mémoire du général Munck-d'Uzer, qui a longtemps commandé la division de Bône et qui y a laissé d'honorables souvenirs.

Diverses ordonnances, en date du 9 novembre 1845, ont réglé les concessions de mines de fer faites aux sieurs Peron, marquis de Bassano, Ch. Gérard, Jules Talabot.

Une seule de ces compagnies, celle qui a pour chef M. de Bassano, et qui a reçu le nom de *Concession de la Meboudjah*, s'est livrée à des opérations sérieuses. Elle a construit deux hauts-fourneaux dont les souffleries sont mues par une machine à vapeur. Cette usine travaille depuis trop peu de temps pour qu'on puisse déterminer d'une manière positive les conditions de son exploitation et la valeur de ses produits.

Considérée sous le point de vue commercial, Bône est sans contredit celle de nos villes algériennes, qui est placée dans la situation la plus normale, c'est-à-dire que les importations ne sont pas dans une disproportion aussi considérable avec les exportations. En 1845, par exemple, la valeur des marchandises exportées s'est élevée à 2,700,000 fr., et celle des marchandises importées à 4,500,000 fr., c'est-à-dire un peu moins de la moitié. Or, l'on sait que pour l'Algérie, prise dans son ensemble, la différence entre les deux termes est comme de 1 à 12.

Un mois après la prise d'Alger, en 1830, le général Damrémont prit possession de Bône, où il se maintenait malgré les attaques des tribus voisines. Mais la Révolution de Juillet avait éclaté ; le maréchal Bourmont crut nécessaire de rappeler à lui cette division, et la ville fut évacuée le 18 août. Dès-lors elle fut livrée au pillage ; une petite garnison turque s'était installée dans la Casbah. En 1832, un heureux coup de main exécuté par le capitaine d'artillerie d'Armandy, et par le capitaine, depuis général Youssouf, à la tête d'un détachement de marins appartenant à l'équipage d'une corvette de l'État, qui était venue mouiller dans la rade de Bône, donna les moyens de reprendre cette forteresse. Des troupes envoyées d'Alger, sous les ordres du général Munck-d'Uzer, occupèrent la ville, qui devint, peu d'années après, la base des opérations sur Constantine.

Bône, pendant les premières années de notre établissement, avait été un séjour cruellement malsain. Les troupes qui y tenaient garnison éprouvaient des pertes considérables, et la population était décimée; cela était dû à l'état de décombres et d'infection qu'avaient amené la dévastation des Kabyles, après que ses anciens habitants l'eurent quittée; mais bientôt Bône s'est relevée de ses décombres. Des travaux de desséchements, exécutés dans les marais, contigus à la ville; des eaux abondantes, amenées de l'Édough par un syphon à long développement, les constructions particulières ont ramené la salubrité, la propreté, et Bône est aujourd'hui une jolie ville, dont la résidence est aussi saine qu'agréable.

Malheureusement elle n'a point de port et n'offre à la navigation que des mouillages tout-à-fait insuffisants. Il serait nécessaire d'y construire un port, sinon pour la marine de guerre, au moins pour les navires de commerce.

Bône est situé à 320 kilomètres E. d'Alger, à 80 kilomètres S. de Guelma, à 120 kilom. de Constantine.

Population : 9,799 individus, dont 6,006 européens, 3,793 indigènes : la population israélite est très-faible.

AUTORITÉS CIVILES ET MILITAIRES.

M. DE DROLLENVAUX, O. ✻, maréchal-de-camp, commandant la subdivision.

SOUS-DIRECTION DES AFFAIRES CIVILES.

MM. P. DE SOUBEYRAN ✻, sous-directeur,
DE CALLAC, secrétaire.
FENECH, maire.
LACOMBE, adjoint.
MÉRAT DE St-LÉON ✻, commandant la milice.
HUSSON DE RANDON, commissaire de police.
CAPITAIN ✻, lieutenant de gendarmerie.
LAURENT DE CHARPAL ✻, lieutenant de vaisseau, directeur du port.
LÉLU, directeur de l'école supérieure,
BLANC, id. de l'école payante.
GARY, id. de l'école gratuite.
BOUYGUES, id. de l'école israélite.
Sœurs de la Doctrine chrétienne, Directrices de l'école gratuite.
Mlle LEFEBVRE, institutrice.
MM. LABORIE, ingénieur des ponts-et-chaussées.
DUBOCQ, id. des mines.
N....., id. des bâtiments civils.

JUSTICE.

MM. PINSON DE MÉNERVILLE, procureur du roi.
THIERRY, substitut.
DE BONNAFOUX, président du tribunal de 1re instance.
GAZAN DE LAPEYRIÈRE, juge.
BAUDENS-LASSALLE, id.
BOILEAU, id.
CHENU DE PIERRY, greffier.
RAIMBERT, interprète.
BOSSUT-PICAT, juge-de-paix.

MM. VILLENEUVE, notaire.
GARRIGOU, id.
N....., défenseur.
N....., id.
LAGOUÉ, huissier.
DUPONT, id.
MATHIEU, id.

SERVICES FINANCIERS.

MM. DE TAVERNE, receveur des domaines, conservateur des hypothèques.
ROSAGUTI, receveur de l'enregistrement.
TARAYRE, inspecteur, chef du service des douanes.
WABLE, inspecteur divisionnaire.
PONTARLIER, sous-inspecteur.
BINET, receveur principal.
CADET, receveur des contributions directes.
LAYDEKER ✽, payeur principal.

(*Voir, pour les noms et adresses des négociants, à la fin du volume.*)

La Calle. — Érigée en commissariat civil, par un arrêté ministériel du 21 décembre 1842. — 72 kilomètres E. de Bône.

L'ancienne compagnie d'Afrique fondée au commencement du 17e siècle, avait établi son siége à La Calle, qui lui avait été concédée en quelque sorte à titre de port franc, par les deys d'Alger; et cette circonstance avait donné à ce point une importance que l'on s'est vainement efforcé de faire revivre, depuis que l'occupation intégrale du littoral algérien a mis à notre disposition tous les ports de l'ancienne régence, et nous a permis d'en fonder de nouveaux.

Dans l'état actuel des choses, La Calle ne se recommande que par les forêts de liége mal aménagées qui l'environnent, et par le cabotage de bateaux corailleurs qui viennent assez volontiers y chercher un abri. Ce ne serait que très-artificiellement, et nous ajoutons très-inutilement, que l'on chercherait à imprimer à cet établissement une activité qui ne serait pas en rapport avec ses ressources réelles. — Population 281 individus.

MM. DE VOISINS, commissaire-civil.
. . . . . . secrétaire.
VIDAL, receveur des domaines.
MILLOT, id. des douanes.
EYCARD, directeur du port.

Territoires mixtes.

GUELMA. — (L'ancienne *Calama*) à 70 kilomètres S. de Bône, 60 à l'est de Constantine, sur la rive droite de la Seybouse.

En 1836, le maréchal Clausel, ramenant l'armée expéditionnaire de Constantine, lui fit prendre un chemin différent de celui qu'elle avait suivi; ce qui la conduisit à Guelma. La multiplicité et la grandeur des ruines qui jonchaient le sol attirèrent son attention sur cette position; il en reconnut de suite l'importance, et avec cet instinct supérieur dont il était doué, même au milieu des embarras d'une retraite, il prescrivit l'occupation définitive et immédiate.

Depuis ce temps Guelma est devenu le chef-lieu d'une subdivision, et un centre de population qui ne peut que s'agrandir; des travaux considérables ont été exécutés ou sont continués par les soins du génie militaire ; les colons ont élevé des constructions déjà importantes ; malheureusement la route qui doit relier Bône à Guelma, et qui est indispensable à la prospérité de cette localité, est à peine tracée.— Population, 959 individus.

MM. GUÉRIN DE TOURVILLE, O. ✻, chef d'escadron d'état-major, commandant supérieur.
DESJARDINS ✻, capitaine, commandant de place.
POURÇOL, commandant la milice.
DE VILLEGIER, chef des services financiers.
FRED, instituteur.

Penthièvre. — Centre de population récemment établi, à moitié chemin de Bône à Guelma, au lieu dit le *Ruisseau d'Or*. — Les travaux de première installation viennent à peine de commencer.

Nichmeya, Mjez-Amar sont deux postes occupés lors de la 2e expédition de Constantine, et quelque temps encore après la prise de cette ville. A Mjez-Amar, il existe des constructions militaires abandonnées aujourd'hui, et que l'on pourrait utiliser.

C'est aux environs de Guelma que se trouvent les eaux thermales d'Hammam-Berda (le bain froid, probablement l'*aquæ tibilitanæ* de l'Itinéraire d'Antonin), et celles plus célèbres connues sous le nom de *Hammam Rascoutine* ; elles sont sulfureuses ; leur température est celle de l'eau bouillante, elles atteignent 76 et même 80° Réaumur : elles ont été reconnues comme bonnes pour le traitement des rhumatismes et d'autres douleurs, et l'on vient d'y établir un hôpital ou ambulance militaire, où l'on amène tous les ans un certain nombre de malades.

Sétif *(Sitifis Colonia).* — 128 kilomètres O. de Constantine, 80 S. E. de Bougie.

Sétif est à 1100 mètres au-dessus du niveau de la mer; aussi est-ce l'un de nos établissements où le froid est le plus vif. L'hiver y est rigoureux; il y gèle souvent, et la neige qui couvre la terre à plusieurs reprises s'élève par fois jusqu'à vingt-cinq et cinquante centimètres, et dure souvent huit jours sans fondre.

Les mêmes circonstances, soit administratives, soit militaires, qui avaient fait de *Sitifis Colonia* la capitale de la Mauritanie Sitifienne nous ont amenés à faire de Sétif le point d'appui de notre occupation de la grande plaine de la Medjana, occupation devenue indispensable par le fait même de notre établissement à Constantine.

Devenu le centre de domination d'une grande partie de la Mauritanie-Cœsarienne, après le soulèvement des *Quinquegentiani* (population du Jurjura), en 297, Sétif acquit toute l'importance que devait lui procurer sa position géographique. On en peut juger par les ruines immenses qui couvrent le sol. Les événements qui ont causé la chute de Sétif sont inconnus de l'histoire; il est cependant raisonnable d'admettre que ce sont les invasions successives des Vandales et des Arabes qui ont renversé les édifices et les murs de la dernière citadelle, élevée longtemps après Théodose, comme le démontrent des inscriptions trouvées dans les ruines des monuments élevés à la mémoire de cet empereur.

Sétif, visité en 1838 par le général Galbois, ne fut définitivement occupé que dans l'été de 1839 ; au printemps de l'année suivante, les populations kabyles attaquèrent avec vigueur le camp à peine formé; le 3ᵉ bataillon d'infanterie légère se distingua dans cette défense.

C'est aujourd'hui le chef-lieu d'une subdivision et un centre de population, qui s'accroîtra en proportion de l'amélioration qu'éprouveront les communications avec Constantine, et celles non moins désirables qu'il convient enfin d'ouvrir entre les provinces de l'est et celles du centre de l'Algérie. Sétif est déjà pourvu des établissements militaires les plus indispensables. Les constructions privées ne sont pas non plus sans importance ; on a bâti une mosquée aux frais de laquelle les populations indigènes ont concouru.

A l'ouest de Sétif, à une distance d'environ 2,500 mètres, coule l'Oued-Bou-Sellam ; il n'est jamais à sec : les sources sont abondantes, et sont employées à l'irrigation des jardins.

Il existe des moulins à blé sur l'Oued-Bou-Sellam, des fermes, une pépinière, des plantations déjà considérables, des jardins, etc. Tout cela forme une végétation considérable qui contraste avec la nudité antérieure de cette localité où il n'existait, lorsque nous sommes arrivés et que les tentes de Beni-Amer l'occupaient, qu'un seul arbre, un tremble ! Ces indigènes se sont modifiés eux-mêmes, et ont commencé à construire des habitations en pierre. — Population : 745 habitants européens ; 200 indigènes.

M. EYNARD, O. ✻, colonel d'état-major, commandant supérieur.

MM. LAMBERT, chef de bataillon, commandant de place.
ESTRE, commandant la milice.
DONNÉ, payeur.
GASSIOT, receveur de domaines.
CHAPANEL, instituteur.
ESTU, négociant.
GALLY, frères, id.
MARTIN, et C° id.
POMMIER, id.
TEISSÈRE, libraire.

DJIMILA. — *(Cuiculitanus ordo?)* A 40 kilomètres N. E. de Sétif, poste d'occupation nécessaire pour observer les montagnes au nord de Bougie, et pour assurer les communications de Sétif avec Constantine.

C'est à Djimila que l'on a trouvé, parmi des ruines immenses et qui ont résisté au temps et aux barbares, ce fameux arc de triomphe, dont l'état de conservation parut tel, que l'on proposa, que l'on décida même de le transporter pierre par pierre et de le reconstruire sur l'une des places de Paris : idée malheureuse, et que l'on a bien fait d'abandonner.

La hauteur totale de ce monument est de 12 m. 65 sur une largeur de 10 m. 60 c., il est d'une seule arcade de 7 m. 32 c. de hauteur, et de 4 m. 35 de largeur. Il est consacré à l'empereur Caracalla, à sa mère Julia, et à son père l'empereur Septime Sévère; il fut donc élevé vers l'an 215 de l'ère chrétienne.

GIGELLI. — (L'ancienne *Gilgillis*) Petit port occupé en 1839, à 48 kilomètres E. de Bougie, 80 kilomètres O. de Philippeville, et seulement à 48 kilomètres S. de cette ville de Djimila, dont il vient d'être question. Cette courte distance montre combien la position de Gigelly acquerra d'importance, dès qu'il sera possible d'ouvrir des communications régulières et sûres à travers les montagnes kabyles qui séparent ces deux villes ; Gigelly sera alors le débouché nécessaire de la riche plaine des Abd-en-Nour, d'une partie de la Medjana, etc., etc.

En 1664, Louis XIV désirant occuper un port de relâche sur la côte d'Afrique, fit occuper Gigelli par l'amiral Duquesne et le duc de Beaufort : ils y laissèrent quelques troupes ; mais le fort qu'elles avaient construit fut enlevé par les Kabyles, et la garnison massacrée.

Aujourd'hui Gigelli est entièrement à l'abri d'une catastrophe pareille, et possède des établissements militaires suffisants pour sa garnison, qui est de 6 à 800 hommes.

Le port est médiocre et exigera des travaux d'une certaine importance (1). — Population : 1063, dont 800 indigènes.

MM. RÉGAUD, O. ✱, lieutenant-colonel, commandant supérieur.
FÉRAUD, capitaine, chef du génie.
DEMESMAY, receveur des douanes.
CARRÈRE,   id.   des domaines.
BOURDON, payeur particulier.
GISNIÉ, courtier de commerce.

BATHNA. — 120 kilomètres sud de Constantine, à 6 kilomètres de l'emplacement de l'ancienne *Lambessa*.

---

(1) Le ministère de la marine a conservé et publié des lettres de l'amiral Duquesne sur l'établissement de ce port.

La position de Bathna est importante, en ce qu'elle assure la route du sud, et que c'est en même temps un point nécessaire pour observer et contenir les populations des monts Aurès, aux pieds desquels cette ville est située.

Ces motifs ont amené l'occupation permanente de Bathna, qui forme aujourd'hui le chef-lieu d'une des subdivisions militaires de la province de Constantine; ce sera plus tard un centre de population, également utile au commerce du littoral, à celui du Tell et à celui du désert.

Près de Bathna se trouve une forêt de cèdres, qui est d'une grande ressource pour les constructions de la ville; l'armée et l'industrie peuvent même s'y approvisionner des bois ouvrés pour le charronage, etc.

La population européenne qui s'est fixée à Bathna s'élève à 343 individus. Soixante et une maisons sont déjà construites; on a bâti de plus deux moulins à blé, une brasserie et deux briquetteries : des projets sont préparés pour constituer régulièrement ce centre de population.

MM. HERBILLON, C. ✻, maréchal-de-camp, commandant supérieur.
   GRESLEY, capitaine d'état-major, aide-de-camp.
   THOMAS ✻, capitaine, chef du génie.
   BRENOT, receveur de l'enregistrement, des domaines, etc.

BISKARA. — C'est la ville principale et le centre des populations connues sous le nom de *Biskris;* elle est située à 240 kilomètres S. de Constantine. Population indigène : 2,000 habitants; Européens, 26.

Biskara n'est et, d'ici à de longues années, ne peut

être qu'un point d'occupation et d'observation indispensable à l'égard des populations qui habitent le désert, dont elle est pour nous le poste avancé. L'occupation de cette place eut lieu, en 1844, par les ordres de M. le duc d'Aumale, alors commandant supérieur de la province de Constantine, qui y laissa une garnison (1). Depuis cette époque, les établissements militaires indispensables ont été complétés et perfectionnés, autant que le permet une situation aussi éloignée du littoral et des ressources que l'on est obligé d'en tirer. On a même commencé, et à grands frais, à creuser un puits artésien ; la sonde est arrivée à une profondeur de quatre-vingts mètres. On n'a encore obtenu aucun résultat.

Mais Biskara et l'oasis qu'elle domine sont déjà trop *Africains*, pour que nos colons européens puissent songer à s'y établir. On ne saurait donc attacher à cette possession qu'une importance politique et commerciale, que les relations continuelles et si variées du littoral et du Tell avec le désert ne permettent pas de méconnaître.

MM. GAILLARD DE St-GERMAIN, O. ✻, lieutenant colonel, commandant supérieur.

DE CASSANOVE, lieutenant, chef du génie.

---

(1) Il arriva malheur à cette garnison. Elle n'était composée que d'indigènes, placés sous le commandement d'un officier français et de plusieurs sous-officiers. Une conspiration fut tramée entre ces indigènes et ceux de la ville : l'officier fut égorgé avec les sous-officiers ; la caisse enlevée, les munitions de guerre et de bouche pillées, etc.

DU BOSQUET, sous-lieutenant, chef des affaires arabes.
DURRIEU, receveur des domaines.

Telle est donc, dans son ensemble, l'organisation politique, militaire, administrative de la province de Constantine; elle comprend :

Sur la ligne du littoral, deux villes à territoire civil (Bône, Philippeville), un commissariat (La Calle), une ville à territoire mixte (Gigelli).

Sur la ligne de l'intérieur, trois places : Guelma, Constantine, Sétif ;

Sur la ligne extrême du Tell, une place, Bathna, et même un poste avancé vers le désert, Biskara. Tuggurth et son oasis ne peuvent être considérés comme occupés, bien que notre autorité y soit reconnue et que le tribut soit payé.

Pour compléter ce système d'occupation, il sera nécessaire d'établir un poste-magasin ou chef-lieu de cercle entre Sétif et Aumale, dans quelque position limitrophe des deux provinces d'Alger et de Constantine Nous remarquons aussi que nous n'avons aucun point, aucun établissement sur la frontière de Tunis : c'est peut-être une lacune que l'avenir permettra de combler.

CHAPITRE VII.

Affaires Arabes.

Nous avons cru devoir rejeter à la fin de cet *Annuaire*, et dans un chapitre spécial, divers objets qui se rattachent aux intérêts indigènes.

En même temps que notre domination s'étendra et s'affermira dans le pays, de nouveaux documents seront recueillis et développés dans les publications successives de cet *Annuaire*. Nous devons, pour le moment, nous borner à constater les faits existants, et à les présenter avec le plus de brièveté possible, ainsi que nous l'avons fait pour les autres branches d'administration déjà traitées dans les précédents chapitres.

Culte musulman.

A l'exception de l'article 25 de l'ordonnance royale du 10 août 1834, confirmé et renouvelé depuis par l'article 31 de l'ordonnance du 26 septembre 1842, et qui déclarent l'un et l'autre que les *muphtis* et les *cadis* sont nommés par le gouverneur-général, aucune disposition n'a été prise pour l'organisation proprement dite du culte musulman : on voit qu'en tout pays et en toute croyance, les affaires religieuses sont d'un abord difficile et d'une solution délicate.

Quoi qu'il en soit de l'état d'inorganisation où se trouvent aujourd'hui, à notre égard du moins, les populations musulmanes de l'Algérie, sous le rapport du culte et des affaires religieuses, voici quelques détails qui pourront intéresser le lecteur, bien qu'ils ne se rapportent qu'à la ville d'Alger.

Sous le gouvernement des Turcs, vingt grandes mosquées principales, et plus de cent petites mosquées secondaires, zaouïas, oratoires ou marabouts, étaient affectés aux exercices du culte musulman, à Alger.

Dès les premiers jours de la conquête, l'armée s'est forcément trouvée conduite à en occuper quelques-unes : on sait, qu'à défaut d'autres locaux, c'est dans des mosquées que les premiers hôpitaux ont été installés.

Plus tard, la nécessité d'ouvrir dans toutes les directions de nouvelles voies de communications, de donner l'air et la vie à l'ancienne cité mauresque, en a fait tomber un plus grand nombre sous le marteau de nos architectes.

En sorte qu'aujourd'hui il ne reste plus à Alger, consacrées au culte musulman, que quatre grandes mosquées à grand minaret, et une quinzaine de mosquées secondaires, presque toutes en mauvais état.

Tel est pourtant le mouvement de décroissance de la population musulmane, dont le chiffre est tombé depuis dix-sept ans de 50,000 à 20,000 âmes, et telle est surtout l'influence de notre contact sur les débris de cette population, dont les sentiments religieux et les souvenirs s'en vont chaque jour s'affaiblissant, que les quatre mosquées principales suffisent largement aux besoins ordinaires du culte, et que c'est à peine si, même pendant le mois sacré de Ramadan et aux grandes fêtes, la plupart des autres sont fréquentées.

Les quatre mosquées principales, qui subsistent, à Alger, sont :

1° La grande mosquée (*Djamâ-Kebir*), rue de la Marine, construite, dit la chronique, dans le cinquième siècle de l'hégire, par Youssef-ben-Tachfin, de la dynastie des Almoravides, fondateur de l'empire du Maroc. Une inscription, parfaitement conservée au pied du minaret de la mosquée, fait connaître que ce minaret a été élevé en l'an 723 de l'hégire, soit en 1325 de notre ère ;

2° La mosquée *Djamâ-Djedid*, à la Pêcherie, près la place du Gouvernement, d'une construction au contraire toute récente, comme l'annonce du reste son nom ; elle a eu pour architecte un esclave chrétien qui, dit la chronique, sous l'impression d'un secret pressentiment, lui donna la forme et les proportions d'une église chrétienne, et paya de sa tête sa pieuse supercherie : cette mosquée est spécialement consacrée au rite hanafi ;

3° Enfin, les mosquées *Djamâ-Safir* et *Djamâ-Sidi-Ramdan*, sises toutes deux dans le haut de la ville, et consacrées, la première au rite hanafi, la seconde au rite maleki. La mosquée *Djamâ-Safir* est bâtie avec goût et avec un certain luxe.

Comme dans tous les pays musulmans, chaque mosquée, à Alger, avait ses revenus particuliers provenant de legs ou de donations par habous. Ces revenus étaient administrés par des oukils que nommaient, suivant l'importance de la dotation, les deys ou les muphtis. Aujourd'hui, les biens des mosquées ont été réunis au domaine, et l'État se charge de toutes les dépenses du culte musulman. La mauvaise administration des oukils, qui s'appropriaient presque toujours la majeure partie des revenus dont le recouvrement leur était confié, rendait cette substitution inévitable et urgente. Elle a eu, pour résultat, d'accroître les produits et d'améliorer sensiblement le sort des agents du culte.

La grande mosquée d'Alger possédait à elle seule plus de deux cents immeubles d'un produit d'environ 50,000 fr., qui a plus que doublé entre nos mains.

Le personnel religieux attaché à chaque mosquée varie naturellement suivant l'importance du temple et le chiffre de ses ressources. Les plus petites mosquées n'ont, le plus souvent, qu'un *imam* et un *mouedden*. Les mosquées secondaires joignent à ce personnel quelques lecteurs du Coran, de Sidi Boukhrari, ou d'autres livres saints.

Nous allons, en indiquant le personnel attaché à la grande mosquée d'Alger, donner une idée de celui qui dessert les mosquées du premier ordre et en même temps de la hiérarchie religieuse chez les mahométans.

Personnel de la grande mosquée d'Alger. — Un

khrethbib. On appelle khrothba en arabe les sermons, discours et exhortations qui se font ou se lisent au prône. Khrethbib signifie donc, à proprement dire, prédicateur, orateur : c'est le premier emploi du culte chez les musulmans. Dans les grands jours de l'Islam, il était exercé par les califes en personne ; à la grande mosquée d'Alger, il est rempli par le muphti-maleki.

Un *premier iman*, desservant, dirige les prières et tous les exercices du culte, notamment ceux du vendredi.

Un *deuxième iman*, suppléant, vicaire.

Un *bach-heuzzab*, chef des heuzabins, lecteurs du Coran.

80 *heuzabins*. Les fonctions des heuzabins consistent à lire un chapitre du Coran le matin, et un autre le soir, de manière à achever, dans le cours d'un mois, le livre saint qui comprend soixante chapitres. Autrefois il y avait 120 heuzabins à la grande mosquée, en sorte que le Coran s'y trouvait lu en entier deux fois chaque mois.

6 lecteurs du *Ten'bih-el-Anam*, du *Boukhrari*, des *Hadits*, etc., chargés, à certains jours, et notamment le vendredi, d'édifier les fidèles par des lectures saintes, telles que la vie du prophète, des maximes, etc.

3 *mouderress*, docteurs et professeurs en théologie. Ils se partagent le haut enseignement sacré : les fonctions de mouderress ne sont remplies que par les eulémas les plus instruits.

20 *hondours*. Les hondours sont les disciples des mouderress. Après plusieurs années de stage dans la mosquée, et quand ils sont suffisamment initiés à la

connaissance des préceptes des livres saints, ils sont appelés aux emplois supérieurs du culte et prennent rang parmi les tholbas ou les ulémas, suivant leur mérite. Les hondours assistent les *imans* et les lecteurs dans les exercices religieux; ils touchent comme eux, et comme tous les autres agents du culte, un salaire.

4 *mouaqqats*, indicateurs. Ils sont chargés d'observer les heures des prières, et de les indiquer aux moueddenins : ils se relèvent à tour de rôle.

12 *moueddenins*, crieurs. Deux d'entre eux sont sans cesse de garde pour appeler, aux heures voulues, du haut des minarets, les fidèles à la prière.

20 *chauls* et *kennas*, agrégés, chargés du soin de balayer et d'éclairer la mosquée. Ce ne sont point, comme on pourrait le croire, des gens de peine, mais des hommes pieux et simples, qui ne pouvant, faute d'instruction, gagner des mérites par des lectures saintes, les cherchent en se dévouant à des exercices plus faciles et plus modestes.

Justice.

Si l'organisation du culte mahométan n'a subi aucune modification depuis la conquête, il n'en a pas été de même de la justice : la juridiction des tribunaux indigènes, d'abord maintenue dans toute son intégralité, par l'arrêté du maréchal Clausel, du 22 octobre 1830, qui laissait aux cadis le soin de prononcer, même au criminel, a été successivement amoindrie par l'arrêté du 16 avril 1832 et par l'ordonnance du 10 août 1834.

Aujourd'hui, d'après l'ordonnance du 26 septembre

1842, les tribunaux musulmans n'ont plus à connaître que des causes civiles et commerciales entre indigènes musulmans, ou des infractions punissables d'après la loi du pays, sans constituer, d'après la nôtre, ni crime, ni délit, ni contravention.

Des instructions spéciales ont dû, depuis, limiter leur action sous ce dernier rapport. On comprend en effet à quels abus graves pourrait entraîner, sans cela, l'application rigoureuse et passionnée d'une législation qui punit des peines les plus sévères le blasphème, l'inobservance des jeûnes, l'usage immodéré du vin, etc.

Dans les villes de l'Algérie où la population musulmane a quelque importance, il existe deux cadis qui jugent au même titre, en premier ressort, chacun de son côté, et d'après les règles de leur rite : ces deux cadis sont complétement indépendants l'un de l'autre.

Des *adouls* ou greffiers transcrivent leurs jugements et en délivrent des expéditions ou copies.

Des *aouns* ou huissiers en assurent l'effet, quand ils entraînent une exécution quelconque.

Le tribunal d'appel, chez les indigènes, est appelé *Medjelès* : il est composé de deux muphtis, chefs suprêmes de la justice comme de la religion, et des deux cadis. Lorsqu'un medjelès doit juger une question difficile, qui tient son jugement en balance, il fait appel aux eulémas (docteurs) de la ville ou de la province, et ne prononce qu'après les avoir consultés. La convocation des eulémas est toujours entièrement facultative. Quand elle ne suffit pas pour donner une solution au point en litige, ce qui arrive quelquefois, on en réfère à l'un des medjelès des états voisins, dont les *fettwas* (jugements) ont acquis le plus d'autorité dans le monde musulman. Tels sont les medjelès de Fez et d'Alexandrie; tel était le medjelès d'Alger, il n'y a que quelques années, quand il était présidé par le savant Hadji-Mohammed-ould-Sid-Hassan-el-Eunnabi, expulsé du pays en 1830, par suite de la mesure générale qui frappa tous les Turcs à cette époque, et aujourd'hui premier muphti d'Alexandrie.

Bien que les deux cadis aient même qualité pour connaître des diverses contestations qui sont restées du ressort de la justice indigène, l'usage a attribué, du moins à Alger, d'une manière plus particulière, *au cadi Maleki* la répression des délits et fautes contre la morale, la religion, les mœurs, etc.; au *cadi Hanafi* la connaissance de tous les actes relatifs aux successions dans lesquelles le beit-el-mal (le fisc) n'est pas intéressé.

Indépendamment des deux cadis ordinaires, il existe un magistrat particulier qui connaît en premier ressort, sauf appel aux medjelès, des contestations que peut soulever la liquidation des successions dans lesquelles, aux termes de la loi musulmane, l'Etat, représenté par le beit-el-mal, a des droits à exercer. Ce magistrat a nom *Cadi beit-el-mal;* il est assisté d'un adel (greffier). Les sentences qu'il rend sont rarement exécutées sans qu'elles aient été confirmées par le medjelès.

Les kabyles, mozabites, biskris, etc., qui forment dans les grandes villes de l'Algérie la population flottante, échappent pour les contestations qui s'élèvent entre eux à la juridiction des cadis. Soumise, par suite d'anciens usages que nous avons dû respecter, à des règlements spéciaux, cette population ne connaît d'autres juges que ses amines, qui sont assistés, lorsqu'il y a lieu, de thalebs (docteurs) ou mgaddems (chefs) pris dans son sein.

Administration.

L'administration des tribus et des populations indigènes se divise naturellement en deux parties :

1° L'autorité française.

Elle s'exerce immédiatement par le gouverneur général et les commandants militaires; mais à côté d'eux, et en dehors de leurs action existe une administration spéciale, qui est la *direction centrale* des affaires arabes et les *bureaux* (1) qui en dépendent. Nous avons fait connaître, au chapitre III de cet ANNUAIRE, les bases principales d'organisation de cette *direction*; nous n'aurons donc pas à y revenir.

2° Les autorités indigènes.

Ici il se présente une observation singulière. — Les

---

(1) On ne saurait mieux comparer la position des *officiers du bureau arabe,* comme on les appelle ordinairement, qu'à celle des résidents anglais dans l'Inde, au moins, quant à l'importance politique; car, quant aux émoluments et aux autres avantages, ils sont infiniment plus mal payés, plus mal récompensés; et cependant ils sont la cheville ouvrière du pays! Il y a tel officier subalterne qui exerce une influence énorme sur cent lieues de pays : c'est bien là que l'on peut dire : *tant vaut l'homme, tant vaut la place.* Le Gouvernement devrait, ce nous semble, relever un peu plus une institution qui lui est si utile et qui peut l'être encore bien davantage.

Turcs ont gouverné ce pays pendant trois cents ans, et nous ne retrouvons, pour ainsi dire, aucune trace de l'administration qu'ils avaient dû lui imposer. Abd-el-Kader ne l'a gouverné que pendant trois ans, et il a imprimé à ce pays une organisation si rationnelle, si simple, si appropriée à ses besoins, que nous avons pu l'appliquer immédiatement, sans autre peine pour ainsi dire que de nous substituer à lui.

C'est ce qu'explique fort clairement un ouvrage émané de la direction centrale des affaires arabes, et publié en 1844 par ordre de M. le maréchal Bugeaud (1); nous en citerons l'extrait suivant :

« L'organisation du gouvernement des indigènes a été calquée sur celle que nous avions trouvée chez *Abd-el-Kader*, au moins quant à ce qui concerne la hiérarchie adoptée pour les chefs indigènes ; mais elle a été rendue mixte, s'il est permis de se servir de ce terme, par l'adjonction des agents français qui représentent aux yeux des arabes l'autorité suprême dont ils sont les délégués. Comme on le comprend déjà, deux pensées principales ont guidé l'autorité dans l'adoption de notre organisation, et ce sont les circonstances mêmes où se trouvait le pays qui les ont suggérées.

« En effet, après avoir soumis un grand nombre de tribus, et conquis une étendue de pays très-considérable, il fallait éviter l'anarchie qui ne suit que trop souvent les conquêtes rapides; il fallait conserver l'habitude de l'obéissance à des peuples que leur

---

(1) Il a pour titre : *Exposé de l'état actuel de la société arabe, du gouvernement et de la législation qui la régit.*

caractère portait à l'indépendance. Il était en un mot indispensable de leur donner de suite des chefs dont les attributions fussent connues et l'autorité respectée. Dans ces circonstances on eut recours à la hiérarchie d'*Abd-el-Kader*, qui était conforme aux mœurs, conforme à la religion, et qui possédait sur toute autre le grand avantage d'avoir déjà été pratiquée et par conséquent d'être entrée dans les habitudes. Son adoption, loin de rien préjuger pour l'avenir, a été le premier pas fait vers un état régulier, et laisse le champ libre aux perfectionnements futurs.

« Mais il ne suffisait pas d'imposer une hiérarchie des pouvoirs bien combinée aux tribus; il fallait encore laisser la preuve de la conquête présente à leurs yeux, et en marquer la trace dans leurs transactions civiles, judiciaires et politiques. C'est le rôle réservé aux agents français qui, comme chefs militaires et comme chefs politiques, tiennent en leurs mains la source réelle du pouvoir. Exerçant dès aujourd'hui, en toute circonstance, les fonctions qui leur sont dévolues, ils préparent la voie qui doit conduire à une sorte d'administration déjà plus parfaite, et dans laquelle l'élément français, l'élément civilisateur et progressif, est déjà en possession du pouvoir supérieur.

« La hiérarchie établie parmi les chefs indigènes a été, comme nous l'avons dit déjà, calquée sur celle instituée par *Abd-el-Kader*. Elle comprend par conséquent les fonctionnaires suivants :

« Le *Khalifa*, le *Bach-Agha* et l'*Agha* indépendant.

« L'*Agha* de 1re, 2e et 3e classe.

« Le *Kaïd*.

« Le *Cheikh*.

« Le *Kadi* avec ses *Aâdoul* ou greffiers.

« L'*Oukil-bït-el-Mèl*, aussi appelé *Nader-bit-el-Mèl*.

« La force militaire indigène porte les noms de *Mak-hzen* (cavaliers du *Makhzen*), de *Kiëla*, de *Goum* et d'*Aaskar*. Les employés subalternes du pouvoir parmi les indigènes sont les *Chaouch* et les *Mekhazenya*. »

Expliquons maintenant la nature et les attributions de ces différentes fonctions.

Khalifas, Bach-Aghas et Aghas indépendants. — Le territoire conquis par nous a été partagé en fractions considérables et distinctes les unes des autres. Ces portions du territoire se trouvent en général sous les ordres d'un commandant de subdivision; et le chef indigène, qui relève sans intermédiaire de ce dernier, prend le titre de Khalifa.

Les Bach-Agas et Aghas indépendants exercent une autorité pareille à celle du Khalifa, dans un territoire moins étendu que celui confié à ce dernier. Aussi la différence des noms n'en apporte aucune dans les attributions de ces chefs. Des considérations politiques ont obligé à chercher le moyen d'augmenter ces chefs indigènes du premier ordre. Le désir de satisfaire beaucoup d'ambitions inquiètes, ou de récompenser des services rendus, tout en ne créant que des puissances incapables de nous donner de l'ombrage, explique suffisamment cette mesure.

Le Khalifa est nommé par le roi, sur la proposition du commandant de la division. La durée de ses fonctions est illimitée, et il est soldé par la France : il est chef politique et administratif dans son territoire; et comme tel, il a à sa disposition une troupe armée et soldée par la France.

A la guerre, le Khalifa marche, sur l'ordre qu'il reçoit du commandant français, à la tête des contingents formés par les tribus et de ses propres cavaliers. Il ne peut, de son propre mouvement, entreprendre aucune *razzia*, sauf le cas d'insurrection flagrante.

Les fonctions de Khalifa sont plus compliquées en temps de paix; elles ont trait à l'exercice de l'autorité judiciaire et à la surveillance de la rentrée des impôts et à leur répartition. Il peut prononcer des amendes jusqu'à vingt douros (1) (100 francs). Il révise les jugements des Aghas et des Kaïds.

Du reste, dans tous les cas, le Khalifa ne doit être considéré que comme le délégué du chef français près duquel il se trouve, et auquel il doit compte de tous ses actes.

Les attributions du Bach-Agha et de l'Agha indépendant, étant les mêmes que celles de Khalifa, nous n'avons rien à ajouter.

Aghas. — Le territoire placé sous les ordres d'un Khalifa est divisé en un certain nombre d'*Aghaliks*, qui sont commandés par des Aghas. Ceux-ci ont donc en

---

(1) Voici la nomenclature des actes ou délits qui peuvent donner lieu à ces amendes : —Hospitalité accordée aux espions ou agents de l'ennemi; — l'hébergement du déserteur, des criminels ou des individus poursuivis en justice; — relations avec des membres des tribus ennemies; — vente ou achat d'armes à feu, etc. ; — vol de chevaux, armes et effets appartenant à des corps indigènes réguliers ; — vol de grains et de bestiaux appartenant au gouvernement.

général plusieurs tribus ou une grande tribu dans leur gouvernement.

L'Agha est nommé par le roi. Il est, avant tout, l'homme du gouvernement français; il peut, par conséquent, quelquefois être choisi en-dehors de la tribu ou des tribus placées sous ses ordres; il surveille les Kaïds et révise les jugements; il n'a point près de lui des cavaliers soldés par la France. Ses moyens d'action sont les *Chaouch* et sa clientèle; il est aussi investi de fonctions judiciaires; et, à ce titre, il peut infliger des amendes jusqu'à concurrence de dix douros (50 francs) pour différents motifs, tels que refus de contributions, emploi de termes injurieux contre les Français ou les autorités françaises; absences non justifiées aux rassemblements de guerre, désordres commis par un Arabe sur le territoire d'une tribu à laquelle il n'appartient pas.

Kaïd. — L'Aghalik a été divisé en un certain nombre de Kaïdats, commandé par des Kaïds.

Le Kaïd est choisi parmi les hommes influents de la tribu; il est nommé par le commandant de la division; il est renouvelé tous les ans : ce changement annuel des Kaïds permet de satisfaire beaucoup d'ambitions subalternes, sans grand inconvénient.

Le choix des Kaïds est très-important; car leurs attributions sont très-variées.

C'est le Kaïd qui réunit les cavaliers de la tribu et qui les commande; il est responsable de l'exécution de tous les ordres, qui lui sont transmis par les autorités supérieures, pour la réception ou l'expédition des courriers, les arrestations, les réunions en armes pour la guerre ou pour les convois, les transports de l'impôt en nature, etc., etc.; enfin, il est chargé de la police intérieure de la tribu, et spécialement de celle des marchés : il peut imposer des amendes jusqu'à concurrence de cinq douros (25 francs.)

Les Kaïds ne reçoivent point de traitement fixe de l'État; il leur est attribué une part dans les amendes, ainsi que dans le paiement des impôts.

Cheikhs. — On appelle ainsi les chefs des *Douars* (fractions de tribus agglomorées); ils remplissent leurs fonctions pour un temps illimité : on peut dire qu'ils représentent l'intérêt de famille dégagé de tout lien politique. Ils sont placés sous les ordres des Kaïds et l'aident dans l'administration de la tribu; à ce titre, ils doivent, autant que possible, être instruits en détail de la répartition des charges qui pèsent sur le Kaïdat.

Makhzen, Khiëla, Aaskar, Goum (1). — Du temps des Turcs, un certain nombre de tribus, appelées tribus de *Makhzen*, étaient exemptes d'impôt, à la condition de fournir un nombre de cavaliers à chaque réquisition de l'autorité. Mais on a préféré choisir, dans ces mêmes tribus (2), un nombre limité de cavaliers, ayant une solde fixe et mensuelle, et qui sont tenus de s'armer et de s'équiper à leurs frais. Ce sont les cavaliers dits du *Makhzen;* ils sont placés sous la surveillance des Aghas et à la disposition des Khalifas et de l'autorité française.

---

(1) Arrêtés ministériels du 16 septembre 1843.

(2) On citera, comme exemple, les *Aribs* dans la province d'Alger ; les *Douairs* et les *Smélas* dans la province d'Oran.

Les *Khiëlas* sont des cavaliers organisés dans les tribus qui ne faisaient pas autrefois partie du Makhzen. Ils sont soldés par la France et placés sous les ordres du Khalifa : leur solde est de 30 fr. par mois, sans autre indemnité.

L'*Aaskar* est un fantassin dont le service est analogue à celui des cavaliers du Makhzen : leur solde est de 15 francs par mois.

Les *Goum* sont des contingents en cavalerie fournis par les tribus soumises qui ne font pas partie du Makhzen. Ils sont mis à la disposition des commandants français, quand ceux-ci réclament leur concours : ils ne reçoivent point de solde.

Telle est, dans son ensemble, dans ses détails les plus généraux, l'organisation qui a commencé d'être imposée au peuple arabe. Sans doute elle n'est pas complète; sans doute elle doit être régularisée, perfectionnée; mais telle qu'elle est déjà, elle mérite certainement d'être étudiée, et elle forme déjà une base solide pour l'avenir.

Contre les habitudes de notre administration française, on a été, pour cette organisation, très-sobre d'arrêtés; nous indiquerons : 1º le règlement du 12 février 1844 sur l'application et la répartition des amendes en pays arabe; 2º les arrêtés relatifs aux Makhzens, Kiëlas et Askars, du 16 septembre 1844, déjà cités.

Tout le reste est réglé par des circulaires émanées du cabinet particulier de M. le maréchal Bugeaud, et insérées au *Moniteur algérien* et au *Bulletin officiel*. Voici l'énoncé des plus importantes parmi ces circulaires :

2 janvier 1844. — Responsabilité des tribus à l'égard des vols et crimes commis sur leur territoire.

28 janvier 1844. — Sur l'importance et la nécessité des rapports de quinzaine présentant la situation des tribus, et le résumé de tous les faits et nouvelles de l'intérieur du pays.

17 septembre 1844. — Renfermant des instructions générales dans les règles à suivre pour gouverner et administrer les Arabes.

15 novembre 1844. — Sur la participation des tribus aux travaux d'utilité publique entrepris dans leur intérêt.

5 juillet 1845. — Instructions et conseils du gouverneur-général aux Arabes et Kabyles, concernant leurs habitations, les plantations, l'agriculture et le commerce.

6 août. — Relative au commerce d'échange avec les tribus du Sahara, qui viennent s'approvisionner dans le Tell.

24 avril 1846. — Indiquant les dispositions à prendre pour régler les approvisionnements annuels du Sahara et arrêter les accaparements.

Liste des principaux kalifas, bache-aghas et aghas dans les trois provinces.

PROVINCE D'ALGER.
Subivision d'Alger.

KHALIFAT DE SEBBAOU. — Comprenant : 1° l'Aghalik des Aribs; 2° l'aghalik des Beni-Slimann; 3° le kaidat des Beni-Moussa (au S.-est d'Alger.)

SI MOHAMMED BEN-MAHI-ED-DIN, khalifa.
SIDI-ALI EL-ALLOUCH, agha des Beni-Sliman.

AGALIK DES KRACHENAS. — Comprenant les Krachenas, les Ysseurs, les Zouathenas, les Aribs de la Maison-Carrée.

SI-ARBI-EL-KAIA, agha.

BACHE-AGHALIK de Dellys. — comprenant : 1° l'aghalik de Tarougha ; 2° l'aghalik des Amraouas ; 3° diverses tribus kabyles, les Beni-Raten, les Beni-Fraoussen, etc. (Sur ces dernières, l'autorité n'est guère que nominale.)

BEL-KASSEM-OUKASSI (1), bache-agha.
SID-EL MADANI, agha de Tanougha.
ALLEL-BEN-AMED, agha des Amraouas.

AGHALIK des Flissas, comprenant 8 tribus kabyles.

SI-ALI-BEN-ZAMOUN (2), agha.

KHALIFAT des Hadjoutes, dépendant de Blidah, et comprenant 10 tribus, dont les principales sont les Hadjoutes, les Beni-Salah, les Soumatha, les Beni-Menad, les Chenoua.

SI-ALI-OULED SIDI-LEKAL (3), khalifa.
ABD-ER-RHAMAN-BEN-TIFFOUR, agha.

---

(1) *Ou* diminutif de Oulid.
(2) L'agha actuel est fils d'un marabout célèbre de la vallée des Ysseurs, dont il est souvent question dans les *Annales* de M. Pélissier.
(3) De la famille des Sidi M'Barech, dans la Métidja. Le chef de cette famille, connu sous le nom de Ben-Allal, fut pris et tué au combat de la Kracceba, en 1843, dans la province d'Oran.

CERCLE DE BOUGIE. — Comprenant deux circonscriptions : 1° celle des Ouled-Abd-el-Djebar, composée de treize tribus; 2° celle des Fenaya, composée de sept tribus.

>HAMED-OU-MENNA, kaïd des kaïds (1) pour les Ouled-Abd-el-Djebar.
>OU-RABAH, son khalifa (lieutenant).
>MOHAMMED-OU-CHABAN, kaïd des kaïds pour les Fenaya.
>BOUZID, son khalifa.

Subdivision de Médéah.

BACHE-AGHALIK DE MÉDÉAH. — Comprenant : 1° l'Aghalik de Médéah; 2° l'Agalik des Douairs; 3° le Kaïdat des Abids; 4° le Kaïdat du Rebaia.

>SI-AHMED-MOUEL-EL-OUAD, bache-agha.
>OMAR-BEN-EL-HADJ-EL-ARBI, agha de Médéah.
>KOUIDER-BEN-CHOURAR, agha des Douairs.
>EL-HADJ-MOUSSA, kaïd des kaïds des Abids.
>KOUIDER-BEN-ABD-ALLAH, id. des Rebaia.

AGHALIK dit du sud-est. — Comprenant : 1° le Kaïdat des Ouled-Alane; 2° le Kaïdat des Ouled-Moktar-Cheragas (2) ; 3° l'Aghalik des Ouled-Nayl-Cheragas.

>BEN-YAHIA, agha des aghas.
>BEN-YAHIA-OU-ABBA, son khalifa.

---

(1) Ces tribus sont des Kabyles *purs* : il fallait une organisation un peu différente de celle des tribus arabes. Le titre *aristocratique* de khalifa, de bache-agha n'était plus admissible.

(2) Cheragas ou de l'est, de Cherk, l'orient; Gharrabas ou de l'ouest ; de Gharb, l'occident.

MOHAMMED-BEN-ATTIA, agha des Ouled-Nayl-Cheragas.
GUETTAF, son khalifa.

AGHALIK, dit du sud-ouest, comprenant 1° le kaïdat des Ouled-Moktar-Gharrabas ; 2° l'aghalik des Ouled-Chaïbs ; 3° l'aghalik des Ouled-Nayl-Gharrabas.

BEN-AOUADA, agha des aghas.
DJEDID, son khalifa.
TELLI, agha des Ouled-Nayl.

CERCLE D'AUMALE. — Comprenant 6 kaïdats : 1° du Dirah supérieur ; 2° du Dirah inférieur ; 3° des Ouled-Si-Moussa ; 4° des Adaoura-Cheragas ; 5° des Adaoura-Gharrabas ; 6° des Ouled-Mesellem.

SI-AHMED-OULD-EL-BEY-BOU-MEZRAG, agha.
LAKAL-BEN-EL-SUCIF, son khalifa.

BACHE AGHALIK DE L'OUED-SAHEL (au sud de Bougie). — Comprenant : 1° l'aghalik des Beni-Djad ; 2° les tribus kabyles de l'Oued-Nougha (au nombre de 12, mal soumises à vrai dire).

SI-OMAR-BEN-SALEM (1) bache-agha.
SI-ALLAL-EL-MERCKKI, agha des Beni-Djad.

CERCLE DE BOGHAR. — Comprenant : 1° l'aghalik de Boghar ; 2° l'aghalik des Bou-Aich.

KOUIDER-BEN-MIMOUN, agha de Boghar.
SELIMAN-BEN-TAHAR, agha des Bou-Aich.

KHALIGAT DE LAGHOUAT, s'étendant jusques vers le

---

(1) C'est le frère du fameux lieutenant d'Abd-el-Kader, qui s'est soumis un des derniers.

désert et comprenant 10 tribus et 9 villes ou *ksour*; savoir : Laghouat, Aïn-el-Madhi, Tedjement, etc.

SI-AHMED-BEN-SALEM, khalifa.
YAHIA, son frère.

Subdivision de Milianah.

BACHE-AGHALIK DE MILIANAH. — Comprenant : 1° la banlieue de la ville; 2° l'aghalik des Djendels; 3° des Beni-Zougzoug; 4° des Brazes.

BOU-ALEM-BEN-CHERIFA, bache-agha.
SI-(1)-BAGDADI-BEN-CHERIFA, agha des Djendels.
SI-SMAEL-BEN-KASSEM,   — des Beni-Zougzoug.
EL-HADJ-KADDOUR,   — des Brazes.

CERCLE de Téniet-el-Haad, comprenant le bache-aghalik des Gubla, composé de 9 tribus, dont une partie dans l'Ouarensenis.

AHMEUR-BEN-FERRAHT, bache-agha.

CERCLE de Cherchel, comprenant : 1° l'aghalik des Beni-Menasseurs; 2° des Zatima.

SI-AB-EL-KADER-BEN-AMEUR, agha des Beni-Menasseur.
SI-MOHAMMED-SAID-OULID-EL-GHOBRINI, agha de Zatima.

Subdivision d'Orléanville.

CERCLE d'Orléanville, comprenant 1° l'aghalik de l'Esnam; 2° de l'Ouarensenis; 3° le kaïdat des Hennis;

---

(1) **Si**, sid, le seigneur; sidna, notre seigneur, *emphatique*.

4° l'aghalik des Sbehhas; 5° le kaïdat de l'Ouarensenis.

MOHAMMED-OULID-EL-HADJ-AMAR, agha de l'Ouarensenis.
MUSTAPHA-OULID-ALI-BOU-MADNI, agha des Sbehhas (1).

Cercle de Ténès, comprenant : 1° le kaïdat des Beni-Hidjas; 2° le kaïdat des Beni-Menna.

PROVINCE D'ORAN.
Subdivision d'Oran.

Cette subdivision comprend six aghaliks, savoir : 1° des Douairs; 2° des Zmelas, 3° des Gharrabbas; 4° des Beni-Ammer-Gharrabbas; 5° des Ouled-Sliman; 6° du Fessala.

SI-MOHAMMED-BEL-HADRY, agha des Douairs.
EL-HADJ-MAKLOUF, agha des Zmelas.
ESSEDIG-BOU-HALAM, agha des Gharrabbas.
SI-ABD-EL-KADER-OZIN, agha des Beni-Ammer.
EL-ARBI-BEN-OUENZAR, agha des Ouled-Sliman.
KADDOUR-OULD-ADDA, kaïd des kaïds du Fessala.

Subdivision de Mascara.

Cette subdivision comprend 7 aghaliks placés sous l'autorité plus ou moins directe d'un khalifa.

SI-BRAHIM-OULD-OTSMAN-BEY, khalifa.
EL-HADJ-CHEDLY, agha des Beni-Chougran.
KADDOUR-BEN-MORFI, agha d'El-Bordj.
MOHAMMED-OULD-DJBBOUR, agha des Hachems-Cheragas.

---

(1) C'est dans le pays des Sbehhas qu'eut lieu cette terrible affaire des grottes, dont il fut tant question en 1845.

EL-HADJ-MOHAMMED-BEN-MÇABIAH, agha des Hachems-Gharrabbas.
SI-AHMED-OULD-KADI, agha des Hamas.
MOHAMMED-BEN-KAFOI, agha de la Yakoubia.

Cercle de Tiaret, comprenant 33 tribus ou fractions de tribus, parmi lesquelles se trouve la puissante tribu des Harrars.

ABD-EL-KADER-BEN-DAOUD, agha.

Aghalik du Djebel-Amour.

DJELLOUL-BEN-TAIEB, agha.

Ce chef jouit d'une influence immense dans toutes ces contrées que domine le Djebel-(1)-Amour, et qui s'étendent jusque vers le désert.

Les grandes tribus des Hamian-Cheragas et des Oulad-Sidi-Cheirk, qui appartiennent aux oasis du désert dans cette province, n'ont pas encore été organisées. Pour ces derniers, les chefs principaux sont : Si-Hamza-Ould-Bou-Beker et Si-Cheirk-Ould-Si-Cheirk-Bou-Taïeb.

Subdivision de Tlemcen.

Elle comprend trois aghaliks, savoir : 1° de la montagne du sud ; 2° des Beni-Amer-Gharrabbas ; 3° des Rossels. — Les aghas sont en suivant le même ordre.

SI-MOHAMMED-BEN-ABD-ALLAH-BEN-ALI.
SI-MOHAMMED-BEN-GANA.
ABD-ESSELEM-OULD-BRAHIM-BEN-LOUMI.

---

(1) *Djebel* en arabe veut dire *montagne*.

Les Angad du Tell, ainsi que les tribus kabyles des Traras, sont commandées par des kaïds, de même que les populations du cercle de Nemours (Djemma-Ghazaouat) et de Lella-Maghrnia.

EL-HADJ-MOHAMMED-EL-NAKACHE, kaïd de la petite ville de Nedrouma.

Subdivision de Mostaganem.

Elle comprend cinq aghaliks.

MOSTAGANEM est placé sous les ordres directs du bureau arabe.

SI-ABD-ALLAH-BEN-LZREUGH, agha des Medjhers.
EL-HADJ-EL-HABIB-BEN-CHERIF, agha des Flittas.
SI-BEN-ABD-ALLAH-OULD-SIDI-LARRIBI, khalifa de la Mina et du Chélif.
SI-CHABAN, agha.
MOHAMMED-BEL-HADJ, agha des Beni-Ouraz.

PROVINCE DE CONSTANTINE.

L'organisation de cette province n'est plus la même que celle des deux autres. L'autorité française s'y exerce d'une façon beaucoup plus directe : la raison en est fort simple, mais elle mérite quelques courtes explications.

Tandis que, dans les provinces d'Alger et d'Oran, la dénomination turque s'était complètement effacée ; tandis qu'une fois la lutte avec l'émir terminée, nous avons trouvé une organisation forte et intelligente déjà établie, et à laquelle nous avons pu nous substituer ; au contraire, dans la province de Constantine, dès les premiers jours qui ont suivi la prise de cette ville, nous nous sommes trouvés en mesure de maintenir les relations politiques et administratives, sur le pied où elles existaient du temps des beys ; et c'est là une des circonstances heureuses qui ont préservé cette partie de l'Algérie des agitations qui ont bouleversé les autres.

Nous n'avons donc pas eu à établir sur ce point les Khalifats, les Aghaliks, etc. L'autorité réside et est divisée dans les mains de Kaïds fort nombreux, et qui relèvent directement des commandants supérieurs des subdivisions, cercles, etc. Ces Kaïds réunissent sous leur commandement un certain nombre de tribus : il serait superflu et fastidieux pour le lecteur d'entrer à ce sujet dans des détails plus explicites. Voici seulement les chefs importants que nous devons faire connaître :

> FARRATH-BEN-AZEDDIN, khalifa des tribus du Zouagha, près de Sétif.
> BOU-AKAS-BEN-AZEDDIN, khalifa des tribus qui habitent la partie orientale du Gouagha, également près de Sétif.
> BOU-AZIZ-BEN-GANNAH, khalifa.

Son autorité s'étend sur les tribus nomades et autres, dont le territoire confronte au désert. Il est en même temps le chef de la famille des Ben-Gannah, l'une des plus considérables de cette partie de l'Algérie.

> SI-ALI-BOU-ZID-BEN-AHMED-BEL-PADJ-EL-MOKRANI, kalifa de la Medjana.

L'autorité confiée à ce khalifa, qui est à notre égard un véritable vassal féodal, comprend toutes les tribus qui habitent cette plaine; il a en outre une grande influence sur les montagnes kabyles, situées entre Sétif et Bougie.

Telle est donc l'organisation que nous avons commencé de donner au peuple arabe. Les montagnards de la grande Kabylie n'y sont encore compris que nominativement, et nous sommes placés dans cette situation singulière que, tandis que pour les Arabes nous avons été forcés d'adopter un système purement aristocratique, les principes à appliquer aux Kabyles seront nécessairement démocratiques.

On comprend après cela que ces délimitations des kalifats, des agaliks, etc., sont encore peu précises : mais elles peuvent déjà servir de base pour établir des divisions régulières.

Enfin l'administration des populations indigènes doit être l'objet de nos constantes préoccupations. Effacer peu à peu ces supériorités locales, avec lesquelles il a bien fallu d'abord transiger, rendre l'exercice de notre autorité de plus en plus direct, étudier le système d'impôts actuellement existant, pour le rendre à la fois plus productif et moins pesant pour les tribus, tel est le programme rationnel de notre politique en Algérie, programme qui doit être suivi avec les ménagements nécessaires, mais aussi avec une opiniâtre persévérance.

Liste des principaux muphtis et cadis de l'Algérie.

Si-Mustapha-Gadiri, muphti d'Alger (maleki.
Sid-Amed-Ben-Mohamed, muphti id. (hanafi).
Si-Kaddour-Ben-Sisni, cadi maleki, id.
Sid-Hassen-Ben-Kherbl, cadi hanafi, id.
Sid-Mohamed-El-Argach, muphti hanafi de Bône.
Si-Mohamed-El-Argach, muphti maleki (remplissant les fonctions de cadi.

Si-El-Hadj-Ben-Si-Ben-M'Barck, muphti maleki de Constantine.
Si-Mohammed-Ben-Fatah-Ali, muphti hanafi, id.
Sid-El-Merki-Ben-Talbi, cadi maleki, id.
Si-Mustapha-Ben-Djelloul, cadi hanafi, id.
Si-Chadli, cadi du bureau arabe, id.
Si-Mustapha-Ben-Caid-Omar, muphti d'Oran.
Si-Mohamed-Ben-Caid-Omar, cadi, id.

SUPPLÉMENT.

1ᵉʳ novembre 1848.

Cet ouvrage était imprimé et allait être publié lorsque la révolution de Février a éclaté.

Ce grand événement qui devait avoir pour la France, pour l'Europe, pour le monde entier des conséquences infinies, ne pouvait manquer d'amener en Algérie les plus graves changements. Nous avons cru devoir suspendre notre publication : nous la reprenons aujourd'hui, afin de ne rien négliger de ce qui est accompli, afin de pouvoir conduire cet inventaire des faits algériens jusqu'au vote de la constitution.

Nous n'avons rien changé à notre premier travail. Nous avons pensé, en effet, que comme nous nous étions proposé tout d'abord de faire connaître les mutations et les développements successifs qu'a présentés l'Algérie depuis les premiers jours de la conquête, il pouvait être de quelque intérêt pour le public de retrouver dans un seul cadre l'ensemble des faits accomplis, et des résultats obtenus pendant cette première période.

C'est, en un mot, le bilan de l'Algérie telle que la monarchie l'a faite, telle qu'elle la laisse à la République.

La nouvelle de la révolution du 24 Février était parvenue le 27 à Alger; toutefois, ce ne fut que le 3 du mois de mars suivant, que l'on connut officiellement 1° l'organisation d'un Gouvernement provisoire et sa composition; 2° la proclamation de la République.

Le même acte qui nommait les membres du Gouvernement provisoire désignait, pour gouverneur général de l'Algérie, M. LE GÉNÉRAL CAVAIGNAC, nommé en même temps général de division.

M. le duc d'Aumale avait quitté Alger le 4 mars précédent, avec M. le prince de Joinville son frère. En partant, M. le duc d'Aumale avait adressé à l'armée d'Afrique une proclamation conçue en ces termes :

« Au quartier général, à Alger, le 3 mars 1848.

« Monsieur le général Changarnier remplira par intérim les fonctions du gouverneur général, jusqu'à l'arrivée à Alger de M. le général Cavaignac, nommé gouverneur général de l'Algérie.

« En me séparant d'une armée, modèle d'honneur et de courage, dans les rangs de laquelle j'ai passé les plus beaux jours de ma vie, je ne puis que lui souhaiter de nouveaux succès. Une nouvelle carrière va s'ouvrir à sa valeur, elle la remplira glorieusement, j'en ai la ferme conviction.

« Officiers, sous-officiers et soldats, j'avais espéré combattre encore avec vous pour la patrie!..... Cet honneur m'est refusé; mais, du fond de l'exil, mon cœur vous suivra partout où vous appellera la volonté nationale; il triomphera de vos succès; tous ses vœux seront toujours pour la gloire et le bonheur de la France. « HENRI D'ORLÉANS. »

Le nouveau gouverneur général, arrivé à Alger le 11 mars, entra immédiatement en fonctions.

Quelques jours après, les courriers de France apportèrent les deux proclamations suivantes, qui étaient adressées par le Gouvernement provisoire, la première à la population de l'Algérie, la seconde à l'armée d'Afrique :

« COLONS DE L'ALGÉRIE,

« Le Gouvernement provisoire se préoccupe vivement de la position précaire où vous avez été laissés pendant si longtemps. Il sait qu'une partie de vos embarras provient de l'incertitude qui jusqu'ici a plané sur l'avenir de l'Algérie. La coupable manie du gouvernement déchu, sa pusillanimité peut-être, ont empêché le développement de la colonie où vous n'avez pas craint de transporter, dès les premiers jours, vos familles et vos capitaux.

« La République défendra l'Algérie comme le sol même de la France. Vos intérêts matériels et moraux seront étudiés et satisfaits. L'assimilation progressive des institutions algériennes à celles de la métropole est dans la pensée du Gouvernement provisoire; elle sera l'objet des plus sérieuses délibérations de l'Assemblée nationale.

« La France compte sur votre patriotisme pour seconder le gouverneur général investi de la confiance du Gouvernement provisoire.

« *Les membres du Gouvernement provisoire.* »

« Soldats de l'armée d'Afrique,

« Le Gouvernement républicain que la France vient de se donner porta, il y a un demi-siècle, sur la terre d'Afrique, les couleurs sous lesquelles vous avez combattu depuis dix-huit ans.

« Vos luttes héroïques, vos travaux, votre infatigable persévérance, ces vertus militaires, en un mot, dont vous avez donné tant de preuves, le Gouvernement républicain sait les apprécier, il saura les récompenser.

« Soldats, la gloire que vous avez acquise en conquérant à la France la plus belle de ses propriétés nationales est un titre impérissable à la reconnaissance de la République.

« Le digne chef que le Gouvernement provisoire a placé à votre tête a son entière confiance comme il a la vôtre.

« C'est dans vos rangs qu'il s'est illustré; en le suivant sur le chemin de l'honneur et du devoir, vous vous montrerez fidèles à ce sentiment de la discipline qui n'a jamais abandonné le soldat français.

« Paris, 2 mars 1848.

« *Les membres du Gouvernement provisoire.* »

Ainsi se manifestèrent, à l'égard de l'Algérie, les premières intentions du gouvernement de la République, et la colonie put croire que désormais son avenir était assuré.

Il s'était formé à Paris une société dont toutes les démarches tendaient à obtenir l'assimilation de l'Algérie à la France.

Cette société fut reçue le 29 mars par le Gouvernement provisoire, au nom duquel M. Crémieux, membre du gouvernement et ministre de la Justice, promit solennellement une prochaine mesure qui devait satisfaire aux vœux exprimés par la Société algérienne.

Les événements ultérieurs, les préoccupations de la politique, les luttes électorales ont empêché le Gouvernement provisoire de réaliser sa promesse.

Toutefois un pas immense fut fait dans la voie de l'assimilation. L'Algérie avait été dotée du droit de prendre part aux élections politiques. Par le suffrage universel et la représentation nationale, elle était désormais mêlée à toutes les grandes questions de la politique intérieure et extérieure de la République.

Dans la répartition du nombre des représentants à l'Assemblée nationale, l'Algérie devait en élire quatre.

Les élections ont eu lieu le 23 avril, c'est-à-dire le même jour et avec les mêmes formalités que pour le reste de la France. Le dépouillement des scrutins qui a été fait à Alger, le 2 mai suivant, a eu pour résultat la nomination de MM. Didier (Henri), De Rancé, Ledru-Rollin, Leblanc de Prébois.

Une nouvelle élection a eu lieu le 18 juin, par suite de l'option de M. Ledru-Rollin pour le département de la Seine. M. Ferdinand Barrot a été proclamé représentant de l'Algérie.

Il n'était plus possible de reculer désormais dans la voie des améliorations. Un projet de décret pour l'assimilation immédiate fut déposé par les représentants de l'Algérie à l'une des premières séances de l'Assemblée nationale. Ce projet portait que l'Algérie faisait partie intégrante du territoire français et qu'elle serait régie, sauf exception, par la Constitution française.

Mais il ne fut pas sanctionné par l'Assemblée, qui se borna à déclarer de nouveau que *l'Algérie était une terre à jamais française*, déclaration stérile si cette nationalité n'est pas couronnée et garantie par les institutions et les lois de la métropole.

Quoi qu'il en soit, les progrès de l'assimilation dans l'ordre pratique ont été considérables, comme on va le voir dans le résumé que nous allons présenter ci-après.

ADMINISTRATION GÉNÉRALE.

Justice. — Cultes. — Instruction publique. — La justice, les cultes et l'instruction publique sont sorties des attributions du ministre de la Guerre pour rentrer dans les départements ministériels qui en sont chargés en France. Deux arrêtés de la commission du pouvoir exécutif, en date des 30 mai et 18 juin dernier, ont consacré ce retour au droit commun.

Trois arrêtés des 16 et 20 août, émanés du Président du conseil, chargé du pouvoir exécutif, ont déterminé les questions de service intérieur que cette séparation faisait naître.

1º. Tout ce qui concerne la justice en toute matière, relativement à la population civile, française et européenne des territoires civils, est du ressort exclusif du ministre de la Justice.

Le service de la justice indigène reste placé dans les attributions du ministre de la Guerre.

Dans les territoires mixtes, la justice continue d'être rendue d'après les règles établies par les ordonnances des 26 septembre 1842 et 15 avril 1843.

Tout le personnel judiciaire, les notaires, les avoués, les huissiers, les commissaires priseurs, les interprètes, sont désormais dans les attributions exclusives du ministre de la Justice.

2º. La direction de l'instruction dans les écoles françaises et israélites appartient au ministre de l'Instruction publique.

Le service de l'instruction publique pour les écoles des indigènes musulmans reste placé dans les attributions du ministre de la Guerre.

En territoire civil et mixte, le chef du service de l'Instruction publique correspond directement et exclusivement avec le ministre de l'Instruction publique. Toutefois, en territoire mixte les nominations doivent être concertées avec le ministre de la Guerre.

Les bourses fondées au frais de l'Etat, dans le lycée d'Alger, seront la récompense de services rendus en Algérie, préférablement à tous autres. La désignation des élèves boursiers appartient pour les deux tiers au ministre de la Guerre.

3º. L'administration des cultes chrétiens, tant catholique que réformé et du culte israélite, est du ressort exclusif du ministre des Cultes. Les dépenses sont imputables sur le budget des cultes en général.

En territoire mixte, il doit y avoir concert avec le ministre de la Guerre pour toutes les mesures telles que la création d'un établissement ecclésiastique ou l'introduction d'une communauté religieuse.

Un des premiers actes du ministre de l'Instruction publique a été la création d'une académie et d'un lycée en Algérie. L'académie d'Alger, par l'importance des traitements de ses fonctionnaires, tient, dans ce nouveau système, le premier rang après celle de Paris. Un arrêté du chef du pouvoir exécutif, en date du 5 octobre, y a attaché un inspecteur et deux sous-inspecteurs de l'instruction primaire.

Défenseurs. — Les défenseurs ont été partagés entre la cour et les tribunaux de première instance, par arrêtés des 17 et 19 juillet 1848, et, bientôt après, l'ordre des avocats a été constitué.

En même temps on appliquait à l'Algérie plusieurs parties importantes de la législation française.

Presse. — Un arrêté du 13 mars rendait applicables à la colonie les lois et décrets qui régissent la presse en France. Un autre, du 25 mars, abolit le timbre sur les journaux, affiches, etc.

Exposition publique. — Comme dans la métropole, la peine de l'exposition publique était effacée de nos lois criminelles par un arrêté du 4 mai.

Naturalisation. — Le 21 juillet, une décision ministérielle étendait à l'Algérie le bénéfice du décret du 28 mars précédent, qui avait rendu facilement accessibles, aux étrangers les bienfaits de la naturalisation.

Milice. — La milice réorganisée, par arrêté du 11 mars, sur la base de l'élection, sortait, le 23 mars, de l'autorité du pouvoir militaire pour être soumise aux mêmes règles que la garde nationale en France.

Esclavage. — Le décret du 27 avril, relatif à l'esclavage, fut appliqué à l'Algérie, et proclama l'émancipation immédiate de tous les esclaves qui foulaient ce sol à jamais français.

Concordats amiables. — L'Assemblée nationale, préoccupée désormais des droits et des intérêts de l'Algérie, lui appliquait, de son côté, diverses dispositions des lois qu'elle votait, notamment le décret relatif aux concordats amiables, lequel doit contribuer à soulager la crise effrayante qui, depuis plus de deux ans, ruine notre colonie africaine.

Interdiction d'acquérir. — D'autre part l'interdiction d'acquérir des propriétés immobilières, imposée aux fonctionnaires publics, était levée par arrêté du 5 mai, et l'exercice légitime du droit commun qui dit qu'il faut fixer au sol, au lieu d'en éloigner par des prohibitions aussi impolitiques qu'injurieuses!

ADMINISTRATION LOCALE.

Direction générale des affaires civiles. — La direction générale des affaires civiles, ce rouage jusqu'alors inutile, sans action et sans initiative, a été reconstituée par un arrêté en date du 5 mai dernier, qui a supprimé la direction de la province d'Alger, pour en réunir les attributions à celles de la direction générale. Une commission spéciale a été nommée le même jour pour surveiller l'expédition des affaires en cours d'instruction près la direction supprimée.

Conseils municipaux algériens. — Administration civile indigène. — Deux autres mesures intéressantes ont été prises par le Gouvernement : l'une établit sur de nouvelles bases les conseils municipaux algériens; l'autre organise une administration civile indigène et institue pour la justice musulmane des principes qui la rapprochent de nos formes de procéder.

L'arrêté du 16 août 1848 relatif aux conseils municipaux consacre, dès son début, que tout le territoire civil de l'Algérie est érigé en commune.

Le corps municipal de chaque commune se compose d'un maire, d'un ou de plusieurs adjoints et d'un conseil municipal.

La nomination des membres du conseil municipal se fait par voie d'élection; ils sont nommés pour trois ans, renouvelés par tiers chaque année et toujours rééligibles.

Sont électeurs tous citoyens français ou naturalisés français, âgés de vingt et un ans et domiciliés dans la commune depuis un an au moins.

Tout étranger, âgé de vingt et un ans, autorisé par le pouvoir exécutif à jouir des droits civils en Algérie, ou propriétaire, ou concessionnaire dans la commune, ou y payant, depuis six mois au moins, un loyer annuel de plus de 600 fr. pour terres ou maisons, ou une patente ou licence de troisième classe au minimum, est admis à concourir à l'élection des membres du conseil municipal.

Sont éligibles tous les Français domiciliés dans la commune ou propriétaires d'immeubles dans la commune depuis un an, et tous les étrangers électeurs dès l'âge de vingt-cinq ans;

Les conditions imposées aux indigènes musulmans et israélites pour être électeurs ou éligibles sont les mêmes que celles énoncées ci-dessus.

Le conseil municipal se compose, indépendamment du maire et de ses adjoints,
1°. De neuf membres dans les communes de moins de trois mille âmes ;
2°. De douze membres dans celles de trois mille âmes et au-dessus ;
3°. De quinze dans celles de dix mille âmes et au-dessus.
A Alger le conseil sera, indépendamment du maire et des adjoints, de vingt-quatre membres.
Les étrangers et les indigènes ne pourront excéder dans le conseil municipal le tiers du nombre total de ses membres.
Le maire et les adjoints seront nommés, parmi les citoyens éligibles, par le gouverneur général dans les communes de moins de trois mille âmes, par le pouvoir exécutif dans les chefs-lieux d'arrondissement ou de province et dans les communes au-dessus de trois mille âmes.
Les étrangers et indigènes ne peuvent être maires ni adjoints, ni les suppléer en cas d'empêchement.
Les conseils municipaux peuvent être suspendus par le gouverneur général, le conseil d'administration préalablement entendu, mais ils ne peuvent être dissous que par un acte du pouvoir exécutif.
Nous avons exposé cette législation dans ses dispositions principales parce qu'elle est constitutive d'un droit nouveau et surtout en ce qu'elle fait concourir les éléments étrangers et indigènes à l'élection du corps municipal.
De leur côté les indigènes recevaient une organisation administrative toute nouvelle qu'il importe de signaler. Deux arrêtés du 1er mai et du 29 juillet 1848 ont établi ce nouvel ordre de choses, qui a été critiqué par plusieurs comme créant pour les indigènes une puissance à part qui peut ne pas être sans dangers.

Cette administration spéciale, qui a reçu le titre de *Service de l'administration civile indigène d'Alger*, est dirigée par un chef placé sous les ordres immédiats du Gouverneur et travaillant directement avec lui.

Il correspond avec les autres chefs de service pour les affaires confiées à sa direction, surveille les tribunaux musulmans et soumet au procureur-général des propositions pour les divers emplois de la justice indigène ; il confère aux indigènes dépendants de son service les fonctions et emplois non rétribués, ainsi que ceux auxquels est attaché un traitement au-dessous de 600 fr. ; il rédige et soumet au gouverneur général les projets d'arrêtés ou de règlements spéciaux à son service ; en ce qui concerne ceux de ces arrêtés qui se rattachent aux intérêts municipaux d'Alger, il se concerte pour leur rédaction avec le maire de cette ville ; il prend les mesures nécessaires pour en assurer la publication et l'exécution ; il requiert la force publique toutes les fois que les besoins du service l'exigent ; il est chargé de la préparation du budget relatif aux dépenses particulières à son service. Enfin, il donne son avis sur tout arrêté ou règlement d'intérêt local dont les dispositions seraient applicables à la population musulmane d'Alger.

Son autorité sur les indigènes comprend les attributions suivantes :

Affaires générales : Etude et rédaction des projets, d'arrêtés et de règlements spéciaux. — Statistique. — Traductions et légalisations.

Culte : Surveillance et police des mosquées, marabouts, zaouias et autres établissements religieux. — Propositions pour les emplois supérieurs du culte. — Nominations aux emplois inférieurs. — Surveillance des bâtiments et du matériel consacrés au culte. — Règlement et acquittement de toutes les dépenses de personnel et d'entretien des établissements religieux.

Instruction publique : Organisation et surveillance des mdersa (corps d'enseignement supérieur) et des m'cid (écoles primaires). — Propositions pour les emplois de mouderrés (professeurs) et de maîtres d'école. — Répartition et acquittement des primes et gratifications aux maîtres et aux élèves des écoles. — Contrôle des méthodes d'instruction, composition et distribution d'ouvrages élémentaires en arabe. — Renseignements à donner pour l'école maure-française, l'institution des jeunes filles musulmanes et l'admission au collège d'Alger des élèves musulmans.

Commerce : Etudes de toutes les questions relatives à l'industrie et au commerce des indigènes. — Surveillance des marchés, fondouks, caravansérails, etc.

— Etudes des routes suivies par les caravanes et du commerce qui se fait par elles. Question de l'esclavage des nègres.

Interprètes civils : Projet d'organisation du corps des interprètes civils. — Renseignements pour les emplois à leur conférer.

Bit-el-mâl : Surveillance. — Personnel. — Inhumations. — La partie administrative du bit-el-mâl relative aux successions continuera d'être confiée à l'administration des domaines.

Cheiks du Fahs (banlieue d'Alger) : Surveillance de ces agents dans le concours qu'ils ont à donner aux maires des communes rurales.

Etat civil : Tenue des registres de l'état civil pour les naissances et les décès des musulmans, soumis au visa du maire d'Alger. — Contrôle de ceux tenus par les cadis pour les mariages.

Secours et établissements de bienfaisance : Répartition et distribution des aumônes aux indigents musulmans; des secours à d'anciens serviteurs et fonctionnaires indigènes; des pensions aux oukils des établissements religieux supprimés; des salaires aux rhalebs, et des subsides aux mekkaouis, etc. — Salles d'asile pour les pauvres invalides. — Projet d'hospice.

Cimetières : Police des cimetières musulmans.

Corporations : Personnel des amins. — Administration, surveillance et police des Kabyles, Biskris, Mzabis, Mzitis, Laghouathis, Nègres libres, etc. — Délivrance à ces indigènes de plaques et livrets. — Perception et versement à qui de droit des rétributions qui leur sont imposées. — Organisation et surveillance des portefaix et bateliers indigènes, sans dérogation, en ce qui concerne ces derniers, à la surveillance du directeur du port. — Des corporations professionnelles telles que *semsars* (courtiers), *dellals* (encanteurs), bouchers, etc.

Amin el secca : Nomination de cet agent, surveillance de ses opérations, sans déroger aux droits du service des contributions diverses.

Affaires diverses de police : Renseignements à fournir sur les indigènes. — Connaissance des plaintes, réclamations et contestations qui s'élèvent entre eux. — Délivrance des certificats pour l'obtention des passe-ports. — Délivrance des passages gratuits avec l'approbation du Gouverneur-Général. — Autorisations pour l'ouverture des cafés et pour les fêtes maures, sauf approbation du maire d'Alger. — Surveillance et police des Khouars (confréries), telles que Aissawas, etc. — Organisation et surveillance des *alia* (musiciens) et des msama et meddahats (musiciennes), etc.

Par arrêté du gouverneur général, en date du 1er mai, M. DELAPORTE a été nommé chef de service de l'administration civile indigène.

Cette organisation des indigènes n'est pas exempte de critiques. On peut observer qu'elle crée pour l'élément musulman une véritable puissance indépendante; que par la distinction de leurs intérêts elle est, sous certains rapports, un obstacle à la fusion des races européennes et autochthone; qu'enfin il peut en naître pour l'administration générale des complications et des embarras, sinon un antagonisme qu'il serait peut-être d'une bonne politique d'éviter.

JUSTICE INDIGÈNE : L'arrêté du 29 juillet, qui réorganise les tribunaux musulmans, est, au contraire, un grand pas vers l'assimilation.

Les *mhakmas* (tribunaux) des cadis sont composés, à Alger et à Constantine, d'un cadi, d'un *bâche-adel* et de six âdels ou assesseurs écrivains; pour les autres localités, d'un cadi et de trois ou quatre âdels, suivant les besoins du service.

En cas d'empêchement, les cadis sont remplacés par des *naïbs* ou suppléants.

Deux *aôuns*, *chaouchs* ou huissiers d'audience sont attachés aux diverses mhakmas.

Le *midjelés* (tribunal supérieur) est composé du muphti maleki, président; du muphti hanafi; du cadi maki et du cadi hanafi.

Le midjelés extraordinaire qui, aux termes du droit musulman, peut être réuni sur la demande de toute partie, se compose du midjelés ordinaire et de quatre ulémas tirés au sort sur une liste dressée par le procureur général.

Les naïbs et les bâche-àdels sont nommés par le gouverneur, sur la proposition du procureur général. Les âdels et les âouns des cadis le sont par ce dernier fonctionnaire, sur la proposition des midjelés.

Auprès des tribunaux musulmans sont institués des *oukils* ou agents d'affaires, nommés par le procureur général ou par son délégué sur la proposition du midjé-lès ou du cadi.

Les oukils ont seuls qualité pour plaider devant les tribunaux indigènes, sans préjudice du droit des parties de se défendre elles-mêmes.

Les frais de procédure et les divers actes judiciaires faits devant ou par les mhakmas, sont taxés d'après un tarif établi par un autre arrêté du même jour, 29 juillet.

Cette organisation donnée à la justice indigène la rapproche des formes françaises, elle habituera les musulmans à nos formalités juridiques et sera une transition vers l'application générale de notre législation.

EXTENSION DES TERRITOIRES CIVILS. — A mesure que ces tendances vers l'assimilation se manifestaient de toutes parts, l'administration civile étendait elle-même son influence en Algérie en conquérant de nouveaux territoires.

Ainsi, par un arrêté du 9 juin, Bougie, ce point d'observation important de la Kabylie indépendante, a passé sous le régime civil, et un commissariat civil y a été créé.

Un autre arrêté, du 25 avril, avait compris Tenez et son territoire dans le ressort des tribunaux de première instance et de commerce d'Alger.

Le 2 mai, la circonscription territoriale formant l'aghalick des Hadjoutes avait été réuni à la subdivision d'Alger.

Le 5 juillet, deux arrêtés du gouverneur général ont déclaré que les territoires des villages de la Chiffa et de Mouzaïa seraient classés dans la catégorie des territoires civils et compris dans l'arrondissement civil et judiciaire de Blidah.

Le 27 juillet, un arrêté du chef du pouvoir exécutif, conséquence de celui du 9 juin précédent, range Bougie et son territoire dans la classe des territoires civils, et les comprend dans l'arrondissement administratif et judiciaire de la ville d'Alger.

Ainsi s'étend le pouvoir de l'administration civile, et on peut déjà prévoir le moment où l'autorité militaire, qui a si noblement accompli en Algérie sa mission de protection et de conquête, pourra laisser à l'élément civil la tâche qui lui appartient désormais de coloniser ce fertile pays et de donner à ceux qui l'habitent les institutions et les libertés de la France.

COLONISATION.

Le décret du 19 septembre est l'effort le plus sérieux qui ait été fait jusqu'à ce jour pour la solution de la question algérienne. On peut dire qu'il la résout au point de vue de l'avenir de l'Algérie. 50 millions seront affectés pendant trois ans à la colonisation de son territoire. Cette somme considérable, versée dans le pays, doit apporter un grand soulagement à la crise funeste qui, depuis plus de deux ans, ruine la colonie ; elle dit à tous que l'Algérie : n'est plus seulement un camp militaire, mais bien un foyer de production, un territoire que nous n'abandonnerons plus, et auquel nous demandons désormais la solution de nos plus graves problèmes sociaux ; enfin, en manifestant les intentions du gouvernement, elle rassure les esprits, ranime la confiance, et doit ramener vers l'Afrique les capitaux et les hommes qui s'en sont éloignés.

Un arrêté du ministre de la Guerre en date du 27 septembre a déterminé les conditions auxquelles seront soumis les colons émigrants. Nous croyons devoir publier en entier ce règlement organique.

« Art. 1er. — Les colonies agricoles ont pour but la mise en valeur, sous la direction et l'appui du Gouvernement et de l'administration, des terres qui seront concédées gratuitement par l'État, en Algérie, aux familles appelées à jouir du bénéfice du décret de l'Assemblée nationale du 19 septembre 1848.

« Elles seront composées de citoyens français chefs de famille ou célibataires divisés en deux catégories, savoir :

« Les citoyens cultivateurs, ou qui déclareront vouloir le devenir immédiatement, et les ouvriers d'art.

« Art. 2. — L'admission des citoyens dans les colonies, soit comme cultivateurs, soit comme ouvriers d'art, sera prononcée par le ministre de la Guerre, sur la proposition de la commission spéciale instituée par le chef du pouvoir exécutif, en exécution de l'art. 9 du décret de l'Assemblée nationale.

« Art. 3. — Les citoyens qui désireront être admis dans l'une ou l'autre catégorie devront justifier, par la production de pièces authentiques, de leur nationalité, de leur âge, de leur profession, de leur moralité et de leur aptitude; fournir les mêmes renseignements sur les divers membres de leur famille qu'ils auront l'intention d'emmener avec eux. Les certificats d'aptitude physique pourront être délivrés, et dans tous les cas seront révisés par les médecins attachés à la commission.

« Nul chef de famille ou célibataire ne sera admissible au delà de 60 ans.

« Art. 4. — Lorsque le cadre d'un détachement sera rempli, l'état nominatif de tous les citoyens qui en feront partie, comme cultivateurs ou comme ouvriers d'art, sera transmis par la commission au ministre de la Guerre.

« Aussitôt que le ministre aura statué, la commission fera dresser des états de filiation de tous les membres de ce détachement, pour régulariser le service des départs et des embarquements; et elle fera délivrer à chaque famille un livret constatant le signalement et l'état civil des membres de la famille.

« Art. 5. — Les colons seront transportés aux frais de l'État, eux et leurs effets mobiliers, depuis le lieu de leur résidence jusqu'à celui de leur destination.

« La commission déterminera, pour chaque détachement, le poids total des effets mobiliers à transporter.

« Chaque colon, homme ou femme, recevra par jour, pendant toute la durée du voyage, une ration de vivres.

« Les enfants au-dessous de douze ans recevront une demi-ration.

« Art. 6. — Un membre délégué par la commission assistera au départ de chaque convoi, qui comprendra, autant que possible, les colons à grouper dans la même commune.

« Les convois seront accompagnés par un fonctionnaire civil ou militaire, qui aura mission d'assurer le bien-être des colons pendant toute la durée du voyage.

« Art. 7. — Immédiatement après leur arrivée en Algérie, les colons cultivateurs ou ouvriers d'art seront provisoirement installés sous la tente ou dans les baraques préparées pour les recevoir, et mis en mesure de commencer leurs travaux.

« Art. 8. — Les colons cultivateurs, mariés ou célibataires, recevront gratuitement,

« 1° Une habitation que l'État fera construire dans le plus bref délai possible, et qui satisfera strictement aux besoins de l'exploitation agricole;

« 2° Un lot de terre dont la contenance variera de 2 à 10 hectares, selon le nombre des membres de la famille, leur profession et la qualité de la terre;

« 3° Les semences, les instruments de culture et un cheptel en bestiaux, indispensable à la mise en valeur des terres, d'après les fixations qui en seront faites par le gouverneur général, selon les nécessités de chaque exploitation;

« 4° Enfin il leur sera alloué, pendant le temps qu'ils emploieront à la culture de leurs terres, jusqu'à ce qu'elles soient mises en valeur, des rations de vivres dont les quantités seront déterminées par le gouverneur général.

« Art. 9. — Pendant la morte-saison, les colons cultivateurs seront employés aux travaux d'utilité publique, et recevront un salaire dans les conditions fixées dans l'article 10 ci-après.

« Ils auront la faculté de toucher des rations de vivres en déduction de ce salaire.

« Art. 10. — Les colons ouvriers d'art seront immédiatement employés à l'installation définitive des cultivateurs et à l'établissement des centres, constructions d'habitations, enceintes, routes et autres de travaux publics.

« Ils pourront entreprendre ces travaux soit individuellement, soit par association.

« Leurs salaires, soit à la journée, soit à l'entreprise, seront payés au taux des prix courants du pays, ou d'après les clauses et conditions d'un cahier des charges préalablement accepté par eux.

« En attendant que ces travaux leur produisent un salaire, ils recevront des rations de vivres. Dès qu'ils toucheront un salaire, les rations de vivres cesseront, à moins qu'ils ne demandent à les recevoir en déduction du salaire.

« Art. 11. — Les colons qui, après avoir été classés dans la catégorie des ouvriers d'art, voudraient se fixer comme concessionnaires dans un des centres des colonies agricoles en obtiendront l'autorisation, jusqu'à concurrence du nombre nécessaire à chaque industrie et des terres encore disponibles dans la localité.

« Ils recevront, dans ce cas, les diverses allocations déterminées par l'art 8 ci-dessus.

« Toutefois, cette faveur ne sera accordée qu'à ceux qui en auront fait la demande dans les trois ans de leur arrivée.

« Art. 12. — Les prestations de toute nature délivrées soit aux colons cultivateurs, soit aux ouvriers d'art, seront successivement inscrites, par les soins du fonctionnaire civil ou militaire chargé de l'administration de la colonie, sur les livrets mentionnés dans l'art. 4 ci-dessus.

« Art. 13. — Les colons concessionnaires recevront, au moment de leur mise en possession, un titre provisoire, signé par le fonctionnaire civil ou militaire chargé de l'administration de la colonie, et indiquant les numéros correspondants au plan général du territoire, ainsi que la contenance des lots concédés.

« Art. 14. — En cas de décès d'un concessionnaire, chef de famille ou célibataire, le titre provisoire qui lui aura été délivré, conformément à l'article précédent, sera transmissible à ses héritiers, conformément au droit commun, sous la réserve de l'accomplissement des obligations de culture.

« Néanmoins la veuve d'un concessionnaire décédé sans enfants, et habitant de la colonie, aura toujours la faculté de continuer l'exploitation par elle-même, ou de proposer, dans les trois mois du décès de son mari, un remplaçant pour lui succéder à des conditions amiablement arrêtées entre eux, et dont il sera donné connaissance à l'administration.

« Ce remplaçant, après avoir été agréé par le fonctionnaire civil ou militaire chargé de l'administration de la colonie, jouira des allocations accordées au concessionnaire primitif, jusqu'à l'expiration des trois années pendant lesquelles seulement ces allocations pourront être continuées.

« Art. 15. — Sauf les exceptions mentionnées dans l'article 14, le titre provisoire de concession ne pourra, sous peine de nullité, être l'objet d'aucune substitution, aliénation ou hypothèque.

« Art. 16. — A l'expiration d'un délai de trois ans à partir du jour de la mise en possession des concessionnaires, il sera procédé, par les soins d'un géomètre et d'un inspecteur de colonisation, à la vérification de l'état de culture des terres concédées.

« Le résultat de cette vérification sera constaté par un procès-verbal dont la communication sera faite au concessionnaire, qui aura le droit d'y faire consigner ses dires et observations.

« Ce procès-verbal sera transmis à l'appréciation du ministre de la Guerre, avec l'avis du conseil de direction de la province.

« Art. 17. — Si les colons ont mis en valeur la totalité des terres arables comprises dans leur concession, ou si, n'en ayant mis en valeur qu'une partie, ils justifient régulièrement d'empêchement de force majeure, tels que maladies graves, décès du chef de la famille ou de quelques-uns de ses membres, le ministre autorisera la conversion des titres provisoires en titres définitifs, et les colons deviendront alors propriétaires incommutables des habitations construites pour eux et des lots qui leur ont été affectés.

« Dans tout autre cas, le ministre pourra prononcer la déchéance des concessionnaires et la reprise de possession, au nom de l'État, des habitations et des terres.

« Art. 18. — Les titres définitifs de propriété, indiquant la date de l'approbation ministérielle, seront délivrés et signés par les généraux commandant les provinces, ou par le chef de l'administration civile de la province, suivant le territoire.

« Le fonctionnaire civil ou militaire chargé de l'administration de la colonie procédera à la reprise des immeubles dont les concessionnaires auraient été évincés.

« Art. 19. — Pendant un délai de trois mois, à partir de la date de leur titre définitif de propriété, les concessionnaires ne pourront aliéner les immeubles compris dans leur concession qu'à la condition de rembourser préalablement à à l'État le montant des dépenses affectées pour leur installation, et dont le chiffre sera indiqué dans le titre lui-même.

« Passé ce délai, ils disposeront, à leur gré, de la concession, sans être passibles d'aucune répétition de la part de l'État.

« Art. 20. — Tant que les titres de concession définitive n'auront pas été délivrés, l'administration pourra disposer, sans indemnité, sauf le cas de récolte pendante, des parcelles de terrain dont elle aurait besoin par la construction des routes, rues, fontaines, canaux ou autres travaux d'utilité publique à effectuer sur le territoire des colonies.

« Art. 21. — Préalablement à l'installation de chaque colonie, l'administration réservera, dans l'intérieur des villages, les emplacements nécessaires pour les besoins actuels et futurs de divers services publics, et, à l'extérieur, un cinquième du territoire par la commune et un dixième pour l'État.

« En outre, quelques lots seront réservés, dans chaque village, pour des concessions ultérieures non subventionnées.

« Art. 22. — Les colonies jouiront, en ce qui concerne les besoins du culte, de l'instruction et de la santé publiques, de la protection et de tous les avantages accordés aux autres centres de population établis en Algérie. »

Paris, le 27 septembre 1848.

La commission nommée en vertu de cet arrêté s'est immédiatement organisée et déjà plusieurs convois d'émigrants ont été dirigés vers l'Algérie.

L'essentiel est de les établir dans des localités qui ne laissent rien à désirer sous le triple rapport de la fertilité, de la sécurité et surtout de la salubrité.

Il ne sera pas sans intérêt pour les émigrants de savoir d'avance quelles sont dans les trois provinces de l'Algérie les portions de territoire appartenant à l'État qui réunissent ces conditions indispensables.

PROVINCE D'ALGER.

La plaine de la Mitidja, malgré son insalubrité, a déjà vu s'élever de nombreux villages ; elle est, en effet, par les trois cours d'eau qui la traversent et par sa pente vers la mer, susceptible d'un complet assainissement. Il sera bon, toutefois, de ne la coloniser qu'au fur et à mesure des travaux de desséchement qui s'exécutent chaque année ; mais la plupart de ses alentours sont parfaitement salubres et colonisables. Citons :

La *Rassauta*, cette magnifique propriété de 1,300 hectares arrosés, qui est revenue naguère entre les mains du domaine et que quelques travaux de peu d'importance assainiront complétement.

Le terroir des *Beni-Moussa*, où le domaine possède de nombreux immeubles et où sont déjà établis quelques grands propriétaires.

Le territoire des *Hadjoutes*, dont, dans les derniers jours de son gouvernement, le duc d'Aumale a traité la cession de 18,000 hectares de terres labourables.

Les terrains destinés au pénitencier agricole sur les bords de *Bou-Roumi* et sur Milianah, au milieu de forêts d'oliviers.

Presque *tout le versant nord de la chaîne du petit Atlas*, notamment sur le territoire des Ouled-Yaich, à l'est du Blidah : au pont de la Chiffah, au Mouzaïn, qu'arrosent la Chiffah et le Bou-Roumi.

Des études complètes ont déjà eu lieu sur cette ligne où doivent être établis les villages du Fondouk, Maraboutin, le Palmier, l'Arba, Sidi-Moussa, Rovigo, Assenia, Souma, Bouinan et Dalmatie, reliés entre eux par une route parallèle à l'Atlas et joignant le Fondouk à Blidah.

La *vallée de l'Isser*, qui, auprès des tribus amies, ne renferme pas moins de 10,000 hectares de terrain avec des sources et des cours d'eau et dans une situation tout à fait salubre.

La route de Cherchell à Milianah, où le génie militaire a fait déjà plusieurs propositions d'établissements de villages.

Les environs de Milianah, la belle plaine qui s'étend entre Medeah et cette ville. Entre Coléah et Cherchell, le *versant des Caresas*.

Non loin du tombeau de la Chrétienne et sur le bord de la mer, l'emplacement de Tefessad, ancienne ville romaine, sur le versant du Djebel-Chenouan, parfaitement disposé pour une ville maritime.

Enfin l'immense *vallée du Chélif*, qui contient plus de 40,000 hectares et où des barrages, comme au Sig, répandraient la fertilité et l'abondance. La concession de cette riche vallée est aujourd'hui sollicitée par une compagnie qui la considère comme la plus fertile de l'Algérie et comme pouvant devenir le grenier de tout le centre de l'Afrique française [1].

Un grand système de communications entre ces divers points est déjà étudié et en voie d'exécution. Une grande route lie Alger à Blidah, Medeah, Milianah. Une autre s'avance dans la direction de Constantine par le Fondouk; une troisième, par Sour-Ghozlan, se dirige vers le midi de la grande Kabylie, destinée à nous ouvrir bientôt les plaines fécondes du Haniza et à s'étendre vers Biscara et le sud. Une autre se dirige vers Koleah et Cherchell. Il sera facile de rattacher les divers points de ce grand triangle aux localités intermédiaires par des travaux peu dispendieux.

PROVINCE D'ORAN.

La partie réellement colonisable de cette province a été étudiée avec une remarquable attention par M. le général Lamoricière. Nos propres travaux n'ont fait que corroborer les observations qu'il a faites. Il nous suffira de renvoyer, pour les détails, à son projet de colonisation. Bornons-nous simplement à indiquer les points principaux où il place ses groupes de population.

Territoire d'Oran, 25,000 hectares.
    La Senia (existant).
    Sidi-Chamy (*id.*)
    Miserghin (ancien et nouveau village).
    Le Figuier.
    Assi et Abiod.
    Aïn-Beïda.
    Assi et Gir.
    Sidi-Marouf.
    Plaine d'Andalouse { sur l'Oued-Sidi-Amadi.
        Aïn-el-Anseur.
        Acoun-Turc.
        Aïn-Sidi-Bou-Asfar.
        Aïn-Sidi-Bou-Ameur.
    Jefry.
    Dar-Beïda (existant).
Commune d'Emsila, 8,000 hectares.
    Sidi-Ben-Aissy.
    Ras-Mta-Gedara.
    Aïn-Regada.
    Aïn-Sesfef.
    Dechera.
    Serig-Ouled-Bey-Brahim.
    Aïn-Mta-Bey-Messabey.
Commune d'Assian-Toual, 3,500 hectares.
    Village d'Assian-Toual.
        — d'Assi-Ameur.
        — d'Assi-Bou-Nif.

---

[1]. Projet de colonisation de l'Algérie, par M. Rossière, 1848.

SUPPLÉMENT. 477

  Village d'Assi-Ben-Enda.
  — d'Assi-Ben-Ferreah.
Commune de Sidi-Aly, 4,800 hectares.
  Sidi-Aly.
  Assi-Ben-Okba.
  Assi-El-Bechir, non loin duquel sont d'excellentes carrières de plâtre.
  Aïn-Franin.
  Azeleff.
Commune de Tazoute, 2,500 hectares.
  Christel.
  Tazoute.
  Aïn-Tefla.
Commune de Gudiel, 6,000 hectares.
  Gudiel.
  Assi-Mefessour.
Commune de Guessibah, 4,500 hectares.
  Guessibah.
  Abd-el-Ouédia.
  Sidi-Beni-Jebka.
  Ouinkel.
Commune d'Arzew, 3,600 hectares.
  Arzew.
  Village de Muley-Maagoung, entre Arzew et Oran.
  El-Amia ou le Ravin.
Commune de Beteoua, 2,425 hectares.
  Village de Beteoua (vieil Arzew).
  Chabat-el-Ray) source intarissable).
  Tsemamid, entre les routes actuelles d'Oran à Arzew, et d'Oran à Beteoua.
Commune d'Assi-el-Hamoud, 5,000 hectares.
  Village d'Assi-el-Hamoud : tout près se trouve la forêt de Mulef-Ismaël.
  Chefafra.
Commune d'Hadja-Reira, 4,500 hectares.
  Hadja-Reira.
  Assian-Gyès.
Commune d'Assi-Moussa-Touil, 4,000 hectares.
  Assi-Moussa-Touil; terres immersibles par les eaux du Tletat.
Commune de Bouffatis, 2 villages, 5,550 hectares.
Commune du Tletat, 2 villages, 6,900 hectares.
Territoire civil de Mostaganem, 4,028 hectares.
  La vallée des Jardins.
  Mazagran.
  Aïn-Assi-Bou-Man, sur le ruisseau même de Mostaganem.
Commune d'Assi-Tounin, 3 villages, 3,000 hectares.
Commune d'Assi-Mamache, 2 villages, 3,000 hectares.
Commune des Jardins, 4,000 hectares.
Commune de la Stidia, 3,000 hectares.
Commune de la Mazerde, 2,800 hectares.
Commune de Saint-Denis du Sig (barrage), 10,000 hectares.
  L'union agricole.
  Hameau du Barrage.
  — de l'Ougaze.
Commune de Mascara (sa banlieue), 2 villages, 5,500 hectares.
Commune de Sidi-Ben-Yeglef, 3,600 hectares.
Commune de Sidi-Das, 2,500 hectares.
Villages routiers de l'Oued-Hamman, de Kseub.
Commune de Sidi-Bel-Abbès.
Commune d'Akbeil, 1,300 hectares.

Cet immense triangle de 120,000 hectares, qui a pour base tout le territoire d'Oran et de Mostaganem et pour sommet Mascara, est coupé de routes nombreuses à la fois stratégiques et commerciales, savoir : d'Oran à Tlemcen, à Sidi-Bel-Abbés, à Mascara, à Mostaganem, à Arzew, à Akbeil, à Saint-Denis-du-Sig, à Christel, à Assi-el-Hamond ; de Mostaganem à Mascara, à Mechera-el-Hadjeur sur le Chélif ; d'Arzew à Mostaganem, à Saint-Denis-du-Sig, au Tletat, à Guessiba ; de Guessiba à Gudiel ; de Gudiel à Tazoute ; de Tazoute à Christel ; d'Hadja-Reira à Boufatis ; de Beteoua au Tletat.

Les travaux d'assainissement et de fertilisation comprendraient, dans ce système, les marais de la Macta, du Sig et de l'Habrah, de Bridia et d'Aïn Beida ; les barrages du Sig, de l'Habrah, de la Mekerrah et du Tletat ; divers puits et citernes.

Par la route de Mostaganem et du Chélif, ce projet de colonisation se lie à celle de la province d'Alger, dont la vallée du Chélif forme un des plus importants foyers de production.

PROVINCE DE CONSTANTINE.

Ici le projet de M. le général Bedeau nous offre une suite d'études infiniment intéressantes.

Ce projet développe d'abord les villages déjà créés par, 1° l'accroissement de la calle ; 2° la transformation des postes militaires entre Philippeville et Constantine en centres de population, surtout à El-Arrouch et au confluent de l'Oued-Zerga et du Safsaf, où l'on trouve de très-beaux oliviers ; au camp de Smendou, pays irrigable, et à l'Oued-el-Hadjar.

A Constantine, le village de Sidi-Mabrouk, le territoire de Hamma, le confluent du Bou-Merzoug et du Rummel appellent des populations nombreuses, ainsi que la vallée de l'Oued-Yacoub, à 8 kilomètres de la ville.

Entre Constantine et Bone, le camp de Guelmah, devenu une ville, prend tous les jours une extension qu'il faut favoriser ; la vallée de l'Oued-Berdah, entre cette ville et Bone est extrêmement fertile.

Setif et ses environs sont appelés à la plus haute prospérité agricole. On sait que, de la Mauritanie césarienne, Setif (*Sitifensis colonia*) était la plus abondamment fertile.

Dans ce vaste triangle, les points intermédiaires à créer seraient :

1°. A Constantine, les jardins militaires placés au confluent du Bou-Merzoug et du Rummel.	1,200 hect.
2°. L'Oued-Attememia sur le Rummel.	2,000
3°. Au sud, à l'entrée de la plaine des Smouls, Aïn et Hadada.	2,000
4°. Toute la vallée du Bou-Merzoug, depuis ce point jusqu'à la banlieue de Constantine.	15,000
5°. Sur la route de Milah, Ouldjit-el-Kadi, sur le Bas-Rummel.	1,500
6°. Sur le territoire des Oulad-Bou-Azis, entre Guelmah et Bone, au confluent de l'Oued-Moya et de l'Oued-Bou-Enfra.	950
7°. Aïn-Morkha au nord-ouest du lac Fetzara.	500
8°. D'Aïn-Morkha jusqu'à l'Oued-Radjetas et de là jusqu'à la vallée du Fendek, près des ruines romaines.	2,000
9°. Vallée de Safsaf.	12,000

Les routes principales destinées à relier ces divers points sont celles entre Constantine et Setif qui attend de pouvoir communiquer à Alger par cette Kabylie dont, au côté opposé, le Fondouck et Aumale gardent l'entrée ; celle de Bone à Guelmah. Les travaux nécessaires seraient l'assainissement définitif de la rive gauche de la Seybouse, de la vallée des Karésas et de la plaine du lac Fetzara ; l'établissement d'une route entre Bone et Aïn-Morkha, situé au centre des concessions de mines, route qui atteindra plus tard l'Oued-Radjetas et de là passant par la vallée de Fendek, se bifurquera pour rejoindre d'une part Philippeville, et de l'autre El-Arrouch.

Enfin, un archéologue distingué, qui a longtemps parcouru la province de Constantine, M. Texier, a étudié un système de peuplement de routes pour rattacher Constantine à Bathnah, Bathnah à Alger, et Alger à Setif, par une suite de centres de population contournant la grande Kabylie de manière à amener à Alger, par Bathnah, Boussada et Sour-Ghozlan, le commerce des caravanes de Biscarah et de l'intérieur de l'Afrique.

De Constantine à Bathnah, s'étendent de vastes plateaux qu'arrosent des sources abondantes. Les points les plus dignes de fixer l'attention sont : Ouargat, Aïn-Fourchi, Aïn-Melila; Aïn-Yacouty ; Medracem, Oun-Esnam, Ksar-el-Rhennaia, Bathnah et Tezzout, en tout 100,000 hectares de terres libres et appartenant à l'État. La température est fraîche, il y a de la neige à la fin de l'automne.

Voilà donc un grand nombre de points salubres et fertiles dont le domaine peut disposer pour l'établissement de villages.

On recherche en général les terrains voisins de la mer, ceux que nous indiquons dans les triangles principaux des trois provinces n'en sont pas très-éloignés. Mais il faut dire que les terres les plus fertiles ne sont pas sur le littoral. La plupart des terrains, surtout dans la province d'Alger, y sont presque entièrement calcaires. Ceux de la province de Constantine en général, le versant nord du petit Atlas, les plaines du Sig et de Mostaganem sont, au contraire, chargés d'humus à de grandes profondeurs.

Si l'on apporte un soin intelligent dans le choix de ces localités, dans les secours que l'on fournira aux colons et surtout dans la distribution de ces cinquante millions que la France vient de donner à l'Algérie, nul doute que le succès de la colonisation ne soit assuré et que la production ne réponde aux espérances des cultivateurs.

DISPOSITIONS URGENTES.

Douanes : Toutefois, pour que la production agricole puisse se développer largement, il faut l'affranchir d'un obstacle aujourd'hui invincible : la concurrence étrangère. La plupart des produits exotiques entrent en franchise dans les ports algériens et se vendent sur le marché à des prix que l'industrie agricole ne saurait encore accepter. Ainsi, pour les céréales, les blés d'Egypte et de la mer Noire se donnent à Alger, rendus sur place, à 17 fr., en moyenne, le quintal métrique, tandis que les agriculteurs algériens le produisent à peine à 18 fr. Cette différence tient à la cherté de la main-d'œuvre, à la difficulté des communications, etc. Tant que ces causes existeront, il y aurait folie, pour les propriétaires d'Afrique, à vouloir lutter contre les similaires étrangers. Il faut donc trouver le moyen d'offrir aux colons producteurs un prix rémunérateur. Ce moyen consisterait à frapper les similaires étrangers des mêmes droits de douane qu'ils payent à leur entrée en France, et à admettre en franchise dans la métropole les produits algériens qui trouveront ainsi un marché et un écoulement certains. La France elle-même gagnerait à ce système de l'affranchir du tribut qu'elle paye à l'étranger.

Par un arrêté du chef du pouvoir exécutif, en date du 12 octobre, les douanes de l'Algérie ont été rattachées au ministère des Finances.

Depuis près de deux ans, une crise sans exemple a épuisé en Algérie toutes les sources du crédit; des législations exceptionnelles ont effrayé la propriété. Il faut venir au secours de toutes ces souffrances. Le retour au droit commun, les garanties de la loi française seraient le remède le plus naturel et peut-être le plus efficace à ce mal général.

Mais il en est de plus immédiats encore.

La création d'un comptoir de la Banque, à Alger, ramènerait la confiance et les capitaux qui aujourd'hui fuient l'Algérie. Déjà, et dès l'année dernière, la Banque de France avait pris cette résolution. La presque totalité des fonds était même versée, lorsqu'à la suite des événements de Février on a déclaré le comptoir d'Alger en liquidation, et les fonds reçus ont été restitués. On assure que, par suite de l'impulsion donnée à la colonisation, le Gouvernement songe sérieusement à reconstituer le comptoir d'Alger, en lui annexant des sous-comptoirs à Oran, Bone et Constantine.

Une mesure non moins importante serait la création de caisses de crédit agricole. Leur organisation en Algérie n'imposerait pas de grands sacrifices à l'Etat; elle serait, pour les colons, une source de revenus.

Indemnités d'expropriation. — Le Gouvernement comprend bien qu'enfin il faut qu'il guérisse les plaies que de longues souffrances ont faites aux colons algériens. Il est entré dans cette voie de justice par la liquidation des indemnités dues par suite d'expropriations pour cause d'utilité publique. Ces expropriations ont été une page funeste dans l'histoire de l'Algérie. Dès le principe, on a dépouillé sans garanties, sans examen, des propriétaires nombreux, dont plusieurs sont morts de misère et de chagrin. Il appartenait au nouveau gouvernement de réparer ces injustices; déjà une commission, présidée par M. Majorel, alors conseiller à la cour d'Alger, avait fait un remarquable travail de classification et de recherches, en 1846.

Le 5 mai 1848, une commission spéciale de liquidation a été nommée par le gouverneur général de l'Algérie, et, par suite de son travail, le ministre de la guerre a présenté à l'Assemblée nationale un projet de décret qui alloue, sur le budget de 1848, un crédit de 2,000,000 de francs destinés à payer les deux premiers cinquièmes des indemnités dues pour expropriations antérieures à 1845. Ce projet a été adopté le 24 septembre par l'Assemblée nationale, et cette somme, versée en Algérie, va être pour les colons d'un utile secours.

Ainsi, de tous côtés, la question algérienne grandit aux yeux du pouvoir et dans l'opinion.

Un comité spécial de l'Assemblée nationale veille à la défense de ses intérêts et influe sur les décisions du pouvoir. Tous les ministères se préoccupent de cette seconde France dont les destinées importent tant à la métropole.

En dehors de l'Assemblée nationale et du pouvoir, ses progrès dans la voie de l'assimilation sont hâtés par des travaux et des efforts sérieux.

Dans chaque province de l'Algérie, et dès le 1er juillet 1848, se sont formés des congrès dont les membres ont reçu mission de défendre, auprès des diverses administrations, les droits, les intérêts et les vœux des populations algériennes. Ces congrès siègent et agissent avec un zèle remarquable.

En même temps, et dès les premiers jours de la Révolution, il s'est formé, à Paris, une société qui, composée d'hommes dévoués, a pris à tâche d'élaborer, d'éclairer et de faire triompher toutes les questions vitales qui intéressent l'Algérie. Des publications intéressantes, de nombreux articles dans la presse quotidienne, ont signalé cette société à l'attention publique. Les représentants de l'Algérie en font partie et lui apportent leur concours et leurs lumières[1]. Elle s'est mise en rapport avec les diverses associations de l'Algérie, afin de diriger dans des vues communes leurs études et leurs démarches.

Tout fait donc espérer que l'Algérie touche enfin au terme de ses maux et qu'elle va donner à la France les trésors qu'elle recèle, en compensation des millions improductifs que l'on y a dépensés, et du sacrifice de cent mille Français qui y sont morts en combattant pour la cause de la civilisation.

---

1. La Société algérienne a son siège rue Neuve-des-Mathurins, 2. Les réunions ont lieu deux fois par semaine, les mardis et vendredis, à huit heures du soir.

ADRESSES ET PROFESSIONS

DES

PRINCIPAUX HABITANTS

DE

L'ALGÉRIE

Classés par ordre alphabétique de professions

ALGER ET SA BANLIEUE.

Accordeurs de pianos.
Boyer, rue du Chêne, 15.

Afficheurs.
Perchain, rue de la Marine, maison Bisary.
Revertégat, rue de la Marine, maison Bisary.
Thumin, rue de la Casbah.

Agents d'affaires.
Aboucaya (Jacob), rue du Quatorze Juin, 3.
Bernard, rue Sainte.
Brokwel fils aîné, rue Jénina.
Brunet, gradué en droit, rue Réné-Caillé, 2.
Defrain, rue des Dattes.
Delamarre et Meymac, rue Réné-Caillé.
Gimbert, crédits hypothécaires, rue d'Orléans.
Jobert, rue Doria, 31.
Maurin, rue de l'Arc.
Tizon, rue Mahon.
Solal (Simon Cohen), rue Macaron, 18.

Agréeurs de navires.
Béguet, rue d'Orléans.
Darmani (Paul), rue de la Marine.
Darmani père, rue Mahon.
Hagesteinn, rue d'Orléans, 2.
Lavabre fils, rue de la Marine, maison Bisary.
Poitevin, rue du Laurier.
Prat, (Salvator), rue de la Marine.
Rebière, rue Mahon.

Architectes.
Battu, rue Bruays.
Blanc, rue Bab-Azoun, maison Alphan.
Bouzan aîné, rue d'Orléans, 24.

Bouzan cadet, rue d'Orléans, 24.
Boyer, rue d'Orléans, 18.
Chassériau, rue d'Isly, faubourg Bab-Azoun.
Crestey, O. ✻, rue Duquesne.
Duhamel, rue Réné-Caillé.
Duval, rue Renaud, 4 et 6.
Deville, rue de Tanger, maison Riffard.
Deblinière, rue Bugeaud, 1.
Etienne, rue du faubourg Bab-el-Oued.
Flacheron, passage Martinetti.
Gauthier, rue des Trois-Couleurs.
Gouttevin aîné, rue de l'État-Major.
Guillauchain, rue de la Lyre, 52.
Hunout, rue Bab-Azoun, maison Hertz et Catala.
Laugier, rue d'Isly.
Lechartier, rue Jean-Bart, 8.
Lesueur, rue Jean-Bart, 3.
Nourrisson, rue des Lotophages
Olivier, rue Bab-el-Oued.
Paurière, rue d'Orléans.
Petit, rue du Chêne, 15.
Ponsard, rue Palma, 4.
Récy, rue Bab-Azoun.
Redon (de), rue du Marché.
Rivet, rue de la Casbah, 232.
Rochet, rue du Laurier.
Roger, rue de l'État-Major.
Roger, rue Bab-Azoun.
Willemont, rue Jean-Bart, 5.
Weil (Barruck), rue de la Marine, Maison Bisary.

Arpenteurs géomètres.

Bouzan, rue d'Orléans, passage Gaillot.
Dardé, rue Navarin.

Armateurs.

Lebret, rue de Chartres.
Saverio (Martin), syndic des pêcheurs, rue du Lézard, 62.
Wals, rue Bab-el-Oued, au fond de l'impasse.

Armuriers.

Buisson, rue Neuve-du-Commerce.
Chaperon, (Noël), faubourg Bab-Azoun.
Château, rue Bab-el-Oued.
Cisée, rue Bab-el-Oued, hôtel Latour-du-Pin.
Miguel, rue Bab-el-Oued.
Mohamed-ben-Aïssa, rue Médée.
Olivier, rue des Consuls.

Assurances contre l'Incendie.

Aigle (l'), Valensi fils, directeur principal, rue Médée, 3.
France (la), Lechesne, directeur principal, rue Réné-Caillé.
Lyonnaise, Camot, rue Bab-el-Oued.
Palladium (le), Béraud, directeur principal, rue de la Révolution.
Paternelle (la), Erempfort, directeur principal, rue des Lotophages.
Providence (la), Bouin, directeur principal, impasse Mahon.
Rouennaise, Savary, rue des Trois-Couleurs, 48.
Union (l'), Schaller, rue Navarin.

Assurances maritimes.

Algérienne (l'), Sénès, directeur, rue des Sauterelles.

Assurances sur la vie.

Équitable (l'), Nilard, agent principal rue Boutin, 55.
NOTA. Les opérations de l'*Union*, embrassent cumulativement les assurances contre l'incendie et les assurances sur la vie.

Bains Français.

Baraine, rue du Soudan.
Berne (veuve), rue de Chartres.
Chiérico (Nelson), rue de la Marine.

Bains maures.

Soliman-ben-Omar, rue du Divan.
Aly-ben-Hamoud rue Boutin.
N. rue de la Casbah.
N. rue de Némours.
N. rue Porte-Neuve.
N. rue Sidi-Rhamdan.

Balanciers.

Morel, rue Bab-Azoun maison Krefft.

Banquiers.

Ayrolles, rue Boutin.
Cabanillas et comp. (veuve), rue Navarin.
Citati, (Gaëtan) rue Citati 20,
Cougot (Raymond), rue Jean-Bart.
Gimbert et comp. rue d'Orléans.
Gugenheim Usslaub, et comp. rue Boutin.
Julienne (P), et comp. rue Porte-Neuve 50.
Laisné, rue de l'Arc, 17.
Lichtlin et comp., rue Porte-Neuve 120.
Mékalski, (J.) rue Bab-Azoun.
Ménager, rue de Chartres.
Mustapha-ben-Marabet, rue de l'Arc.
Phélip, rue Sainte.
Pihan, rue de la Taverne.
Roure (J.), rue d'Orléans, 25.
Tiron (A.) et comp., rue des Lotophages.
Villiers, rue de Tourville.

Bijoutiers horlogers.

Pinard, rue Bab-Azoun.
Ravoux, rue Mahon, hôtel Latour-du-Pin.
Rochas, rue Mahon.

Bijoutiers orfèvres.

Atton (Abraham), rue Traversière 7.
Bing (Rose), rue Bab-Azoun.
Colombard, rue du Commerce.
Coutaya, rue du Divan.
Garot, rue Bab-el-Oued, maison Latour-du-Pin.
Mimoun, rue Sainte.
Moati (Rachmin), impasse Gagliatha.
Morali (David), imp. Staouëli.
Mouren (Raymond), rue Bab-el-Oued, maison Parodi.
Ott, rue Bab-el-Oued, maison Melchior.
Rachmin, rue Bab-Azoun.
Robin, rue Médée.
Samuel, rues de la Marine et Bab-Azoun.
Seror (Moïse), rue du Divan.
Soussi, rue Juba.
Tourniaire, impasse Jenné.

Bijoux (fabricant de).

Varialle, rue Mahon.

Bijoux (rhabilleurs de).

Bonnaure rue Mahon.
Nouvel rue Royale.

Billards (fabricants de).

Chaîne rue Philippe, 7.
Trottin rue du Coq, faubourg Bab-Azoun.

Badigeonnears.

Arnoulet rue Boutin.
Gatt rue de la Marine.
Géromita à la Marine

Bois de construction (marchands de)

Belloir, rue Mahon.
Cheviron à l'Agha.
Herouf et Ansot rue Bab-el-Oued.
Solhaune et Vidaillon, rue d'Isly, faubourg Bab-Azoun
Tassy fils, rue Mahon
Warot et Semel, rue d'Isly, faubourg Bab-Azoun

Bois à bruler (marchand de).

Josse, rue Doria.

Bonneteries (marchands de).

Dordaine rue Bab-Azoun, maison Récy.
Jourdan, rue Bab-Azoun, maison Catala.

Bouchers.

Bardet. rue Mahon.
Berchon, place de Chartres.
David, rue de Chartres.
Dauvergne, rue de Tanger, faubourg Bab-Azoun.
Davignon, place de Chartres.
Dol, bazar Salvandy.
Feutrey, place de Chartres.
Guérin, rue d'Isly faubourg Bab-Azoun.
Gros, rue de la Casbah.
Kakia, place de Chartres.
Lombardi, rue Bab-el-Oued.
Marguet (syndic), rue de Chartres.
Mordret (madame), place de Chartres.
Pierlot, place de Chartres.
Poulain, place de Chartres.
Saffroy, place de Chartres.
Weil place de Chartres.

Bouchers (indigènes).

Assim (Lévy), rue Sainte.
Ben-Hammanou rue Sainte.
Chemouille (Lévy) (chef), rue Sainte.
Cohen (Judas) rue Sainte.
Kaou-ben-Amor rue Sainte.
Chalabi-Accoun, rue Sainte.
Chalabi-Cohen rue Sainte.
Maclouf, rue Sainte.

Bottiers cordonniers.

Azopardi, rue Bab-el-Oued.
Béalta, rue de la Casbah.
Bonpain, rue de la Révolution.
Castaing, rue du Divan.
Chauvin, rue d'Ammon.
Dewalg, rue Charles-Quint.
Dudach, rue du Chêne.
Dieulefait, rue Bab-Azoun.
Firmi, rue Doria.
Flucha, rue de la Révolution.
Frace, rue Socgemah,
Fruch, rue du Centaure.
Haselmann, rue Bab-Azoun.
Henry, rue de la Révolution.
Jirmi, rue Jean-Bart, 18.
Lambias, rue de la Révolution.
Liautier, rue Doria.

ADRESSES. 485

Mame, rue de la Révolution.
Marini, rue Bab-el-Oued.
Meyer, rue du Chêne.
Miraillet, rue de l'Intendance.
Monnier, rue Bab-Azoun.
Mourla, rue du Locdor.
Quintana, rue du Divan.
Rosello, rue Doria.
Rouvière, à l'Agha.
Salom, rue Bab-el-Oued.
Salvator, rue Casbah.
Salvo, rue de Nemours.
Tolza, rue de Chartres.
Tortiol, rue Socgemah.
Zammit, rue Bab-el-Oued.

Bottes et souliers confectionnés (marchands de).

Bourrageas, rue de la Marine.
Gallen, rue Mahon.
Lecoq, rue Bab-Azoun, maison Duchassaing.
Morissot, rue Bab-el-Oued.
Valette, rue Mahon.

Bouchons (marchands de).

Calderon, rue Bab-el-Oued.

Boulangers.

Allès, rue Joinville.
Arnaud, rue du Lézard.
Brockwel (farines indigènes), rue des Trois-Couleurs.
Derbez, rue Traversière.
Dépieds, rue de la Marine.
Ducamp, au Dey, maison Trouin.
Faudon (syndic adjoint), rue de Chartres.
Flayol, rue Bruce.
Falco, rue Bab-Azoun.
Fouque, rue Bab-Azoun.
Gaudran (syndic), rue Bab-el-Oued.

Ghillonne, rue Boutin.
Jourdan, rue Socgemah.
Léo, rue de Chartres.
Letalenet, rue Bab-Azoun.
Orfila, rue de la Marine.
Peiss aîné (trésorier), rue de Chartres.
Peiss jeune, rue Bab-el-Oued.
Pignol, rue Mahon.
Rippert, à l'Agha.
Sintès, rue Bab-el-Oued.
Saintas (veuve), rue de Chartres.
Teule (syndic adjoint), rue Porte-Neuve.
Truc, rue de la Casbah.
Robert, rue de la Marine.

Magasin central de la réserve des farines, rue d'Isly.

Coulet, agent responsable, dans l'Établissement.

Bourreliers.

Catala, faubourg Bab-Azoun.
Chauvet, rue Rovigo.
Corvaisier, faubourg Bab-el-Oued.
Escadafals, rue Rovigo.

Brasseurs.

Doer et Nagel, rue Bab-el-Oued, 276.
Klein, à Mustapha.
Metz, faubourg Bab-el-Oued.
Valker, faubourg Bab-Azoun.

Cabinets de lecture.

Bastide, place Royale, maison Warot et Semel.
Dubos frères et Marest, rue Bab-Azoun.
Duchesne, rue de Chartres.
Fieschi, rue Bruce.

Philippe (madame), rue Bab-Azoun.

Cadres (fabricants de).

Alary, cadres dorés et étamage de glaces, rue Bruce.
Browarniouch (cadres de bois), impasse de l'Intendance.

Cafés.

Algérie (de l'), Hugues, place de la Pêcherie.
Amis (des), Gadusso, rue des Trois Couleurs.
Apollon (d'), Bernard, place Royale.
Bourse (de la), Aubert frères, place Royale, galerie Duchassaing.
Colonnes (des), Bourgeois (madame), rue Bab-Azoun.
Commerce (du), Leblanc (madame),
Europe (de l'), Vidal, rue Bab-el-Oued.
France (de), Lamoureux, place de la Pêcherie.
François, Roman, rue Duquesne.
Isère (de l'), Novel, rue Bab-Azoun.
Jeune France (de la), Valentin, place de la Pêcherie.
Joinville, Alix fils, place de Chartres.
Musard, Perrault (Germain), rue Bab-Azoun, maison Alphan.
Nord (du), Lejeune, rue Bab-el-Oued, 227.
Paris (de), Brunet, rue Bab-el-Oued, maison Melchior.
Perle (de la), Roth, galerie Duchassaing.
Régence (de la), Mazères (Ferdinand), place Royale, hôtel Latour-du-Pin.
Siècle (du), Carette, rue des Trois-Couleurs, bazar Salvandy.
Temple (du), Bernières, rue de Chartres.
Théâtre (du), Daudignac, rue de l'Intendance.

Alirol, rue d'Isly.
Artigues, rue de la Casbah.
Benières rue de Chartres.
Berard, rue de la Casbah.
Castain de Farol, route de l'Agha.
Frache, rue Bab-Azoun.
Georges, route de l'Agha.
Girard, rue Bab-Azoun.
Lafferrière, rue de Tanger.
Masson, rue du Commerce.
Mérentier, rue de la Marine.
Mestrel, rue Casbah.
Pons, rue des Trois Couleurs.
Rossi, place de la Pêcherie.
Sans, passage Mantout.
Segur, rue Traversière.
Soulignac, rue Bab-Azoun.
Zammit, place de la Pêcherie.

Carrossiers.

Bresly, rue Rovigo.
Ostertag, rue Bab-Azoun.
Paris, rue d'Isly.

Carreaux (marchands de).

Gallula, descente de la Pêcherie.
Mazella, rue de la Marine.

Chaises (fabricants de).

Mailhac, rue de la Révolution.
Vernet, rue Philippe.

Changeurs.

Bouchara (Isaac), impasse de la Lyre.
Barruck (Joseph-Ben), rue de la Lyre, 58.
Bouchara (Joseph), rue Boutin.
Braham, rue de Chartres.
Casteras, place Royale, maison Warot et Semel.
Colombard, escalier de la place de Chartres.
Jaïs (Ismael), impasse Lalahoum.
Léonard (madame), rue de la Marine.
Mardochaï, rue Sainte.
Moïse, rue Porte-Neuve.
Stora (Ibrahim), rue Doria, 2.
Stora (Moïse) rue Médée, 112.

Chapeliers.

Artaud, rue de la Marine maison Bisarry
Balossier, rue Mahon.
Célini, rue Bab-el-Oued, 227.
Charavel, rue Mahon.
Deler, rue Bab-el-Oued, maison Gompers.
Emmanuel, place de la Pêcherie.
Grimberg Herski, rue Bab-Azoun sous l'hôpital civil.
L'heritier, rue de Tanger.
Morin, rue Bab-Azoun.
Oualid (Moïse), rue du Locdor, 35
Peisson, rue Bab-Azoun maison Récy.
Vidal, rue Bab-Azoun.

Charbons de terre et de bois (marchands de).

Bédel (charbon de terre), rue de la Flèche.
Bertola (charbon de bois), rue Rénaud.
Vidal et Cie. (charbon de terre), rue Bab-Azoun.

Charcutiers.

Baudoin, bazar Salvandy.
Courtois, place de Chartres.
Greck, rue du Divan.
Heurlier, rue de Chartres.
Micalef, rue de Chartres.
Olivier (syndic), rue Bab-el-Oued, maison Parody.
Roux, bazar Salvandy.
Vero, place de Chartres.
Villa, rue du Divan.
Zammit, rue du Divan.

Chasubliers.

Laroque (jeune), rue du Divan, 55
Laurent (Gabriel), rue du Divan.

Charrons.

Bellée, rue d'Isly.
Claitte (aîné), rue d'Isly, maison Maximin.
Claitte (jeune), rue Rovigo
Delahaye, rue de Tanger.

Chaudronniers.

Ellias, rue de la Casbah.
Prante, rue Sainte.
Roux, rue Lalahoum.
Rollet, rue d'Isly et de Chartres.

Chaux et plâtres.

Catala, faubourg Bab-el-Oued.
Trouin, rue Duquesne, 14.
Simon, à l'Agha.

Chiffons (marchand de).

Gambini, rue de Tanger.

Chevaux (marchands de).

Bonnella, rue de Chartres.
Frank, rue Citati.
Joseph, rue d'Isly.
Lévy, rue Réné-Caillé, 2.
Mame, rue des Consuls.
Mantout aîné, rue du Caftan.
Mantout (Adolphe), rue Scipion.
Robert, rue Rovigo.
Simon, rue René-Caillé.
Tremol (Pérès), à l'Agha.

Chocolatiers.

Fabre et Delphin, place de Chartres.
Marius, rue Citati.

Cirage (fabricant de).

Philibert, rue de Chartres.

Coiffeurs.

Biron, rue de la Marine, maison Bisary.
Bloch, rue Bab-el-Oued.
Borras rue Bab-el-Oued.
Camiliéri bazar Mantout.
Cassard, rue Bab-el-Oued.
Chiarella rue Bab-el-Oued.
Clavier, rue Philippe.
Delay fils rue de Tanger.
Fourniol place du Collège.
Frachet place Royale hôtel de Latour-du-Pin.
Frémin, rue Bruce.
Lambias, rue de la Révolution.
Martin, rue Bab-Azoun.
Michel, rue Bab-Azoun.
Pailloux, rue de Tanger.
Queyvroy rue Mahon, maison Parodi.
Ritta, rue Mahon.

Rochot, rue de la Casbah.
Truaud, rue Charles-Quint, maison Sautelli.
Vidal, rue des Trois-Couleurs.

Comestibles (marchands de).

Bon, rue Bab-el-Oued.
Coquino, rue d'Orléans.
Deschamps, rue de Joinville.
Herempfort, place de Chartres, maison Choppin.
Gruïs, rue d'Orléans.
Jourde, place de Chartres.
Martinez, rue Boutin.
Poitevin, rue Bab-Azoun.
Rayfort, place de Chartres.
Tarravet, r. des Trois-Couleurs.
Toucas, bazar Mantout.

Commissionnaires entrepositaires.

Allègre et Chazel, rue de la Marine, caserne Lemercier.
Astruc, rue de la Marine, pavillon des Officiers.
Bremont et d'Honoraty, rue de la Marine, pavillon des Officiers.
Choppin (entrepôt), rue d'Isly.
Johnson (Yvan), r. de la Marine.
Lyon, rue de la Marine, caserne Lemercier.
Latil et Paul à la Marine.
Peret, rue Sainte.

Commissaires-priseurs.

Billette rue Jean-Bart, 2.
Blasselle rue Boutin 7.
Desmolins rue Soggemah, 40.
Dyvrande rue de la Marine, 4

Commissionnaires de roulage.

Amy rue des Consuls 1.

Bardin, rue Duquesne, 2.
Colas, rue d'Orléans, 13.
Grand et Martin, r. Bab-el-Oued.
Guastalla, rue de la Marine.
Lambert, rue d'Orléans.
Raynaud fils, rue Bab-el-Oued.
Vottolini, rue de la Marine, en face le tribunal de commerce.

Confiseurs-pâtissiers.

Bruel, rue Mahon, maison Parodi.
Charbonier frères, rue du Divan.
Coulon, passage Mantout.
Dagan, rue Bab-el-Oued.
Lary et Salan, rue Bab-Azoun, maison Branthomme.
Luna, rue Bab-el-Oued.
Molard, rue Bab-Azoun, maison Récy.

Corail (marchands de)

Safar (Aron), rue Lalahoum, 51.
Safar (Mimoun), impasse Sidi-Lecal, 30.

Corroyeurs (marchands de cuirs).

Breuil, rue des Trois-Couleurs.
Laporte, rue d'Isly.
Fruchard, rue du Coq.
Lechêne, rue René-Caillé, 11.
Marest, rue d'Aumale.
Pruchon, rue d'Aumale.
Vignolet, rue Philippe, 20.

Corsets (fabricants de).

Bergeron (dame), rue de l'Hydre.
Gonet, rue Bab-Azoun.
Lallemand, rue Jénina.
Toussaint, rue Jénina.

Couleurs et vernis (marchands de)

Bérard, rue de Tanger, 15.

Dubos frères et Marest, rue Bab-Azoun.
Faivre, rue de la Révolution.
Final et Delahaye, rue du Chêne.
Joly frères, rue Renaud.
Journo (Jacob), rue de Chartres.
Fèvre, rue de la Révolution.

Courtiers de commerce et maritime

Aigon (en marchandises), place Royale.
Bain (en marchandises), passage Gaillot, rue des Consuls.
Béraud (en marchandises), rue Porte-Neuve, 125.
Bouron (en marchandises), rue de Tourville, 16.
Callamand (en marchandises), rue Navarin, 24.
Canton (en marchandises et maritime), rue du Sagittaire, 3.
Chappuis (en marchandises), rue d'Orléans, 4.
Chaudoin (en marchandises), rue du Vinaigre, maison Mourgues.
Cherfils (en marchandises et maritime), impasse Salluste.
Devillers (en marchandises), rue Bab-el-Oued, 225.
Desculis, (en marchandises et maritime), rampe de la marine.
Garrisson-Vienne (en marchandises et maritime), rue de la Marine, pavillon des officiers.
Gentili (en marchandises et maritime), r. de la Révolution, 2.
Guyon-Vernier (en marchandises), rue d'Orléans, 15.

31.

Jusseraud (en marchandises), rue
et impasse Doria, 40.
Kulmann (en marchandises et
maritime), rue Bleue, 5.
Lubrano (maritime), rue de la
Marine, 2.
Martin (en marchandises et ma-
ritime), rue de la Marine.
Meyier (en marchandises), rue
Bab-el-Oued, 225.
Mottet (en marchandises), rue du
Vinaigre, 20.
Olive (en marchandises et mari-
time), rue d'Orléans, 76.
Oualid (Jacob), (en marchandises
et maritime), rue Casbah, 44.
Roustan (en marchandises), rue
Rovigo, maison Picot.
Trèves (maritime), rue de la Ma-
rine, 117.
Vernier (maritime), rue de la Ma-
rine, 117.

Coutellers.

Burchall, rue Bab-el-Oued.
Laomard, rue Bab-el-Oued.
Pendariès, rue Juba.
Ribaud, rue Bab-el-Oued, mai-
son Compertz.
Sylvestre, rue Bab-el-Oued.
Vialet, rue Jenné.

Couturières.

Berton, rue de Chartres.
Bergeron, rue de Chartres.
Carcassonne, rue Bab-Azoun.
Latré, galerie Duchassaing.
Jean (Sœurs), rue de la Révolu-
tion.

Dégraisseurs.

Bougenier, rue Doria.

Caminade, rue de l'État-Major.
Clair, rue de la Révolution.
Dépinoy, rue Médée.
Douillon, rue Traversière.
Gabert, rue Neuve-Jénina.
Girard, rue de l'Intendance.
Rostaing, rue de l'État-Major.
Serva (Jean), rue Doria.
Serva (Pierre), rue de Tanger.

Dentistes.

Audibran, rue de la Marine, maison Bisary.
Demolins, rue et impasse Philippe.

Dessinateurs en broderies.

Petit, rue Jénina.
Ventre, rue de Chartres, maison
des Bains.

Doreurs miroitiers.

Alary, rue d'Isly.

Draps.

Voir *tissus*.

Droguistes.

Bourgoin, rue de Tourville.
Durand, rue de Tourville.
Rougier, rue de Chartres.
Fassina (Eliaou), rue de Nemours,
61.
Fitoussi (Eliaou), impasse Réné-
Caillé.
Jonathan (Jonas-Cohen), rue de
la Flèche, 45.
Sezor, rue du Laurier.

Eaux gazeuses.

Deyme et Denelle, rue du Laurier.

ADRESSES. 491

Thomas (successeur de Bardout), rue de la Charte.

Eclairage.

Bouffey, rue de la Giraffe.
Roques, rue Bab-Azoun, maison Catala.

Entrepreneurs.

Alata, rue des Dattes, 10.
Arnoux (travaux publics), à l'Agha.
Battu (de terrassements), rue d'Isly.
Bisch et Macher (de charpente), rue d'Isly.
Borel Vivier (travaux publics).
Boulerand (travaux publics).
Bourand (de) (de terrassements), rue de Nemours.
Bourg, rue des Trois-Couleurs, bazar Salvandy.
Denier, rue Navarin, 41.
Dessoliers (menuiserie), rue d'Aumale.
Duc (menuisier), rue de la Casbah, 44.
Kakzanouski (travaux publics).
Lacombe, rue des Trois-Couleurs, 25.
Liegos et Lechartier, rue Mogador, ancienne maison Rocas.
Martinetti, rue Neuve-Jénina, 6.
Mogeniez, rue d'Orléans, 6.
Picon, rue d'Orléans, 80.
Sardi (frères), rue Lalahoum, 2.
Solari, à Birmendraïs.
Vauzauges, (de terrassements du génie), rue Bab-el-Oued, 225.

Entrepreneurs de transports.

Couput et Sarlande, faubourg Bab-el-Oued.
Carbonel, rue Philippe, 18.
Crozet, rue Rovigo.
Saulières, rue de la Charte, 51.

Epiciers.

André, rue des Consuls.
Astruc, rue de Chartres, maison Castelli.
Aubert, rue d'Isly.
Bellon fils, rue de Chartres.
Bon, rue Bab-el-Oued, maison Parodi.
Buche, rue Bab-Azoun, 62.
Curmier, rue Bab-Azoun.
Chanut, rue de Chartres, maison Quenel.
Carentène, rue de Chartres, maison Castelli.
Clément, rue de Tanger.
Darmont, rue du Divan.
Deschamps, rue du Laurier.
Dussap, place de Chartres, maison Benhaïm.
Herempfort, place de Chartres, 22.
Ferrer, rue Boutin.
Fidèle, rue des Trois-Couleurs.
Gilles, rue Bab-Azoun.
Girard, rue des Consuls.
Guibert, rue du Lézard.
Imbert, rue Bab-Azoun.
Jauffrey (veuve), place de Chartres, maison Pourrière.
Jaubert, rue Mahon.
Jourde, place de Chartres, maison Choppin.
Letellier, route de l'Agha.
Martinet, rue de la Marine.

Mottet, rue Bab-el-Oued, maison Parodi.
Mouton, rue Bab-Azoun.
Niel, rue Bab-el-Oued.
Prudhomme place de la Pêcherie.
Reyfort, rue de Chartres.
Reynier, rue de Tanger, place du Carrefour.
Villart, rue Médée.
Vallet, rue de l'Hydre.

Equipement militaire

Léonard (dame), rue de la Marine, maison Carron.
Sèbe et Viguier rue Bab-el-Oued, 119.

Estampes (marchand d').

Calanca, rue Bab-Azoun, maison Choppin.

Facteurs de pianos.

Pensotti, rue de l'Arc.

Farines et grains.

Cantini, rue du Lézard, 87.
Couette, rue d'Isly.
Durbec, rue Annibal.
Finot, rue des Consuls.
Houguet, rue Boutin.
Médioui (Braham), impasse du Caftan, 12.
Olivier fils aîné, rue du Cheval, 18.
Orfila, rue de Chartres.
Torès, rue du Lézard.
Zenovardo, rue du Lézard.
Zygomala, rue de la Licorne.

Fayences et Porcelaines.

Bénard, rue Duquesne.
Debonne, rue Bab-Azoun.
Gaillard (veuve), rue Neuve-Jénina.
Greck, rue Porte-Neuve et place de la Pêcherie.
Jouve, place de Chartres.
Sabateau, place de Chartres, maison Choppin.
Toch (veuve), rue Bab-el-Oued.
Trevillac (entrepôt des porcelaines de Bordeaux), rue de Tanger, 11.

Fers en gros.

Fourchon frères, rue d'Isly.
Hoskicer (dépôt et magasin), rue d'Orléans.
Warot et Semel, rue d'Isly.

Ferblantiers.

Amiès, rue de la Casbah.
Bourgoin, rue Bab-Azoun.
Bouyet, route de l'Agha.
Latil, rue Bab-Azoun, maison Alphan.
Minor, rue Mahon, maison Parodi.
Mouret, faubourg Bab-Azoun.
Nonasvert, rue Bab-Azoun.
Robert, rue Bab-el-Oued.
Scher, rue Charles-Quint, 9.
Sorail, rue Bab-el-Oued.

Fondeurs de métaux.

Castelbon, faub. Bab-el-Oued.
Schioffins, faub. Bab-Azoun.

Fondeurs de suif.

Descamps, rue du Laurier, 11.

Fromages (marchands de)

Bellon, rue de Chartres, 27.
Lafontan, rue de l'Aigle, 33.

ADRESSES.   493

Maillet, rue Bab-el-Oued.
Mercenaro, rue Neuve-Jénina.

Gaz hydrogène.

Bouffé fils, rue de la Giraffe.
Robert, rue Bab-el-Oued.

Glacière.

Sillerex, rue des Consuls, 5.

Graveurs et opticiens.

Lesueur, rue Neuve-Jénina, 2.
Pague, galerie Duchassaing.
Pinard, rue Bab-Azoun.
Ricot, rue Bab-el-Oued, maison Melchior.

Habillements confectionnés.

Dumas, rue Bab-el-Oued.
Dauphin, rue Bab-Azoun.
Durand, rue Bab-Azoun.
Gaudet, rue Mahon.
Lambert, rue Bab-Azoun.
Larade, rue Cléopâtre, maison Latour-du-Pin.
Rondel, rue Cléopâtre, sous l'hôtel de la Régence.
Vidal, rue Bab-Azoun.

Horlogers.

Allemand, rue Bab-Azoun.
Buscarlet, rue Duquesne, 1.
Cachot, rue Rovigo.
Chovin, rue Jénina.
Frédérick, place Royale, maison Latour-du-Pin.
Gunther, route de l'Agha.
Hindenlang, rue Cléopâtre.
Homo, rue Bab-Azoun, maison Choppin.
Morisot, rue du Soudan.
Mouren, rue Bab-el-Oued.
Olivier, rue Bab-el-Oued.

Pinard, rue Bab-Azoun.
Ravoux, rue Cléopâtre, maison Latour-du-Pin.
Ulisse (veuve), place de Chartres, maison Simon.

Horticulteurs.

Bouchon, rue Bab-Azoun, 62.
Téloup, rue Bab-Azoun.

Hôtels principaux.

Bains français (des), Baraine, rue du Soudan.
Belveder (du), Fieux et Raspilaire, rue des Trois-Couleurs.
Belle-Italie (de la), Chaplain, rue du Lézard.
Charte (de la), Salaché, rue de la Charte.
Commerce (du), Croco (veuve), rue Bab-el-Oued.
Colonie (de la), Lions, rue de Chartres.
Couronne (de la), rue Traversière.
Duquesne, Perré, rue Duquesne
France (de), Mourgues, rue du Soudan.
Frères Provençaux (des), Sauvaire, rue Philippe.
Globe (du), Plaisant, rue de Chartres.
Gouvernement (du), Guibard (veuve), place Royale.
Grand-Vatel (du), Sauvaire et Alézard, rue Bab-el-Oued.
Intendance (de l'), Astruc, rue Bruce.
Italie (d'), Berthillot, rue des Trois-Couleurs.
Lion-d'Or (du), Badani, rue Bab-el-Oued.

Marine (de la), Giraud (Marius), rue Bab-el-Oued.
Midi (du), Giraud (Victor), rue Mahon.
Orient (d'), Genouvier et Grisolle, rue de la Marine.
Paris (grand hôtel de), Carbillet, rue de la Charte.
Palais-Royal (du), Frison, rue de la Marine, maison Hachette.
Périgord (du), Delorme, place de Pêcherie.
Porte de France (de la), Mustapha-beh-Kellil, rue des Consuls.
Régence (de la), Mazère, place Royale.
Richelieu (de), Chauvin, rue de la Flèche.
Rouen (de), Lapierre, rue des Trois-Couleurs.
Temple (du), Mouton, rue de Chartres.

Imprimeurs-Typographes.

Bastide, place Royale.
Bourget, rue Sainte.
Bestel, place du Soudan.

Lithographes.

Bastide, place Royale.
Bouyer, rue de la Marine.
Philippe (madame), rue Bab-Azoun.

Instruments de musique.

Gaulard, rue Mahon, 21.
Latil, rue Bab-Azoun, maison Alphan.

Journaux.

Akhbar, Désigné pour les annonces légales de la province d'Alger, paraissant les dimanche, mardi et jeudi de chaque semaine. M. Bourget, rue Sainte, maison Benhaïm.
Brûlot de la Méditerranée, paraissant les dimanche et jeudi. — M. Perchain, directeur, rue de la Marine, maison Bisary.
Moniteur algérien, à l'imprimerie du Gouvernement, journal officiel, paraissant tous les cinq jours, rue Jénina, 39.
Mobacher, Direction centrale des affaires arabes, rue des Garantes, paraissant tous les 15 jours.

Libraires.

Bastide (éditeur), place Royale, maison Warot et Semel.
Bernard, rue Bab-el-Oued, 119.
Dubos frères et Marest (éditeurs), rue Bab-Azoun.
Fieschi, rue Bruce.
Hachette et Cie, (gérant M. Bestel), rue de la Marine, 117.
Philippe (madame), rue Bab-Azoun.

Lingères.

Artaud, rue Traversière.
Champoval, rue Philippe.
Charme, rue de la Marine.
Lavaire, rue Boutin.
Morel, rue Philippe.

Logeurs.

Borelly, rue de la Casbah.
Lavigne, rue Scipion.
Mérentier, rue de la Marine.

ADRESSES.

Luthiers.

Boyer, rue Cléopâtre.
Gaulard, rue Mahon.
Latil, rue Bab-Azoun, maison Alphan.

Marbriers-Sculpteurs.

Arnaud, rue Navarin, 15.
Brasqui, rue Philippe.
Caffagi, rue du Lézard.
Demortière, rue Boutin, 55.
Fulconis, rue d'Orléans, 20.
Salomon, rue Bélisaire.
Tamiet, rue d'Isly.
Ventura, rue Philippe.

Médecins.

Andréini, rue Bab-Azoun.
Barbier, rue Jean-Bart, 10.
Bodichon, rue de la Marine, maison Bisarry.
Bosio, rue Navarin, 15.
Boucher, rue Bab-Azoun.
Bureau, à Kouba.
Cabrol, rue Bab-Azoun, maison Catala.
Camps fils, rue de Tourville, 20.
Camps père, rue du Vinaigre, 20.
Clapier, rue Boutin, 17.
Delachanterie, rue Doria, 10.
De Grand-Boulogne, rue Bab-Azoun, maison Catala.
Dodelet, rue Bugeaud, 1.
Dru, rue Scipion, 13.
Ekelt, rue de Chartres.
Fave, rue Bab-Azoun, maison Simon.
Foley, rue Mahon, maison Latour-du-Pin.
Granier, rue Cléopâtre, 4.
Huet, place du Carrefour, maison Poulord.
Léonard, rue de la Marine, 4
Magail, rue Jénina, 2.
Malle, rue Mahon, 51.
Martin, rue Boutin, 55.
Méardi, rue du 14 Juin.
Melcion-d'Arc, rue des Sauterelles.
Mellet, rue du Soudan.
Méquignon, rue de la Flèche, maison Meyer.
Miguerès, rue de la Charte.
Morin, rue d'Ammon, 1.
Moll, rue du Lézard.
Négrin, rue Boutin.
Pastori, rue Duquesne.
Pastureau, rue du Cheval, 11.
Semanas, rue Bab-el-Oued, 113.
Trolliet (médecin en chef de l'hôpital civil), galerie Duchassaing
Trolliet neveu, galerie Duchassaing.
Wolters, rue Philippe, 47.

Menuisiers.

Ansot, rue d'Orléans.
Bisch et Macher, rue du Mulet.
Bonhomme, rue du Vinaigre.
Castenola, rue des Trois-Couleurs.
Capdeville, rue de Tanger.
Dehaye, rue de l'État-Major.
Dehaye, rue du Lézard.
Doreillant, rue Soggemah, 20.
Ferraud, rue Rovigo.
Hérouf et Cie, rue Bab-el-Oued.
Lamouroux, rue du Chêne.
Millot et Trécat, rue de la Casbah.
Mathey, faub. Bab-Azoun.

Martine, rue Philippe.
Marin, rue du Laurier.
Paravis, rue Boutin.
Revert, rue Bab-el-Oued.
Rousel, rue de l'Intendance.
Steffer, rue Jénina.
Salique, rue de la Charte.
Horgues, rue Rovigo.

Merciers.

Bernard et compagnie, rue Bab-Azoun, maison Catala.
Daniel fils, rue du Chêne.
Descheneau, rue de Chartres.
Dufourc, rue Bab-Azoun, maison Simon.
Fauveau, rue Bab-el-Oued.
Giraud, rue Traversière, 4.
Honoré, rue Jénina, 4.
Julien, rue Mahon, maison du café de France.
Jourdan, rue Bab-Azoun, maison Catala.
Marchis, place Cléopatre, maison Latour-du-Pin.
Petzol, rue Bab-Azoun, maison Latour-du-Pin.
Ventre, rue Bab-Bzoun, maison Catala.

Messageries.

Chazal, place Royale, sous l'horloge.
Roland (dépêches pour Blidah), place de la Pêcherie.

Modistes.

Biava, rue Bab-Azoun, près l'hôpital civil.
Berthon, rue d'Ammon.
Cadaut, escalier de Chartres, maison Pourrière.
Champeval, rue Philippe, 17.
Giacometti (demoiselles), rue Bab-Azoun.
Kakzanowski, place Royale, sous l'hôtel du Gouvernement.
Latré (successeur de mademoiselle Dezavelle), galerie Duchassaing.
Pagès (madame), rue d'Orléans, 40.
Paravis, rue Bab-el Oued, maison Auger.
Philibert, rue Bab-el-Oued.
Victorine (mademoiselle), rue Bab-Azoun.

Naturalistes.

Bouchon, rue Bab-Azoun, 62.

Négociants.

Adam, passage Martinetti, 1.
Airolles et Cie (entrepôt général), rue du Commerce, 14.
Alphanderi ainé et cadet, rue de la Licorne, 1.
Arjosse, rue Boutin, 7.
Arnaud Long, rue d'Isly.
Aubanel et Martin, rue des Numides, 4.
Auguste (Antoine), rue du Chêne, 28.
Ballard et Cie, rue Bab-el-Oued, 21.
Barroil, rue des Consuls, 62.
Barry, rue de la Révolution, 2.
Barthélemy et Cie, passage Martinetti, 1.
Benstutan, rue Porte-Neuve, 125.
Bertholon, rue Rovigo, maison Targues.

Biga et Charpentier, rue du Quatorze-Juin, 53.
Billi, rue Charles-Quint, 2.
Bissuel, Fort et comp^e, rue Boutin, 23.
Boulanger, rue de Tanger, 6.
Bourland, carrefour de Tanger, route de Mustapha.
Bounevialle (Casimir) et comp^e, rue des Consuls, 81.
Bournichon, rue Philippe, 16.
Bournat et Roumieu, rue et impasse Navarin.
Breyton (Bernard), rue des Trois-Couleurs, 45.
Brun, rue Doria.
Cohen (Joseph), place de Chartres, bazar Mantout.
Coin-Julien, rue Bab-el-Oued, maison Agaythan.
Col (Louis), rue du Lézard, 87.
Crozat et Fleury, rue d'Isly, maison Méarig.
Croset frères, rue Rovigo, maison Picot.
Curlet jeune et comp^e, rue Jénina, 8.
Doer et Nagel, rue Bab-el-Oued, 276.
Darluc, rue d'Isly, maison Cheviron.
Dauguet père et fils, r. Boutin, 22.
Dazol et Nalin, rue du Chêne, 15.
Deigre et Buvet, rue Joinville.
Delechamp, rue Mogador, maison Cheviron.
Delsol, rue Bab-el-Oued, 217.
Deruty, rue Rovigo, café Marseillais.

Desnoyers aîné, rue Rovigo, café Marseillais.
Dubreuil et comp^e, rue d'Orléans, 55.
Duvalet, rue de la Charte, 47.
Duzaud, rue Jénina, 6.
Duruflé, rue Citati, 16.
D'Eguille et Gallian, r. Duquesne.
Eynaud (Louis), rue de la Licorne, 12.
Eustache, rue de Chartres, 121.
Eygre et Krousset, r. d'Orléans, 4.
Fabre (Jean), rue des Consuls.
Finaut cadet, rue d'Orléans.
Florot, rue Mahon, 14.
Fortin-d'Ivry, rue Rovigo, maison Torgue.
Fourchon frères, rue Rovigo.
Fubert (Théodore), rue Duquesne, 1.
Gauzin, rue de la Lyre, 78.
Gaubert aîné, r. Bab-el-Oued, 225.
Gérard, rue Lalahoum, 2.
Geyler, faubourg Bab-el-Oued.
Gimbert, rue d'Orléans, 78.
Giurlando, dit Giuseppe, rue Renaud.
Goffre fils, rue Boutin, 55.
Gonelle fils, rue de la Marine.
Gruis, rue Duquesne, 67.
Guliam, rue Boutin, 23.
Holz, rue des Consuls, 43.
Hoskiœr, passage Gaillot, rue des Consuls.
Hall fils, rue Mahon, 51.
Hément, rue Sainte, 4.
Henriond, place de Chartres, bazar Mantout.
Imbert (Jules), rue Bab-el-Oued.

32

498 ADRESSES.

Jaubert, rue Mahon, 21.
Kobel, rue Jénina, 6.
Kolb, rue des Consuls, 40.
Lacase, rue Rovigo.
Lacroust, O. ✱, r. Porte-Neuve.
Laporte, rue d'Isly.
Laya, rue des Consuls, 5.
Lazerges, rue de Tourville.
Lebeau, rue du Commerce, 1.
Lebrun (Gustave), rue Scipion, 2.
Lechat, rue Jénina, 7.
Lejeune, rue Philippe, 1.
Léo, rue de la Lyre.
Lépine, rue Duquesne. 1.
Lechesne, rue Rovigo, maison Savoureux.
Letellier, rue du Cafetan, bazar Narboni.
Lyon (Joseph), rue du Cafetan, bazar Narboni.
Luce, rue Rovigo.
Luxardo (veuve), rue de Lalahoum, 27.
Marron, rue Jaubert, 10.
Mallietguy frères, rue Bab-el-Oued, 314.
Manuel et Ness, place de Chartres, bazar Mantout.
Maringuy, rue d'Orléans, 60.
Mathieu (Félix), rue Jénina, 1.
Ménager, rue Bugeaud.
Meyer, place Mahon, maison Warot et Semel.
Monjo, rue de Lalahoum, 27.
Morra (dépôt de gages), rue Bab-el-Oued, 251.
Morra, rue du Divan, 55.
Mousseler, rue Boutin, 22.
Mulinar, rue Duquesne.

Nigin, rue d'Isly à l'angle de la rue du Coq.
Obizi, rue Brémontier, 2.
Paganol, rue Renaud, 8.
Paul (Louis), rue Citati.
Philippe, rue Bugeaud.
Pic, rue des Consuls.
Poitevin, rue du Laurier, 11.
Pouget, rue d'Isly, maison Talichet.
Poulharies, rue du Commerce.
Poyet et Courty, r. Navarin, 36.
Ravaud, r. des Trois-Couleurs, 85.
Rayssac et Saintgis, r. des Trois-Couleurs, 77.
Reggio frères, r. de Tourville, 7.
Richeux, rue Bab-el-Oued.
Rieken, rue Jénina, 1.
Roche, rue Mahon, 14.
Saint-Jean (de) et comp^e, rue Renaud, 8.
Sandraly, rue du Cafetan, maison Narboni.
Sebenq, rue d'Orléans, 37.
Sedille, rue Duquesne, 51.
Seliman, rue du Lézard, 52.
Solhaune, rue Bugeaud, maison Ronquetti.
Sicard, rue la Révolution, 69.
Suquet frères, rue d'Orléans, 6.
Sousinon, rue Bruce, 21.
Sadia, rue Bruce, 21.
Tonnellier, rue de Tanger.
Toubiana, rue des Consuls.
Toreille, rue Boutin, 59.
Trollier, r. de l'État-Major, 50.
Valencin-Sadia-Lévy et compag^e, rue Bruce.
Vial, rue Jénina, 1.

Vidaillon, rue de Tanger, 11.
Vidal, rue d'Orléans, 17.
Vigoureux, rue Jénina, 58.
Wals, rue Bab-el-Oued.
Vols, rue Philippe, 45.
Zigomala, rue de la Licorne, 10.

Nouveautés et Tissus.

Ablair, place de Chartres.
Ayasse, rue Boutin.
André fils et Pourtauborde, rue Bab-Azoun, galerie Duchassaing.
Bérard (Auguste), rue Bab-el-Oued, maison Auger.
Bonnet, place Royale.
Bouchara frères, impasse de la Lyre.
Callen, rue Médée.
Cazes, rue Médée, 4.
Chapuis, rue Bab-Azoun, maison Simon.
Charpentier, rue Boutin, 55.
Cohen (Elie), place de Chartres, maison Mantout.
Collin, rue Bab-Azoun, maison Viallard.
Croizé, place de Chartres.
Chemoun (Aaron-ben), rue de la Taverne.
Concile (Moïse), rue Bab-Azoun, maison Chappuis.
David, rue Joinville.
Desarbres, rue Duchêne, 54.
Dufourc, rue Bab-Azoun.
Dupuis, place de Chartres.
Etienne, rue Bab-Azoun, maison Catala.
Fourquemin, rue Médée.
Gay, rue de Chartres.
Gompertz, rue de la Licorne.
Granger et Joly, rue de la Marine, maison Réci.
Kesner (David), rue de Chartres, maison Choppin.
Koulah (Assen-ben), rue de la Casbah, 258.
Lebrun, rue Bab-Azoun.
Lévi, rue Bab-Azoun.
Lepinay, rue des Trois Couleurs, 41.
Masson (dames), place Royale, hôtel Latour-du-Pin.
Moutier, place de Chartres.
Moati (Aaron Salomon), rue Staouëli, 25.
Moati (Joseph), r. Soggemah, 31.
Oualid (Elie), rue Pompée, 6.
Parraige frères, rue Bab-el-Oued, 6.
Pagès, rue de la Charte.
Rich, Mohammed, rue Sidney-Smitt, 9.
Sadia, rue de la Révolution.
Serpentié, rue de la Marine, maison Gonelle.
Sesportes, impasse Pompée, 42.
Solal, (Haïm Cohen), rue Jénina, 3.
Stora (Abraham), r. Médée, 154.
Timermann, place de Chartres.
Trinquera frères, r. Porte-Neuve.
Toubiana (Lazaro), impasse Sidi-Legal, 14.

Opticiens.

Bonnonze, rue Mahon.
Pague, galerie Duchassaing.

Ricot, rue Bab-el-Oued.

Ornements d'Eglise

Bernard, rue Bab-el-Oued.
Laroque, rue du Divan.
Laurent, rue du Divan.

Papetiers.

Boudet, rue de la Révolution, 41.
Bouyer, rue de la Marine, maison Fidel.
Guende, rue Philippe, 59.
Legendre, rue de la Révolution.

Parapluies et Parasols (March. de)

Aries, rue de Chartres, maison St-Guillaume.
Bellon, rue de Chartres.
Ribaux, rue Bab-el-Oued, maison Gompertz.

Passementiers.

Duchesne, rue Bruce.
Thumerelle, place de Chartres, maison Choppin.
Sebe et Viguier, rue Bab-el-Oued.
Solol, bazar d'Orléans.
Léonard (dame), rue la Marine.

Pâtissiers.

Bruel, rue Mahon, maison Parodi.
Lary et Salan, rue Bab-Azoun, maison Branthomme.
Molard, rue Bab-Azoun, maison Réci.
Orfila, rue Bab-el-Oued.

Peintre et Marchands de Couleurs.

André, rue de Tanger.
Bérard, rue de Tanger, 15.

Bazzuri, rue Citati.
Bouzon, rue de Tanger, maison Ferrand.
Bourgoin, rue de Tourville.
Darme, rue la Révolution, 57.
Final et Delabaie, rue Duchesne.
Journo, rue de Chartres.
Gouel, rue Sainte.
Martinetti, rue des Trois-Couleurs.

Pensionnat de Jeunes Demoiselles.

Armand, rue de la Révolution.
Conqui, rue Boutin.
Dasinière, rue Bab-el-Oued.
Duparc (la vicomtesse), athénée des familles, rue de l'État-Major.
Foin, rue d'Isly, maison Cheudron.
Hartoch (demoiselles), jeunes filles israélites, rue Duquesne.
Luce, jeunes filles musulmanes, rue Regnard, 10.
Martin, rue Renaud, 2.
Rivière, rue des Consuls, 5.
Wittersheim, rue des Lotophages.

Pensionnat de Garçons.

Abadie, rue Philippe.
Augagneux, rue du Quatorze-Juin, 22.
Becat, rue Soggemah.
Espa, rue du Chêne.
Laurent, rue Bab-Azoun, maison Desjardin.
Machuel, rue d'Orléans.
Malin, rue de Tanger.
Simon, rue Boutin, 17.

Pépiniéristes et marchands de grains

Théloux, place du Gouvernement.

Pharmaciens

Alcantara, rue Bab-Azoun, 182.
Bazire, rue Bab-Azoun, maison Lacassagne.
Bordo, rue Bab-el-Oued.
Deler, rue Bab-Azoun, maison Defrance.
Desvignes (et produits chimiques), rue Bab-Azoun, maison Alphand.
Ducuing, rue Bab-el-Oued.
Dupaille, rue Bab-el-Oued.
Frend, à l'Agha.
Galangau, rue de Chartres.
Guénet, rue d'Isly.
Isnardi, rue Bab-Azoun, maison Récy.
Lay, rue des Consuls, 62.
Malaplata, rue Mahon.
Marine, rue du Lézard.
Martel, place de Chartres, maison Pourrière.
Marsan, rue Bab-el-Oued, maison Parodi.
Sarrazin, place de Chartres, maison Quenel.
Simonnet frères, rue de la Marine.
Tizon, rue Bab-Azoun, maison Lépine.
Vidot, rue Philippe.

Pompes (Fabricants de)

De Mongodin, rue d'Isly.
Renaud, rue d'Isly.

Porcelaines (Voir Fayence)

Professeurs de Musique

Boyer, rue Bab-Azoun.
Tudury.

Peintres

Aubert (dame), portraits, rue de l'Arc.
Delorme, portraits, mignatures, place de la Pêcherie, hôtel du Périgord.
Liogier, histoire et portraits, rue Porteneuve.
Pastureau, portraits, rue du cheval, 11.
Vacherot, histoire et portraits, rue de la Charte.

Photographes

Louis, épreuves miniatures coloriées, rue d'Orléans, maison Gonnet.
Dellemotte, rue de l'Etat-Major.

Quincailliers

Anglas et Sicard, rue Palma, 4.
Berton et Vautier, rue Bab-Azoun, maison Boyer.
Caménich, rue Bab-Azoun, maison Reci.
Chich, mayer, rue et impasse Blondel.
Cœur de Roi, rue de la Marine.
Dufour, Firmin, rue Bab-el-Oued.
Dufourc, rue Bab-Azoun, maison Simon.
Faure, rue Bab-el-Oued, maison Parodi.
Fevre et Vallat, rue Bab-Azoun.
Gabriel, rue de la Marine.
Galas, rue de Chartres.
Girondel, rue d'Isly.
Grondart, rue du Chêne.
Lefèvre, Seyral, Péchiné et comp^e, rue de la Marine.

Léon (Moïse), rue Bab-Azoun.
Moati, Salomon, rue des Dattes, 7.
Olivier, rue des Consuls.
Philibert, rue Bab-Azoun, maison Desjardin.
Robinot-Bertrand, rue Bab-Azoun, maison Desjardins.
Rousseau-Perardel, rue Bab-el-Oued, maison Melchior.
Rathienville, rue Bab-Azoun, 62.
Revest et Aubran, rue Bab-el-Oued, maison Parodi.
Samat, rue de Chartres.
Solal, bazar d'Orléans.

Restaurateurs.

Alezard et Sauvère, au Grand-Vatel, rue Bab-el-Oued.
Berthillot, rue des Trois-Couleurs, 43.
Chauvet, rue de la Révolution, 28.
Giraud, rue de la Marine.

Rôtisseurs.

Taravest, rue des Trois-Couleurs.

Sages-Femmes.

Antoni, rue Mahon.
Aziés, rue de Chartres.
Arnaud, rue d'Isly.
Chaume, rue du Lézard.
Cock.
Deroud, rue de la Marine, maison Bisarry.
Durieux, place Bab-Azoun.
Glomeau, rue des Consuls.
Hervin, rue Mahon, maison Latour-du-Pin.
Kellener, rue de Tanger.
Lacroix, faubourg Bab-Azoun.
Lagrenache, rue d'Isly.
Lyon, rue du Divan.
Nury, rue de la Marine.
Philibert, rue de Chartres.
Roux, rue Bab-Azoun.
Sage, rue Bruce.
Sanitoyant, rue de Tourville.
Tracol, rue Boşa.

Sangsues.

Cazo, rue du Cafetan.
Pastory, rue Bab-Azoun, escalier de Chartres.

Sel (Marchands en gros).

Bedel, dépôt des Salines d'Arzew, rue du laurier.
Wals, rue Bab-el-Oued.

Selliers.

Banchelin, rue Bab-Azoun, maison Lafon.
Exameulin, rue Mahon.
Forest et Boulanger, rue Bab-el-Oued.
Macher, rue Bab-Azoun, sous l'hôpital civil.
Osteertac, rue Bab-Azoun.
Weys, rue Bab-Azoun, 60.

Serruriers, Mécaniciens.

Auguisieri, rue du Lézard.
Bezaudun, rue Duquesne.
Borges, rue des Mulets.
Castelbon, mécanicien-fondeur, faubourg Bab-el-Oued, maison Metz.
Dolliac, rue d'Isly.
Daumas, rue de la Casbah.
Falconnet, impasse Lalahoum.
Goussel, rue d'Orléans.
Gracias, impasse du Soudan.
Hauffman, rue des Mulets.

ADRESSES.

Jobin, faub. Bab-el-Oued, route de la Salpétrière.
Jourdin, rue Rovigo.
Krausse, rue d'Orléans.
Lafond, rue Philippe.
Ledoyen, rue Rovigo.
Lejeune, place d'Isly.
Martin, entrepreneur des travaux du génie, rue de l'Hydre.
Orfila, rue Desaix.
Pradel, rue du Commerce.
Pons, rue des Consuls.
Rivière, rue de Chartres.
Sausal, rue de Chartres, maison David.
Sérail, rue du commerce.
Vaillant, imp. Ste-Philomène.
Vergne et Colas, rue d'Isly.
Vicini, rue de la Fonderie.

Tabacs (Fabricants et Marchands).

Aillaud, rue Bruce.
Baïssa, rue de la Marine.
Basignano et Levilain, rue Bab-Azoun, maison Catala.
Brignoli, rue Bab-Azoun, maison Choppin.
Bouvier, rue de la Marine.
Bernard, rue Bab-Azoun, maison Boyer.
Brun, rue Bab-el-Oued, maison Melchior.
Caro, rue Bab-Azoun, maison Choppin.
Corvino, rue Bab-el-Oued.
Couchies, rue Bab-el-Oued.
Denina, rue Bab-Azoun.
Fabregas, rue de Chartres.
Grasson (et débit de poudre), rue Bab-el-Oued.
Ghisolfi, rue Cléopâtre.
Lamelet, rue Bab-Azoun, en face l'église.
Mogor, rue Bab-el-Oued.
Navaro, rue de la Marine.
Odon et Mage, hôtel de La Tour-du-Pin.
Oliva, rue Bab-Azoun.
Omar, rue de la Marine.
Pallais, rue de Chartres.
Ravan, rue des Trois-Couleurs.
Rosalia, rue de la Marine.
Samuel, rue de la Marine.
Sifrédi, rue Bab-el-Oued.
Santana, rue Bab-el-Oued, 314.
Sylvestre, rue de Chartres.
Toché (fabricant de tabacs), rue d'Isly.
Villa, rue de la Casbah.

Tabletiers.

Estève, rue Bab-Azoun.
Seckel, rue Mahon, hôtel La Tour-du-Pin.
Solal, bazar d'Orléans.

Tailleurs.

Altayrac, maison La Tour-du-Pin.
Armagnac, rue de la Marine, maison Bisarry.
Boucharel, rue des Trois-Couleurs.
Bouisson, rue Bab-el-Oued.
Cassaigne, rue Philippe.
Clairac, passage Mantout.
Cluseaud, rue du Soudan.
David, rue Narboni.
Deguels, rue Palma, 2.
Deruyts et Curot, rue Bab-Azoun.
Ernewein, rue Bab-Azoun.
Falcon.
Ferrand, rue Médée.
Ferrugia, rue Mahon.

Geay, rue Jenné.
Hebrard, rue Cléopâtre.
Lambert, rue Bab-Azoun.
Larade, rue Mahon, maison La Tour-du-Pin.
Mataran, rue Jénina.
Montpellier, rue Bab-Azoun.
Ney, rue Mahon.
Not, place de Chartres, maison Pourrière.
Pobeau, rue des Trois-Couleurs.
Rondel, maison La Tour-du-Pin.
Servan, rue Bab-Azoun, maison Catala.
Schilling, galerie Duchassaing.
Timothée, rue de Chartres.
Toulouse, rue Citati, 14.
Toussaint, escalier de Chartres, maison Pourrière.

Tourneurs.

Bernard, rue du Divan.
Latreil, rue des Consuls, 62.
Seckel, rue Mahon.

Tir au Pistolet.

Marguet, rue des Mulets.

Traducteurs assermentés.

Attard, langue arabe, rue d'Orléans, 34.
Aupied, langue arabe, rue Mahon.
Bottian, langue italienne, rue de l'Intendance.
Debeaurepaire, langue anglaise, rue Bruce.
Holzalbe, langue allemande, rue des Consuls.
Kirwan, langue arabe, rue Tourville, 2.
Kulmann, langue suédoise, rue d'Orléans, 2.
Sansaric, langue espagnole, rue Bab-el-Oued.
Tama, langue hébraïque, rue et impasse Philippe, 32.

Tapissiers.

Brives, rue des Trois-Couleurs, n° 45.
Cheviron, rue Philippe.
Curet, place de Chartres.
Duchêne, rue de l'État-Major, 24.
Finet, rue de l'État-Major, 35.
Soustz, rue Philippe, 20.
Thoulet, rue de la Marine.
Vernet, rue Philippe.

Vétérinaires.

Albertin, rue Rovigo, maison Boules.
Bouzen, rue Rovigo.
Bonnis, rue Rovigo.
Bouvier, rue Rovigo.
Laforgue, rue Rovigo, maison Picot.
Rodier, rue Bab-Azoun.
Théron, rue du Carrefour, maison Burtaud.

Vins (Marchands de).

Aaron, rue de Chartres.
Auguste, rue de Tanger.
Aumant, rue Porte-Neuve.
Attard, rue de Chartres.
Bagout (Philippe), rue du Divan.
Ballem, rue de Chartres.
Bernard (Léon), rue Mahon.
Bernard (Jean), rue Bab-Azoun.
Borg, rue de la Fonderie.
Brunetto, rue Annibal.

Calari, rue Bab-el-Oued.
Camelieri, rue Casbah.
Caruel, rue d'Isly.
Castel, père et fils, place de Chartres, maison Choppin.
Chabrier, rue Bab-el-Oued, maison Agaythan.
Cielle fils, rue de la Marine.
Cordouan, rue du Chêne.
Courbière, rue de la Révolution, 30.
Daigre, rue Joinville.
Danguel, rue Boutin.
Dezège, route de l'Agha.
Dehône, rue de Chartres.
Desgruartz, rue de l'Etat-Major.
Ducros, hôtel La Tour-du-Pin.
Duraffilet, rue Citati.
Dubois, rue de la Révolution.
Duprez, rue du Rempart.
Eygret (Théodore), rue d'Orléans.
Estévan, rue Bab-el-Oued.
Favory, rue d'Isly.
François, rue de Tanger.
Favier, route de l'Agha.
Frechon, rue Médée.
Fouque, rue de l'Aigle, maison Boyer.
Fâvre, rue de Consuls.
Garibaldi, rue Bab-el-Oued.
Garnier, rue d'Aumale.
Gensoul, rue des Consuls.
Gonelle, rue de la Marine, 101.
Gondar, rue des Consuls, 16.
Grenier, frères, rue des Consuls.
Guillaume, rue d'Isly, Barraques de planches.
Hermite, rue du Soudan.
Henquel, rue Bab-el-Oued.
Holz, rue des Consuls, 43.
Humel, rue Mahon.

Juolio, rue Desaix.
Jaumont, place de Chartres, bazar Mantout.
Kerkout, rue de Chartres.
Lescop, rue de la Marine.
Lepetit, place de la Pêcherie.
Lenoble, place de Chartres.
Lemaire, rue du Sagittaire, 1.
Maffre frères, rue de la Révolution, 13.
Marsillon, passage Mantout.
Meyer fils, place de la Pêcherie.
Neuilly, rue Doria.
Olivier, rue Traversière.
Osmond, rue d'Isly.
Parer, rue Charles-Quint, 13.
Périaud, rue Bab-Azoun, maison Lafon.
Pomata, rue de la Marine, 209.
Pontic, rue de l'Aigle, 16.
Pierson, route de l'Agha, aux Rochers.
Ricord, rue Soggemah.
Rogues, rue du Laurier, 9.
Roque, rue Boulabah.
Royer, rue de la Casbah.
Ravel, route de l'Agha.
Roux, rue Duquesne, 51.
Sauvage, rue de la Gazelle.
Schlosser, rue Jénina.
Schnell, rue des Consuls, 32.
Sifrédi, rue Bab-el-Oued.
Sibilas, rue des Consuls, 59.
Sezari, impasse de la Marine.
Taillon, rue d'Orléans.
Vackner, route de l'Agha.
Villa, rue de Chartres.

Vanniers.

Balossier, rue Mahon.

32.

Vinaigre (Marchands de).

Frond, rue des Lotophages.
Pigal, rue du Soudan.
Maffre frères, rue de la Révolution.

Vermicelles (Marchands de)

Anglade, rue du Chêne.

Camps (Pascal), rue de Nemours.
Cantini, rue du Lézard, 87.
Fidelle, rue des Trois-Couleurs.
Gallia, rue Médée.

Vitres.

Badean, rue de Nemours.
Dupérier, rue de Nemours.
Pastory, rue Bab-Azoun.

PRINCIPAUX HABITANTS ET PROPRIÉTAIRES.

Acron, de Lyon Moati, rue du Locdor, 13.
Abd-el-Rachmin-ben-Hadj-el-Gild, rue Porte-Neuve, 122.
Abraham Sanguinetti, frères, rue Bisson, 21.
Ali-ben-Tebib, r. Abderhamann, 2.
Amzan-Cohen-Solal, imp. Philomène.
Ahmoud Bourkalb, rue Boulabab, 46.
Ange Salmon, rue Bélisaire, 18.
Antiboul, rue Médée.
Antoine, faub. Bab-Azoun.
Alphand, rue Bab-Azoun.
Agaythan, rue Bab-el-Oued.
Alcide (Louis), faub. Bab-el-Oued.
Alexis (veuve), rue des Mulets, maison Touyier.
Aaron Amar, rue Sidi-Ferruch, 29.
Armand, de Paris, rue Philippe, 26.
Ascioni, route de l'Hôpital du Dey.
Astruc, rue Bruce, 17.
Ali-ben-Ismaël, rue Porte-Neuve.
Ali (Ben-Sisi), rue Porte-Neuve.
Adj-Hassan, rue Casbah.
Abdeltif, rue Akermimouth.
Ali-ben-Saadj, rue de la Lyre.
Adj-Osman, bazar Chiche.

Altaras, rue Bab-Azoun, maison Alphand.
Airolles et Cie (Entrepôt général), rue du Commerce, 14.
Ayasse, rue Boutin, 7.
Avignon, rue de Chartres.
Ayrille, rue Soggemah.

Baccuet, rue de l'Aigle, maison Boyer.
Bajard, rue d'Isly.
Ballit, rue Duquesne, 10.
Balmont, à El-Biar.
Barry, rue de l'Arc.
Baudicourt, rue d'Isly.
Beauval, rue Navarin.
Bellard, rue de la mer Rouge.
Ben-Aïn, rue Sainte.
Benazet, faub. Bab-el-Oued, moulin à vapeur.
Benet, rue Citati, 18.
Benard, imp. du Chêne.
Bérard, rue Duquesne.
Beuzard, gérant de la maison Deroist et Curot, rue Bab-Azoun, maison Simon.
Ben-Allal, rue du Cheval.
Belleroche (de), à El-Biar.
Bernasconi, imp. de Chartres.
Ben-Négro, à Birmandraïs.
Ben-Schaouan, rue de la Lyre.
Besaudin, rue Duquesne.

Ben-Zouaoui, rue du Divan.
Bedu, à St-Eugène.
Blum, rue Boutin.
Boulerand, rue Palma, 6.
Boulu, route de l'Agha, en face le Dépôt des Colons.
Bouzan, passage Gaillot.
Bonnard-Ali (turc), rue Salluste.
Bourkaïd, à Mustapha et rue d'Orléans.
Braliam, rue Jénina, 39.
Brascqui, route de l'Agha.
Brémontier, rue Brémontier, 2.
Bruat, rue Bab-Azoun.
Brouillard, rue Rovigo.
Bourgeois, rue Pompée.
Belli, rue Charles-Quint, 2.
Bernard, rue Porte-Neuve, 111.
Béraud, rue Porte-Neuve, 125.
Boissière, rue de la Lyre, 24.
Bertholon, rue Bugeaud, maison Torgues.
Brocardet, rue d'Isly, maison Maximin.
Bon (Laurent), rue Bab-el-Oued, maison Parodi.
Bernonville, rue Mahon, 51.
Boudet, rue la Révolution, 28.
Bertillot, rue des Trois-Couleurs, 46.
Bardin, rue Duquesne, 2.
Buscarlat, rue Duquesne, 1.
Binard, rue Duquesne, 67.
Bourdet, rue d'Orléans, 15.
Bernard, rue Bab-Azoun, maison Catala.
Buche, rue Bab-Azoun, 62.
Bazzuri, rue Citati, 6.
Bedel, rue de la Flèche, maison Boyer.

Cappé, propriétaire, rue Porte-Neuve.
Canut, propriétaire, rue Brémontier.
Castelli, propriétaire, rue d'Ammon, 4.
Catala, propriétaire, faub. Bab-el-Oued, Fours à chaux.
Carron fils, propriétaire, r. Doria.
Carrel, faub. Bab-el-Oued.
Challier, propriétaire, faub. Bab-el-Oued.
Chaulier, propriétaire, impasse de la Marine.
Chardon, propriétaire, r. Bleue, 5.
Chevalier, propriétaire, rue de Tanger, maison Riffar.
Chieuse, propriétaire, rue du Divan, 55.
Choppin, propriétaire, rue Joinville.
Claitte aîné, rue d'Isly, maison Maxime.
Cordier, propriétaire, rue Bab-Azoun, maison Vialar.
Couchon, propriétaire, faub. Bab-el-Oued.
Coulet, conservateur des farines, place du Marché, faub. Bab-Azoun.
Crestey, officier-supérieur en retraite, rue Duquesne, n° 12.
Curet (Mme veuve), directrice du théâtre d'Alger, rue de l'Etat-Major, 44.
Croisille (De), propriétaire, rue Renaud.
Conqui, propriétaire, rue d'Orléans.
Camenich, objets de Paris, rue Bab-Azoun, maison Récy.
Caro, marchand de tabacs, rue Bab-Azoun, maison Choppin.
Collin, marchand de nouveautés, rue Bab-Azoun, maison Vialar.
Crouzé, négociant, rue de Chartres, 121.
Chabrier et Boin, négociants, rue Bab-el-Oued, maison Agaytan.
Camot, directeur de la compagnie Lyonnaise, rue Bab-el-Oued, maison Camot.
Cisée, armurier, rue Royale, maison Latour-du-Pin.
Charavel, chapelier, rue Mahon, maison Parodi.
Cabanellas, secrétaire de la cham-

bre de commerce, rue de la Révolution, 2.
Courbières, dépôt de vins, rue de la Révolution, 30.
Chanfort, avocat, rue Bab-el-Oued, 2.
Craney, avocat, r. Bab-el-Oued, 4.
Colla, commissionnaire, rue d'Orléans, 13.
Cheviron, propriétaire, impasse Philippe, 37.
Carbonnel, propriétaire, rue Philippe, 18.
Cœur-de-Roy, propriétaire, rue de la Marine, près la place Mahon.
Crozat et Fleury, propriétaires-négociants, rue d'Isly, maison Marigo.
Coupat, propriétaire, faub. Bab-el-Oued, Fours à chaux.
Castelbon, propriétaire fondeur, faub. Bab-el-Oued.
Clotte, payeur-adjoint, rue du Soudan, 2.
Cantini, fabricant de pâtes et propriétaire, rue du Lézard, 74.

Dalmas, propriétaire, rue de la Marine, 26.
Darras, propriétaire, rue de Tanger.
Dartigues, propriétaire, rue de la Marine, 117.
Dauvergne, propriétaire, rue Bab-el-Oued.
Defrain, propriétaire, rue des Dattes.
Defrance, propriétaire, rue Bab-Azoun.
Desprez, propriétaire, rue de la Marine, 117.
Derricourt, officier-comptable à Dély-Ibrahim.
D'Hincourt, major de la Milice, place de Chartres.
Didier, capitaine adjudant-major de la milice, rue du Regard, 12.
Dogniol, commissaire de marine, rue Bugeaud, 1.
Dufart, professeur de piano, rue d'Orléans, 74.
Denivois, propriétaire, rue Bab-Azoun, maison Vialar.
Ducousins, propriétaire, rue du Scorpion, 4.
Dusseuil, rue d'Isly.
Duzéat, employé aux vivres-viandes, esplanade Bab-el-Oued.
Devaux, propriétaire, rue de Rovigo.
Donnel, propriétaire à Hussein-Dey.
Dorcillart, rue Soggemah, 20.
Dègre et Buvet, propriétaires, rue Joinville.
Deville, propriétaire, architecte, rue de Tanger, maison Riffard.
Descous, vice-consul de Suède, rue des Consuls, n° 64.
Duc, entrepreneur, propriétaire, rue de la Casbah, 44.
De Laubépie, propriétaire, rue de la Révolution, 28.
Dubreuil, rue d'Orléans, 55.
Dru, médecin civil, rue Scipion, 19.
Delamarre, propriétaire, agent d'affaires, rue René-Caillé, 11.
Duhamel, propriétaire, architecte, rue René-Caillé, 41.

Eymard, propriétaire, rue du Marché.
Eliaou-Oualid, propriétaire, passage Salomon.
Eguille (d'), propriétaire à l'Agha.
Etienne, propriétaire à Birkadem, faubourg Bab-el-Oued.
Eynard, propriétaire, rue de la Marine.
Elia-Cohen, propriétaire, place de Chartres, bazar Mantout.
Eustache, propriétaire, rue de Chartres, 121.
Emmanuel, propriétaire et chapelier, rue Mahon, maison Latour-du-Pin.
Eygret, propriétaire, rue d'Orléans, 4.

ADRESSES.

Estadafals, propriétaire, rue Rovigo.

Favory, propriétaire, rue d'Isly.
Ferraud, propriétaire, rue d'Isly.
Ferraudy, propriétaire, rue Bab-el-Oued, 115.
Foa, propriétaire, rue Bélisaire, 9.
Fourchers (de), propriétaire, rue Lalahoum, 27.
Fourchon frères, rue Rovigo.
Fortin d'Ivry, rue Rovigo, maison Torgue.
Frond, fabricant de vinaigre, rue des Lotophages, 2.
Final, rue des Marseillais, 3.
Frédéric, propriétaire, place Royale, maison la Tour-du-Pin.
Fracher, place Royale, maison la Tour-du-Pin.
Florot, propriétaire, rue Mahon, maison Franceschi.
Flacheron, propriétaire, rue des Trois-Couleurs, 2.
Fidel, propriétaire, rue de l'Arc, 14.
Fubert (Théodore), rue Duquesne, 1.
Fidelli, rue Duquesne, 67.
Finaud, ingénieur civil, rue d'Orléans, 2.
Fulconis, sculpteur, rue d'Orléans.
Fevre, propriétaire, rue Bab-Azoun, près la rue Sainte.
Fave, rue Bab-Azoun, maison Simon.
Fabre, propriétaire, place de Chartres, bazar Mantout.
Feutrail, rue de Chartres, maison Rouquier.
Faudon, propriétaire, rue de Chartres, 22.
Fouque, propriétaire, rue de l'Aigle, 2.
Finet, propriétaire, tapissier, rue de l'Etat-Major, 35.

Gambini, propriétaire, rue d'Isly et Tanger.
Guiloard, propriétaire, rue des Mulets.
Germali, propriétaire, rue d'Isly.
Gargereau, propriétaire, rue d'Orléans.
Galian, propriétaire, rue Boutin, 23.
Ganzin, rue de la Lyre, 68.
Gillotte, rue Bab-Azoun, maison Alphan.
Gérard, propriétaire, fabricant de chocolat, rue Scipion.
Geoffroy, propriétaire, rue du Laurier, 1.
Gaubert aîné, propriétaire, rue Bab-el-Oued, 225.
Grasson, propriétaire, rue Bab-el-Oued, 115.
Grasson, rue Soggemah, 8.
Granier, propriétaire, médecin, rue Cléopâtre, 4.
Giorlando, propriétaire, rue Renard, 5.
Gombert (de) propriétaire, homme d'Affaires, rue Renaud, 5.
Gruis, propriétaire, rue Duquesne, 67.
Guyon-Vernier, propriétaire, rue d'Orléans, 15.
Gérard, propriétaire, rue Lalahoum, 2.
Graillat, propriétaire, rue du Vinaigre, 31.
Gesta, comptable, rue Bugeaud, 1.
Gelissain, propriétaire, rue d'Isly, maison Marigo.
Gallian, propriétaire, rue Joinville.
Gallian (veuve), propriétaire, rue Joinville.
Geyler, propriétaire, faubourg Bab-el-Oued.
Gérard, propriétaire, greffier du canton nord, rue Jeaubert, 11.
Gensoul, rue des Consuls, 51.
Gonel, propriétaire, rue de la Marine, 101.
Genella, propriétaire, dans le Béni-Moussa.

Hoskiœr, propriétaire, rue des Consuls.
Holz, propriétaire, rue des Consuls, 43.
Huet, médecin en chef de l'hôpital de Mustapha, place du Camfour.
Hertz, propriétaire, rue de Tanger.
Hœner, officier-comptable, rue Pompée, 23.
Hérouf, propriétaire, rue Bab-el-Oued, 185.
Hagelsteinn, propriétaire, rue d'Orléans, 2.
Homo, propriétaire, rue Bab-Azoun, maison Choppin.
Hernewein, propriétaire et marchand tailleur, rue Bab-el-Oued, maison Camot.
Hunout, propriétaire, architecte, rue Bab-Azoun, maison Catala.
Henrioud, propriétaire, rue de Chartres, Bazar Mantout.
Hermitte, propriétaire, rue du Soudan.
Houquel, rue Bab-el-Oued.
Humel, propriétaire et marchand de vins, rue Mahon, maison Parodi.

Inollio, propriétaire, rue Desaix.
Izard, propriétaire, r. Boutin 28.
Isnardi, propriétaire, rue Bab-Azoun, maison Récy.
Imbert (Jules), propriétaire, faubourg Bab-el-Oued.

Jaumont, propriétaire, place de Chartres, Bazar Mantout.
Jourde, rue Bab-Azoun, maison Choppin.
Jobert, propriétaire, homme de loi, rue Doria, 33.
Julien, propriétaire, artificier, place Mahon.
Jobin, propriétaire, mécanicien, faubourg Bab-el-Oued.
Julienne, propriétaire, rue des Consuls, 50.

Kerkout, propriétaire, rue le Chartres.
Kolb, propriétaire, rue des Consuls, 49.
Kirwan, interprète de langue arabe, rue de Tourville, 2.
Kulmann, propriétaire, rue d'Orléans, 2.
Kobel, propriétaire, rue Jenina,

Laya, propriétaire, faubourg Bab-el-Oued, Moulin à vapeur.
Laubepie, propriétaire, rue de la Révolution, 28.
Laisant, propriétaire, rue de la Flèche, 2.
Laroque, propriétaire, rue du Divan, 55.
Lefèvre, propriétaire et commissaire central, rue Boutin, 6.
Litchlin, propriétaire, banquier, rue Porte-Neuve, 120.
Lacroust, propriétaire, rue Porte-Neuve, 124.
Lecoq, propriét., rue Bab-Azoun, galerie Duchassaing.
Levilain, propriétaire et marchand de tabacs, rue Bab-Azoun, maison Catala.
Laurent, propriétaire, instituteur, rue Bab-Azoun, maison des Jardins.
Léo, propriétaire, rue de Chartres, 77.
Lechêne, propriétaire et maire d'Alger, rue René-Caillé, 11.
Laugier, frères, propriétaires, rue Doria, 48.
Lechartier, propriét., architecte, rue Doria, 8.
Lesueur, propriétaire, architecte, rue Doria, 3.
Lacoste, débit de timbre, rue Mahon, 45.
Lacombe, entrepreneur, rue des Trois-Couleurs, 25.
Lépinay, propriétaire, rue des Trois-Couleurs, 45.
Lépine, propriétaire, rue Duquesne, 1.

ADRESSES. 511

Le Jeune, propriétaire, rue Philippe, 14.
Lequin, rue de la Fonderie, 24.
Lafontaine, rue Bugeaud, 1.
Laporte, propriétaire, rue d'Isly.
Laforgue, propriétaire, rue Rovigo, maison Picot.
Leyden, veuve, propriétaire, place du carrefour, maison Ponsard
Letellier, propriétaire, rue Rovigo, maison Savoureux.
Lichtenstein, propriétaire, faubourg Bab-el-Oued.
Lafond-Rilliet, rue des Lotophages, 5.
Latreille, propriétaire, rue des Consuls, 62.
Lacoureur, propriétaire, rue Rovigo.

Maison, propriétaire, rue Bab-Azoun, maison Vialar.
Mallia, propriétaire, rue des Lotophages, 9.
Mantout, propriétaire, place de Chartres, bazar Mantout.
Marret propriétaire, rue du Coq.
Martin, propriétaire, rue de Tanger, maison Rissord.
Maximin, propriétaire, rue d'Isly.
Milhot de Vernoux, propriétaire, rue Bab-el-Oued, 274.
Moignard, propriétaire, rue Philippe, 47.
Morel, propriétaire, rue René-Caillé, maison Morel.
Margailland, propriétaire, passage Guillot.
Ménager, propriétaire, rue Bugeaud.
Metz, propriétaire, faubourg Bab-el-Oued.
Monjo, propriétaire, rue Lalahoum, 20.
Masse, propriét., rue Médée, 20.
Maron, propriét., rue Doria, 10.
Morizot, rue Bab-el-Oued, 8.
Martinetti, propriétaire, rue Nve-Génina, 6.
Molinard, propriétaire, rue Jean-bart, 13.
Michel, rue Duquesne, 51.
Maringuip, rue d'Orléans, 60.
Mogenier, propriétaire, rue d'Orléans, 86.
Mékalski, propriétaire, rue Bab-Azoun, maison Catala.
Montagne père, propriétaire, rue Bab-Azoun, maison Catala.
Magail, rue Jenina, 2.
Mouzy, propriétaire, dans le Beni-Moussa.

Niers, propriétaire, rue Bab-el-Oued (faubourg).
Novel, propriétaire, rue Bab-Azoun, maison Vialar.
Not, propriétaire, place de Chartres, maison Pourrière.
Nigin, propriétaire, rue d'Isly, angle de celle du Coq.
Negroni, propriétaire, rue des Consuls, 64.
Narboni (Moïse), propriétaire, rue Pompée.
Narboni (Chelama), id. rue Pompée.
Nicolaï, propriétaire, rue de l'Arc.

Oberic, propriétaire à St-Eugène.
Odiot, propriétaire, rue d'Isly.
Oward, propriétaire, rue Navarin.
Ollivier, propriétaire, rue du Cheval, 18.
Olivier, propriétaire, rue des Consuls, 51.
Ott (Émile), propriétaire, négociant, rue Bab-el-Oued, maison Melchior.
Olivier, propriétaire, rue Bab-el-Oued, maison Parodi.
Odon de Mage, propriétaire, place Royale, maison La Tour-du-Pin.
Olivier, propriétaire, rue d'Orléans, 76.
Olive, propriétaire, courtier, rue d'Orléans, 76.

Pacifico, propriétaire, rue des Tanneurs, 1.
Page, propriétaire, rue Bugeaud.
Pradel, propriétaire, faubourg Bab-el-Oued.
Parodi, propriétaire, rue Cléopâtre, 3.
Pantin, propriétaire, rue Bab-Azoun, maison Simon.
Pernier, propriétaire, rue d'Isly.
Pelissier, propriétaire, rue de l'État-Major, 75.
Rousseaux, propriétaire et interprète principal, rue de l'État-Major, 67.
Ponsard, propriétaire, architecte, rue Palma, 4.
Poulhariés, propriétaire, rue d'Ammon, 1.
Perchain, propriétaire, rue de la Marine, maison Bizarry.
Perret, propriétaire, négociant, rue Sainte, 4.
Poitevin, propriétaire, négociant, rue du Laurier, 11.
Paravis, propriétaire, rue Bab-el-Oued, maison Auger.
Porcellaga, rue Mahon, 14.
Petit, propriétaire, rue de Tourville, 2.
Pagano, propriétaire, rue Renaud, n° 8.
Picos, propriétaire, rue d'Orléans, 80.
Piauchat, propriétaire, rue de Tanger, 1.
Pouget, propriétaire, rue d'Isly, maison Talichet.
Pavy, rue du marché.
Parisse, propriétaire, rue d'Isly.
Pastureaux, propriétaire, docteur-médecin, rue du Cheval, 11.

Quervoy, propriétaire, parfumeur, rue Mahon, maison Parodi.
Quinquin, propriétaire, rue d'Orléans, bazar Gaillot.

Ronchetti, propriétaire, rue d'Isly, 2.
Riffart, propriétaire, rue de Tanger.
Rieken, propriétaire, rue Jénina, 1.
Royer, propriétaire, architecte, rue de l'Etat-Major, 61.
Roques, entrepreneur de l'éclairage, rue Bab-Azoun maison Catala.
Roger, propriétaire, architecte, rue Bab-Azoun, maison Catala.
Rathieuville, propriétaire, rue Bab-Azoun, 62.
Robinot (Bertrand), propriétaire, rue de Chartres, maison Rougier.
Romana, propriétaire, médecin, place de Chartres.
Rochet, propriétaire, architecte, rue du Laurier, 2.
Rembert, propriétaire, rue de l'Aigle, 25.
Reggio, frères, propriétaires-négociants, rue de Tourville, 7.
Rayssac et Saingris, propriétaire, rue des Trois-Couleurs, 77.
Ravaud, propriétaire, rue des Trois-Couleurs, 85.
Rosetty, propriétaire, interprète, rue du Scorpion, 22.
Redon, propriétaire, architecte, rue du Marché.
Rafard, propriétaire, rue de Tanger.
Roumieux, propriétaire, droguiste, rue Navarin, 27.
Rayolles, propriétaire-négociant, rue des Lotophages, 30.
Rouvierre, caisse hypothécaire, passage Gaillot.
Roccas aîné, propriétaire, rue du Rempart (Marine).
Roccas jeune, propriétaire, rue des Consuls, 64.
Ranc, propriétaire, rue Jénina.
Raffi, propriétaire, rue Médée.
Rancé (de), propriétaire, représentant du peuple, place de la République (hôtel La-Tour-du-Pin).

ADRESSES. 513

Raousset (de), propriétaire, hôtel de la Régence.
Raynal, propriétaire, rue de la Marine.
Récy, propriétaire, r. Bab-Azoun.
Rigolit, propriétaire, contre-amiral, à Mustapha-Pacha.
Rozey, propriétaire, à Ouled-Fayet.
Rozey, propriétaire, à Mustapha.
Rouquier et Bœuf, agents d'affaires, rue Boutin.

Saunier, propriétaire, faub. Bab-el-Oued, maison Couput.
Simorre, propriétaire, rue d'Isly.
Siloy, entrepreneur de glaces, rue des Consuls, 5.
Sadia Levi (Valentin), propriétaire, rue Brueïs, 25.
Serpentié, propriétaire-négociant, rue de la Marine (tribunal de commerce).
Solhaune, propriétaire, rue Bugeaud, maison Ronchetti.
Semel, propriétaire, rue d'Isly.
Schiaffino, propriétaire, fondeur en métaux, faubourg Bab-el-Oued.
Santelli, propriétaire, conservateur des hypothèques, rue du Commerce, 1.
Saum, propriétaire, rue Lalahoum, 2.
Sardi frères, propriétaires-entrepreneurs, rue Lalahoum, 3.
Santara (Joseph), propriétaire, fabrique de tabacs, rue Bab-el-Oued, 314.
Sebe et Viguier, propriétaires, passementiers, rue Bab-el-Oued, 119.
Seckel, propriétaire (objets rares d'Afrique), place de la République, maison Latour-du-Pin.
Sicard, propriétaire-négociant, rue de la Révolution, 69.
Sénès, directeur de l'assurance l'Algérienne, rue Duquesne, 45.

Sédille, propriétaire-banquier, rue Duquesne, 51.
Sebencq, propriétaire, rue d'Orléans, 37.
Ségard, pharmacien, rue Bab-Azoun, maison Simon.
Samat, propriétaire, marchand de métaux, rue de Chartres, maison David.
Sandraly, propriétaire, rue du Caftan.
Schéer, propriétaire, lampiste, rue Charles-Quint, 9.
Sardin jeune, propriétaire, rue du Divan, 55.
Soliman, propriétaire, rue du Lézard, 52.
Saveglio, syndic des pêcheurs, rue du Lézard, 62.
Sagot de Nantilly, propriétaire, rue du Chat, 6.
Simon-Cohen-Solal, propriétaire, rue du Quatorze-Juin.
Suppervielle, propriétaire, rue de la Casbah.
Solari, propriétaire, rue Scipion.

Tallichet, propriétaire, rue d'Isly.
Triboulet, propriétaire, faubourg Bab-el-Oued, maison Couput.
Trolliet, propriétaire, rue de l'Etat-Major, 52.
Tulin, propriétaire, vice-consul d'Angleterre, rue Salluste, 16.
Toreille, propriétaire, négociant, rue Boutin, 59.
Thomas, propriétaire, capitaine en retraite, rue Bab-Azoun, galerie Duchassaing.
Trolliet, propriétaire, médecin en chef de l'hôpital civil, rue Bab-Azoun, galerie Duchassaing.
Tioch, propriétaire, avocat, place de Chartres, bazar Mantout.
Thumerelle, propriétaire, commerçant, place de Chartres, maison Chopin.
Tassy, propriétaire, marchand de bois, rue Mahon, 21.
Trouin, propriétaire, asphalteur,

rue Duquesne, 14.
Tentes, propriétaire, rue Porte-Neuve, 215.
Tonnelier, propriétaire, rue de Tanger.
Trich, propriétaire, travaux hydrauliques, faubourg Bab-el-Oued, maison Couput.
Tama, propriétaire, interprète de langue hébraïque, rue Philippe, 32.
Tiron, propriétaire, banquier, rue des Lotophages, 29.
Thoulet, propriétaire, rue de la Marine.
Torré, agent d'affaires, rue Bab-el-Oued, 227.
Trottiel, propriétaire et cultivateur à Mustapha.
Ulisse (Veuve), propriétaire, horloger, rue de Chartres.
Troussel, propriétaire.

Vallier (Jules), propriétaire, rue du Cygne, 12.
Vial frères, propriétaires, banquiers, rue Jénina, 1.
Vigoureux (G.), propriétaire, négociant, rue Jénina, 58.

Voll, propriétaire, rue du Vinaigre. 2.
Vacherot, conservateur du mobilier, rue Boutin, 22
Vacherot, peintre, rue Boutin, 23.
Vidal, propriétaire, rue Bab-Azoun.
Vilmont, ingénieur civil, rue Doria, 5.
Villet, rue de Tourville. 7.
Vidaillon, propriétaire, rue de Tanger, 4.
Warot, propriétaire, rue d'Isly.
Willien, faubourg Bab-el-Oued.
Wals, propriétaire, rue Philippe, 45.
Volters, docteur-médecin, rue Philippe, 47.
Vernier, rue de la Marine, 117.
Voltolini, commissionnaire de roulage, rue de la Marine.
Vialar (de), propriétaire à Mustapha.

Zigomala, propriétaire, consul grec, rue de la Licorne, 10.
Zugasty, consul d'Espagne, rue de la Licorne, 14.

VILLE D'ORAN.
PRINCIPAUX PATENTABLES.
(INTRA ET EXTRA-MUROS.)

Aaron B. Strich, négociant, rue de Vienne.
Abraham Caroubi, marchand de coton en gros, id.
Abraham ben Abderrhaman, rue de Vienne.
Abraham Carsenti, négociant, rue Napoléon.
Alary, négociant, r. de la Douane.
Alquier, marchand de vins et eaux-de-vie, en gros, rue Mers-el-Kébir.

Archer, entrepreneur de l'éclairage d'Oran, rue de la Casbah.
Archiveli, négociant, r. de Suez.
Arrazat, propriétaire d'un moulin, au Ravin.
Ayme, marchand de boissons en gros, rue de Gênes.

Baleury, marchand de tissus en gros, rue Philippe.
Bax, banquier, r. de la Mosquée
Binet, marchand de boissons en

ADRESSES.

gros, place Kléber.
Blanc, propriétaire de moulins à vent, à la Mosquée.
Bonfort, négociant, rue Mers-el-Kébir.
Bonnaud, marchand de boissons en gros, rue d'Orléans.
Borelli, marchand de liqueurs en gros, rue Napoléon.
Bossen, négociant, rue de l'Arsenal.
Boyer, Antoine, id. r. d'Orléans.
Buès, id. rue de l'Arsenal.

Calmetz, marchand de vins en gros, id.
Camiso, fabricant de pâtes alimentaires, rue d'Austerlitz.
Carle, marchand de boissons en gros, rue Philippe.
Cavalier, marchand de vins et eaux-de-vie en gros, rue d'Orléans.
Cavalier, fabricant de chaux naturelle, au Ravin.
Causanel, propriétaire de moulins à blé, impasse Philippe.
Chollet, marchand de vins en gros, rue de l'Arsenal.
Chollet, négociant, rue Philippe.
Cose, fabricant de chaux naturelle, au Ravin.
Cose, fabricant de briques, à la Mosquée.
Cose (Navarre), id.
Crouzet, march. de vins et eaux-de-vie en gros, rue de la Fontaine.
Crozet, fabricant de chandelles, à la Mosquée.

David ben Soussen, boucher, boulevard Oudinot.
Demedina, négociant, rue de la Mosquée.
Dervieux (Edouard), négociant, rue d'Orléans.
Dervieu (Gustave), id., id.

Djijali, marchand de tannerie, rue de l'Abattoir.
Dorange, courtier de commerce, rue Philippe.

Etano, fabricant de briques, à la Mosquée.

Ferrer, fabricant de pâtes alimentaires, rue Austerlitz.
Fornara, négociant, r. Napoléon.
Freisce, négociant, idem.
Froment, march. de vins en gros, rue Mers-el-Kébir.

Gasquet, brasseur, à la Mosquée.
Garavini, négociant, rue de Lodi.
Garcia, fabricant de chaux naturelle, au Ravin.
Firaud, négociant, rue de Lodi.
Golmith, négociant, r. Napoléon.
Gonsalve, courtier maritime, rue de la Douane.
Gossin, marchand de vins en gr., rue d'Orléans.
Gruès, courtier de navires, rue de Génis.
Guviaud, courtier de navires, rue d'Orléans
Guy, marchand de vins en gros, rue de l'Arsenal.

Habraham-de-H.-Lassau, négoc. rue de Vienne.
Habraham-de-Jouda, négociant, rue de Vienne.
Hadj-Abd-el-Kader, marchand de tannerie, rue des Abattoirs.
Hirscheselth, négociant, rue Philippe.
Hot, négociant, rue d'Orléans.

Ichoa, meunier, carre. St-André.
Isaac et Jacob, négociants, rue de Vienne.

Jonquier, négociant, rue de l'Arsenal.

Jonquier, négociant, Rampe de Madrid.
José, fabricant de pâtes alimentaires, rue de Berlin.
Joseph-Ben-Sin, marchand de tannerie, rue des Abattoirs.
Joseph-Cohen-Haly, marchand de tissus. de cotons, en gros, rue Philippe.
Jouda, marchand de tannerie, rue des Abattoirs.
Jourdan, négociant, r. d'Orléans.

Lagathe, négociant, r. d'Orléans.
Laroche, négociant, r. d'Orléans.
Leclerc, fabricant de pâtes alimentaires, rue d'Austerlitz.
Leduc, négociant, rue d'Orléans.
Lenzi, négociant, rue d'Orléans.
Léoni, négociant, rue Duquesne.
Lepperrier, courtier de navires, Rampe de Madrid.
Lopez, fabric. de briques, Ravin.

Maillac, march. de vins en gros, impasse Philippe.
Maimbert, fabricant de pâtes alimentaires, rue d'Orléans.
Maklouf-Tensy, tannerie, rue des Abattoirs.
Maklouf-Kalfou, entrepreneur des transports militaires, rue d'Orléans.
Manchat, négociant, r. d'Orléans.
Mar, fabricant de briques, à la Mosquée.
Maronny, courtier de navires, rue d'Orléans.
Mistral, négociant, rue d'Orléans.
Monnier, marchand de vinaigre, rue Napoléon.
Montagnac, négociant, rue d'Orléans.
Montigny, marchand de vin en gros rue de Lisbonne.
Morel marchand de vin en gros, rue Philippe.
Mosès, négociant, r du Vinaigre.

Monchi, maître de tannerie, rue des Abattoirs.
Moureau, négociant, rue de l'Arsenal.

Naon, négociant, rue de Vienne.
Nissim, fabrique de pâtes alimentaires, rue d'Austerlitz.
Noel, courtier de navires, rue de la Fontaine.

Olivi, négociant, rue Ste-Marie.

Paygi, négociant, rue d'Orléans.
Peyro, banquier, id.
Peyselle, courtier de navires, rue Joubert.
Podesta, négociant, rue Philippe.

Quiner, marchand de tissus en gros, rue d'Orléans.

Rica, fabrique de pâtes alimentaires, rue Léoben.
Ricca, pierre de moulin, à la Mosquée.
Rossi marchande de liqueurs en gros, rue Napoléon.

Samanes, marchand de tissus en gros, rue Napoléon.
Schneider, marchand de vins en gros, rue de la Mosquée.
Solary, négociant, rue d'Orléans.
Sorel, marchand de cuir, rue des Abattoirs.
Stellan courtier de navire, rue d'Orléans.

Terras, négociant, rue de Trente.
Chevenin, marchand de cuirs, rue d'Orléans.

Uziel, march. de tabacs en gros, rue de Vorrie.

Valin, négociant, rue de l'Arsenal.

Vidal, marchand de vins et liqueurs en gros, rue de l'Arsenal.
Vignole, négociant, rue Joinville.
Vivès, propriétaire d'un moulin à blé à la Mosquée.
Yaya, fabricant de pâtes alimentaires, impasse de Naples.
Youloub, négociant r. de Vienne.

VILLE DE MOSTAGANEM.

Benolied, négociant.
Broun, marchand de tabacs en gros.
Brès, fabricant de briques.
Chicabo, marchand de tabacs en gros.
Taillamel, négociant.
Castignols, id.
David et Cosman, marchand de vins en gros.
Deruieux (fils et Cie), négociants.
Dayme, fabricant de briques.
Gromani, négociant.
Goudard, courtier de commerce.
Hirschfeld, négociant.
Jullien, marchand de tabacs en gros.
Marencowich (frères), négociants.
Martin, négociant.
Manfredi, courtier de navires.
Moreau, meûnier.
Nessins, négociant.
Peyri, id.
Ramon, id.
Rossi, meûnier.
Varter et Schneider, brasseurs.
Valence, marchand de tissus en gros.

VILLE DE BONE.

Azorpardi-Lingi, commissionnaire en marchandises.
Alib-Mustapha-Ben-Zerti, march. de tabacs en gros.
Arnaud, négociant.
Aldebert, négociant.
Ben-Sliman-Jacob, id.
Braham-Guech, id.
Bensaninoni, id.
Bellon, id.
Bonici, id.
Bourgoin, id.
Bronde, id.
Chaloum-Zafran, id.
Codou, id.
Diaz de Léon, id.
Delpout, courtier maritime.
Devisme, marchand de vins en gr.
Dominici, idem.
Fabre, fab. de pâtes alimentaires.
Gusman, marchand de tissus en demi-gros.
Galléa, négociant.
Gallea-Bonnet, idem.
Gistin, courtier de navires.
Gandrin, idem.
Garneville, négociant.
Gilli, idem.
Janselin, courtier de navires.
Jantet, entrepreneur général de balayage.
Louvet, march. de vins en gros.
Lent, négociant.
Labaille, idem.

Mayer, marchand de nouveautés.
Mallet, négociant.
Michel, idem.
Mouren, entrepreneur de travaux publics.
Pons, marchand de nouveautés.
Palomba, négociant.

Reboul, marchand de nouveautés.
Raoust, march. de vins en gros.
Savona, négociant.
Salenave, idem.
Salomon-Ben-Zafran, idem.
Viterbibe, idem.

VILLE DE PHILIPPEVILLE.

Blanchet, (ainé), rue Marie-Amélie, 6.
Chirac, rue de Stora, 8.
Duruty, rue du Cirque, 22.
Delay, rue des Citernes.
De Nobely, rue de Stora.
Ellul, rue de Stora, 22.
Fourona, rue de Stora, 12.
Gerold, rue des Numides.
Herts Gottlied, rue Royale, 14.
Lassaigne, rue Marie-Amélie, 8.
Luxardo, rue Royale.
Martini, id.
Merle, rue d'Austerlitz, 6.
Musso, rue de Constantine.
Pegat, rue de Stora.
Rivoire, rue des Numides.
Sconamiglio, rue du 61e de ligne.
Senès, rue d'Austerlitz, 8.
Sicret, rue Vaillant, 7.
Teissier, rue Marie-Amélie.
Vié, rue de Stora.

Bameau, rue des Citernes.
Annely, propriétaire, entrepreneur de diligences de Philippeville à Constantine, rue Bugeaud.
Bertin, associé dudit, r. Royale.
Biconat, syndic des courtiers, rue Stora.
Bouchay, courtier, id.
Picardie, propriétaire, ancien négociant, id.
Sider, marchand de nouveautés, rue Royale.
De Boom, horloger, id.
D'Aubignard, limonadier, rue de la Marine.
Maneille, tenant le cercle du commerce.
Poisson, chapelier, rue Royale.
Lazaide, sellier, id.
Rudeau, id.

www.ingramcontent.com/pod-product-compliance
Lightning Source LLC
Chambersburg PA
CBHW071412230426
43669CB00010B/1521